光ヶ丘女子高

〈収録内容〉

■ 2024年度入試の問題・解答解説・解答用紙・「合否の鍵はこの問題だ!!」、2024年度入試受験用の「出題傾向の分析と合格への対策」は、弊社HP の商品ページにて公開いたします。
■ 2018年度は、弊社ホームページで公開しております。
本ページの下方に掲載しておりますQRコードよりアクセスし、データをダウンロードしてご利用ください。
■ 英語リスニング問題は音声の対応をしておりません。

2024 年度 ……………………2024 年 10 月 弊社 HP にて公開予定
※著作権上の都合により、掲載できない内容が生じることがあります。

2023 年度 …………………… 一般（数・英・理・社・国）

2022 年度 …………………… 一般（数・英・理・社・国）

2021 年度 …………………… 一般（数・英・理・社・国）

2020 年度 …………………… 一般（数・英・理・社・国）

2019 年度 …………………… 一般（数・英・理・社・国）

2018 年度 …………………… 一般（数・英・理・社）

解答用紙データ配信ページへスマホでアクセス！ ⇒

※データのダウンロードは 2024 年 3 月末日まで。
※データへのアクセスには、右記のパスワードの入力が必要となります。 ⇒ 839267

〈合格最低点〉

※学校からの合格最低点の発表はありません。

本書の特長

実戦力がつく入試過去問題集

- ▶ 問題 …………… 実際の入試問題を見やすく再編集。
- ▶ 解答用紙 …… 実戦対応仕様で収録。
- ▶ 解答解説 …… 詳しくわかりやすい解説には、難易度の目安がわかる「基本・重要・やや難」の分類マークつき（下記参照）。各科末尾には合格へと導く「ワンポイントアドバイス」を配置。採点に便利な配点つき。

入試に役立つ分類マーク

基本 確実な得点源！
受験生の90%以上が正解できるような基礎的、かつ平易な問題。
何度もくり返して学習し、ケアレスミスも防げるようにしておこう。

重要 受験生なら何としても正解したい！
入試では典型的な問題で、長年にわたり、多くの学校でよく出題される問題。
各単元の内容理解を深めるのにも役立てよう。

やや難 これが解ければ合格に近づく！
受験生にとっては、かなり手ごたえのある問題。
合格者の正解率が低い場合もあるので、あきらめずにじっくりと取り組んでみよう。

合格への対策、実力錬成のための内容が充実

- ▶ 各科目の出題傾向の分析、合否を分けた問題の確認で、入試対策を強化！
- ▶ その他、学校紹介、過去問の効果的な使い方など、学習意欲を高める要素が満載！

解答用紙ダウンロード 解答用紙はプリントアウトしてご利用いただけます。弊社ＨＰの商品詳細ページよりダウンロードしてください。トビラのＱＲコードからアクセス可。

UD FONT 見やすく読みまちがえにくいユニバーサルデザインフォントを採用しています。

光ヶ丘女子高等学校

▶交通　名鉄「男川駅」下車　徒歩10分，JR「岡崎駅」より名鉄バス「光ヶ丘」下車

〒444-0811　愛知県岡崎市大西町奥長入52
☎0564-51-5651

教育課程

１年次は土台作りの年と位置づけ，学習習慣の定着を図りながら，進路設計や学習計画をたてる。２年次は飛躍の年として，進路に合わせた様々な選択授業を開講する。長期休暇中には講習会や，２・３年次には課外授業など，進学補習も行う。

また，30年以上の国際交流の歴史があり，各種活動や留学を通して，語学や国際感覚を身につけるチャンスがある。希望者を対象に，普通科は約２週間の短期留学(ニュージーランド)，全学科共通で１年間の長期留学(オーストラリア・ニュージーランド・カナダ・台湾)を実施している。

敷地内には学生寮(清光寮)があり，遠方から来ている生徒約60名が寮生活を送っている。

●普通科

「自分らしさの発見」をテーマに，多様な進路に向かって効率的な学習を目指す。２年生からは文理コースと福祉コースに分かれ，自分の目標にあったコースが選択できる。文系クラスは外国語・文学・法学・経済・家政・芸術・体育系など，理系クラスは国公立大学・理工系・医薬・看護系などへの進学に対応できるカリキュラムとなっている。福祉クラスでは社会福祉・介護福祉・保育・幼児教育・心理学などの授業を受けることができる。

●国際教養科

豊かな国際感覚を持ち社会で活躍できる女性の育成を目指し，英語教育に重点を置きながら日本や外国の文化を学ぶ。専門科目として，英語の学習内容を深めるための英語科目，国際的視野を広げるための国際教養科目，スペイン語と中国語の第二外国語科目などを設けている。また，自由選択制で，海外語学研修(オーストラリア・カナダ)と，台湾平和研修が用意されている。

部活動

全国大会常連のダンス部，陸上部，吹奏楽部，放送部などをはじめとして，運動部９部と文化部17部がある。

●運動部

ダンス，陸上，卓球，バスケットボール，ソフトボール，バレーボール，バドミントン，剣道，テニス

●文化部

吹奏楽，放送，合唱，英会話，演劇，写真，書道，華道，茶道，箏曲，和紙工芸，美術，アニメ・イラスト，家庭科，パソコン，エンジェル，点訳

年間行事

研修旅行は学科・コースにより異なり，また選択制となっている。

普通科	文理	沖縄	3泊4日
		長崎	2泊3日
	福祉	デンマーク	5泊7日
		沖縄	3泊4日
国際教養科		台湾	3泊4日
		オーストラリア・カナダ	30日間

４月／入学式，新入生歓迎会，開校記念ミサ，球技大会

５月／聖母をたたえる行事，奉仕活動

７月／芸術鑑賞会，夏期講習会，オーストラリア・カナダ語学研修及び台湾平和研修(国際教養科２年)

８月／夏期講習会，ニュージーランド研修(普通科１・２年希望者)

９月／文化祭，体育大会，ダンス部作品発表会

10月／練成会(１年)，デンマーク海外研修及び沖縄研修旅行(福祉コース２年)，長崎及び沖縄研修旅行(文理コース２年)，愛知県中学生英語弁論大会

11月／死者の冥福を祈る日

12月／クリスマスミサ，合唱コンクール，奉仕活動，クリスマスページェント，冬期講習会

２月／卒業感謝ミサ(３年)，予餞会，卒業式

３月／国際教育講演会，春期講習会，吹奏楽部・合唱部定期演奏会

進　路

●主な合格実績

〈国公立大学〉

京都大，名古屋大，名古屋工業大，筑波大，東京外国語大，東京藝術大，信州大，国際教養大，愛知教育大，愛知県立大，愛知県立芸術大，名古屋市立大，都留文科大，長野県立大

〈私立大学〉

南山大，金城学院大，椙山女学園大，愛知淑徳大，愛知大，中京大，愛知学院大，藤田医科大，上智大，早稲田大，慶應義塾大，東京理科大，津田塾大，明治大，青山学院大，立教大，中央大，法政大，関西大，関西学院大，立命館大，同志社大　など

◎2023年度入試状況◎

	普通科	国際教養科	計
募集数	210	105	315
応募者数	非公表		
受験者数	非公表		
合格者数	非公表		

過去問の効果的な使い方

① **はじめに**　入学試験対策に的を絞った学習をする場合に効果的に活用したいのが「過去問」です。なぜならば，志望校別の出題傾向や出題構成，出題数などを知ることによって学習計画が立てやすくなるからです。入学試験に合格するという目的を達成するためには，各教科ともに「何を」「いつまでに」やるかを決めて計画的に学習することが必要です。目標を定めて効率よく学習を進めるために過去問を大いに活用してください。また，塾に通われていたり，家庭教師のもとで学習されていたりする場合は，それぞれのカリキュラムによって，どの段階で，どのように過去問を活用するのかが異なるので，その先生方の指示にしたがって「過去問」を活用してください。

② **目的**　過去問学習の目的は，言うまでもなく，志望校に合格することです。どのような分野の問題が出題されているか，どのレベルか，出題の数は多めか，といった概要をまず把握し，それを基に学習計画を立ててください。また，近年の出題傾向を把握することによって，入学試験に対する自分なりの感触をつかむこともできます。

過去問に取り組むことで，実際の試験をイメージすることもできます。制限時間内にどの程度までできるか，今の段階でどのくらいの得点を得られるかということも確かめられます。それによって必要な学習量も見えてきますし，過去問に取り組む体験は試験当日の緊張を和らげることにも役立つでしょう。

③ **開始時期**　過去問への取り組みは，全分野の学習に目安のつく時期，つまり，9月以降に始めるのが一般的です。しかし，全体的な傾向をつかみたい場合や，学習進度が早くて，夏前におおよその学習を終えている場合には，7月，8月頃から始めてもかまいません。もちろん，受験間際に模擬テストのつもりでやってみるのもよいでしょう。ただ，どの時期に行うにせよ，取り組むときには，集中的に徹底して取り組むようにしましょう。

④ **活用法**　各年度の入試問題を全問マスターしようと思う必要はありません。できる限り多くの問題にあたって自信をつけることは必要ですが，重要なのは，志望校に合格するためには，どの問題が解けなければいけないのかを知ることです。問題を制限時間内にやってみる。解答で答え合わせをしてみる。間違えたりできなかったりしたところについては，解説をじっくり読んでみる。そうすることによって，本校の入試問題に取り組むことが今の自分にとって適当かどうかが，はっきりします。出題傾向を研究し，合否のポイントとなる重要な部分を見極めて，入学試験に必要な力を効率よく身につけてください。

数学

各都道府県の公立高校の入学試験問題は，中学数学のすべての分野から幅広く出題されます。内容的にも，基本的・典型的なものから思考力・応用力を必要とするものまでバランスよく構成されています。私立・国立高校では，中学数学のすべての分野から出題されることには変わりはありませんが，出題形式，難易度などに差があり，また，年度によっての出題分野の偏りもあります。公立高校を含め，ほとんどの学校で，前半は広い範囲からの基本的な小問群，後半はあるテーマに沿っての数問の小問を集めた大問という形での出題となっています。

まずは，単年度の問題を制限時間内にやってみてください。その後で，解答の答え合わせ，解説での研究に時間をかけて取り組んでください。前半の小問群，後半の大問の一部を合わせて50%以上の正解が得られそうなら多年度のものにも順次挑戦してみるとよいでしょう。

英語

英語の志望校対策としては，まず志望校の出題形式をしっかり把握しておくことが重要です。英語の問題は，大きく分けて，リスニング，発音・アクセント，文法，読解，英作文の5種類に分けられます。リスニング問題の有無(出題されるならば，どのような形式で出題されるか)，発音・アクセント問題の形式，文法問題の形式(語句補充，語句整序，正誤問題など)，英作文の有無(出題されるならば，和文英訳か，条件作文か，自由作文か）など，細かく具体的につかみましょう。読解問題では，物語文，エッセイ，論理的な文章，会話文などのジャンルのほかに，文章の長さも知っておきましょう。また，読解問題でも，文法を問う問題が多いか，内容を問う問題が多く出題されるか，といった傾向をおさえておくことも重要です。志望校で出題される問題の形式に慣れておけば，本番ですんなり問題に対応することができますし，読解問題で出題される文章の内容や量をつかんでおけば，読解問題対策の勉強として，どのような読解問題を多くこなせばよいかの指針になります。

最後に，英語の入試問題では，なんと言っても読解問題でどれだけ得点できるかが最大のポイントとなります。初めて見る長い文章をすらすらと読み解くのはたいへんなことですが，そのような力を身につけるには，リスニングも含めて，総合的に英語に慣れていくことが必要です。「急がば回れ」ということわざの通り，志望校対策を進める一方で，英語という言語の基本的な学習を地道に続けることも忘れないでください。

国語

国語は，出題文の種類，解答形式をまず確認しましょう。論理的な文章と文学的な文章のどちらが中心となっているか，あるいは，どちらも同じ比重で出題されているか，韻文(和歌・短歌・俳句・詩・漢詩)は出題されているか，独立問題として古文の出題はあるか，といった，文章の種類を確認し，学習の方向性を決めましょう。また，解答形式は，記号選択のみか，記述解答はどの程度あるか，記述は書き抜き程度か，要約や説明はあるか，といった点を確認し，記述力重視の傾向にある場合は，文章力に磨きをかけることを意識するとよいでしょう。さらに，知識問題はどの程度出題されているか，語句(ことわざ・慣用句など)，文法，文学史など，特に出題頻度の高い分野はないか，といったことを確認しましょう。出題頻度の高い分野については，集中的に学習することが必要です。読解問題の出題傾向については，脱語補充問題が多い，書き抜きで解答する言い換えの問題が多い，自分の言葉で説明する問題が多い，選択肢がよく練られている，といった傾向を把握したうえで，これらを意識して取り組むと解答力を高めることができます。「漢字」「語句・文法」「文学史」「現代文の読解問題」「古文」「韻文」と，出題ジャンルを分類して取り組むとよいでしょう。毎年出題されているジャンルがあるとわかった場合は，必ず正解できる力をつけられるよう意識して取り組み，得点力を高めましょう。

数学

出題傾向の分析と合格への対策

●出題傾向と内容

本年度の出題は，大問で3題，小問数にして20題と，例年通りであった。

出題内容は，1が数と式の計算，平方根の計算，比例式，連立方程式，方程式の応用問題，確率，二次関数の変域，グラフの作成，等積変形の作図などの独立小問で11題，2が規則性，二次関数の応用問題で3題，3が平面図形，空間図形の計量問題で6題であった。

あらゆる分野から標準レベルの問題がバランスよく出題されているが，やや考えにくい問題もある。時間配分を考えながら，できる問題からミスのないように解いていきたい。

✔学習のポイント

弱点分野をつくらないようにして，教科書の例題や練習問題を確実に解ける実力を養っておこう。

●2024年度の予想と対策

来年度も本年度とほぼ同じレベルの問題が，小問数にして，20問程度出題されるだろう。

どの問題も，中学数学の基本的な知識や考え方が身についているか，そして，それを応用していく力があるかが確かめられるように工夫されて出題されると思われる。

数量分野では確実な計算力が要求される。関数分野では図形との融合問題として出題されることが多いので，グラフ上の図形の面積の求め方を研究しておこう。図形分野も定理や公式を正しく使いこなせるようにしておくことが大切である。確率もさいころやカードなど一通りこなしておきたい。統計分野も用語を正しく理解しておこう。

▼年度別出題内容分類表 ……

出題内容			2019年	2020年	2021年	2022年	2023年
数と式		数の性質	○		○		
		数・式の計算	○	○	○	○	○
		因数分解		○	○	○	
		平方根	○	○	○	○	○
方程式・不等式		一次方程式				○	○
		二次方程式	○	○	○	○	
		不等式		○			
		方程式・不等式の応用	○	○	○	○	○
関数		一次関数	○	○	○	○	○
		二乗に比例する関数	○	○		○	○
		比例関数		○			
		関数とグラフ	○	○		○	○
		グラフの作成				○	○
図形	平面図形	角度	○	○		○	○
		合同・相似	○		○	○	○
		三平方の定理		○			
		円の性質	○	○			○
	空間図形	合同・相似					○
		三平方の定理					
		切断		○		○	○
	計量	長さ	○	○		○	○
		面積	○	○	○	○	○
		体積	○		○	○	○
		証明	○				
		作図					○
		動点			○		○
統計		場合の数			○		
		確率	○		○	○	○
		統計・標本調査	○	○	○	○	
融合問題		図形と関数・グラフ	○	○		○	
		図形と確率					
		関数・グラフと確率					
		その他					
その他				○	○		○

光ヶ丘女子高等学校

英語 出題傾向の分析と合格への対策

●出題傾向と内容

本年度は，聞き取り検査，資料読解，文法・英作文問題，長文読解問題，会話文読解問題が1題ずつ，計5題が出題された。

聞き取り検査は，問題用紙に一切英語が書かれておらず，聞き取るべき会話および文章，それについての問い，問いに対する答えが，すべて放送される形式である。

会話文読解形式が出題されることが特徴的。

英文は読みやすく，設問も標準的で，中学校で学習した内容を幅広く問う内容である。

時間の割りには分量が多いとも言えるので，注意が必要である。

✔学習のポイント

日本や外国の文化をテーマにした会話文や長文をたくさん読もう。

●2024年度の予想と対策

出題形式や全体的な傾向は変更されることがあるので，注意する必要がある。中学校で学習した基本的文法事項を確実に身につけ，ある程度の量の英文を読めるようにしよう。

聞き取り対策としては，高校受験用のリスニング教材を使って，メモを取りながら聞く練習を必ず行うこと。

英文を読む上で文法知識は不可欠である。基本レベルの問題集を解いて万全にしておこう。

読解問題対策としては，標準レベルの読解問題をなるべく多く解こう。本校では会話文読解問題が出題されることが多いので，会話の流れを正しくつかむことを意識し，口語表現も覚えよう。

▼年度別出題内容分類表 ……

	出題内容	2019年	2020年	2021年	2022年	2023年
話し方・聞き方	単語の発音					
	アクセント					
	くぎり・強勢・抑揚					
	聞き取り・書き取り	○	○	○		○
語い	単語・熟語・慣用句	○	○			
	同意語・反意語					
	同音異義語					
読解	英文和訳(記述・選択)					
	内容吟味	○	○	○	○	○
	要旨把握	○	○	○	○	○
	語句解釈					
	語句補充・選択	○	○	○	○	○
	段落・文整序					
	指示語					○
	会話文	○	○	○	○	
文法・作文	和文英訳					
	語句補充・選択			○		○
	語句整序	○	○	○	○	○
	正誤問題					
	言い換え・書き換え					
	英問英答					
	自由・条件英作文			○	○	
文法事項	間接疑問文				○	
	進行形		○		○	○
	助動詞		○	○	○	○
	付加疑問文					
	感嘆文					
	不定詞	○	○	○	○	○
	分詞・動名詞	○			○	○
	比較			○	○	○
	受動態	○		○	○	○
	現在完了				○	○
	前置詞		○		○	○
	接続詞			○	○	○
	関係代名詞				○	○

光ヶ丘女子高等学校

理科

出題傾向の分析と 合格への対策

●出題傾向と内容

例年，大問5題で小問が20題の出題である。試験時間は45分であり，すべての問題を解くのに十分な時間である。1は，例年小問集合であり，4分野から1題ずつ出題される。残りの大問4つは，4分野からの出題である。特定の分野に偏らず，広い分野から出題されている。マークシート式で，語句選択，文選択，数値選択，図選択など多彩である。計算問題がいくつか含まれる。基本から標準レベルの問題が大半を占めるが，難度が高めの問題が，毎年2～3問出題される。

✔学習のポイント

基本～標準レベルの問題を数多く解いて，典型的な計算問題の解き方を身につけよう。

●2024年度の予想と対策

実験や観察を素材にした典型題が多いが，考察や計算を含む問題も出題される。問題文の意味を素早く正確に読み取る練習を普段の学習から心がけたい。また，余裕を持った試験時間を作るために，やさしい問題から解き始め，難度の高い問題を後回しにするなどの工夫を入試問題演習や，模擬テストなどで実践することも大切である。時間を意識した学習を行ってもらいたい。

基本から標準レベルの問題が多いので，典型的な計算問題や，よく見かける化学反応式は十分に学習して慣れておくことが大切である。

▼年度別出題内容分類表 ……

	出題内容	2019年	2020年	2021年	2022年	2023年
第一分野	物質とその変化					
	気体の発生とその性質		○			
	光と音の性質			○		
	熱と温度					
	力・圧力		○			○
	化学変化と質量		○		○	
	原子と分子				○	
	電流と電圧	○	○	○	○	○
	電力と熱	○				
	溶液とその性質	○				○
	電気分解とイオン	○		○		
	酸とアルカリ・中和					○
	仕事				○	
	磁界とその変化					
	運動とエネルギー					
	その他					
第二分野	植物の種類とその生活					
	動物の種類とその生活					○
	植物の体のしくみ		○	○	○	○
	動物の体のしくみ		○			
	ヒトの体のしくみ	○		○		
	生殖と遺伝	○			○	
	生物の類縁関係と進化					
	生物どうしのつながり					
	地球と太陽系	○				○
	天気の変化		○	○	○	
	地層と岩石	○	○		○	
	大地の動き・地震			○		○
	その他					

光ヶ丘女子高等学校

社会 出題傾向の分析と 合格への対策

●出題傾向と内容

大問は6～8題で，小問は例年20問となっている。分野別の出題割合は，地理，歴史，公民ともほぼ同じくらいである。出題内容としては，3分野とも教科書の基本内容に沿うものが多数を占めているが，資料活用能力や思考・判断力を要する問題も増えてきている。

地理は，世界地理では，人口，産業，交通などに関しての統計をもとに考えるものが出され，日本地理では，人口ピラミッドについての設問がだされた。

歴史は，各時代の特色と人物に関するものが出されている。

公民は，経済のしくみを中心に身近な消費生活に関する設問がだされた。

学習のポイント

地理　統計資料や地図に慣れよう。
歴史　各時代の特色をおさえよう。
公民　政治経済のしくみを理解しよう。

●2024年度の予想と対策

来年度も，大問・小問の出題数や出題形式，出題内容・レベルは，大きく変わらないと予想される。

教科書の基本事項や重要語句については，正確に内容を理解しておこう。また，資料を分析して考えさせる設問に慣れておくことが大切である。

地理は，地図や統計資料などを活用して各地域の特色をおさえておこう。歴史は，年表や史料などを活用しながら，出来事と重要人物との因果関係を理解したい。また，教科書にある主要な写真や図版はよく分析して時代ごとにわかるようにしよう。公民は，政治経済のしくみを中心に，教科書の図表などを活用しながら基本的内容をおさえたい。また，時事問題も出題されるので，日頃からインターネットの情報に関心をもち，主要な報道を分析して，現代社会の課題などへの関心を高めておこう。

▼年度別出題内容分類表 ……

出題内容			2019年	2020年	2021年	2022年	2023年
地理的分野	(日本)	地形図	○				
		地形・気候・人口	○	○	○	○	○
		諸地域の特色	○	○	○	○	
		産業		○		○	○
		交通・貿易					
	(世界)	人々の生活と環境		○	○	○	
		地形・気候・人口	○		○	○	○
		諸地域の特色	○	○	○	○	○
		産業	○	○	○	○	○
		交通・貿易	○	○	○	○	○
	地理総合						
歴史的分野	(日本史)	各時代の特色	○	○	○	○	○
		政治・外交史	○	○	○	○	○
		社会・経済史	○	○	○	○	○
		文化史	○	○		○	○
		日本史総合					
	(世界史)	政治・社会・経済史		○	○	○	
		文化史	○	○		○	
		世界史総合					
	日本史と世界史の関連		○	○	○	○	○
	歴史総合						
公民的分野	家族と社会生活						
	経済生活		○		○	○	○
	日本経済		○	○		○	○
	憲法（日本）		○	○	○	○	
	政治のしくみ		○	○	○	○	○
	国際経済						○
	国際政治						
	その他		○	○		○	○
	公民総合						
各分野総合問題							

光ヶ丘女子高等学校

国語 出題傾向の分析と合格への対策

●出題傾向と内容

本年度も，論理的文章の読解問題が1題，文学的文章の読解問題が1題，古文の読解問題が1題の計3題の大問構成であった。

論理的文章の読解問題では論説文が採用されており，脱語補充を通した文脈把握，内容吟味が主に問われている。漢字の読み書きも大問に含まれる形で出題されている。

文学的文章の読解問題では小説が採用されており，心情理解の設問が中心となっている。

古文の読解問題では現代語訳が付されており，文脈把握，口語訳などが問われている。解答形式は，記号選択式と記述式が併用されている。

学習のポイント

論説文，小説ともに紛らわしい選択肢が含まれている。解説をよく読み，ふだんから正確な読み取りをすることを心がけたい。

●2024年度の予想と対策

論理的文章と文学的文章という現代文の読解問題に加えて，古文の読解問題が予想される。論説文などの論理的文章の読解問題では，指示語の指示内容の把握や接続語の関係といった読解の基本をおさえたうえで，正確に文脈をとらえて内容を理解できるよう確実な力を養っておこう。

随筆や小説といった文学的文章の読解問題では，人物や情景の描写を手がかりに，登場人物の心情や行動の理由，さらに人物像や主題を読み取ることに留意したい。

古文や韻文についても，継続的な学習を心がけよう。漢字の読み書きや語句の意味などの知識問題も基本をおさえておくことが大切だ。

▼年度別出題内容分類表 ……

出題内容			2019年	2020年	2021年	2022年	2023年
内容の分類	読解	主題・表題		○	○	○	
		大意・要旨		○	○	○	○
		情景・心情	○	○	○	○	○
		内容吟味	○	○	○	○	○
		文脈把握	○	○	○	○	○
		段落・文章構成					
		指示語の問題		○		○	○
		接続語の問題	○	○			○
		脱文・脱語補充	○	○	○	○	○
	漢字・語句	漢字の読み書き	○	○	○	○	○
		筆順・画数・部首					
		語句の意味		○	○	○	○
		同義語・対義語					
		熟語					
		ことわざ・慣用句			○		○
	表現	短文作成					
		作文(自由・課題)					
		その他					
	文法	文と文節					
		品詞・用法				○	
		仮名遣い					○
		敬語・その他		○			
	古文の口語訳		○	○	○	○	○
	表現技法		○				
	文学史		○				
問題文の種類	散文	論説文・説明文	○	○	○	○	○
		記録文・報告文					
		小説・物語・伝記	○	○	○	○	○
		随筆・紀行・日記					
	韻文	詩					
		和歌(短歌)					
		俳句・川柳					
	古文		○	○	○	○	○
	漢文・漢詩						

2023年度 合否の鍵はこの問題だ!!

数学　2(2), 3(3)

2(2)は2次関数の応用問題であるが，問題文から必要な情報を抜き出す必要があり，思考力と判断力を問われている。

① yはxの2乗に比例することがわかっているので，求める式を$y=ax^2$とおいて，$x=2$，$y=50$を代入すると，$50=a\times2^2$　$a=\frac{25}{2}$　よって，求める式は$y=\frac{25}{2}x^2$　また，$y=ax^2$に$x=4$，$y=200$を代入して，$200=a\times4^2$　$a=\frac{25}{2}$と求めてもよい。

② 問題文に瞬間の速さは，その瞬間を時間的中点とする区間の平均の速さに等しいと書かれているので6秒後に通過したB地点での瞬間の速さを求めるためには，この斜面を12秒間転がり続けたときの平均の速さを求める必要がある。実験と同じ角度で十分に長い斜面を用意し，白球がA地点を転がり始めてから6秒後にB地点を通過した後，そのまま斜面を転がり12秒後にD地点を通過したとすると，B地点での瞬間の速さはAD間における平均の速さに等しい。$y=\frac{25}{2}x^2$に$x=12$を代入すると，$y=\frac{25}{2}\times12^2=1800$であるから，AD＝1800cm　よって，AD間における平均の速さは$1800\div12=150$(cm/秒)であり，B地点での瞬間の速さも150(cm/秒)となる。白球はBC間の速度が一定であり，その速度はB地点を通過したときの150(cm/秒)であるから，BC＝150×3＝450(cm)

3(3)は空間図形の切断の問題である。切断面のまわりの辺は向かいあう辺にそれぞれ平行であることと切断面のまわりの辺を延長して，体積の求めやすい図形にすることが大切である。

① $x=0$のとき，I＝A，J＝Gであるから，断面は四角形DIFJとなる。このように，点Iを通り線分DJに平行な直線と点Jを通り線分DIに平行な直線が辺BF上で交わるとき断面は四角形となる。また，$x=2$のとき，AI＝1.5×2＝3(cm)，GJ＝1×2＝2(cm)となるところに点I，Jはある。点Iを通り線分DJに平行な直線と辺EFとの交点をK，点Jを通り線分DIに平行な直線と辺FGとの交点をLとすると断面は五角形DIKLJとなる。このように，点Iを通り線分DJに平行な直線が辺EFと交わり，点Jを通り線分DIに平行な直線が辺FGと交わるとき断面は五角形となる。

② 半直線DI，HE，LKの交点をM，半直線DJ，HG，KLの交点をNとする。△MEI∽△MHDより，ME:MH＝EI:HD　ME＝6cm　同様に，△NGJ∽△NHDより，NG＝3cm，△MKE∽△MNHより，$\text{KE}=\frac{9}{2}$cm　△NLG∽△NMHより，LG＝4cm　よって，三角錐D－MNH＝$\frac{1}{3}\times\frac{1}{2}\times12\times9\times6=108$(cm³)，三角錐I－MKE＝$\frac{1}{3}\times\frac{1}{2}\times6\times\frac{9}{2}\times3=\frac{27}{2}$(cm³)，三角錐J－NGL＝$\frac{1}{3}\times\frac{1}{2}\times3\times4\times2=4$(cm³)となるので，求める体積は$108-\left(\frac{27}{2}+4\right)=\frac{181}{2}$(cm³)

英語 3(1), 4(2)

3(1)と4(2)で出題された語句整序問題を取り上げる。

文を正しく並べ換えた際に不足している語(句)を選択肢から選ぶ形式と，正しい順序に並べ換えたときの2番目と4番目に該当する語を記号で答える形式での出題となった。

いずれも完成文の日本が与えられておらず，一気に英文を完成させせようとはせずに，文脈と与えられた語句から完成文の意味を推測しながら，一緒になる語句を少しずつまとめていき，完成文を目指すことが大切である。

出題されている英文では，基本的文法事項を問われていることになるので，文法事項の基礎固めは欠かせない。語句整序問題だけに捕らわれずに，さまざまな文法問題演習を通じて，基礎力養成を目指すとよいだろう。

理科 4

本年も広い分野から出題された。1の(1)や，4の物理分野だけが極端に難度が高いが，他は基本～標準的な内容である。時間配分に注意して取れる問題を取っていきたい。

4は浮力の問題だが，試験時間内に本編の解説のように表1～表4を分析し考察するのは，かなり困難である。ここでは，次の知識を前提に，考察を最小限にとどめて正解を推測していく。

『物体にはたらく浮力の大きさは，物体が押しのけた液体の重さに等しい。』

表1～表3は，すべて物体の体積が50cm^{3}である。50cm^{3}の水の質量は50gなので，物体を水に入れたときにはたらく浮力は0.50Nである。

(1)は基本的な設問なので確実に取りたい。表3で，球Bにはたらく重力が1.35Nだから，浮力は1.35－0.75＝0.60(N)である。

(2)は，水の場合の浮力が0.50N，食塩を200g入れた場合の浮力が0.60Nだから，もし，食塩を400g入れることができれば浮力は0.70Nとなり，70gの物体を浮かべることができる。しかし，1kgの水に食塩は400gも溶けないので，浮かせられるものはないという選択肢が正解となる。

(3)は，浮力が不足しているので，溶ける量が減るものを選べばよい。

(4)は，『物体が押しのけた液体の重さ』に関係している選択肢はエしかない。

社会 6(3), 7(3)

6(3)　公民の思考・判断力を要する設問であるが，格差を解消していくための政治のあり方を考えることによって，社会的関心度も評価している。セーフティネットは，「安全網」と訳され，救済策を張ることで，安全や安心を提供するためのしくみのことである。すなわち，社会保障の一種で，近年，格差社会が問題となり，生活や雇用に不安を抱える国民が急増していることもあって，単に，「セーフティネット」という場合は生活や雇用に対するセーフティネットのことを指す例が多くなっている。また，18歳以上選挙権に鑑み，投票率を高めていく方策を考えることも，幅広い国民の意見を吸い上げるという意味で，格差を解消していくための政治の土台となると考えられる。

7(3)　公民の経済のしくみを考える難問である。消費生活という身近なものを問う点は時事問題ともいえる。消費者契約法には，次の3つの規制がある。1 不当勧誘による契約の取り消し。2 不当条項の無効。3 適格消費者団体による差止請求。事業者は，これに違反する不当勧誘を行ったり，消費者契約に不当条項を定めたりしないよう注意が必要である。また，平成18年法改正により消費者団体訴訟制度が導入され，平成19年6月より運用された。平成20年法改正では，消費者団体訴訟制度の対象が景品表示法と特定商取引法に，平成25年法改正では，食品表示法に拡大された。その後，平成28年，30年，令和4年には，取り消しうる不当な勧誘行為の追加，無効となる不当な契約条項の追加等の民事ルールの改正が行われた。

国語 一(三)

★なぜこの問題が合否を分けるのか

選択肢を吟味する力が問われる設問である。選択肢をよく読み，合致している部分とそうでない部分を見分けて解答しよう！

★こう答えると合格できない

直前に「期待にそぐわないこともふくめてともにすごしてゆく」とあることから，「人は長所だけでなく短所もあわせ持った存在であることを認識し……」とあるアを選ばないようにしよう。アは，選択肢の後半部分の「短所があったとしても長所に変えられるように協力して切り捨てない」という部分が本文の内容と合致しない。「ともにすごしていく」とあるが，「長所に変えられるよう協力して」という意味ではないので注意しよう！

★これで合格！

直前の「期待にそぐわないこともふくめてともにすごしてゆく」を「このような」と言い換えているので，「たとえ意に沿わないことがあったとしても寛容に接する」とするイを選ぼう。選択肢の前半部分と後半部分をしっかり読み，合致しない部分がないかどうかを確認して解答しよう！

MEMO

大切なことはメモしておこうネ！

ダウンロードコンテンツのご利用方法

※弊社 HP 内の各書籍ページより，解答用紙などのデータダウンロードが可能です。

※巻頭「収録内容」ページの下部 QR コードを読み取ると，書籍ページにアクセスが出来ます。（ Step 4 からスタート）

Step 1　東京学参 HP（https://www.gakusan.co.jp/）にアクセス

Step 2　下へスクロール『フリーワード検索』に書籍名を入力

Step 3　検索結果から購入された書籍の表紙画像をクリックし，書籍ページにアクセス

Step 4　書籍ページ内の表紙画像下にある『ダウンロードページ』を

クリックし，ダウンロードページにアクセス

Step 5　巻頭「収録内容」ページの下部に記載されている

パスワードを入力し，『送信』をクリック

解答用紙・+αデータ配信ページへスマホでアクセス!　⇒

※データのダウンロードは 2024 年 3 月末日まで。

※データへのアクセスには、右記のパスワードの入力が必要となります。　⇒　●●●●●●

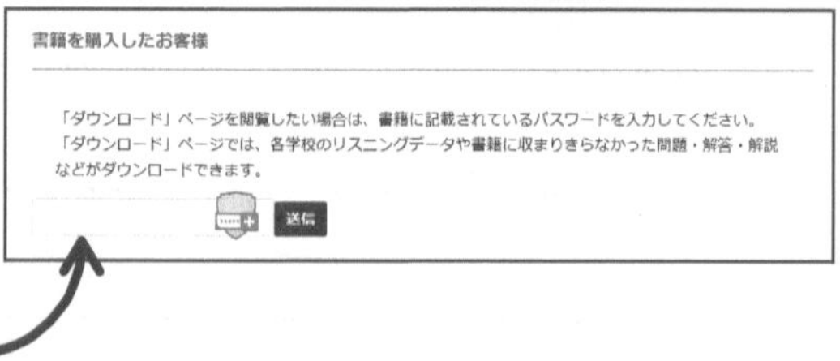

Step 6　使用したいコンテンツをクリック

※ PC ではマウス操作で保存が可能です。

2023年度

★★★★★★★★★★★★★★★★★★★★★★★★

入　試　問　題

2023年度

光ヶ丘女子高等学校入試問題

【数　学】（45分）　＜満点：20点＞

【注意】 分度器，コンパスは使用できません。

1． あとの⑴から⑾までの問いについて，㋐から㋓までの中から一つ選びなさい。

⑼と⑽と⑾は２ページにあります。

⑴　$2\times(-3)-3-8\times7$　を計算しなさい。

㋐　-65　　㋑　-83　　㋒　-139　　㋓　-196

⑵　$5x^2y^2\div\left(-\dfrac{x}{y^2}\right)\div\dfrac{5}{2xy}$　を計算しなさい。

㋐　$-2x^4y$　　㋑　$-2x^2y^5$　　㋒　$-\dfrac{25x^2}{2y}$　　㋓　$-\dfrac{25}{2}y^3$

⑶　$(2\sqrt{2}+3\sqrt{3})(\sqrt{2}-3\sqrt{3})$　を計算しなさい。

㋐　-23　　㋑　$10\sqrt{5}$　　㋒　$-23-3\sqrt{6}$　　㋓　$31+9\sqrt{6}$

⑷　$x:6=4:(10-x)$　が成り立つときの x の値を求めなさい。

㋐　$x=4$　　㋑　$x=6$　　㋒　$x=4,\ 6$　　㋓　$x=-4,\ -6$

⑸　連立方程式 $\begin{cases} 5(x-2y+6)=16-4(3x+y) \\ \dfrac{1}{5}y=\dfrac{3}{5}x-1 \end{cases}$ を解きなさい。

㋐　$x=-16,\ y=-53$　　㋑　$x=4,\ y=7$

㋒　$x=22,\ y=61$　　㋓　$x=44,\ y=127$

⑹　清美さんは学校から家まで2270mの道のりを歩いて帰ることにした。しかし，途中まで歩いたところで，車を運転する父に出会った。そこから家まで送ってもらったので，学校から家まで14分で着くことができた。清美さんの歩く速度は毎分70mで，父の運転する車が毎分500mで進んだとすると，清美さんは学校から何分歩いたときに父に出会ったかを求めなさい。

㋐　3分　　㋑　8分　　㋒　11分　　㋓　16分

⑺　A，B，C，Dの４人でジャンケンをしたとき，１回のジャンケンで，Aだけが勝ちになる確率を求めなさい。ただし，あいこになった場合も１回と数えることとする。

㋐　$\dfrac{1}{3}$　　㋑　$\dfrac{1}{4}$　　㋒　$\dfrac{1}{12}$　　㋓　$\dfrac{1}{27}$

⑻　関数 $y=-\dfrac{1}{3}x^2$ について，x の変域が $-3\leqq x\leqq6$ のとき，y の変域は $a\leqq y\leqq b$ である。このとき，a，b の値を求めなさい。

㋐　$a=-3,\ b=-12$

㋑　$a=-12,\ b=-3$

㋒　$a=-3,\ b=0$

㋓　$a=-12,\ b=0$

⑼　平面上に点Aと直線ℓがあり，点Aから直線ℓに下ろした垂線の長さが8㎝であるとする。点Pは直線ℓ上に存在し，直線ℓ上の点Bから出発し，最初の3秒間は秒速2㎝で，その後は秒速1㎝の速さで移動する。このとき，x秒後の△ABPの面積をy㎝^{2}としたとき，xとyの関係をグラフで表したものを選びなさい。

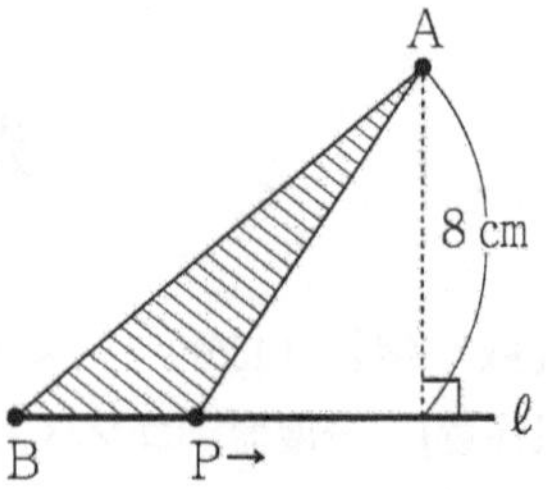

㋐
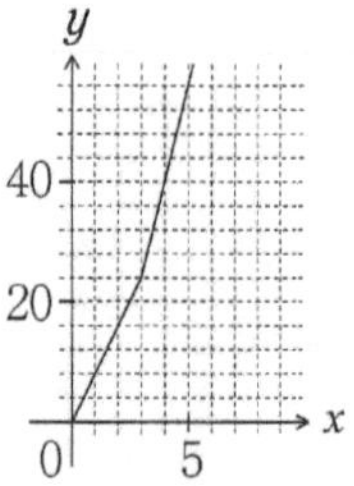

㋑
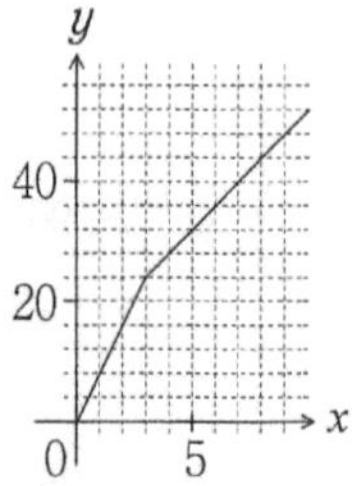

㋒
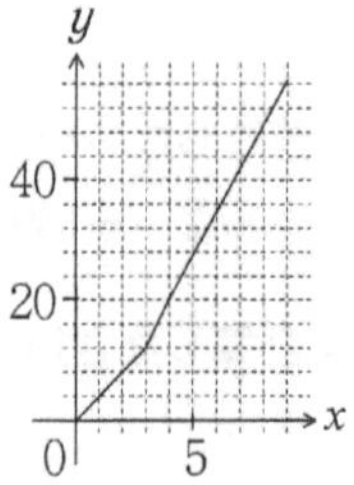

㋓
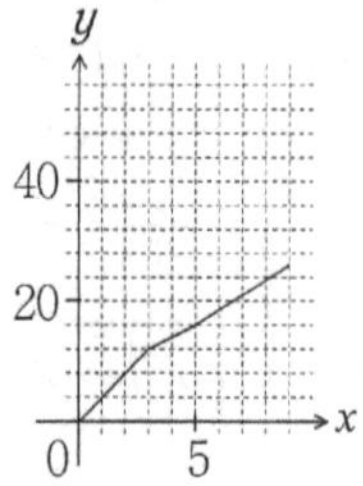

⑽　あるドラマの第1回から第5回までの視聴率を，同地域の同じ世帯数で調べたところ，
20.5%，19.7%，20.3%，9.5%，19.5%
であった。このとき，平均を求めなさい。

㋐　17.9%　　㋑　18.3%　　㋒　19.9%　　㋓　20.1%

⑾　右の図のように，折れ線PQRを境界とする2つの土地[ア]，[イ]があります。それぞれの土地が，この形では使いにくいため，土地[ア]，[イ]の面積が変わらないようにして，境界をPを通る線分に改めることになりました。どのように境界線を引けばよいかを選びなさい。

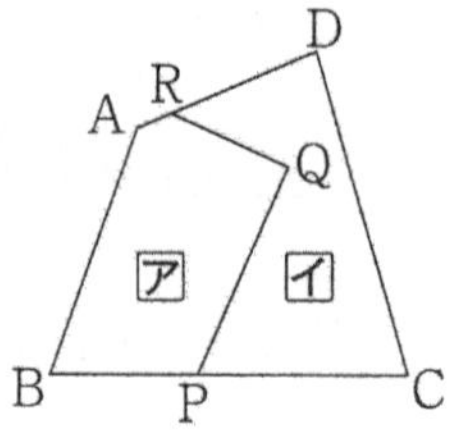

㋐
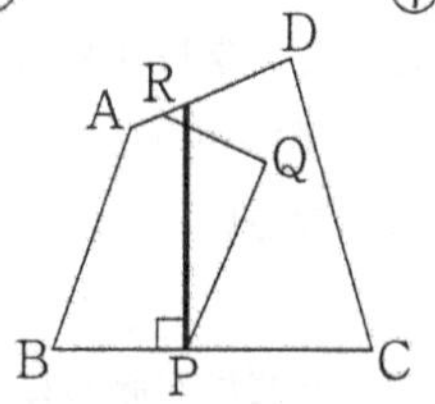

㋑
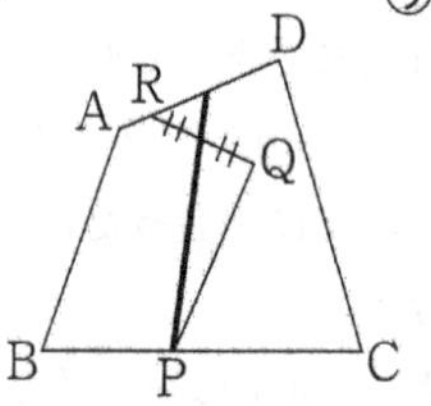

㋒
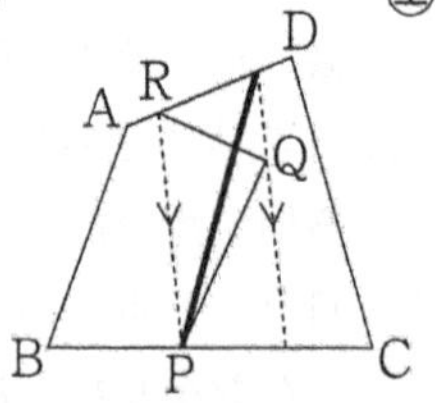

㋓
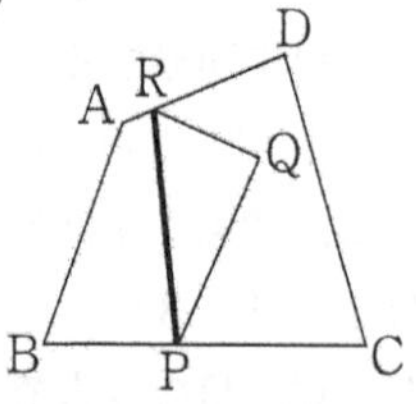

2． あとの⑴，⑵の問いについて，文中の [アイウ] などに入る数字をそれぞれ答えなさい。

⑴　図（次のページ）のように，1辺が1㎝の立方体の積み木を規則正しく積み重ね，お互いを接着させ，1番目，2番目，3番目，4番目…と，底面が正方形の立体を作っていくとき，6番目の立体の表面積は [アイウ] ㎝^{2}である。

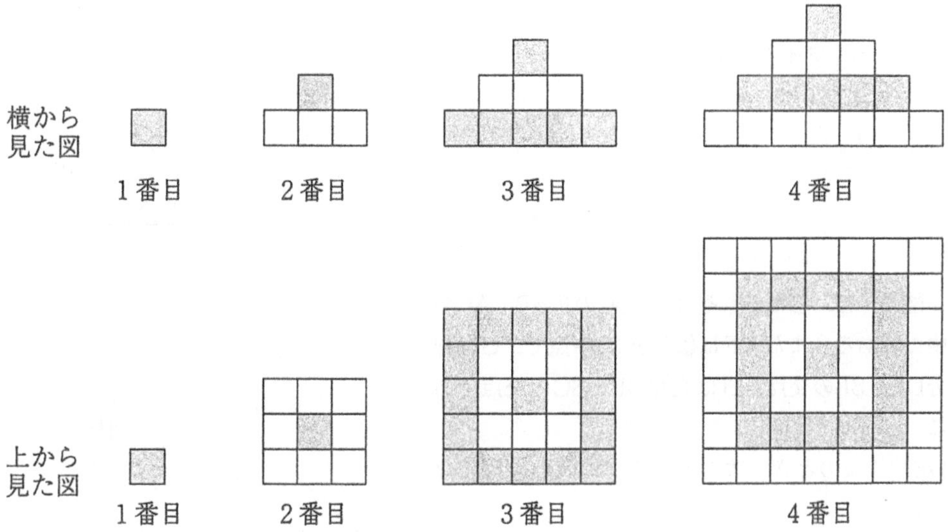

⑵　図で，斜面上のA地点に白球を置き，静かに手を離したところ，白球は手を離すと同時に斜面に沿って転がり始めた。A地点から白球が転がり始めてからの時間 x（秒）と，その移動距離 y（cm）の関係を調べてみたところ，下の表のような結果となり，y は x の２乗に比例することが分かった。このとき，次の①，②の問いに答えなさい。

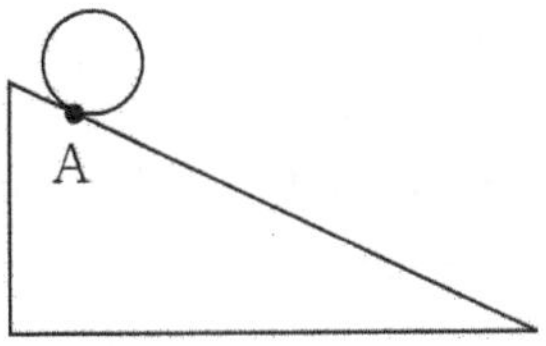

時間（秒）	0	2	4
移動距離（cm）	0	50	200

①　y を x の式で表すと $y=\frac{\boxed{エオ}}{\boxed{カ}}x^2$ である。

②　白球がA地点を出発し，６秒後にB地点，９秒後にC地点を通過した。白球はBC間の速度が一定であり，その速度はB地点を通過したときのものとする。このとき，BC間の距離は **キクケ** cmである。
なお，瞬間の速さは，その瞬間を時間的中点とする区間の平均の速さに等しい。

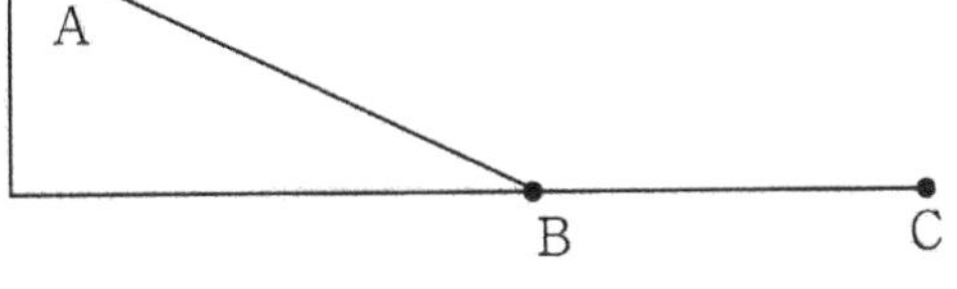

3． あとの⑴から⑶の問いについて，文中の **アイ** などに入る数字をそれぞれ答えなさい。ただし，⑶①は問題文の指示に従いなさい。

⑴　図（次のページ）で，A，B，C，Dは円周上の点で，点Eは線分ACとBD，点Pは直線ADとBCの交点である。

∠APB＝30°，∠DEC＝80°のとき，
∠ADE＝ [アイ] °である。

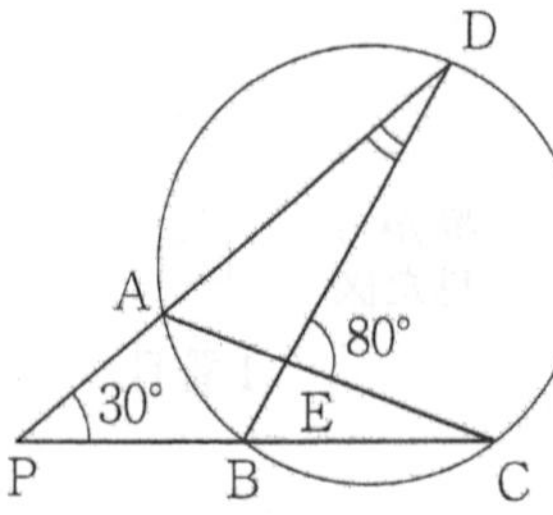

⑵　図で，D，Eはそれぞれ△ABCの辺AB，ACの中点である。また，Fは線分ECの中点で，Gは線分DFとBEの交点，Hは直線DFとBCの交点である。
DE＝４㎝のとき，次の①から③の問いに答えなさい。

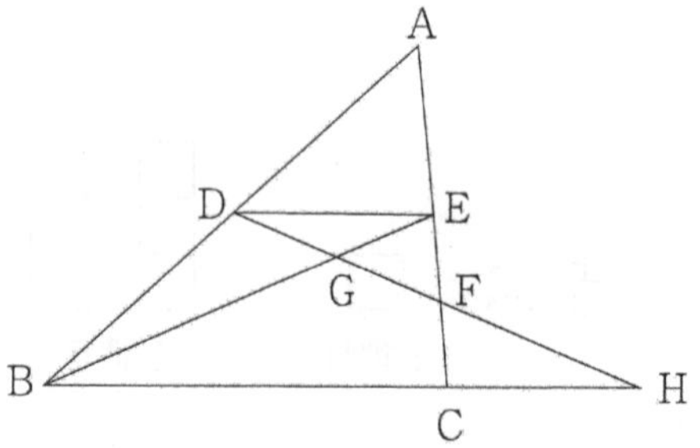

①　CHの長さは [ウ] ㎝である。
②　DG：GH＝ [エ] ： [オ] である。
③　△GBHの面積は△ABCの面積の $\dfrac{\boxed{\text{カ}}}{\boxed{\text{キク}}}$ 倍である。

⑶　図で，立体ABCDEFGHは１辺の長さが６㎝の立方体である。点Ｉ，Ｊはそれぞれ頂点A，Gを同時に出発し，点Ｉは毎分1.5㎝の速さで辺ＡＥ上を，点Ｊは毎分１㎝の速さで辺GC上を４分間進む。
点Ｉが頂点Aを出発して x 分後のとき，3点D，Ｉ，Ｊを通る平面で立方体を切りとる図形を考える。このとき，次の①，②の問いに答えなさい。

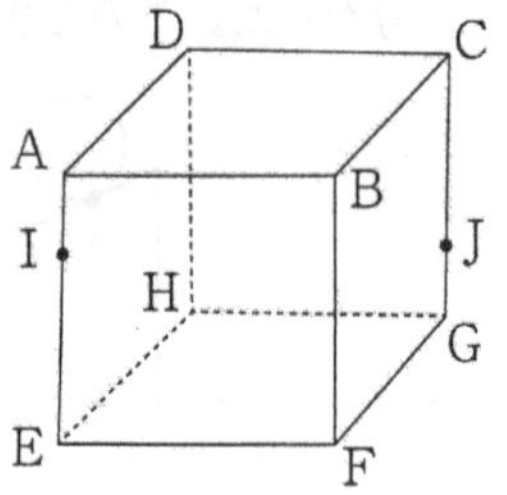

①　点Ｉ，Ｊを進ませたとき，立方体の断面図としてあり得るものを，次の㋐から㋓までの中から全て選んで，そのかな符号を書きなさい。[①]
㋐　三角形　　㋑　四角形　　㋒　五角形　　㋓　六角形
②　２分後の図形で，３点D，Ｉ，Ｊを通るように立方体を切ったとき，Hを含む方の体積は $\dfrac{\boxed{\text{ケコサ}}}{\boxed{\text{シ}}}$ ㎝³である。

【英　語】（45分）　＜満点：20点＞

1． 指示に従って，聞き取り検査の問題に答えなさい。

「答え方」

問題は第１問と第２問の二つに分かれています。

【第１問】

第１問は，１番から３番までの三つあります。それぞれについて，最初に会話文を読み，続いて，会話についての問いと，問いに対する答え，ａ，ｂ，ｃ，ｄを読みます。そのあと，もう一度，その会話文，問い，問いに対する答えを読みます。必要があればメモをとってもかまいません。

問いの答えとして正しいものは解答欄の「正《せい》」の文字を，誤っているものは解答欄の「誤《ご》」の文字を，それぞれマークしなさい。正しいものは，各問いについて一つしかありません。

【第２問】

第２問では，最初に英語の文章を読みます。続いて，文章についての問いと，問いに対する答え，ａ，ｂ，ｃ，ｄを読みます。問いは１番と２番の二つあります。そのあと，もう一度，文章，問い，問いに対する答えを読みます。必要があればメモをとってもかまいません。

問いの答えとして正しいものは解答欄の「正《せい》」の文字を，誤っているものは解答欄の「誤《ご》」の文字を，それぞれマークしなさい。正しいものは，各問いについて一つしかありません。

※リスニングテストの放送台本は非公表です。

2． 次のグラフを見て，あとの問いに答えなさい。

(1)

1ヶ月の読書数の推移(中学生)

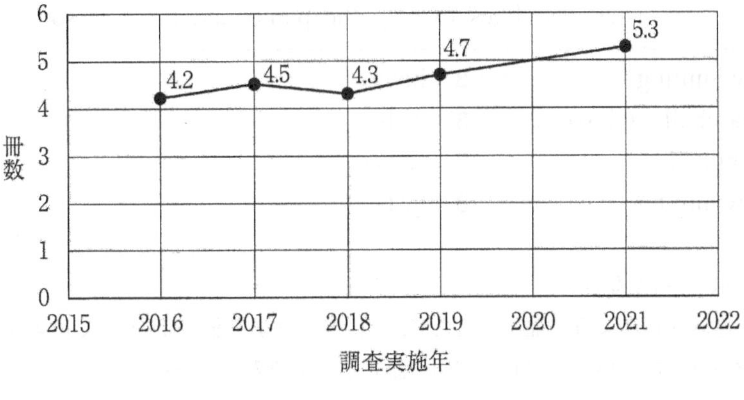

データ出典：公益社団法人全国学校図書館協議会　学校読書調査

＊ 2020年は調査が実施されませんでした。

このグラフから読み取れることは何か。以下のうちから正しいものを選びなさい。

ア　Students read the most books in 2021.

イ　Students read more books in 2017 than in 2019.

ウ　Girls read more books than boys in 2016.

エ　Students read many books in 2021 because they had a lot of free time.

⑵　グラフを見ながら，ジュリア（Julia）とユウタ（Yuta）が話をしています。（　）に入れるのにふさわしい組み合わせを選びなさい。以下のグラフ内の数値はパーセンテージを表しています。

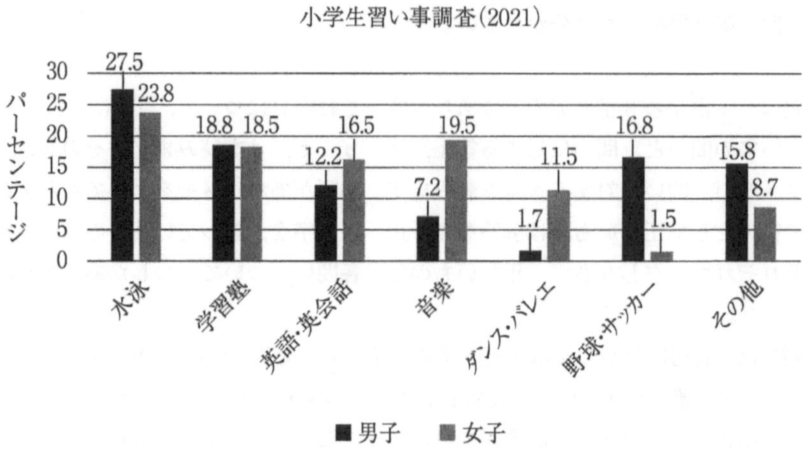

データ出典：小学生白書 2021

Julia　:　Wow, (　A　) is the most popular of all!　I didn't know so many children practiced it after school.

Yuta　:　I practiced it when I was in elementary school. It is common or Japanese children to learn it.

Julia　:　Music is also popular among (　B　).

Yuta　:　My sister also likes to play the piano and takes lessons every week.

ア　A：swimming　　B：boys

イ　A：baseball and soccer　　B：girls

ウ　A：English　　B：boys

エ　A：swimming　　B：girls

3. ⑴，⑵の問いに答えなさい。

⑴　次の文を意味が通るように並べ替えた時，＊に当てはまる語（句）として適切なものを，以下から選び，マークしなさい。ただし，文頭の語も小文字で表している。

(can / mountain / here / the / from / ＊).

ア　see / イ　be seen / ウ　be seeing / エ　been seen

⑵　次の（　）に当てはまる語句を以下から選び，マークしなさい。

(　　　　　　　　　) is my aunt.

ア　The woman standing at the door

イ　The woman is standing at the door

ウ　The woman stood at the door

エ　The woman is stood at the door

4. 次の文章を読んで，あとの(1)から(5)までの問いに答えなさい。

If you love animals and birds, some people may say that you must visit New Zealand. It is a small island country. There are many kinds of animals. The animals, birds, and plants [A] live there have very unique features.

The kakapo is one of them. The name "kakapo" comes from Maori. In Maori, "kaka" means "parrot," and "po" means "night" It is a species of large, flightless bird. Now, this species is critically endangered. In ancient times, the kakapo ①(ア of / イ one / ウ was / エ popular / オ most / カ birds / キ the) in New Zealand. However, in 1990, there were only 50 of these birds. What happened to them?

In the past, there were only small animals in New Zealand. There were no natural enemies for birds, and no large animals such as lions or tigers. Even cats, rabbits or rats didn't live there, so New Zealand became a paradise for birds. Birds did not have to fly to escape. They used their feet to move, instead of their wings. For kakapos, it was easy to find food on foot. Gradually, (②)

However, 1000 years ago, the environment around the kakapo changed a lot. Maori people arrived in New Zealand. They started to hunt kakapos for food, and for their skins and feathers. Because kakapos weren't able to fly, Maori people easily caught them. Years later, Europeans arrived. ③They brought dogs and other animals, such as cats and rats. The number of kakapos rapidly decreased. In the 19th century, thousands of kakapos were caught or killed, and only a few survived. In 1891, the New Zealand government set a nature reserve to save kakapos. All living kakapos were moved there, and the Kakapo Recovery Program started.

Thanks to the efforts, the population of kakapos reached 200 in August 2019. Now they live on small islands without natural enemies, but the kakapo is still listed as an endangered species. Not only the kakapo but also many other species are still in danger of extinction because of human activities. We can also take action to protect these animals.

（注） island country 島国　kakapo カカポ（鳥の名前）　Maori マオリ語，マオリの
parrot オウム　flightless 飛べない　critically 深刻に　natural enemies 天敵
rat ねずみ　paradise 楽園　escape 逃げる　feet 足（foot の複数形）
wings （両）翼　gradually だんだん　skins （動物の）皮　easily 簡単に
Europeans ヨーロッパの人々　The number of ～ ～の数　nature reserve 自然保護区
Kakapo Recovery Program カカポ保護計画　Thanks to ～ ～のおかげで

(1) [A] に当てはまるものとして適切な語を以下のカナ符号から選び，マークしなさい。

ア which　イ why　ウ where　エ who

⑵　下線①のついた文が，本文の内容に合うように（　）内の語句を正しい順序に並べかえたとき，**２番目**と**４番目**にあたるカナ符号をマークしなさい。

⑶　（②）にあてはまる最も適当な英語を，次のアからエまでの中から一つ選んで，そのカナ符号をマークしなさい。

ア　kakapos began to practice flying to hunt other animals by wings.

イ　kakapos had to run very fast because there was a lot of danger for flightless birds.

ウ　kakapos' wings became too small to fly.

エ　the kakapo became only one species to use the wings to move.

⑷　下線③が表すものは次のうちどれか。適当なものを次のアからエまでの中から一つ選んで，そのカナ符号をマークしなさい。

ア　their skins and feathers　　イ　Europeans

ウ　kakapos　　エ　large animals

⑸　次のアからカまでの文の中から，その内容が本文に書かれていることと一致するものを三つ選んで，そのカナ符号をマークしなさい。

ア　Maori named the kakapo after its unique features, such as the skin color, feathers, and large body.

イ　Birds and other animals such as cats and rats could live together before Maori people arrived at the island.

ウ　A long time ago, New Zealand was a safe place for birds, so some of them stopped flying.

エ　The government started the recovery program to save kakapos but all of the birds died.

オ　After moving to small islands, the number of kakapo has increased.

カ　The kakapo is listed as an endangered species because humans brought natural enemies to them in the past.

5． ルカ（Ruka）と，友達のエミリー（Emily）が話をしています。次の会話文を読んで，あとの⑴から⑷までの問いに答えなさい。

Ruka　:　This is a gift for you!

Emily　:　Thank you Ruka!　What is it?

Ruka　:　It is "Space Curry", a souvenir from Tanegashima.　I went to Tanegashima with my family and I bought it there.　①It is a pouch-packed curry which is (　　　) for astronauts.

Emily　:　Tanegashima?　I haven't heard of it.　Where is it?

Ruka　:　It is a part of Kagoshima prefecture.　It's about 30 minutes from Kagoshima Airport if you go by plane.

Emily　:　Why did you go there?

Ruka : 【 a 】

Emily : Oh, does your sister live there?

Ruka : Yes. She is staying with a host family. She is participating in the Uchu Ryugaku Program. She joined the program last spring. At first, she felt sad, but now she really enjoys her life there. She goes to the elementary school on weekdays and she also learns about space on the weekends. She showed me interesting places on the island. She has made many friends and she has learned a lot of things.

Emily : I have never heard of it. 【 b 】

Ruka : My uncle told us. He is working for JAXA and he wants us to learn about space. I didn't join the program, but I like learning about it.

Emily : I see. 【 c 】

Ruka : It was the Tanegashima Space Center. They say it is the most beautiful rocket launch site in the world. 【 d 】

Emily : It is very beautiful.

Ruka : I know. Anyway, we made a model rocket and launched it there. It was exciting! We can also learn (A) astronauts are doing in space. Everything is different in space, so it is difficult to do daily things. But I am interested in working together with astronauts from other countries.

Emily : I'm glad to hear that.

Ruka : Yes. I will study science harder and practice speaking English.

Emily : ②Thank you for ( ) your experience. I will enjoy "Space Curry". 【 e 】

Ruka : I am sure that she will be happy to share her memories.

（注） space 宇宙 souvenir お土産 pouch-packed curry レトルトカレー
astronaut 宇宙飛行士 prefecture 県 participate in ～ ～に参加する
Uchu Ryugaku Program 宇宙留学 weekday 平日 at first はじめは
JAXA 宇宙航空研究開発機構 rocket launch site ロケット発射場
model rocket モデルロケット launch 発射する

(1) あとのアからオまでの英文を，会話文中の【a】から【e】までのそれぞれに当てはめて，会話の文として最も適当なものにするには，【a】から【e】にどれを入れたらよいか，そのカナ符号を書きなさい。ただし，いずれも一度しか用いることができません。

ア I am looking forward to talking with Haru after she comes back.

イ How did you find the program?

ウ This is a picture I took there.

エ I visited my younger sister, Haru.

オ What was the most exciting place in Tanegashima?

⑵ 下線①，②のついた文が会話の文として最も適当なものとなるように，それぞれの（ ）にあてはまる語を以下からそれぞれ選びなさい。

① ア make イ making ウ to made エ made

② ア asking イ sharing ウ studying エ growing

⑶ （A）に当てはまる最も適当な語を，次のアからエまでの中から選んで，そのカナ符号を書きなさい。

ア what イ where ウ when エ why

⑷ 次の英文は，この会話が行われた後，エミリーが，ルカとの共通の友人に送ったメールです。

> Hi, Anna,
>
> I talked to Ruka Ruka's sister, Haru, lives in Kagoshima now. I think you have met her before. She stays on Tanegashima Island to learn about space. I was （ X ） to hear that, and I am interested in the things she does. I want to talk to you about Haru's wonderful experience. Can you come to my house this weekend? I got "Space Curry" from Ruka Let's try it together. I am waiting for your reply.
>
> Bye, Emily.

(a) このメールが会話文の内容に合うように，次の（X）にあてはまる最も適切な語を選びなさい。

ア surprise イ surprised ウ surprising エ a surprise

(b) このメールの後，最初に起こることとして，最も適切なものを選びなさい。

ア Ruka, Emily and Anna are going to Kagoshima.

イ Anna will write an e-mail to Emily.

ウ Anna is going to visit Emily's house.

エ Haru will come back and cook "Space Curry".

【理　科】（45分）　＜満点：20点＞

1． あとの(1)から(4)までの問いに答えなさい。

(1)　抵抗値がそれぞれ，10Ω，20Ω，30Ω，40Ω，50Ω，75Ωの抵抗器A，B，C，D，E，Fが図のように92Vの電源に接続されている。消費電力の最も大きい抵抗器はどれか。下の**ア**から**カ**までの中から一つ選びなさい。

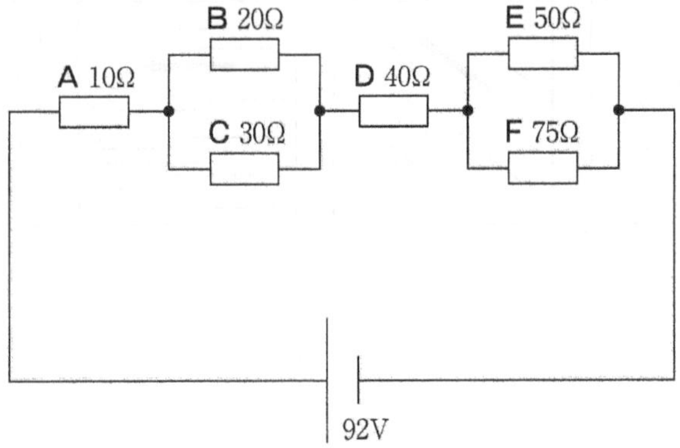

図1

ア　抵抗器A　　**イ**　抵抗器B　　**ウ**　抵抗器C
エ　抵抗器D　　**オ**　抵抗器E　　**カ**　抵抗器F

(2)　次の**ア**から**エ**までの物質の水溶液の中で電流が流れるものを，一つ選びなさい。

ア　砂糖　　**イ**　エタノール　　**ウ**　塩化水素　　**エ**　ショ糖

(3)　次の**図2**は，博物館で動物の頭骨を観察し，異なった特徴をもつ2種類の動物の頭骨をスケッチしたものである。その後，それぞれの動物の特徴についてまとめた文章として最も適当なものを，あとの**ア**から**エ**までの中から一つ選びなさい。

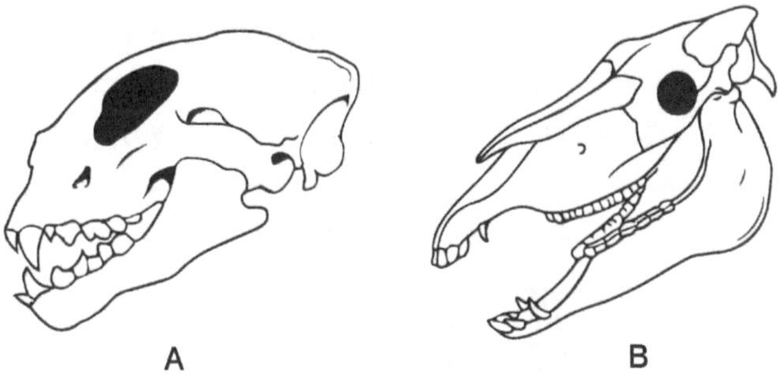

図2

ア　Aの生物は，2つの目が側方を向いていることで，広い範囲を見渡すことができる。発達した犬歯や臼歯は，食物を食いちぎったり細かくすりつぶすことに役立っている。

イ　Aの生物は，2つの目が前方を向いていることで，前方の広い範囲を立体的に見ることができる。発達した犬歯や臼歯は，食物を食いちぎったりかみ砕いたりすることに役立っている。

ウ　Bの生物は，2つの目が側方を向いていることで，広い範囲を見渡すことができる。発達した犬歯や臼歯は，食物を食いちぎったりかみ砕いたりすることに役立っている。

エ　Bの生物は，２つの目が前方を向いていることで，前方の広い範囲を立体的に見ることができる。発達した犬歯や臼歯は，食物を食いちぎったり細かくすりつぶすことに役立っている。

(4)　次の図３は各方角の空を見上げた時の星の様子を線と矢印で示したものである。矢印は星の移動方向を示している。各方角の星の様子として最も適当なものを，下の**ア**から**エ**までの中から一つ選びなさい。

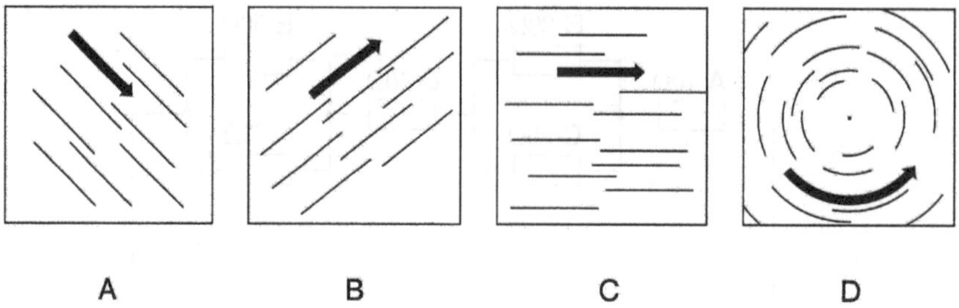

図３

	東の空	西の空	南の空	北の空
ア	A	B	C	D
イ	A	B	D	C
ウ	B	A	C	D
エ	B	A	D	C

２． 次の〔実験〕について，あとの(1)から(4)までの問いに答えなさい。

〔実験〕　ＢＴＢ液に息を吹き込んで緑色にし，４本の試験管AからDに入れた。図のように，試験管A，Bにオオカナダモを入れ，試験管B，Dはアルミニウムはくで包んだ。それぞれを日当たりの良い窓際にならべて２時間放置し，溶液の色の変化を調べた。

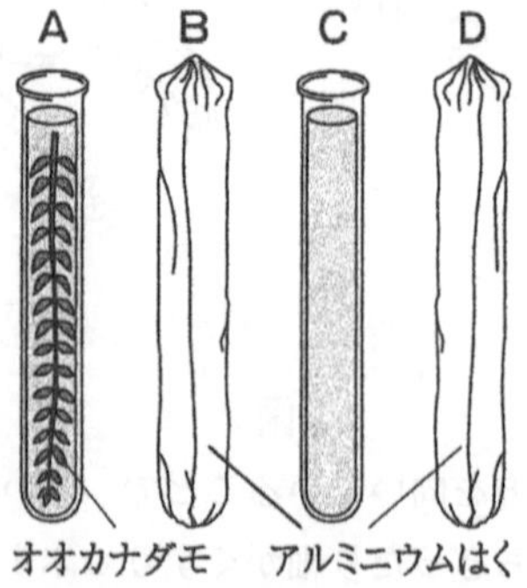

図

(1)　オオカナダモの根を観察すると，ひげ根であった。オオカナダモと同じ種類の生物を，次の**ア**

からエまでの中から一つ選びなさい。

ア タンポポ　**イ** ツユクサ　**ウ** アブラナ　**エ** アサガオ

⑵ オオカナダモを入れた試験管A，Bに加え，オオカナダモを入れない試験管C，Dを含めて実験を行う理由は何か。次の①から③のうち，正しいものの組み合わせとして最も適当なものを，下のアからキまでの中から一つ選びなさい。

① 光合成には光が必要であることを確認するため。

② ＢＴＢ液の色の変化がオオカナダモによるものであることを確認するため。

③ オオカナダモが呼吸を行っていることを確認するため。

ア ①　**イ** ②　**ウ** ③　**エ** ①，②　**オ** ①，③　**カ** ②，③　**キ** ①，②，③

⑶ 試験管Aのオオカナダモの葉を脱色して，スライドガラスにのせヨウ素液を一滴落としてカバーガラスをかぶせて顕微鏡で観察した。このとき見られる細胞として最も適当なものを，次のアからエまでの中から一つ選びなさい。ただし，ヨウ素デンプン反応が見られた部分が黒くぬられている。

ア

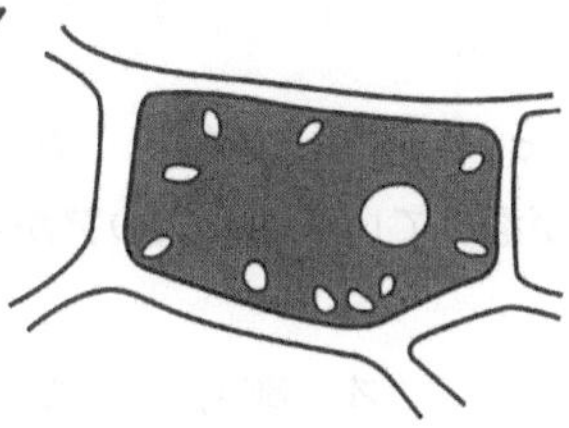

イ

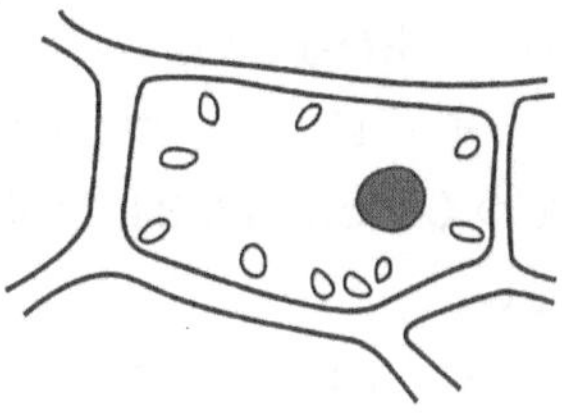

ウ

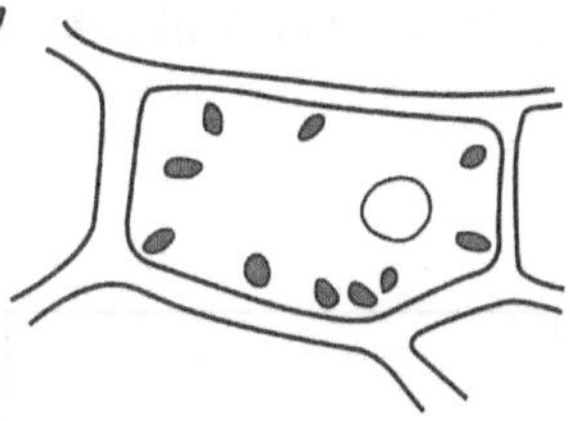

エ

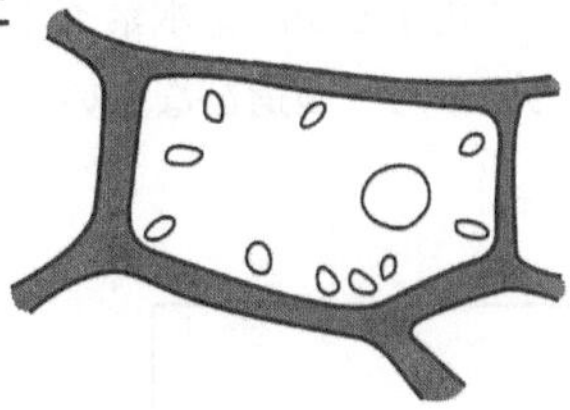

⑷ 次の文は，試験管Bの溶液が黄色になった理由を説明したものである。文中の①から③に当てはまる語の組み合わせとして最も適当なものを，下のアからクまでの中から一つ選びなさい。

オオカナダモの［ ① ］によって排出された［ ② ］が溶液に溶け，［ ③ ］になったから。

	①	②	③
ア	光合成	二酸化炭素	アルカリ性
イ	光合成	二酸化炭素	酸性
ウ	光合成	酸素	アルカリ性
エ	光合成	酸素	酸性
オ	呼吸	二酸化炭素	アルカリ性
カ	呼吸	二酸化炭素	酸性
キ	呼吸	酸素	アルカリ性
ク	呼吸	酸素	酸性

3． 次の［実験］について，あとの⑴から⑷までの問いに答えなさい。

［実験］

［操作１］　200cm^{3}の水に固体の水酸化ナトリウム$NaOH$　８ｇを溶かし，水酸化ナトリウム水溶液**A**をつくった。水溶液**A**の質量をはかると200ｇだった。

［操作２］　市販されている濃塩酸（塩化水素の水溶液）HCl　100cm^3（密度1.2ｇ/cm^3，質量パーセント濃度36.5％）を1100cm^{3}の水でうすめて，希塩酸（水溶液**B**とする）をつくった。

［操作３］　100cm^{3}の水溶液**B**に，水溶液**A**を少しずつ加えていくと，水溶液**A**を100cm^{3}混ぜ合わせたところでちょうど中性を示したので，この水溶液を**C**とした。

［操作４］　［操作３］で得られた水溶液**C** 200cm^{3}から水だけをすべて蒸発させたところ，白色の結晶が残った。

⑴　［操作１］でつくった水酸化ナトリウム水溶液Ａの質量パーセント濃度は何％か。次の**ア**から**カ**までの中から一つ選びなさい。

ア　２％　　**イ**　４％　　**ウ**　６％　　**エ**　８％　　**オ**　10％　　**カ**　12％

⑵　［操作２］でつくった水溶液**B**には何ｇの塩化水素が溶けているか。次の**ア**から**カ**までの中から一つ選びなさい。

ア　3.65ｇ　　**イ**　4.38ｇ　　**ウ**　36.5ｇ　　**エ**　43.8ｇ　　**オ**　365ｇ　　**カ**　438ｇ

⑶　［操作３］で水溶液**A**を一定の速さで少しずつ加えていったとすると，水溶液**B**中のイオンの数はどのように変化するか。①水素イオンと②水酸化物イオンについて最も適当なものを，次の**ア**から**エ**までの中から一つ選びなさい。

ア

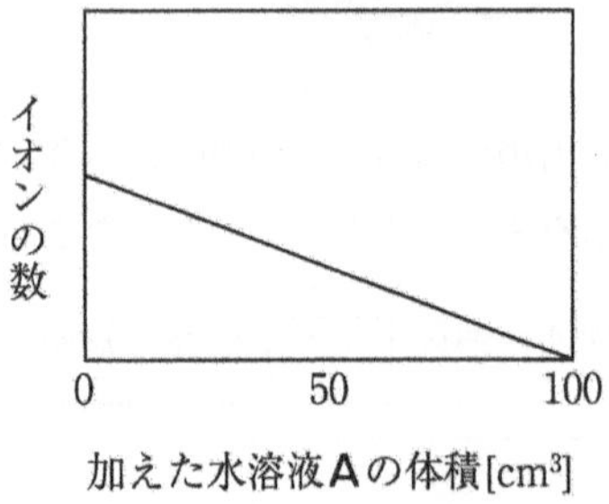

イ

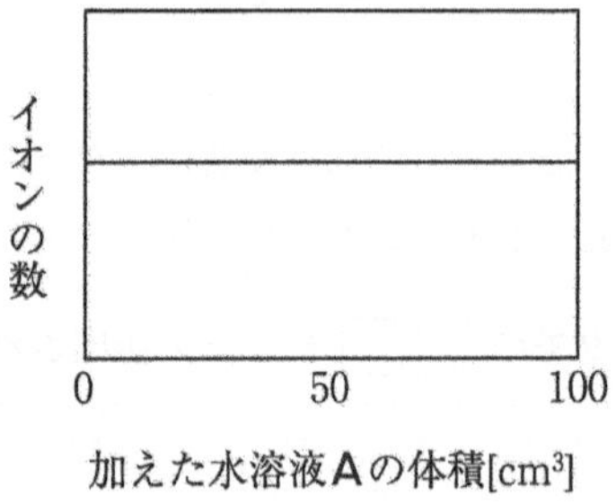

ウ

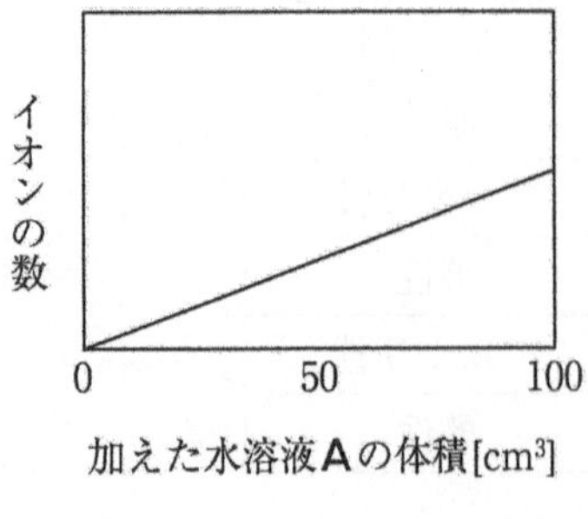

エ

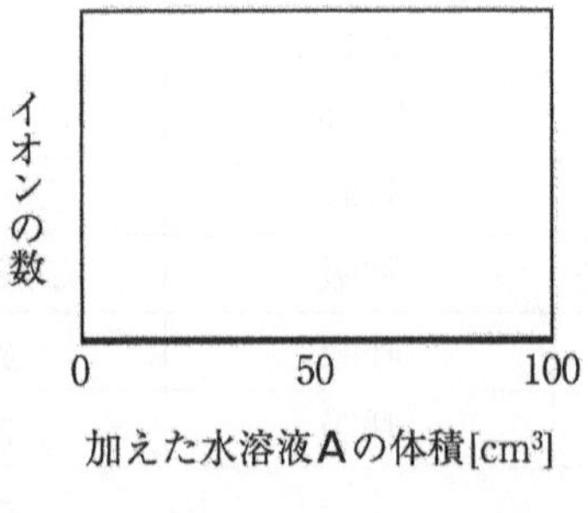

⑷ ［操作４］で得られた白色の結晶とは何の結晶か。次の**ア**から**エ**までの中から一つ選びなさい。
ア 塩化水素　**イ** 塩化ナトリウム　**ウ** 塩化カルシウム　**エ** 酸化カルシウム

４． 次の文章と会話文を読み，あとの⑴から⑷までの問いに答えなさい。

社会の授業で中東に「死海」と呼ばれる塩水湖があり，塩分濃度が高いため浮き輪なしでも人体が浮かぶことを学んだひかりさんは，浮力について〔実験１〕から〔実験３〕を行った。ただし，100 g の物体にはたらく重力の大きさを１Nとし，食塩やミョウバンを溶かしても水溶液の体積は変わらないものとする。

ひかり：浮力を大きくするためには，どうすればいいと思う？
たかし：死海は，塩分濃度が高いってことだったから，水に溶かす食塩の質量を変えて確かめてみようか。
ひかり：それはいいね。だったら，食塩以外の物質を溶かしたときも確かめてみたいな。
たかし：１年生のときに習ったミョウバンを使ってみよう。
ひかり：食塩とミョウバンは，どれくらいの量を水に溶かせばいいのかな？
たかし：理科の教科書にこんなグラフ（**図１**）があったよ。

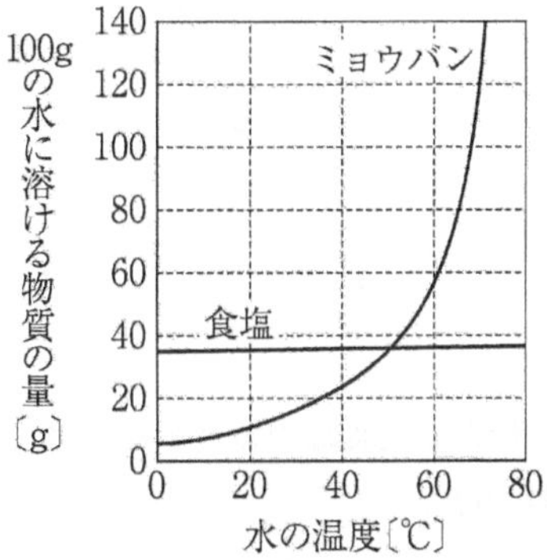

図１

ひかり：グラフを見ると，50℃くらいまで水を温めれば食塩もミョウバンも同じくらい水に溶かせるね。
たかし：じゃあ， 50℃の水１kgに100 g から300 g くらいをそれぞれ溶かしてみよう。
ひかり：水に浸ける物体によっても，浮力の大きさは変わるのかな？
たかし：理科室にいろんな材質と大きさの球があったから，比べてみよう。
ひかり：じゃあ，私たちがする実験は３つになるね。
たかし：うん。実験手順と結果をまとめてみよう。

〔実験１〕

質量250 g，体積50㎤の球**A**にフックを取り付け，ばねばかりに吊るしたところ，2.50Nを示した。水１kgを50℃に加熱し，食塩 x〔g〕を完全に溶かしてできた食塩水を水槽に満たした。そこに球**A**をばねばかりに吊るしたまま**図２**（次のページ）のように入れたところ，溶かした食塩の質量 x〔g〕とばねばかりの示した値は，**表１**（次のページ）のようになった。

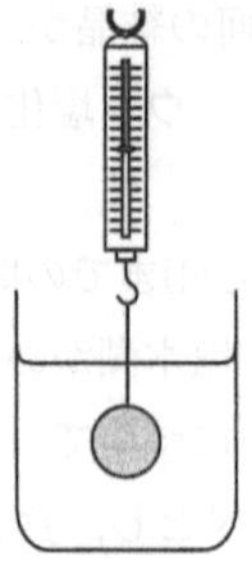

図2

表1

食塩の質量 x〔g〕	100	150	200	250	300
ばねばかりの値〔N〕	1.95	1.93	1.90	1.87	1.85

〔実験2〕

〔実験1〕と同様の実験を，食塩の代わりにミョウバンを用いて行ったところ，**表2**の結果が得られた。

表2

ミョウバンの質量〔g〕	100	150	200	250	300
ばねばかりの値〔N〕	1.95	1.93	1.90	1.90	1.85

〔実験3〕

〔実験1〕と同様の実験を，溶かした食塩の質量を200 gで，球Aを様々な球に変えて行ったところ，**表3**，**表4**の結果が得られた。

表3

	球B	球C	球D	球E
球の材質	アルミニウム	鉄	塩化ビニル	鉛
球の質量〔g〕	135	395	70	570
球の体積〔cm^3〕	50	50	50	50
ばねばかりの値〔N〕	0.75	3.35	0.10	5.10

表4

	球F	球G	球H	球I
球の材質	アルミニウム	鉄	塩化ビニル	鉛
球の質量〔g〕	250	250	250	250
球の体積〔cm^3〕	92.5	31.5	179	22
ばねばかりの値〔N〕	1.39	2.12	0.35	2.24

(1) 球Bにはたらく浮力の大きさは何Nか。次の**ア**から**カ**までの中から一つ選びなさい。

ア 0.60　**イ** 0.65　**ウ** 0.70　**エ** 0.75　**オ** 0.80　**カ** 0.85

⑵　50℃の水１kgに食塩を限界まで溶かした水溶液に，浮かせることのできるのは次のうちどれか。次の**ア**から**カ**までの中から一つ選びなさい。

ア　球A　　**イ**　球B　　**ウ**　球C　　**エ**　球D　　**オ**　球E

カ　球Aから球Eまでの中に浮かせられるものはない。

⑶　**表１**と**表２**を比較すると，250ｇの結果のみが異なった。異なる結果が得られた可能性として最も適当なものを次の**ア**から**エ**までの中から一つ選びなさい。

ア　食塩を誤って250ｇよりも少なく溶かしてしまった。

イ　ミョウバンを誤って250ｇよりも多く溶かしてしまった。

ウ　実験操作に時間が掛かり，ミョウバン水溶液が冷えてから実験を行った。

エ　**表２**の実験を行う際，球Aをより浅い位置で吊り下げた。

⑷　〔実験１〕〔実験２〕〔実験３〕の結果から考えられる浮力について述べた文として最も適当なものを，次の**ア**から**エ**までの中から一つ選びなさい。

ア　浮力の大きさは，物体の質量が大きいほど大きくなる。

イ　浮力の大きさは，物体の体積が大きいほど小さくなる。

ウ　浮力の大きさは，物体の密度が大きいほど大きくなる。

エ　浮力の大きさは，水溶液の密度が大きいほど大きくなる。

5．　マグマのねばりけのちがいとできる火山の形の関係について調べるため，次のような〔実験〕を行った。**図１**および**図２**はそれぞれの観察の様子をスケッチしたものである。〔実験〕および，火山に関係する，あとの⑴から⑷までの問いに答えなさい。

〔実験〕

１．ホットケーキミックス50ｇに水を20mL加えたものAと水を30mL加えたものBの２種類のねばりけのものを用意する。

２．生クリーム用のしぼり口をつけたポリエチレンの袋にA，Bを入れ，工作用紙の中心に空けた穴に下から差しこむ。

３．工作用紙の下から，それぞれを押し出す。

４．ねばりけとできた形の関係を実際の火山と比べて考察する。

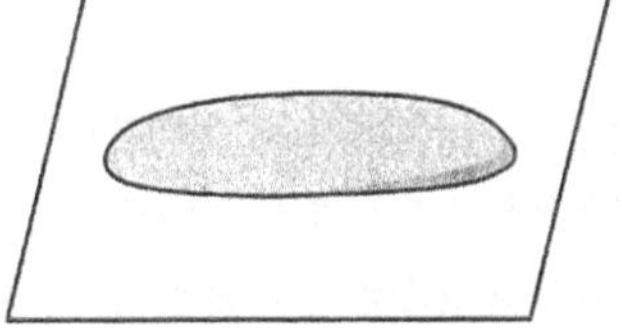

図１

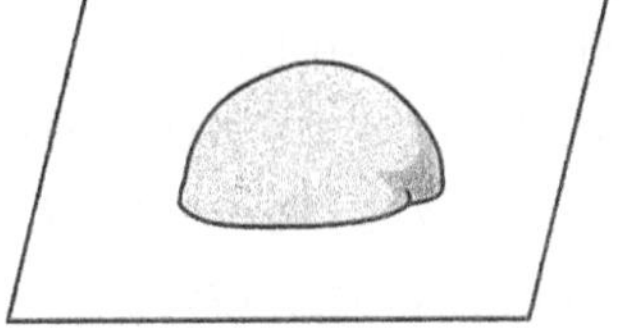

図２

⑴　Bを用いたときに観察される様子と，そのような特徴をもつ火山の例の組み合わせとして最も適当なものを，次のページの**ア**から**カ**までの中から一つ選びなさい。

	B	火山の例
ア	**図 1**	昭和新山
イ	**図 1**	桜島
ウ	**図 1**	キラウェア火山
エ	**図 2**	昭和新山
オ	**図 2**	桜島
カ	**図 2**	キラウェア火山

⑵　**図 2** のようなマグマの性質を持つ火山について考察を示した次の文章中の ① ② ③ に当てはまる語の組み合わせとして最も適当なものを，下の**ア**から**ク**までの中から一つ選びなさい。

> **図 2** のようなマグマの性質を持つ火山は噴火の際，マグマに含まれる気体成分が抜け出し ① いため， ② 噴火をすると考えられる。実際に，似たような噴火をした雲仙普賢岳では，噴火にともなう火砕流などで大きな被害が発生した。このような火山で見られる火山灰や岩石は ③ っぽい色になることが多い。

	①	②	③
ア	にく	穏やかな	白
イ	にく	穏やかな	黒
ウ	にく	激しい	白
エ	にく	激しい	黒
オ	やす	穏やかな	白
カ	やす	穏やかな	黒
キ	やす	激しい	白
ク	やす	激しい	黒

⑶　火山噴出物について述べた文として最も適当なものを，次の**ア**から**エ**までの中から一つ選びなさい。

ア　火山噴出物の中で最も大きなものは火山れきである。

イ　火山灰は結晶以外にガラス質の部分も含む。

ウ　火山噴出物は火山砕屑物ともいう。

エ　溶岩には細かな穴が存在しない。

⑷　気象庁は火山の周辺にさまざまな観測機器を整備し，24時間体制で監視して，データを収集している。現在では，このようなデータをもとに「噴火警戒レベル」というしくみが運用されている。噴火警戒レベルによって，噴火警報，噴火予報が気象庁から発表され，火山周辺の地域の安全確保に役立っている。次のページの**表**は噴火警戒レベルについて，気象庁のホームページから転載したものである。

表を参考にして，噴火警戒レベルに応じた登山行動として**適切ではない**行動を，あとの**ア**から**エ**までの中から一つ選びなさい。

ア　登山の予定があったが，噴火警戒レベルが 3 に引き上げられたため，計画を見送った。

イ　登山中に噴火警戒レベルが 3 に引き上げられたため，山小屋に一泊することを諦めて，下山した。

ウ　噴火警戒レベルが２であることを知っていたため，登山のルートを火口付近に近づかないように変更して，登山を決行した。

エ　友人が登山していた山の噴火警戒レベルが４に引き上げられたことを自宅で知り，安全装備を届けるために，登山を決行した。

表

種別	名　称	対象範囲	噴火警戒レベルとキーワード			説明		
						火山活動の状況	住民等の行動	登山者・入山者への対応
特別警報	**噴火警報（居住地域）** 又は **噴火警報**	居住地域及びそれより火口側	**レベル 5**	避難		居住地域に重大な被害を及ぼす噴火が発生、あるいは切迫している状態にある。	危険な居住地域からの避難等が必要（状況に応じて対象地域や方法等を判断）。	
			レベル 4	高齢者等避難		居住地域に重大な被害を及ぼす噴火が発生すると予想される（可能性が高まってきている）。	警戒が必要な居住地域での高齢者等の要配慮者の避難、住民の避難の準備等が必要（状況に応じて対象地域を判断）。	
警報	**噴火警報（火口周辺）** 又は **火口周辺警報**	火口から居住地域近くまで	**レベル 3**	**入山規制**		居住地域の近くまで重大な影響を及ぼす（この範囲に入った場合には生命に危険が及ぶ）噴火が発生、あるいは発生すると予想される。	通常の生活（今後の火山活動の推移に注意。入山規制）。状況に応じて高齢者等の要配慮者の避難の準備等。	登山禁止・入山規制等、危険な地域への立入規制等（状況に応じて規制範囲を判断）。
		火口周辺	**レベル 2**	**火口周辺規制**		火口周辺に影響を及ぼす（この範囲に入った場合には生命に危険が及ぶ）噴火が発生、あるいは発生すると予想される。	通常の生活。（状況に応じて火山活動に関する情報収集、避難手順の確認、防災訓練への参加等）。	火口周辺への立入規制等（状況に応じて火口周辺の規制範囲を判断）。
予報	**噴火予報**	火口内等	**レベル 1**	**活火山であることに留意**		火山活動は静穏。火山活動の状態によって、火口内で火山灰の噴出等が見られる（この範囲に入った場合には生命に危険が及ぶ）。		特になし（状況に応じて火口内への立入規制等）。

（気象庁ＨＰより）

【社　会】（45分）　＜満点：20点＞

1． 次のA，B，Cのカードはある生徒が祭祀《さいし》や信仰にまつわる調べ学習を行ない，それをまとめたものである。あとの(1)から(3)までの問いに答えなさい。

A

弥生時代の集落では，豊穣《ほうじょう》を祈願し，収穫を感謝する祭りがとりおこなわれ，これらの祭りには，銅鐸や銅剣などの青銅製祭器が用いられた。銅鐸には狩猟や農耕に関する絵が描かれているものもある。

B

平安時代には，政治的に非《ひ》業《ごう》の死をとげた人などの霊が疫病や飢饉を起こすと考えられ，御霊《ごりょう》信仰が現れた。この絵は大宰府に左遷された菅原道真の霊が雷神となって清涼殿を襲う場面を描いたものである。

C

疫病の流行を防ぐ祭礼として始まった祇園祭は，やがて町ごとに豪華な山や鉾《ほこ》が造られるようになった。応仁の乱によって廃《すた》れたが，町衆の祭りとして復興された。

(1)　Aのカードについて説明した次の文章中の X と Y にあてはまることばをそれぞれ選んだときの組み合わせとして最も適当なものを，次のページのアからエまでの中から一つ選びなさい。

弥生時代という名前は，1884年に東京府本郷区向ヶ丘《むこうがおか》弥生町（現在の東京都文京区弥生）の向ヶ丘貝塚で縄文土器と異なる土器が発見され，地名を取って「弥生式土器」と名づけられたことに由来する。1974年には，東京大学の構内で「弥生式土器」が再び発掘され，その後「弥生土器」の名称が一般化した。弥生土器は［　X　］である。

弥生時代には稲作が盛んになり，社会の仕組みも急速に変わり，小さな国々ができ，人々を支配する王が現れた。その中には，中国の皇帝に貢ぎ物をおくり，かわりに国王の地位を認めてもらう関係を持とうとしたものもいた。例えば，３世紀には［　Y　］とされている。

ア　X－やや高温で焼かれたため赤褐色をした，薄手でかための土器
　　Y－倭の奴国の王が後漢に使いを送り，皇帝から金印を授けられた

イ　X－やや高温で焼かれたため赤褐色をした，薄手でかための土器
　　Y－卑弥呼が魏に使いを送り，皇帝から「親魏倭王」という称号と金印を授けられた

ウ　X－渡来人が伝えた「かま」を使って高温で焼かれた，かたく黒っぽい土器
　　Y－倭の奴国の王が後漢に使いを送り，皇帝から金印を授けられた

エ　X－渡来人が伝えた「かま」を使って高温で焼かれた，かたく黒っぽい土器
　　Y－卑弥呼が魏に使いを送り，皇帝から「親魏倭王」という称号と金印を授けられた

⑵　Bのカードの菅原道真は，遣唐使派遣の停止を訴えたことでも知られている。遣唐使が派遣されていた時期のできごとについて述べた文として最も適当なものを，次のアからエまでの中から一つ選びなさい。

ア　聖徳太子が十七条の憲法を定めた。

イ　最澄と空海が仏教の新しい教えを日本に伝えた。

ウ　北関東で平将門が反乱を起こした。

エ　一遍が踊念仏によって時宗を布教した。

⑶　Cのカードに関連して，中世の京都に関係するできごとについて述べた文として誤っているものを，次のアからエまでの中から一つ選びなさい。

ア　承久の乱後，鎌倉幕府は京都に六波羅探題を置いて朝廷を監視した。

イ　鳥羽上皇の没後，政治の実権をめぐる対立が激しくなり，京都で保元の乱と平治の乱がおきた。

ウ　足利義満は京都の室町に御所を建て，名木が取り寄せられて花の御所と呼ばれた。

エ　応仁の乱では，足軽が動員されて鉄砲や大砲を使用し，寺院や貴族の邸宅が焼かれた。

2． あとのⅠ，Ⅱ，Ⅲ，Ⅳの資料は，ある生徒が情報通信の歴史をまとめるために集めたものである。これを見てあとの⑴から⑷までの問いに答えなさい。

Ⅰ

Ⅱ

Ⅲ

Ⅳ

⑴　Ⅰの資料は江戸時代に活躍した飛脚である。飛脚は街道を利用して手紙や荷物を運んだ。これに関連して，江戸時代の交通について述べた文として**誤っているもの**を，次の**ア**から**エ**までの中から一つ選びなさい。

ア　江戸と京都を結ぶ東海道には箱根や新居《あらい》に関所が設けられ，江戸から持ち出される鉄砲や江戸に向かう大名の妻子を取り締まった。

イ　街道に置かれた宿場は，運送用の人や馬を置くことが義務付けられ，幕府の用務に使われた。

ウ　宿場には幕府の役人や大名が宿泊する本陣，庶民が宿泊する旅籠《はたご》が置かれた。

エ　江戸の町人河村瑞賢は，東北地方や北陸地方の年貢米を大阪や江戸に運送するため，西廻《まわ》り航路や東廻り航路を開いた。

⑵　Ⅱの資料は電信に使用された機械である。日本初の電信事業を主導した寺島宗則は，不平等条約の改正にも尽力した人物である。この条約改正について説明した次の文章中の（**X**），（**Y**），（**Z**）にあてはまることばの組み合わせとして最も適当なものを，下の**ア**から**ク**までの中から一つ選びなさい。

> 外務大臣の（　**X**　）は，鹿鳴館で舞踏会を開くなどの欧化政策を採りつつ，条約改正交渉に臨《のぞ》んだ。続いて外務大臣になった人物による交渉では，領事裁判権撤廃のかわりに，外国人を裁く裁判に外国人の裁判官を参加させるという条件が出され，国内からの激しい反対により失敗した。
>
> 条約改正に最も消極的だったイギリスも，大日本帝国憲法の発布などを受けて，次第に交渉に応じるようになり，日清戦争直前の1894年，（　**Y**　）外相は日英通商航海条約を結び，領事裁判権の撤廃に成功した。同年に関税自主権の一部は回復されたものの，完全な回復は1911年に（　**Z**　）外相がアメリカとの条約に調印して実現した。

ア	**X**－黒田清隆	**Y**－大久保利通	**Z**－小村寿太郎
イ	**X**－黒田清隆	**Y**－大久保利通	**Z**－大隈重信
ウ	**X**－黒田清隆	**Y**－陸奥宗光	**Z**－小村寿太郎
エ	**X**－黒田清隆	**Y**－陸奥宗光	**Z**－大隈重信
オ	**X**－井上馨	**Y**－大久保利通	**Z**－小村寿太郎
カ	**X**－井上馨	**Y**－大久保利通	**Z**－大隈重信
キ	**X**－井上馨	**Y**－陸奥宗光	**Z**－小村寿太郎
ク	**X**－井上馨	**Y**－陸奥宗光	**Z**－大隈重信

⑶　Ⅲの資料は1925年に放送が開始されたころのラジオである。ラジオ放送の聴取契約者は日中戦争期に増大した。日中戦争に至るまでのできごと**X**，**Y**，**Z**を年代の古い順に並べたものとして

最も適当なものを，下のアからカまでの中から一つ選びなさい。

X　盧溝橋事件	Y　日本の国際連盟脱退	Z　普通選挙法の成立

ア　X→Y→Z　　イ　X→Z→Y　　ウ　Y→X→Z
エ　Y→Z→X　　オ　Z→X→Y　　カ　Z→Y→X

(4)　Ⅳの資料は白黒テレビである。テレビ放送は1953年に開始され，この年は朝鮮戦争の休戦協定が結ばれた年でもある。第二次世界大戦後の朝鮮半島にまつわるできごとについて述べた文X，Yの正誤の組み合わせとして最も適当なものを，下のアからエまでの中から一つ選びなさい。

X　北朝鮮が韓国に侵攻して朝鮮戦争が始まり，中国の義勇軍が韓国を支援した。
Y　日韓基本条約が結ばれ，日本は韓国政府を朝鮮半島唯一の政府として承認した。

ア　X－正　Y－正　　イ　X－正　Y－誤
ウ　X－誤　Y－正　　エ　X－誤　Y－誤

3．Ⅰの表はある国の人口変遷等，Ⅱの資料はある国の輸送機関別国内輸送量の割合等，Ⅲの表はある国の発電量と原子力の発電量，Ⅳの表はある穀物の国別の生産量の順位とAの果実の収穫量の順位を示している。

なお，Ⅰ，Ⅱ，Ⅲ，Ⅳの表中のA，B，C，D，Eにはそれぞれ同じ国があてはまり，フランス，アメリカ，日本，タイ，インドのいずれかであり，Ⅱのグラフの①，②にはA，Bのいずれかがあてはまる。あとの(1)から(4)までの問いに答えなさい。

Ⅰ　ある国の人口変遷（単位　千人）

国名＼年	1990年	2000年	2010年	2020年
A	123 686	126 804	128 105	125 245
B	248 084	282 399	311 183	335 942
C	56 413	58 665	62 445	64 480
D	870 452	1 059 634	1 240 614	1 396 387
E	55 228	63 067	68 270	71 476

Aの将来推計《すいけい》人口

2030年	118 515
2040年	111 157
2050年	103 784
2060年	96 631

（単位　千人）

（「World Population Prospects 2022」による）

Ⅱ　ある国の輸送機関別国内輸送量の割合

①

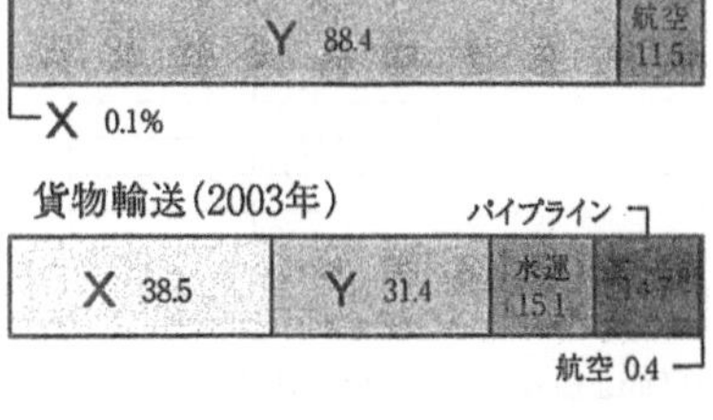

②

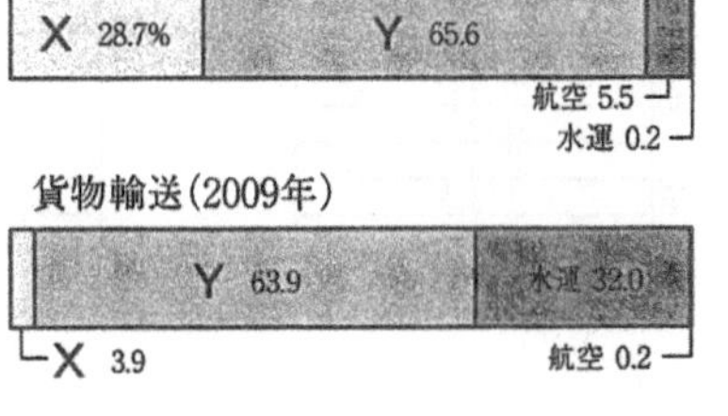

Aの旅客輸送の機関別輸送量（2009年　単位　億人キロ）			
旅客輸送人キロ※	主な輸送機関別旅客輸送人キロ		
総数	鉄道	自動車	航空
13 708	3 937	8 987	752

※輸送人キロとは「輸送人員×乗車距離」で算出したもの。

（「Data Book of The WORLD 2022」のデータをもとに作成）

Ⅲ　ある国の発電量と原子力の発電量（2019年　単位 億kWh）

	発電量	原子力の発電量
A	10 450	638
B	43 918	8 433
C	5 708	3 990
D	16 237	465
E	1 907	0

（「Data Book of The WORLD 2022」による）

Ⅳ　ある穀物の国別の生産量の順位（2019年）

	1位	2位	3位	4位	5位	6位
x	中国	D	インドネシア	バングラデシュ	ベトナム	E
y	中国	D	ロシア	B	C	カナダ

（「世界国勢図会 2021/22」ほか）

Aの果実（りんご，もも，なし）の収穫量の順位（2020年）

	1位	2位	3位	4位	5位
りんご	青森	z	岩手	山形	秋田
もも	山梨	福島	z	山形	和歌山
なし	千葉	z	茨城	福島	栃木

（「データで見る県勢 2022」による）

⑴　次のa，b，cのグラフはⅠの表中のAのある年代の人口ピラミッドを示したものである。次のページの文章中の（X），（Y）にあてはまる記号をa，b，cからそれぞれ選んだときの組み合わせとして最も適当なものを，あとのアからカまでの中から一つ選びなさい。

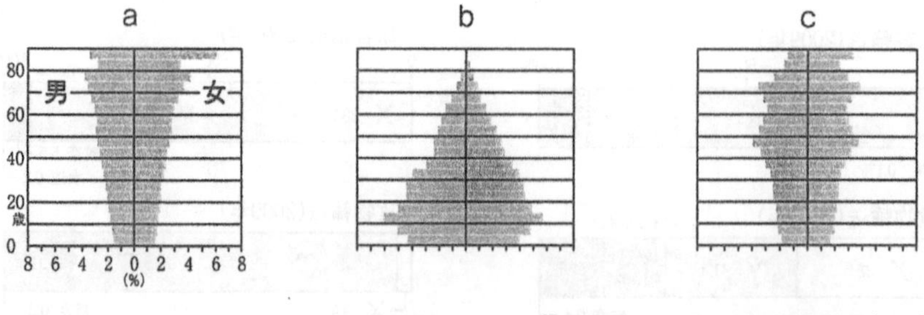

（「Data Book of The WORLD 2022」による）

> Aでコロナ禍以前の2017年に行なわれた人口の将来推計《すいけい》によると，Aの人口は今後さらに減ると言われている。2021年のAの人口ピラミッドは（　X　）であるが，2050年には（　Y　）のような人口ピラミッドに移行すると推測できる。

ア　X－a　Y－b　　イ　X－a　Y－c　　ウ　X－b　Y－a
エ　X－b　Y－c　　オ　X－c　Y－a　　カ　X－c　Y－b

(2)　Ⅱのグラフ中のX，Yにはそれぞれ自動車，鉄道のいずれかがあてはまる。Ⅱのグラフの①，②それぞれの国名と，X，Yにあてはまることばの組み合わせとして最も適当なものを，次のアからエまでの中から一つ選びなさい。

ア　①－アメリカ　②－日本，　X－自動車　Y－鉄道
イ　①－アメリカ　②－日本，　X－鉄道　Y－自動車
ウ　①－日本　②－アメリカ，X－自動車　Y－鉄道
エ　①－日本　②－アメリカ，X－鉄道　Y－自動車

(3)　次の文章は生徒がヨーロッパとCについて調べたメモの一部である。文章中の（X），（Y），［Z］にそれぞれあてはまることばの組み合わせとして最も適当なものを，下のアからクまでの中から一つ選びなさい。

> ヨーロッパの北西部や東部では穀物栽培と家畜の飼育を組み合わせた（　X　）が中心だった。現在ではどちらか一方を経営する農家が増えている。ヨーロッパの言語は，大きく三つに分けられるが，Cでは（　Y　）言語が使われている。またⅢの表から，Cは［　Z　］原子力でまかなっていることがわかる。

ア　X－混合農業　Y－ラテン系　Z－発電量の約40％を
イ　X－焼畑農業　Y－ラテン系　Z－発電量の約40％を
ウ　X－混合農業　Y－ゲルマン系　Z－発電量の約40％を
エ　X－焼畑農業　Y－ゲルマン系　Z－発電量の約40％を
オ　X－混合農業　Y－ラテン系　Z－発電量の約70％を
カ　X－焼畑農業　Y－ラテン系　Z－発電量の約70％を
キ　X－混合農業　Y－ゲルマン系　Z－発電量の約70％を
ク　X－焼畑農業　Y－ゲルマン系　Z－発電量の約70％を

(4)　Ⅳの表中のx，yにそれぞれあてはまる穀物と，D，Eの国名，zにあてはまる県の組み合わせとして最も適当なものを，あとのアからクまでの中から一つ選びなさい。
　なお，表中のzには同じ県があてはまる。

ア　x－米　y－小麦，D－インド　E－タイ，　z－長野
イ　x－米　y－小麦，D－インド　E－タイ，　z－岐阜
ウ　x－米　y－小麦，D－タイ　E－インド，z－長野
エ　x－米　y－小麦，D－タイ　E－インド，z－岐阜
オ　x－小麦　y－米，　D－インド　E－タイ，　z－長野
カ　x－小麦　y－米，　D－インド　E－タイ，　z－岐阜
キ　x－小麦　y－米，　D－タイ　E－インド，z－長野

ク　x－小麦　y－米，　D－タイ　　E－インド，z－岐阜

4． 次の略地図を見て，あとの⑴と⑵の問いに答えなさい。

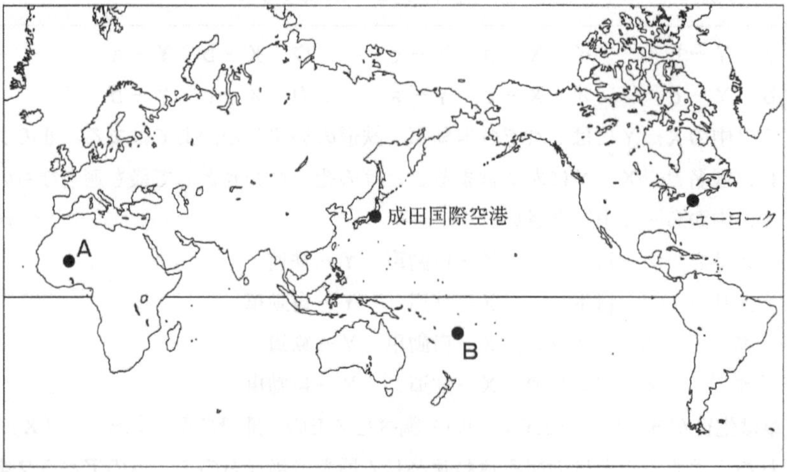

⑴　成田国際空港を12月24日午前10：00に出発した飛行機が，ニューヨーク（西経75度）に現地時間12月24日午前９：00に到着した。実際の飛行時間を次の①，②，③，④から選び，飛行ルートの説明として正しいものを下のX，Yから選んだときの組み合わせとして最も適当なものを，あとのアからクまでの中から一つ選びなさい。

なお，日本の標準時子午線は東経135度であり，飛行機はニューヨークまで乗り継ぎがないものとする。

①　９時間	②　11時間	③　13時間	④　15時間

X　最短距離を飛ぶと，ハワイ上空を飛行する。
Y　最短距離を飛ぶと，カナダ上空を飛行する。

ア　①－X　　イ　①－Y　　ウ　②－X　　エ　②－Y
オ　③－X　　カ　③－Y　　キ　④－X　　ク　④－Y

⑵　略地図中A，Bに該当《がいとう》する月平均気温・降水量を，次の表中の①，②からそれぞれ選び，その場所の気候に関連したカードを次のページのX，Yからそれぞれ選んだときの組み合わせとして最も適当なものを，あとのアからエまでの中から一つ選びなさい。

上段…月平均気温（℃），下段…月降水量（mm）

	1月	2月	3月	4月	5月	6月	7月	8月	9月	10月	11月	12月
①	21.1	23.8	28.2	32.1	34.6	35.0	32.5	31.1	31.9	31.0	25.9	22.3
	0.4	0.2	0.0	0.8	3.7	15.8	50.4	68.7	27.9	6.0	0.1	0.0
②	26.9	27.0	26.8	26.2	24.9	24.1	23.4	23.5	24.3	25.3	26.1	26.7
	368.0	348.0	358.7	193.2	100.8	58.9	49.4	64.3	67.8	87.9	133.1	222.3

（注）月平均気温と月降水量は統計機関の算出方法による。

（「Data Book of The WORLD 2022」ほか）

X

> 季節の変化がほとんどなく，一年を通して気温が高く雨も多い。畑では主食になるタロいもやキャッサバなどが栽培されている。収穫されたココやしの実からはマーガリンやせっけんなどの原料になるコプラが作られている。

Y

> 一年中暑く，強い日差しがあり雨がとても少ない。風が少しふくだけで乾燥した大地から砂ぼこりが巻き上がる。いつもより雨が少ない年が何年も続くと，今まで植物が生えていた地域でも植物が育たなくなる。

ア　A：①－X　B：②－Y　　イ　A：②－X　B：①－Y

ウ　A：①－Y　B：②－X　　エ　A：②－Y　B：①－X

5． 次のⅠの略地図A，Bは，製鉄所（高炉一貫《こうろいっかん》）と自動車組立工場のいずれかの分布を示している。下のⅡのグラフは，日本の主な工業地帯の製造品出荷額等の構成を示している。製鉄所の分布を示した略地図をAまたはBから選び，Ⅱのグラフ中のx，y，zそれぞれの内訳を選んだときの組み合わせとして最も適当なものを，あとの**ア**から**カ**までの中から一つ選びなさい。

Ⅰ

A

B

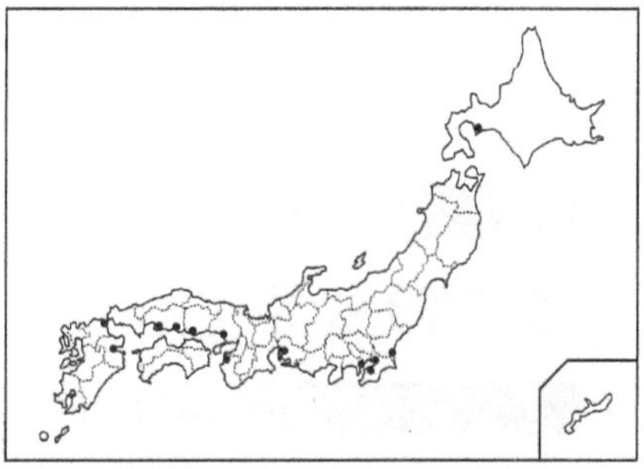

（「データで見る県勢 2022」による）

Ⅱ　日本の主な工業地帯の製造品出荷額等の構成

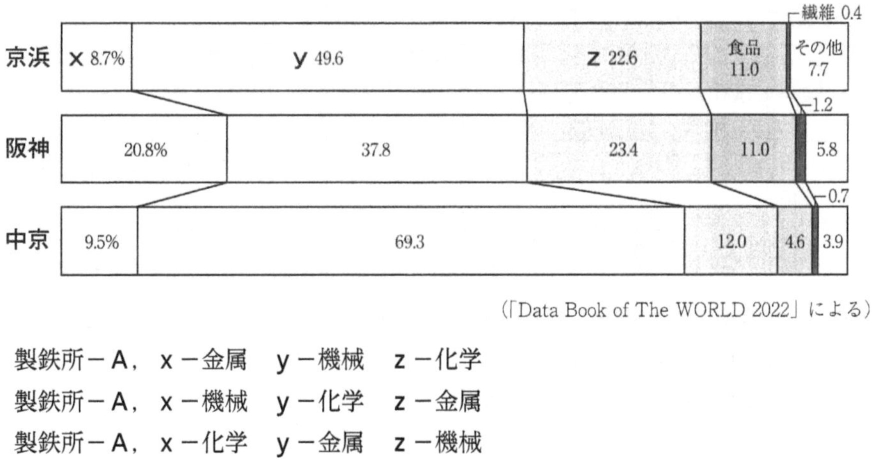

（「Data Book of The WORLD 2022」による）

ア　製鉄所－A，x－金属　y－機械　z－化学

イ　製鉄所－A，x－機械　y－化学　z－金属

ウ　製鉄所－A，x－化学　y－金属　z－機械

エ　製鉄所－B，x－金属　y－機械　z－化学
オ　製鉄所－B，x－機械　y－化学　z－金属
カ　製鉄所－B，x－化学　y－金属　z－機械

6．次のⅠからⅣまでの資料は，生徒が「格差に関する日本人の社会観」についてレポートを作成するために集めたものの一部である。

なお，ⅢとⅣの資料中のA，B，Cにはそれぞれ同じ年代があてはまる。あとの(1)から(3)までの問いに答えなさい。

Ⅰ　所得格差は大きすぎるか

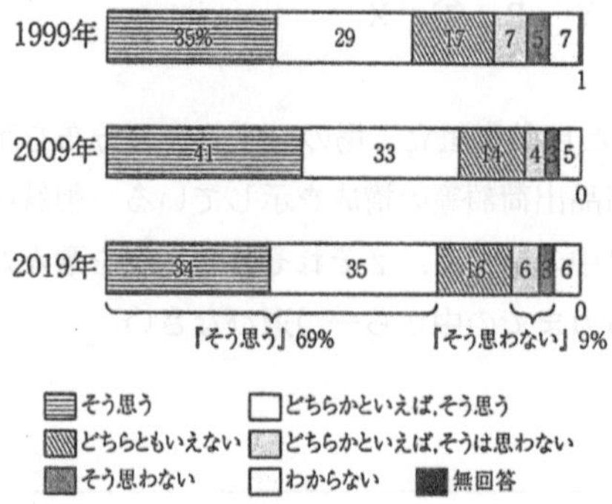

Ⅱ　株価・雇用情勢

	日経平均株価（終値）	有効求人倍率（季節調整値）*1	完全失業率（季節調整値）*2
1999年11月	18,558円	0.49	4.6%
2009年11月	9,346円	0.44	5.2%
2019年11月	23,294円	1.57	2.2%

＊1　有効求人倍率とは有効求人数を有効求職者数で割って算出したもの。倍率が1を上回れば求職者の数よりも人を探している企業数が多いことを示す。

＊2　完全失業率とは15歳以上の働く意欲のある人（労働力人口）のうち，仕事を探しても仕事に就くことのできない人（完全失業者）の割合。

Ⅲ　世帯年収

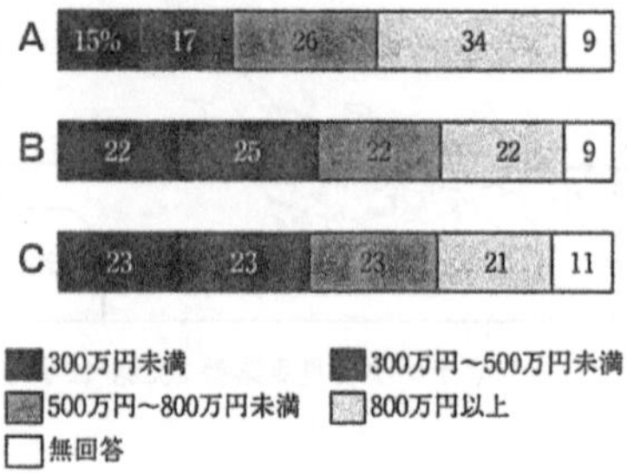

Ⅳ　努力すればむくわれる社会『そう思う』（年代世帯年収別　単位 %）

	全体	18～39歳 500万円 未満	18～39歳 500万円 以上	40～59歳 500万円 未満	40～59歳 500万円 以上	60歳以上 500万円 未満	60歳以上 500万円 以上
C	49	40	59	42	46	52	52
A	46	38	37	48	46	58	66
B	41	31	40	35	36	48	61

（ⅠからⅣの資料は『放送研究と調査』2020年5月号をもとに作成）

(1)　次のページの文章は，生徒がⅠ，Ⅱの資料をもとに，格差の認識について作成したレポートの一部である。文章中の（X）と［Y］にあてはまることばの組み合わせとして最も適当なものを，あとのアからエまでの中から一つ選びなさい。

> 「所得格差が大きすぎる」という問いに賛成した人が7割を超えた2009年は，前年におきた（　X　）の影響などが考えられる。また，この年の株価・雇用情勢をみると［　Y　］。

ア　X－世界金融危機
　　Y－雇用の数値は1999年に比べていずれも悪化している

イ　X－世界金融危機
　　Y－株価は1999年の約50％，2019年の約30％である

ウ　X－東日本大震災
　　Y－雇用の数値は1999年に比べていずれも悪化している

エ　X－東日本大震災
　　Y－株価は1999年の約50％，2019年の約30％である

⑵　次の文章は，生徒がⅢ，Ⅳの資料を用いて発表した際のメモの一部である。このメモを読んでⅢ，Ⅳの資料中のA，B，Cが示す年代の組み合わせとして最も適当なものを，下のアからカまでの中から一つ選びなさい。

> Ⅲの資料によると2019年と2009年の区分ごとの割合はほとんど変わらないが，1999年と比べると「高所得層」が減り「低所得層」が増えていることが分かる。Ⅳの資料をみると現在の日本社会が「努力すればむくわれる社会」かという問いに「そう思う」と答えた人の割合を，各年代世帯年収ごとに「500万円未満」と「500万円以上」に分けて比較したとき，2019年のある年代世帯年収で最も差が開いていることが分かる。

ア　A－1999年　　B－2009年　　C－2019年

イ　A－1999年　　B－2019年　　C－2009年

ウ　A－2009年　　B－1999年　　C－2019年

エ　A－2009年　　B－2019年　　C－1999年

オ　A－2019年　　B－1999年　　C－2009年

カ　A－2019年　　B－2009年　　C－1999年

⑶　格差を解消していくための政治のあり方として適当なものを，次のアからオまでの中からすべて選びなさい。

ア　政府の役割を安全保障などの最小限にとどめる「小さな政府」をめざすべきである。

イ　問題の解決策の内容や決定方法について，公正よりも効率を重視するべきである。

ウ　選挙などの投票率を高め，一部の人たちにより政治が決められることを防ぐべきである。

エ　多数の意見を採用する多数決の原理のみによって政策を決定するべきである。

オ　職業訓練や生活保護などのセーフティーネットの整備を進めるべきである。

7． 次のページのⅠ，Ⅱの資料は，生徒が「電子マネーの保有や利用」についてまとめたレポートの一部である。またⅢの資料はⅠ，Ⅱの資料をもとに，消費者の権利について発表した際のメモの一部である。あとの⑴から⑶までの問いに答えなさい。

Ⅰ　電子マネー保有世帯・利用世帯の割合の推移

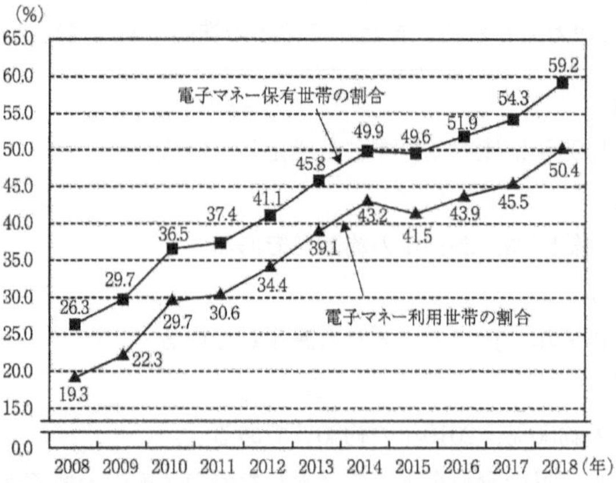

Ⅱ　世帯主の年齢階級別電子マネー保有世帯・利用世帯の割合及び電子マネー利用世帯の1か月間の平均利用金額（2018年）

	平均	40歳未満	40~49歳	50~59歳	60~69歳	70歳以上
電子マネー保有世帯の割合（%）(1)	59.2	73.2	75.1	72.7	57.8	37.1
電子マネー利用世帯の割合（%）(2)	50.4	59.7	63.9	63.2	49.4	31.2
電子マネー利用世帯の平均利用金額（円）	18,256	16,564	17,457	19,741	19,448	16,594
電子マネー保有世帯の利用率（%）((2)／(1))	85.1	81.6	85.1	86.9	85.5	84.1

（Ⅰ・Ⅱの資料は総務省統計局ホームページより）

Ⅲ

契約上のトラブルから消費者を保護する①消費者契約法が制定された。2004年には消費者の権利を明確に規定し，国や地方公共団体の責務として法律などの整備を推進することを定めた（　X　）が制定され，2009年には政府全体の消費者政策を計画的・一体的に推進する（　Y　）が設置された。近年電子マネーの利用が進むにつれて，消費者の権利を保障することがますます求められている。

⑴　Ⅰ，Ⅱの資料から読み取ることのできる内容をまとめた文として最も適当なものを，次の**ア**から**エ**までの中から一つ選びなさい。

ア　2008年の電子マネー保有世帯の割合が2倍を超えるまでにかかる期間に比べ，2008年の電子マネー利用世帯の割合が2倍を超えるまでにかかる期間の方が長い。

イ　電子マネー保有世帯・利用世帯の割合については，いずれも50歳台以降で全体の平均値を下回っている。

ウ　電子マネーの1か月間の平均利用金額は，50～59歳に向かって増加しており，この年代より年齢階級が高くなると金額が減少している。

エ　電子マネー保有世帯の利用率の平均値は約85%で，電子マネーを保有していれば年齢が高くなるほど利用率は増えている。

⑵　Ⅲの資料は，Ⅰ，Ⅱの資料をもとに，消費者の権利について発表した際のメモの一部である。文章中の（X），（Y）にあてはまることばの組み合わせとして最も適当なものを，次のページの

アから**エ**までの中から一つ選びなさい。

ア　X－消費者基本法　　Y－消費生活センター

イ　X－消費者基本法　　Y－消費者庁

ウ　X－製造物責任法　　Y－消費生活センター

エ　X－製造物責任法　　Y－消費者庁

⑶　Ⅲの資料中の①消費者契約法によって，一定期間内であれば契約の取り消しができる事例として**誤っているもの**を，次の**ア**から**エ**までの中から一つ選びなさい。

ア　消費者の不利益になることをわざと伝えられなかった。

イ　商品の説明のとき将来不確実なことを，確実だと断定して伝えられた。

ウ　購入するまで意思に反して帰らせてくれなかった。

エ　自分の買ったものと同じものを家族がすでに持っていた。

ア　自分の事を大切に考えてくれているからこその白河院の深い配慮に感激したから。

イ　命をかけてまで土地にこだわる義光の武士としての信念の強さに感動を覚えたから。

ウ　信頼していた白河院が義光の言い分を優先したことについ感情的になってしまったから。

エ　武力に屈さず毅然とした態度で役目を果たそうとする白河院の姿に胸が熱くなったから。

ことと思い、身を固くしてかしこまっていらっしゃったが、何度もお尋ねになるので、自分の方に正当性があるということをそれとなく申し上げなさった。院はそれをお聞きになって、「そなたが申す事はまったくその通りではあるけれども、私はかれは手放して、かれに取らせるのがよいと思っている」とおっしゃられた。顕季は思いがけない院のお言葉で、その真意をはかりかね、しばらくは何も言わずに控えていたので、院はこう続けられた。顕季の身にとっては、あの土地がなくても困ることはないに違いない。ほかに国もあるし、官職もある。そなたにとっていわば、あの土地はたいしたものでもなかろう。ところが義光はかれに命をかけていると聞いている。かれをかわいそうと思っているのではない。そなたがかわいそうに思うからなのだ。義光という男は、荒くれの田舎武士のような者で、慈悲の心などまったくない男である。心穏やかならず思えば、その命ずるままに夜、夜中であれ、大路を通っている時であれ、どんな仕打ちでもしようと思い立つことだろう。そうなったならば、そなたにとって、［④］ことになるのではないか。そなたの身がどうこうなるだけではない。後々まで悔まれる、無念な話として噂になることだろう。物事の筋道に従って、是非を下すにも、また、かわいく思う、思わないの差でもって裁きを下すにも、どちらからしても、そなたの申すように処断を下すことはたやすいことである。しかし、こう考えるので今に至るまで、結論を出さなかったのだとおっしゃった。顕季は心から恐縮して、涙を流しながら退出していった。

（『十訓抄』による）

＊1　庄……荘園。

（一）傍線部①「問はせ給へば」を現代仮名遣いにしてすべてひらがなで書きなさい。

（二）傍線部②と⑤の「り」は同じ漢字表記である。最も適当なものを、次の**ア**から**エ**までの中から選び、その符号を書きなさい。

ア　里　**イ**　利　**ウ**　理　**エ**　裏

（三）傍線部③「かれ」と同じ内容を指す「かれ」を本文中の**（ア）**から**（ウ）**までの中から一つ選び、その符号を書きなさい。

（四）傍線部④「ゆゆしき」の意味として最も適当なものを、次の**ア**から**エ**までの中から選び、その符号を書きなさい。

ア　つまらない　**イ**　疑わしい

ウ　いいかげんな　**エ**　大変な

（五）傍線部⑥「これ」の内容として最も適当なものを、次の**ア**から**エ**までの中から選び、その符号を書きなさい。

ア　顕季の訴えを認めれば、義光が顕季に危害を加えるかもしれない。

イ　顕季の訴えを認めれば、義光が私に危害を加えるかもしれない。

ウ　義光の訴えを認めれば、顕季が義光に恨みを持つことになるだろう。

エ　義光の訴えを認めれば、顕季が私に恨みを持つことになるだろう。

（六）傍線部⑦「仰せごと」はどこから始まるか。その始まりを原文中から四字で抜き出して書きなさい。（句読点は含まない）

（七）傍線部⑧「涙を落して出でにけり」とあるが、顕季が涙を流した理由として最も適当なものを、次のページの**ア**から**エ**までの中から選び、その符号を書きなさい。

ア　誰にも言わずに封印していた過去を思い出し、言葉が見つからなくなったから。

イ　ボクシングを始めたころの若き日の自分を思い出し、感傷に浸っているから。

ウ　人には話したくない自分の過去を打ち明けるにあたり、一呼吸置いたから。

エ　ボクシングの魅力を自分の言葉で語ることができ、達成感でいっぱいだから。

(五) 傍線部④「この話」を端的に表した部分を解答用紙に合うよう本文中から九字で抜き出して答えなさい。

(六)「大沢さん」について説明した文として最も適当なものを、次の**ア**から**エ**までの中から選び、その符号を書きなさい。

ア　両親にすすめられ、はじめは気乗りせず始めたボクシングであったが、だんだんとその奥深さに魅了され、孤独であることが苦にならないくらいに熱中した。

イ　叔父さんのジムに通いながら年上の先輩たちと切磋琢磨して汗を流し、ボクシングの本質を知ってからはめきめきと頭角を現し、強い肉体と心を手に入れた。

ウ　カッとなると人に暴力をふるうことがあり、自分の過去と向き合う際にも沈黙する場面があったが、今は笑顔も見せられるくらい心の余裕がある。

エ　ボクシングの危険な面だけでなく、はじめたきっかけやその魅力について「僕」に一方的に語り続け、冷静な口調の中にも熱い情熱をにじませている。

三　次の文章を読んで、あとの(一)から(七)までの問いに答えなさい。

【原文】

院に参り給へりけるに、閑(しづ)かなりける時、近く召し寄せて、「汝(なんぢ)が訴へ申す東国の庄(*1 しやう)の事、今まで、こときらねば、くちをしとや思ふ」と仰せられければ、かしこまり給へりけるに、たびたび①問はせ給へば、わが②りある由(よし)をほのめかし申されけるを、聞こしめして、「申すところは、いはれたれども、わが思ふは、(ア)かれを去りて、(イ)かれに取らせよかし」と仰せられければ、思はずにあやしと思ひて、とばかりものも申さで候ひければ、顕季(あきすゑ)が身には、かしこなしとても、ことかくまじ。国もあり、官(つかさ)もあり。いはば、この所いくばくならず。義光(よしみつ)は(ウ)かれに命をかけたる由、申す。③かれがいとほしきにあらず。顕季がいとほしきなり。義光はえびすのやうなるもの、心もなきものなり。やすからず思はむままに、夜、夜中にもあれ、大路(おほち)通るにてもあれ、いかなるわざはひをせむと思ひ立ちなば、おのれがため、④ゆゆしき大事にはあらずや。身のともかくもならむも、さることにて、心憂(う)きためしにいはるべきなり。⑤りにまかせていはむにも、思ふ、憎むのけぢめを分けて定めむにも、かたがた沙汰に及ばむほどのことなれども、⑥これを思ふに、今までこときらぬなりと、⑦仰せごとありければ、顕季、かしこまり悦(よろこ)びて、⑧涙を落して出でにけり。

【現代語訳】

顕季が白河院の御所に参上なさっていた折、周りに誰もおらず静かな時、院はおそば近くにお召し寄せになり、「そなたが訴え申す、東国の荘園のこと、今に至るまで、裁きを下していないので、そなたはとても残念に思っていることであろう」とおっしゃられたので、顕季は恐れ多いとへの人々の寡黙な没頭が、彼の心を少しずつ、しかし確実に捉えていった。毎週土曜日と日曜日にジムに通うことは彼にとっての数少ない楽しみのひとつになった。

「僕がボクシングを気に入った理由のひとつは、そこに深みがあるからです。その深みが僕を捉えたんだと思います。それに比べたら殴ったり殴られたりなんて本当にどうでもいいことなんです。そんなのはただの結果にすぎないんです。人は勝つこともあるし、負けることもあります。でもその深みを理解できていれば、人はたとえ負けたとしても、傷つきはしません。人はあらゆるものに勝つわけにはいかないんです。人はいつか必ず負けます。大事なのはその深みを理解することなのです。ボクシングというのは――少なくとも僕にとってはということですが――②そういう行為でした。グラブをつけて、リングに立っていると、ときどき自分が深い穴の底にいるみたいな気がします。ものすごい深い穴なんです。誰も見えないし、誰からも見えないくらい深いんです。その中で僕は暗闇を相手に戦っているんです。孤独です。でも悲しくないんです」と彼は言った。「一言で孤独と言ってもそこにはいろんな種類の孤独があります。神経を切り裂く辛く悲しい孤独もあります。でもそうじゃない孤独もあります。そういうものを得るためには自分の肉を削らなくてはなりません。でも努力をすれば、それだけのものは返ってきます。それは僕がボクシングから学んだことのひとつでした」

③大沢さんはそのまま二十秒くらいのあいだ黙っていた。

「僕は本当は④この話をしたくないんです」と彼は言った。「できることならこんな話はさっぱりと忘れてしまいたいと思っているんです。でももちろん忘れられません。忘れたいものは絶対に忘れられないんです」大沢さんはそう言って笑った。自分の腕時計を見た。時間はまだたっぷりとあった。そして彼はおもむろに話を始めた。

（村上春樹『沈黙』による）

（一）傍線部①「いささか」の意味として最も適当なものを、次の**ア**から**エ**までの中から選び、その符号を書きなさい。

ア かなり
イ すこし
ウ やはり
エ むしろ

（二）空欄 A に当てはまる言葉を本文中から漢字二字で抜き出して書きなさい。

（三）傍線部②「そういう行為」とはどのような行為か。最も適当なものを、次の**ア**から**エ**までの中から選び、その符号を書きなさい。

ア 孤独を抱えながらもそれに打ち勝つ努力を続けることで、肉体だけでなく精神も鍛える行為。
イ 相手を倒すことを最大目標とし、弱い自分から脱却するために自分自身を追い込む行為。
ウ 厳しいトレーニングを自分自身に課し、相手に殴られても倒れない強い肉体をつくる行為。
エ 勝ち負けにこだわらず自分自身と向き合い、ただひたすら強くなることに集中する行為。

（四）傍線部③「大沢さんはそのまま二十秒くらいのあいだ黙っていた」とあるがなぜか。最も適当なものを、次のページの**ア**から**エ**までの中から選び、その符号を書きなさい。

心を持った僕は「これまでに喧嘩をして誰かを殴ったことはありますか」とたずねてみた。

僕らは空港のレストランでコーヒーを飲んでいた。大沢さんは僕と一緒にこれから新潟に行こうとしているところだった。季節は十二月の初めで、空はふたでもされたみたいに重く曇っていた。新潟は朝からひどい雪が降っているらしく、飛行機の出発は予定よりかなり遅れそうだった。空港は人でごったがえしていた。ラウドスピーカーは便の遅延についてのアナウンスを流しつづけ、足どめをくった人々は疲れた表情を顔に浮かべていた。レストランの暖房は①いささかききすぎで、僕はずっとハンカチで汗を拭いつづけていた。

「基本的には一度もありません」大沢さんはしばらく沈黙していたあとで突然そう言った。「僕はボクシングを始めてから人を殴ったことはありません。それはボクシングを始めるときにいやっていうくらい叩きこまれるんです。絶対にグラブをつけずにリングの外で他人を殴っちゃいけないって。普通の人間が誰かを殴ったって、打ちどころが悪ければ変なことになっちゃうんです。それがボクシングをやっている人間ということになれば、ただじゃすみません。凶器を使用するのに等しい行為ですからね」

僕は肯《うなず》いた。

「でも正直に言うと、一度だけ人を殴ったことがあります」と大沢さんは言った。「中学校の二年のときです。ボクシングを習いはじめてすぐの頃でした。でも言い訳するわけじゃありませんが、そのとき僕はまだボクシングの技術というようなものはまったく何ひとつとして教わっていませんでした。当時僕がジムでやっていたのは基礎体力を作るためのメニューだけでした。縄飛びとか、ストレッチングとか、ランニングとか、そんなことばかりです。それに殴ろうと思って殴ったわけでもないんです。ただ僕はそのときものすごく腹を立てていて、何かを考える間もなく、はじかれたみたいにさっと手が出ちゃったんです。止めようもありません。気がついたときには、もう相手を殴りとばしていたんです。殴ったあとでも怒りでまだ体がぶるぶると震えていました」

大沢さんがボクシングを始めたきっかけは叔父さんがボクシング・ジムを経営していたからだった。それもどこにでもあるようないい加減な町のジムではなく、東洋チャンピオンを出したことがある一流のしっかりとしたジムだった。両親は大沢さんに体を鍛えるためにそこのジムに通ってみてはどうかと言った。彼らは息子がいつも部屋に籠って本ばかり読んでいるのを心配していたのだ。大沢さんはボクシングを習うことに対してはあまり気が進まなかったのだが、叔父さんのことは人間的に好きだったし、まあちょっとやってみてもいいかな、どうしても嫌ならそのときにやめればいいさ、という程度の軽い気持で始めた。しかし電車に乗って一時間近くかかる叔父のジムに何ヵ月か通っているうちに、彼はその競技に対して意外なくらい心を引かれるようになった。彼がボクシングに引かれたいちばんの理由はそれが基本的に［A］なスポーツであるからだった。またきわめて個人的なスポーツであるからだった。それはこれまでに見たことも触れたこともないまったく新しい世界だった。そしてその世界は彼のこころを理屈ぬきでわくわくさせた。年上の男たちの体からはじけ飛ぶ汗の匂いや、グラブの革が触れ合うきゅっきゅっという固くしまった音や、筋肉を有効に素早く使用するこ

ウ　A　なぜならば　　B　それにより　　C　けれども
　　D　その一方で

エ　A　それにより　　B　なぜならば　　C　その一方で
　　D　けれども

(三) 傍線部①「このような社会」とはどのような社会のことか。その説明として最も適当なものを、次のアからエまでの中から選び、その符号を書きなさい。

ア　人は長所だけでなく短所もあわせ持った存在であることを認識し、短所があったとしても長所に変えられるように協力し切り捨てない社会。

イ　人は長所だけでなく短所もあわせ持った存在であることを認識し、たとえ意に沿わないことがあったとしても寛容に接することのできる社会。

ウ　よりよい人間関係のために深い対話を取り戻すべきだと認識し、短所があったとしても長所に変えられるように協力し切り捨てない社会。

エ　よりよい人間関係のために深い対話を取り戻すべきだと認識し、たとえ意に沿わないことがあったとしても寛容に接することのできる社会。

(四) 空欄 X に入る最も適当な慣用句を、次のアからエまでの中から選び、その符号を書きなさい。

ア　足場を固めて　　イ　手をこまねいて　　ウ　腰を据えて
エ　目を丸くして

(五) 傍線部②「異質さ」と似た意味として用いられている本文中の言葉として**不適当なもの**を、次のアからオまでの中から一つ選び、その符号を書きなさい。

ア　弱さ　　イ　不協和音　　ウ　マイナス面　　エ　コスト
オ　パフォーマンス

(六) 傍線部③「そこから得られる多様性」とはどのようなものか。その説明として最も適当なものを、次のアからエまでの中から選び、その符号を書きなさい。

ア　他者との衝突を恐れて個人の殻に閉じこもるのではなく、つながりを重視することから得られる、長所のみを個性と認め自分と異なるものを受容する態度。

イ　他者の異常さを受け容れそれがいかに迷惑なものであっても、居心地のよさを重視することから得られる、個人の希望や選択をなによりも最優先する態度。

ウ　他者との対立を恐れて同質の他者との関係にこだわるのではなく、つながりを重視することから得られる、弱点を個性と認め自分と異なるものを受容する態度。

エ　他者の失敗を笑って受け容れられる大きな心を持ち、居心地のよさを重視することから得られる、他者の希望や選択をなによりも最優先する態度。

二

次の文章を読んで、あとの(一)から(六)までの問いに答えなさい。

僕と大沢さんは飛行機の待ち時間にとりとめもない世間話をしていた。大沢さんは中学の初めころからボクシングジムに通っており、好奇選び最適化できると考える「人それぞれの社会」では、その発想があまりにも欠けています。

それでもつながりにとどまる気持ちを

私たちは、長い年月をかけて、ようやく「一人」になる自由を手に入れました。「一人」になる自由を手に入れたことで、私たちは理不尽な要求や搾取から逃れられるようになりました。それは確かに素晴らしいことで、否定するつもりはありません。

しかし、現在の社会状況をみると、私たちは「一人」になる自由をもてあましているように見えます。「一人」になる自由を得て、名目上でもつき合う相手を選べるようになった社会では、人づきあいに対する期待値が上がります。

［C］、異質な他者はつながりの不協和音として視線の外に追いやられてゆきます。今や、誰かとつき合うには、つき合うに足るだけの理由が求められるのです。

「一人」になる自由を得る前、私たちは、気の遠くなるほどの年月をかけて対面中心の社会をキズ(i)いてきました。顔を合わせて集団で過ごしていけるというのは、霊長類学の知見にもあるように、人類の比類なき財産です。私は、現代社会を生きる人びとは、ほんの少しでも、その原点に立ち返るべきではないかと考えています。

［D］、相手が自らにとってマイナスになるかプラスになるかにとらわれずに、目の前の他者と［X］つき合うことを、もっと積極的に意識してもよいのではないかと考えています。人にプラスの面があろうと、マイナスの面があろうとつき合ってみる。そうすることで、人の弱さに思いをはせられるようになり、また、異質な人とも仲良くしないまでも、うまくやっていけるすべを身につけられるようになります。

迷惑をかけないよう、あるいは、場の空気を乱さないよう自らを律することのできる人は、たしかにリッパ(ii)です。しかし、それと同時に、おたがいに迷惑をかけつつも、それを笑って受け容れられるつながりも同じくらい大事だと思いますし、私は、後者のほうに居心地のよさを感じます。

このようなつながりは、おたがいが相手のもつ②異質さを受け容れることによって初めて得られるものです。

私たちは豊かになったからこそ、「一人」になるだけでなく、相手の前にあえてとどまり、「ただつき合う」ということをもっと意識したほうがよい。③そこから得られる多様性もあるのではないかと私は考えています。

（石田光規『「人それぞれ」がさみしい』による）

＊1　コスパ……コストパフォーマンスの略語。手に入れたいものを手に入れるのに必要な費用（コスト）に対する、それによって得られたもの（パフォーマンス）との割合の高さ。

（一）二重傍線部(i)「キズ」(ii)「リッパ」を漢字で書きなさい。

（二）空欄［A］から［D］にあてはまる言葉の組み合わせとして最も適当なものを、あとのアからエまでの中から選び、その符号を書きなさい。

ア　A　したがって　B　というのも　C　具体的には　D　それと同時に

イ　A　というのも　B　したがって　C　それと同時に　D　具体的には

【国　語】（四五分）〈満点：一〇〇点〉

一　次の文章を読んで、あとの㈠から㈥までの問いに答えなさい。

最適化を望む人間関係

最後に、異なる他者を取り込むにあたり、個々人はどのようなことを意識すればよいのか考えてみましょう。

再三述べたように、「人それぞれ」に物事を選べるようになるには、選べるだけの選択肢を用意しなければなりません。その点は人間関係も同じです。

私たちは、「一人」になることもふくめ、どのようなつき合いをするか、あるていど選べるようになりました。では、かりに、皆さんがつき合う相手を選べるようになったとしたら、どのような人と関係を結ぶでしょうか。

おそらく、自らにとってなんらかの面でプラスになる人とつながりの輪をつくるでしょう。第三章では、人間関係が「コスパ」[*1]化している現状を説明しました。しかし、「コスパ」の論理は、自らにも跳ね返り、かえって自分の居場所を削る可能性がある、とも指摘しました。自身が相手にとっての「コスト」となってしまうかもしれないからです。

「コスパ」の論理は、自らの居場所を削るばかりでなく、もうひとつの重大かつ単純な事実を見えづらくしてしまいます。「人にはプラスの面もマイナスの面もある」というごく当たり前の事実です。

コストとパフォーマンスという二元的な発想でつき合いを振り分けようとすると、ひとりの人には「コスト」（マイナス面）と「パフォーマンス」（プラス面）の両方が混在するという当たり前の事実を見落としてしまいます。

［A］、「コスパ」の論理は、「身の回りの人間関係は、プラスの面をもつ人のみで最適化できる」という過度な理想をもとに成り立っているからです。

（中略）

最適化からの離脱

異質な他者を取り込むには、さまざまな研究者が指摘したように、相手との深い対話が必要です。しかし、個々人がつながりの最適化を望み、期待値を上げている状況では、とてもではないが、そういった深い対話はできないでしょう。

［B］、私たちが深い対話を取り戻すためには、最適化願望をいったん脇におき、つながりへの期待値を切り下げ、人はプラスの面もマイナスの面もあるというごく当たり前の事実に立ち返る必要があります。

そもそも、人がもつマイナスの部分をなくして、人間関係を最適化することなどできるのでしょうか。私はできるとは思いません。私は、期待どおりにいくこと、期待にそぐわないこともふくめてともにすごしてゆく、というのが人づきあいの基本であり本質だと思っています。

①このような社会は集団的で息苦しいように感じられます。しかし、必ずしもそうとは言い切れません。

期待にそぐわないことがあってもともにすごしてゆける社会は、「コスパ」の論理が徹底された場とは反対に、人を「コスト」として容易に切り捨てない社会と言い換えることもできるからです。つながる相手を

MEMO

大切なことはメモしておこうネ！

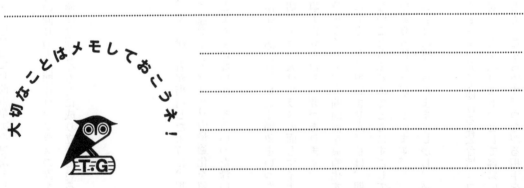

2023年度

解 答 と 解 説

《2023年度の配点は解答欄に掲載してあります。》

＜数学解答＞

1　(1) ㋐　(2) ㋑　(3) ㋒　(4) ㋒　(5) ㋓　(6) ㋒　(7) ㋓
(8) ㋓　(9) ㋑　(10) ㋐　(11) ㋒

2　(1) ア 3　イ 8　ウ 6　(2) ① エ 2　オ 5　カ 2　② キ 4
ク 5　ケ 0

3　(1) ア 2　イ 5　(2) ① ウ 4　② エ 1　オ 3　③ カ 9　キ 1
ク 6　(3) ① ㋑・㋒　② ケ 1　コ 8　サ 1　シ 2

○推定配点○

各1点×20　　計20点

＜数学解説＞

1　(数・式の計算，平方根，比例式，連立方程式，方程式の応用，確率，2次関数の変域，動点問題のグラフの作成，平均値，等積変形の作図)

(1)　$2\times(-3)-3-8\times7=-6-3-56=-65$

(2)　$5x^2y^2\div\left(-\frac{x}{y^2}\right)\div\frac{5}{2xy}=-5x^2y^2\times\frac{y^2}{x}\times\frac{2xy}{5}=-2x^2y^5$

(3)　乗法公式$(x+a)(x+b)=x^2+(a+b)x+ab$より，$(2\sqrt{2}+3\sqrt{3})(\sqrt{2}-3\sqrt{3})=(3\sqrt{3}+2\sqrt{2})\{-(3\sqrt{3}-\sqrt{2})\}=-(3\sqrt{3}+2\sqrt{2})(3\sqrt{3}-\sqrt{2})=-\{(3\sqrt{3})^2+(2\sqrt{2}-\sqrt{2})\times3\sqrt{3}+2\sqrt{2}\times(-\sqrt{2})\}=-(27+\sqrt{2}\times3\sqrt{3}-4)=-(23+3\sqrt{6})=-23-3\sqrt{6}$

(4)　比例式において，内項の積と外項の積の値は等しいので，$x:6=4:(10-x)$より，$x(10-x)=24$　$10x-x^2=24$　$-x^2+10x-24=0$　$x^2-10x+24=0$　$(x-4)(x-6)=0$　$x=4,\ 6$

(5)　$5(x-2y+6)=16-4(3x+y)$より，$5x-10y+30=16-12x-4y$　$17x-6y=-14$…①　$\frac{1}{5}y=\frac{3}{5}x-1$の両辺を5倍して，$y=3x-5$…②　②を①に代入して，$17x-6(3x-5)=-14$　$17x-18x+30=-14$　$-x=-44$　$x=44$　②に$x=44$を代入して，$y=3\times44-5=132-5=127$

重要　(6)　清美さんが学校から歩いた時間をx分とすると，歩いた道のりは$70\times x=70x$(m)　学校から家までは14分で着いたので，車で送ってもらった時間は$14-x$(分)であるから，車で送ってもらった道のりは$500(14-x)=7000-500x$(m)　学校から家まで2270mなので，$70x+7000-500x=2270$　$-430x=-4730$　$x=11$(分)

基本　(7)　ジャンケンの出し方はグー，チョキ，パーの3通りなので，A，B，C，Dの4人でジャンケンしたときのすべての場合の数は$3\times3\times3\times3=81$(通り)　Aだけが勝ちになるのは，(A，B，C，D)＝(グー，チョキ，チョキ，チョキ)，(チョキ，パー，パー，パー)，(パー，グー，グー，グー)の3通りなので，求める確率は$\frac{3}{81}=\frac{1}{27}$

基本　(8)　xの変域$-3\leqq x\leqq 6$に原点Oが含まれるので，yの最大値は0である。よって，$b=0$　$x=-3$，6のうち絶対値の大きい方のxの値のとき最小値をとるから，$x=6$を$y=-\frac{1}{3}x^2$に代入して，$y=-\frac{1}{3}\times6^2=-\frac{1}{3}\times36=-12$　よって，$a=-12$

重要 (9) 直線ℓ上に点Cをとり，点Pが3秒後に点Cにあるものとする。点Pは初めの3秒間は秒速2cmで移動するので，BC＝2×3＝6(cm)である。$0 \leqq x \leqq 3$のとき，点Pは秒速2cmで移動するので，BP＝2×x＝$2x$(cm)　よって，$y=\frac{1}{2}\times 2x\times 8=8x$　また，$3<x$のとき，点Pは点Cから$x-3$(秒)移動しており，点Pは秒速1cmで移動するので，CP＝1×$(x-3)$＝$x-3$(cm)　よって，BP＝BC＋CP＝6＋$x-3$＝$x+3$(cm)なので，$y=\frac{1}{2}\times(x+3)\times 8=4x+12$　したがって，$x=3$のとき，$y=8\times 3=24$，$x=5$のとき，$y=4\times 5+12=20+12=32$となるから，適するグラフは㋑

基本 (10) (20.5＋19.7＋20.3＋9.5＋19.5)÷5＝89.5÷5＝17.9(％)

重要 (11) 点Qを通り直線RPと平行な直線を引き，この直線と辺ADとの交点をSとする。等積変形より，△RPQ＝△RPSであるから，五角形ABPQR＝四角形ABPR＋△RPQ＝四角形ABPR＋△RPS＝四角形ABPSである。また，五角形DRQPC＝四角形ABCD－五角形ABPQR＝四角形ABCD－四角形ABPS＝四角形DSPCとなるので，点S，Pを通るように直線を引けばよい。

2 (規則性と表面積の計量，2次関数の応用問題)

基本 (1) 6番目の図形は上から$1^2=1$(個)，$3^2=9$(個)，$5^2=25$(個)，$7^2=49$(個)，$9^2=81$(個)，$11^2=121$(個)積み重ねた立体である。よって，横から見た図では上から1個，3個，5個，7個，9個，11個の積み木が見えていて合計36(cm^2)，前後左右の4方向あるから，36×4＝144(cm^2)　上から見た図では$11^2=121$(個)の積み木が見えていて合計121(cm^2)，上下の2方向あるから，121×2＝242(cm^2)　よって，6番目の立体の表面積は144＋242＝386(cm^2)

基本 (2) ① yはxの2乗に比例するので，求める式を$y=ax^2$とおいて，$x=2$，$y=50$を代入すると，

やや難 $50=a\times 2^2$　$50=4a$　$a=\frac{50}{4}=\frac{25}{2}$　よって，求める式は$y=\frac{25}{2}x^2$　② 実験と同じ角度で十分に長い斜面を用意し，白球がA地点を転がり始めてから6秒後にB地点を通過した後，そのまま斜面を転がり12秒後にD地点を通過したとする。瞬間の速さは，その瞬間を時間的中点とする区間の平均の速さに等しいので，B地点での瞬間の速さはAD間における平均の速さに等しい。$y=\frac{25}{2}x^2$に$x=12$を代入すると，$y=\frac{25}{2}\times 12^2=\frac{25}{2}\times 144=1800$であるから，AD＝1800cm　よって，AD間における平均の速さは1800÷12＝150(cm/秒)であり，B地点での瞬間の速さも150(cm/秒)となるので，白球はBC間を150(cm/秒)で3秒間かけて転がった。したがって，BC＝150×3＝450(cm)

3 (平面図形，円周角の定理，三角形の合同・相似と長さ・面積比の計量，空間図形の切断と体積の計量)

基本 (1) ∠ADB＝$x°$とすると，円周角の定理より，$\overset{\frown}{AB}$に対する円周角は等しいので，∠ACB＝∠ADB＝$x°$　よって，∠ADB＋∠ACB＋∠APB＝∠DECより，$x+x+30=80$　$2x=50$　$x=25$

基本 (2) ① △ABCにおいて，点D，Eはそれぞれ辺AB，ACの中点であるから，中点連結定理より，DE//BC，BC＝2DE＝8(cm)　△EDFと△CHFにおいて，∠DEF＝∠HCF，∠DFE＝∠HFC，EF＝CFより，1組の辺とその両端の角がそれぞれ等しいので，△EDF≡△CHF　合同な図形の

基本 対応する辺は等しいので，CH＝ED＝4(cm)　② ①より，BH＝BC＋CH＝8＋4＝12(cm)　△EDGと△BHGにおいて，∠EDG＝∠BHG，∠EGD＝∠BGHより，2組の角がそれぞれ等しいので，△EDG∽△BHG　相似な図形の対応する辺の比は等しいので，DG：HG＝ED：BH＝4：

重要 12＝1：3　③ △EDG＝Sとする。②より，△EDG∽△BHGで相似比は1：3である。相似な図形の面積比は相似比の2乗となるから，△EDG：△BHG＝1^2：3^2＝1：9　よって，△BHG＝9Sとおける。また，△EDG∽△BHGより，EG：BG＝1：3で，△EDGと△BDGは底辺をそれぞれEG，BGとすると，高さが等しい三角形なので，面積比は底辺の比に等しい。よって，△EDG：△BDG＝EG：BG＝1：3なので，△BDG＝3Sとおける。したがって，△DEB＝△EDG＋△BDG＝

S＋3S＝4Sである。△DEBと△AEBは底辺をそれぞれDB，ABとすると，高さが等しい三角形なので，△DEB：△AEB＝DB：AB＝1：2　よって，△AEB＝8S　さらに，△AEBと△ABCは底辺をそれぞれAE，ACとすると，面積比は底辺の比に等しく，△AEB：△ABC＝AE：AC＝1：2　よって，△ABC＝16S　よって，△GBHの面積は△ABCの面積の$\frac{9S}{16S}=\frac{9}{16}$(倍)

重要　(3)　①　x=0のとき，I=A，J=Gである。切断面のまわりの辺は向かいあう辺にそれぞれ平行なので，断面は四角形DIFJとなる。このように，点Iを通り線分DJに平行な直線と点Jを通り線分DIに平行な直線が辺BF上で交わるとき断面は四角形となる。また，x=2のとき，AI＝1.5×2＝3(cm)，GJ＝1×2＝2(cm)となるところに点I，Jはある。点Iを通り線分DJに平行な直線と辺EFとの交点をK，点Jを通り線分DIに平行な直線と辺FGとの交点をLとすると断面は五角形DIKLJとなる。このように，点Iを通り線分DJに平行な直線が辺EFと交わり，点Jを通り線分DIに平行な直線が辺FGと交わるとき断面は五角形となる。

やや難　②　半直線DI，HE，LKの交点をM，半直線DJ，HG，KLの交点をNとする。△MEIと△MHDにおいて，∠MEI＝∠MHD＝90°，∠EMI＝∠HMDより，2組の角がそれぞれ等しいので，△MEI∽△MHD　相似な図形の対応する辺の比は等しいので，ME：MH＝EI：HD　ME：(ME＋6)＝3：6＝1：2　2ME＝ME＋6　ME＝6(cm)　同様に，△NGJ∽△NHDより，NG：NH＝GJ：HD　NG：(NG＋6)＝2：6＝1：3　3NG＝NG＋6　2NG＝6　NG＝3(cm)　△MKE∽△MNHより，KE：NH＝ME：MH　KE：9＝6：12＝1：2　2KE＝9　KE＝$\frac{9}{2}$(cm)　△NLG∽△NMHより，LG：MH＝NG：NH　LG：12＝3：9＝1：3　3LG＝12　LG＝4(cm)　よって，三角錐D－MNH＝$\frac{1}{3}\times\frac{1}{2}\times12\times9\times6=108$(cm^3)，三角錐I－MKE＝$\frac{1}{3}\times\frac{1}{2}\times6\times\frac{9}{2}\times3=\frac{27}{2}$(cm^3)，三角錐J－NGL＝$\frac{1}{3}\times\frac{1}{2}\times3\times4\times2=4$(cm^3)となるので，求める体積は(三角錐D－MNH)－{(三角錐I－MKE)＋(三角錐J－NGL)}＝108－$\left(\frac{27}{2}+4\right)=108-\frac{35}{2}=\frac{181}{2}$(cm^3)

★ワンポイントアドバイス★

やや思考力を問う問題も含まれているため，できる問題から解いていくようにしたい。

＜英語解答＞

1　リスニングテスト問題解答省略

2　(1)　ア　(2)　エ

3　(1)　イ　(2)　ア

4　(1)　ア　(2)　2番目　イ　4番目　キ　(3)　ウ　(4)　イ　(5)　ウ，オ，カ

5　(1)　【a】　エ　【b】　イ　【c】　オ　【d】　ウ　【e】　ア　(2)　①　エ　②　イ　(3)　ア　(4)　(a)　イ　(b)　イ

○推定配点○

1　各1点×5(各完答)　2　各1点×2　3　各1点×2　4　各1点×5((2)・(5)各完答)

5　各1点×6((1)完答)　計20点

＜英語解説＞

1 リスニングテスト問題解説省略。

2 **(資料読解：内容把握，語句補充・選択，比較)**

基本 (1) 1ヶ月の読書数の推移を表すグラフで，2021年には，最も多くの本が読まれていることが明らかなので，正解は，ア「2021には生徒が最も多くの本を読んだ」。most「最も(多くの)」← many／much の比較級。 イ「2019年よりも2017年の方が，生徒はより多くの本を読んだ」(×) 2017年よりも2019年の方が多くの本が読まれている。more「より多くの，いっそう，もっと」← many／much の比較級 ウ「2016年には，女子が男子よりも多くの本を読んだ」(×)グラフでは，男女差が示されていない。 エ「多くの自由時間があったので，2021年には生徒が多くの本を読んだ」(×)本が読まれた理由は資料には示されていない。a lot of「多くの～」

基本 (2) (全訳) ジュリア：うわっ，A水泳が全ての中で最も人気があるのですね！ 放課後，こんなにも多くの子供達がそれを練習しているなんて，知りませんでした。／ユウタ：小学生だった時に，私はそれを練習していました。日本人の子供たちがそれを習うのは，よくあることです。／ジュリア：音楽もB女子の間で人気がありますね。／ユウタ：私の妹[姉]もピアノを弾くのが好きで，毎週，けいこを受けています。 (A)最も人気がある習い事は何かをグラフから読み取る。the most popular ← popular「人気がある」の最上級 (B) 音楽の習い事では，男女間で差があり，特に女子の間で人気があることを確認すること。popular among [with]「～の間で[～に]人気がある」

3 **(文法・作文：語句整序，語句補充・選択，助動詞，受動態，分詞)**

重要 (1) The mountain can be seen from here.「その山はここから見られる」助動詞付きの文の受動態＜助動詞 ＋ be ＋ 過去分詞＞

重要 (2) アThe woman standing at the door is my aunt.「ドアのところに立っている女性は私の叔母である」現在分詞の形容詞的用法＜名詞 ＋ 現在分詞 ＋ 他の語句＞「～している名詞」

4 **(長文読解問題・論説文：語句補充・選択，語句整序，指示語，関係代名詞，比較，接続詞，助動詞，不定詞，動名詞，受動態，分詞，現在完了，前置詞)**

(全訳) もし動物や鳥が大好きなら，ニュージーランドへ行かなければならないと言う人々がいるかもしれない。ニュージーランドは小さな島国だ。多くの種類の動物がいる。そこに生息するA動物，鳥，そして，植物は，非常に類まれな特徴を有している。

カカポはそれらのうちの1つだ。“カカポ”という名前は，マオリ語に由来している。マオリ語では，“kaka”は“オウム”で，“po”は“夜間”を意味する。それは大型の飛べない鳥類である。現在，この種は深刻な絶滅の危機に瀕している。古くには，カカポは，ニュージーランドで最も一般的な鳥の1種だった。だが，1990年には，これらの鳥は50羽しか存在しなくなった。何がそれらに起きたのだろうか。

過去，ニュージーランドには，小型動物のみしか存在しなかった。鳥に対する天敵は存在せず，ライオン，あるいは，トラのような大型の動物もいなかった。猫，ウサギ，ねずみさえ，そこに生息していなかったので，ニュージーランドは鳥類に対する楽園になった。鳥は逃げるために飛ぶ必要がなかった。鳥は翼の代わりに，移動するのに脚を使った。カカポにとっては，歩いて食べ物をさがすことは簡単だった。徐々に，②ウカカポの翼は小さすぎて，飛べなくなってしまった。

しかしながら，1000年前に，カカポを取り巻く環境が激変した。マオリの人々が島に到来したのである。彼らは食用に，あるいは，皮や羽を求めて，カカポを狩猟し始めた。カカポは飛べなかったので，マオリの人々は簡単にそれらを捕まえた。何年も後になって，ヨーロッパの人々が到着した。③彼らは犬や猫，ねずみのような他の動物をもたらした。カカポの数は急激に減少した。19世紀には，何千ものカカポが捕らわれて，殺されて，生き残ったのはほんのわずかだった。1891年に，カカポを救うために，ニュージーランド政府は，自然保護区を設置した。すべての生きているカカポはそこに移されて，カカポ保護計画が始まった。

その努力のおかげで，2019年の8月には，カカポの数は200羽に達した。現在，カカポは天敵のいない小さな島々に生息しているが，未だに絶滅危惧種として挙げられている。人間の活動により，カカポだけではなくて，多くの他の種が，未だに絶滅の危険に瀕している。これらの動物を保護するために，私達は行動を起こすことも可能である。

基本 (1) The animals, birds, and plants $_{A}$which live there have very unique features. <先行詞(もの)＋主格の関係代名詞 which ＋動詞>「動詞する先行詞」

基本 (2) (In ancient times, the kakapo)was one of the most popular birds(in New Zealand.)<one of the ＋ 形容詞の最上級 ＋ 複数名詞(＋ in ＋ 単数名詞[of ＋ 複数名詞])>「(…の中で)最も～な名詞の内の1つ[人]」

やや難 (3) 第2段落第4文より，カカポは大型の飛べない鳥であることがわかる。また，空所②の前の文意は「よって，ニュージーランドは鳥にとって楽園となった。鳥は逃げるために飛ぶ必要がなかった。鳥は翼の代わりに，移動するのに脚を使った。カカポにとっては，歩いて食べ物をさがすことは簡単だった。徐々に，（ ② ）」で，第3段落では，カカポが飛べないようになった過程が記されていることが明らかである。したがって，正解は，ウ「カカポの翼は小さくなりすぎて，飛べなくなった」。<too A ＋ 不定詞[to ＋ 原形]>「あまりにもAすぎて… [不定詞]できない，… [不定詞]するにはAすぎる」～ so …「～である，だから…」<have ＋ 不定詞[to ＋ 原形]>の否定形「～する必要はない」instead of「～の代わりに」it was easy to find food ～ ← <It is ＋ 形容詞 ＋ 不定詞[to ＋ 原形]>「～ [不定詞]するには… [形容詞]だ」on foot「歩いて」 ア「カカポは翼で他の動物を狩るために，飛ぶことの練習を開始した」practice flying ← 動名詞<原形 ＋ -ing>「～すること」 イ「飛べない鳥にとってとても危険だったので，カカポは非常に速く走らなければならなかった」<had ＋ 不定詞[to ＋ 原形]>「～しなければならなかった」<there ＋ be動詞 ＋ S>「Sがある，いる」 エ「カカポは，移動するために翼を使う唯一の種となった」

基本 (4) 直前に Years later, Europeans arrived. という文があることから考えること。such as「～のような」

重要 (5) ア「皮膚の色，羽，大きな胴体のような独特の特徴にちなんで，マオリ族はカカポを名付けた」(×)記載なし。name after「～にちなんで名を付ける」 イ「マオリ族が島に到着する以前は，鳥と猫やねずみのような他の動物は，共生することができた」(×)マオリ族が到来する以前のことが描かれている第3段落において，Even cats, rabbits or rats didn’t live there, so New Zealand became a paradise for birds. とあるので，不可。such as「～のような」 ウ「大昔に，ニュージーランドは鳥にとって安全な場所だったので，鳥の中には飛ぶのを止めてしまったものがいた」(○)第3段落に一致。stopped flying ← <stop ＋ 動名詞[原形 ＋ -ing]>「～することを止める」There were no natural enemies for birds,「鳥には天敵がいなかった」← <There ＋ be動詞 ＋ S>「Sがある，いる」did not have to fly「飛ぶ必要がなかった」← <have ＋ 不定詞[to ＋ 原形]>の否定形「～する必要がない」instead of「～の代わりに」 エ「政府はカカポを救うために保護プログラムを始めたが，全てのその鳥は死んだ」(×)第4段落には In the 19th century, thousands of kakapos were caught or killed, and only a few survived. In 1891, the New Zealand government set a nature reserve to save kakapos. All living kakapos were moved there, and the Kakapo Recovery Program started. とあり，第5段落には，Thanks to the efforts, the population of kakapos reached 200 in August 2019. とあるので，不適。thousands of「何千もの～」were caught or killed「捕まえて，殺された」／were moved「移動された」← 受動態<be動詞 ＋ 過去分詞> only a few「ほんのわずかの人[物]」all living kakapos「全ての生きているカカポ」← 現在分詞[原形 ＋ -ing]の形容詞的用法「～している名詞」　オ「小さな島へ移動した後に，カカポの数は増えた」(○)第5段落第1・2文に一致。After moving ← <前置詞 ＋ 動名詞[原形 ＋ -ing]> has increased ← <have[has]＋過去分詞>現在完了(完了・経験・結果・継続)without「～なしで」　カ「過去に，人間が天敵をもたらしたので，カカポは絶滅危惧種に挙げられている」(○)第5段落に，the kakapo is still listed as an endangered species とあり，第4段落に，ヨーロッパ人が天敵をもたらしたことが記述されているので，一致している。is listed ← 受動態「be動詞 ＋ 過去分詞」「～される，されている」

5　**(会話文問題:文挿入，語句補充・選択，内容吟味，要旨把握，比較，関係代名詞，進行形，動名詞，不定詞，受動態，前置詞)**

(全訳)　ルカ(以下R)：これはあなたへのお土産です。／エミリー(以下E)：ありがとう，ルカ。これは何ですか。／R：種子島からのお土産で，“宇宙カレー”です。私は種子島へ家族と行って，そこでこれを購入しました。①それは宇宙飛行士のために作られたレトルトカレーです。／E：種子島ですか？　初めて聞きました。それはどこですか？／R：鹿児島県にあります。飛行機で行けば，鹿児島空港からおよそ30分です。／E：どうしてそこへ行ったのですか。／R：aエ私は妹のハルを訪れたのです。／E：あっ，あなたの妹はそこに住んでいるのですか。／R：はい，彼女はホストファミリーの元に滞在しています。彼女は宇宙留学プログラムに参加しています。彼女は昨春そのプログラムに加わりました。当初は，彼女は寂しかったようですが，今では，そこでの生活を満喫しています。平日には小学校へ通い，週末には宇宙についても学んでいます。彼女は島の興味深い場所へ私を案内してくれました。彼女には多くの友達が出来て，沢山のことを学んでいます。／E：私はそのことを聞いたことがありません。bイどのようにしてあなた達はそのプログラムを見つけたのですか。／R：私の叔父が私達に話してくれました。彼は宇宙航空研究開発機構で働いていて，私達が宇宙について学ぶことを願っています。私はそのプログラムに参加しませんでしたが，宇宙について学ぶことは好きです。／E：なるほど。cオ種子島で最もおもしろい場所はどこですか。／R：それは種子島宇宙センターです。世界で最も美しいロケット発射場だそうです。dウこれは私がそこで撮った写真です。／E：とても美しいですね。／R：そうですね。ともかく，私達はモデルロケットを作り，そこでそれを発射させました。とても興奮しました。私達は宇宙で宇宙飛行士が行っているAことも学ぶことができます。宇宙では全てが異なるので，日常のことをするのが難しいのです。でも，他の国々の宇宙飛行士と共に働くことに，私は興味があります。／E：良かったですね。／R：はい。私は科学をより懸命に勉強して，英語を話すことを練習しようと思います。／E：②あなたの経験を共有してくれて，ありがとう。私は“宇宙カレー”を味わいたいと思います。eアハルが戻ってきた後に，彼女と話をすることを楽しみにしています。／R：きっと彼女は自己の記憶を分かち合うことに，喜びを感じることでしょう。

やや難　(1)　【a】E：「どうしてそこへ行ったのですか」／R：aエ「私は妹のハルを訪れたのです」／E：「あっ，あなたの妹はそこに住んでいるのですか」younger sister「妹」younger ← young「若い」の比較級　【b】E：「bイどのようにしてあなた達はそのプログラムを見つけたのですか」／R：「私の叔父が私達に話してくれました」【c】・【d】cオ「種子島で最もおもしろい場所は何ですか。／R：「それは種子島宇宙センターです。世界で最も美しいロケット発射場だそうです。dウ「これは私がそこで撮った写真です」／E：「とても美しいですね」the most exciting ←

exciting「ワクワクする」の最上級　the most beautiful ← beautiful「美しい」の最上級　a picture I took ← <先行詞(＋ 目的格の関係代名詞)＋ 主語 ＋ 動詞>「主語が動詞する先行詞」目的格の関係代名詞の省略　【e】eア「ハルが戻ってきた後に，彼女と話をすることを楽しみにしています」／R：「きっと彼女は彼女の記憶を分かち合うことに，喜びを感じることでしょう」am looking forward to talking ← 進行形<be動詞 ＋ 現在分詞[原形 ＋ ing]>／<look forward to ＋ 動名詞[原形 ＋ ing]>「～することを楽しみに待つ」I am sure「きっと～だろう」she will be happy to share ～ ← <感情を表す語 ＋ 不定詞[to ＋ 原形]>「～［不定詞］して，ある感情が沸き上がる」

重要 (2)　①　It is a pouch-packed curry which is made for astronauts.「それは宇宙飛行士のために作られたレトルトカレーです」← <先行詞(もの)＋ 主格の関係代名詞 which ＋ 動詞>「動詞する関係代名詞」／is made ← <be動詞 ＋ 過去分詞>受動態「～される，されている」
②　Thank you for sharing your experience.「あなたの経験を分かち合ってくれてありがとう」← <Thank you for ＋ 動名詞[原形 ＋ -ing]>「～してくれてありがとう」　ア「尋ねてくれて」　ウ「勉強してくれて」　エ「育ててくれて」

重要 (3)　We can also learn Awhat astronauts are doing in space.「宇宙飛行士が宇宙でしていることを私達は学ぶこともできる」関係代名詞の what ― 先行詞を含む関係代名詞 ＝ <a thing[things]which[that]>「主語が～すること[もの]」are doing ← 進行形<be動詞 ＋ 現在分詞[原形 ＋ -ing]>「～しているところだ」

(4)　(全訳)　こんにちは，アンナ，／私はルカと話をしました。ルカの妹のハルは，今，鹿児島に住んでいます。あなたは以前彼女に会ったことがあると思います。彼女は宇宙について学ぶために種子島に滞在しています。そのことを聞いて，私はX驚きましたが，彼女が行っていることに興味を抱いています。ハルの素晴らしい経験について，あなたに話したいと思います。今週末に，私の家に来ることができますか。ルカから“宇宙カレー”をもらいました。一緒に食べましょう。あなたの返事を待っています。／さようなら，エミリー。

基本 (a)　<人 ＋ be動詞 ＋ surprised ＋ 不定詞[to ＋原形]>「～して，人が驚いている」surprise「物事が人を驚かせる，びっくりさせる」

やや難 (b)　エミリーは，アンナに週末に自宅に来ることができるかどうか，を尋ねており，その返事を待っている，とメールの最後に記されている。よって，正解は，イ「アンナはエミリーに電子メールを書く」。am waiting for「～を待っている」← <be動詞 ＋ 現在分詞[原形 ＋ -ing]>進行形／wait for「～を待つ」　ア「ルカ，エミリー，そして，アンナは鹿児島へ行く」are going to Kagoshima ← 近い未来を表す進行形[be動詞 ＋ 現在分詞]。　ウ「アンナはエミリーの家を訪れる」is going to visit ← <be動詞 ＋ going ＋ 不定詞[to ＋ 原形]>「～するつもり[予定]である，しそうである」　エ「ハルが戻ってきて，“宇宙カレー”を調理する」

★ワンポイントアドバイス★

5(1)で出題された，会話文中の文挿入問題を取り上げる。5か所の空所に5文の選択肢を当てはまる問題である。キーワード等を手掛かりにして，前後の文脈に合致する適切な英文を選択すること。

＜理科解答＞

1 (1) エ　(2) ウ　(3) イ　(4) ウ
2 (1) イ　(2) イ　(3) ウ　(4) カ
3 (1) イ　(2) エ　(3) ① ア　② エ　(4) イ
4 (1) ア　(2) カ　(3) ウ　(4) エ
5 (1) ウ　(2) ウ　(3) イ　(4) エ

○推定配点○
各1点×20(**3**(3)完答)　計20点

＜理科解説＞

1 (小問集合－各分野の小問)

やや難 (1) BとCの合成抵抗は，$\frac{1}{20}+\frac{1}{30}=\frac{1}{12}$より12Ωで，EとFの合成抵抗は，$\frac{1}{50}+\frac{1}{75}=\frac{1}{30}$より30Ωである。よって，この回路は左から10Ω，12Ω，40Ω，30Ωの抵抗が直列につながったものと考える。すると，電流は同じで，抵抗値の大きい抵抗器ほど大きな電圧がかかるので，消費電力が最も大きいのは40ΩのDである。

なお，具体的に消費電力を求めると次のようになる。回路全体の合成抵抗は，10＋12＋40＋30＝92(Ω)だから，回路に流れる電流は$\frac{92(\mathrm{V})}{92(\Omega)}=1(\mathrm{A})$となる。BとC，そしてEとFでは，電流は抵抗の逆比の3：2に分かれるので，0.6Aと0.4Aとなる。各抵抗の消費電力は次の通り。

A	1(A)×10(Ω)＝10(V)	1(A)×10(V)＝10(W)
B	0.6(A)×20(Ω)＝12(V)	0.6(A)×12(V)＝7.2(W)
C	0.4(A)×30(Ω)＝12(V)	0.4(A)×12(V)＝4.8(W)
D	1(A)×40(Ω)＝40(V)	1(A)×40(V)＝40(W)
E	0.6(A)×50(Ω)＝30(V)	0.6(A)×30(V)＝18(W)
F	0.4(A)×75(Ω)＝30(V)	0.4(A)×30(V)＝12(W)

(2) アルコール類や糖類は，水に溶けてもイオンに分かれない非電解質である。非電解質の水溶液には電流が流れない。塩化水素が水に溶けた水溶液は塩酸であり，イオンに分かれる電解質なので，水溶液には電流が流れる。

(3) Aは肉食動物で，2つの目が前方を向いていることで，両目の視野が重なる前方を立体的に見ることができる。発達した犬歯や臼歯は，食物の肉を食いちぎったりかみ砕いたりすることに役立っている。Bは草食動物で，2つの目が側方を向いていることで，広い範囲を見渡すことができる。発達した臼歯は，食物の植物をすりつぶすことに役立っている。

(4) 北半球でみた星の動きは，東からのぼり(B)，南の空を通って(C)，西に沈む(A)。また，北の空の星は北極星を中心に反時計回りに回るように見える(D)。

2 (植物のからだ－水草の光合成と呼吸)

(1) オオカナダモは白い花を咲かせる種子植物である。問題文のようにひげ根を付けるので，被子植物の単子葉類であり，選択肢ではツユクサと同じ分類である。

(2) オオカナダモを入れない試験管が必要なのは，オオカナダモがなくても色が変わってしまう可能性をなくして，色の変化が確かにオオカナダモのはたらきであることを示すためである。

(3) 光合成によってデンプンがつくられるのは葉緑体(ウ)である。アは細胞質，イは核，エは細胞壁であり，光合成をする部分ではない。

重要 (4) 試験管Bには，オオカナダモが入っているが光を当てていない。オオカナダモは光合成を行わないが，呼吸はつねに行っている。そのため，水中の二酸化炭素が増えて液は酸性になり，BTB液は黄色になる。

3 (中和－水酸化ナトリウム水溶液と塩酸の中和)

(1) 水溶液Aの質量が200gで，そのうち水酸化ナトリウムが8gだから，その質量パーセント濃度は，8÷200×100＝4(％)である。

(2) 密度1.2g/cm^3の濃塩酸100cm^3の質量は，1.2×100＝120(g)である。その濃塩酸の36.5％が塩化水素なので，120×0.365＝43.8(g)である。

重要 (3) 塩酸Bに水酸化ナトリウム水溶液Aを少しずつ加えていくと，塩酸Bに含まれていた水素イオンH^+は，加えた水酸化ナトリウム水溶液Aに含まれている水酸化物イオンOH^-と結びついて，水H_2Oになる。そのため，水素イオンH^+の数は減少していく。水酸化物イオンOH^-は，完全に中和するまでは0のままである。

(4) 塩化水素HClと水酸化ナトリウム$NaOH$が結びつくと，塩化ナトリウム(食塩)$NaCl$と水H_2Oができる。

4 (力－浮力の大きさ)

(1) 表3で，球Bの質量は135gなので，球Bにはたらく重力は1.35Nである。これを食塩水に入れたときのばねはかりの値は0.75Nなので，球Bにはたらく浮力は，1.35－0.75＝0.60(N)である。

やや難 (2) 図1で，50℃の水100gに食塩は約37g溶けるので，水1kgならば約370gまで溶ける。表1では，質量250g，体積50cm^3の球Aについて，食塩の質量xが0のときのばねはかりの値は2.00となり，浮力は2.5－2.00＝0.50(N)である。食塩の質量xが100g増えるごとに，ばねはかりの値が0.05Nずつ減っているので，浮力が0.05Nずつ増えていく。食塩の質量xが370gのときの浮力は，100：0.05＝370：y より，y＝0.185N増えて，0.50＋0.185＝0.685(N)となる。表3で，球B～Eも体積は50cm^3だから，浮力は球Aと同じで，最大で0.685Nであり，質量が68.5gまでの物体ならば浮かせることができる。しかし，球A～Eとも質量は68.5gを超えているので，浮かせることはできない。

(3) 溶かす物質の種類がちがっても，溶かす質量や液の濃度，密度が同じならば，浮力は同じになるはずである。そのため，表2で250gのときの値は1.87Nになるはずで，1.90Nというのは浮力が不足している。これは，ミョウバンの溶けた量が少なかったと考えられ，選択肢ではウがありうる。冷えるとミョウバンは溶ける量が減って，底に沈んでしまう。なお，アで食塩の実験の結果の表1は特に不自然ではない。イで，ミョウバンを多くとかしてしまったなら，浮力が大きくなるはずで，値は1.87Nよりも小さくなるはずである。エで球全体が液に入っていれば，浅い位置でも深い位置でも関係がない。

(4) ア：誤り。表3で球の質量はそれぞれ異なるが，(1)の方法で浮力を求めるとすべて0.60Nになり，質量が大きくても浮力は変わらない。 イ：誤り。表4で，それぞれ浮力は，(1)の方法で，球Fが2.50－1.39＝1.11(N)，球Gが2.50－2.12＝0.38(N)，球Hが2.50－0.35＝2.15(N)，球Iが2.50－2.24＝0.26(N)である。このように，球の体積が大きいほど，浮力は大きくなる。 ウ：誤り。表3では，球の質量はそれぞれ異なるが体積はどれも同じなので，物体の密度は異なる。しかし，(1)の方法で浮力を求めるとすべて0.60Nになり，物体の密度が大きくても浮力は変わらない。エ：正しい。表1で食塩を多く溶かすほど，浮力は大きくなっていくので，水溶液の密度が大きいほど浮力が大きいといえる

5 (火山－マグマの性質と火山の噴火)

(1) AよりもBの方が，ホットケーキミックスに加える水が多いので，粘り気が弱い。そのため，できる山はなだらかな形の図1となる。火山の例では，ハワイのキラウエア火山がもっともなだ

らかである。

(2)　図2はマグマの粘り気が強い場合のモデルである。粘り気が強いマグマでは，含まれる水蒸気などの気体成分が抜け出しにくく閉じ込められるため，爆発的な噴火が起こりやすい。また，粘り気の強いマグマが冷えてできる岩石は白っぽい。

(3)　ア：誤り。火山れきよりも大きい火山岩塊や火山弾などがある。　イ：正しい。火山灰はマグマが急に冷えたために，ガラス質の部分が多い。　ウ：誤り。火山噴出物には，火山砕屑物のほかに，火山ガスや溶岩もある。　エ：誤り。溶岩には，気体成分が抜けた跡の細かい穴が多数あいている。

(4)　表を見て判断する。ア，イは適切な行動であり，ウも火口に近づかず情報に注意して登山すれば問題はない。エはすでに入山規制のレベル3を超えており，登山自体を行うことができない。

★ワンポイントアドバイス★

どの分野も，図表を利用した学習を心がけ，覚えるだけではなく，論理的に考えて理解する学習を心がけよう。

＜社会解答＞

1　(1)　イ　(2)　イ　(3)　エ
2　(1)　ア　(2)　キ　(3)　カ　(4)　ウ
3　(1)　オ　(2)　イ　(3)　オ　(4)　ア
4　(1)　カ　(2)　ウ
5　エ
6　(1)　ア　(2)　ア　(3)　ウ，オ
7　(1)　ウ　(2)　イ　(3)　エ

○推定配点○

各1点×20　　計20点

＜社会解説＞

1　**(日本の歴史－各時代の特色，政治・外交史，社会・経済史，文化史)**

(1)　弥生土器は，弥生時代に使われた軟質素焼きの土器で，縄文土器と比べると形・装飾が簡素で，高温で焼かれて明るく硬いといわれている。卑弥呼が魏に使いを送ったことは「魏志倭人伝」に書かれている。

基本　(2)　遣唐使は7世紀から9世紀にかけて日本から唐(618～907)に派遣された公式の使節であり，当時は，最澄が天台宗，空海が真言宗を開いた時期でもある。

(3)　応仁の乱当時は，鉄砲や大砲はまだ伝わっていないので，エが誤りとなる。

2　**(日本と世界の歴史－各時代の特色，政治・外交史，社会・経済史，日本史と世界史の関連)**

(1)　江戸時代の関所では，江戸から持ち出される鉄砲や江戸に向かう大名の妻子を取りしまった事実はないので，アが誤りとなる。

(2)　井上馨は鹿鳴館に象徴される欧化政策を展開し，不平等条約の改正に努力した。明治27年に，陸奥宗光が領事裁判権撤廃，同44年に，小村寿太郎が関税自主権回復に成功した。

(3)　普通選挙法成立(1925年)→日本の国際連盟脱退(1933年)→盧溝橋事件(1937年)。

(4)　朝鮮戦争で，中国の義勇軍が支援したのは北朝鮮であるので，Xは誤りである。

3 **(地理－日本の人口，世界の交通・貿易，産業，諸地域の特色，その他)**

(1)　Aは日本である。日本全体の人口は減少傾向にあるが，高齢化している。したがって，cのつりがね型からaのつぼ型に変化していくと予想される。

(2)　アメリカの旅客輸送はほとんどが自動車といっていい。日本では，旅客輸送，貨物輸送ともに自動車が増加傾向にある。

基本 (3)　混合農業は，作物と家畜の飼育の両方を行っている商業的な農業である。cはフランスで，この国はラテン系の言語が話され，発電量の約70％を原子力発電でまかなっている。

(4)　Dは人口が最大のインドである。米の生産量は1位中国，2位インド，3位インドネシア，小麦の生産量は1位中国，2位インド，3位ロシアとなる。長野県は果実栽培が盛んな県で，りんご，もも，なしなどの生産量が多い。

4 **(地理－世界の気候，交通)**

やや難 (1)　成田とニューヨークとの経度差は135＋75＝210(度)である。15度で1時間の時差があるので，両都市の時差は210÷15＝14(時間)である。したがって，成田で12月24日午前10時の時，ニューヨークでは12月23日午後8時である。ニューヨークについたのは12月24日午前9時であるから，その時間差が飛行機に乗っていた時間と一致して13時間となる。実際の距離と方位が正しい正距方位図法でみた場合，成田とニューヨークの最短距離はカナダ上空を通過する航路となる。

(2)　Aは砂漠気候で，年間の降水量が蒸発量より少なく乾燥していて，樹木がほとんど生育せず，気温も年較差より日較差が大きい。したがって，①とYが該当する。Bは熱帯雨林気候で，年中高温多雨となっている。したがって，②とXが該当する。

5 **(日本の地理－産業)**

Aは中京工業地帯などに多く分布していることから自動車組立工場とわかる。そして，Bが製鉄所となる。また，中京工業地帯で割合が高いYは機械であり，Xを3つの工業地帯の中で比べると，阪神工業地帯の割合が1番高いので，Xは，この工業地帯で伝統的工業である金属とわかる。そして，Zが化学となる。

6 **(公民－国際経済，経済生活，その他)**

重要 (1)　世界金融危機とは，2007年のサブプライムローン問題をきっかけに起こった金融危機である。これは，リーマン・ショックと呼ばれる2008年9月のニューヨーク証券取引所の史上最大の株価暴落で一気に顕在化し，世界中に広がった。Ⅱの資料を注意深く考察すると，2009年11月の有効求人倍率は1999年11月よりも低い。逆に完全失業率は高い。したがって，雇用情勢は悪化しているといえる。また，株価も2009年11月は1999年11月よりも暴落している。

(2)　ⅢとⅣの資料と文章を多角的に考察すると，まず，18～39歳の500万未満と500万以上の差が19％と1番開いていることから，Cが2019年とわかる。次に，Ⅲの資料より，2019年と2009年の区分がほとんど変わりないということから，Bは2009年とわかる。そして，Aは1999年となる。

(3)　セーフティネットとは，人々に安全や安心を提供するしくみで，社会保障はセーフティネットの一種であり，年金制度や健康保険などがその例である。また，雇用や生活に対するセーフティネットも重要であり，雇用保険や生活保護などがその役割を果たす。これらのセーフティネットの整備は，格差社会解消に有効であり，国民の福祉を高めるために必要な制度である。また，政治を動かすという意味では投票率が高いほうが格差社会解消に有効であると考えられる。

7 **(公民－経済生活，日本経済，政治のしくみ，その他)**

やや難 (1)　Ⅰ，Ⅱの資料を注意深く考察すると，Ⅱの資料より，59歳以下では，年齢が高くなるにしたがって，平均利用金額は増加しているが，60歳以上になると，年齢が高くなるにしたがって減少しているのがわかる。

重要 (2) 消費者基本法は，消費者と事業者との間にある情報力や交渉力などの格差を踏まえた上で，消費者の利益を擁護し，国，地方公共団体及び事業者の責務を明らかにし，その施策の基本事項を定め，消費者政策推進を図り，消費生活安定及び向上を確保することを目的としている。消費者庁は，2009年，内閣府外局として発足した。国民生活センターを所管するとともに全国の消費生活センターなどと連携し，消費者行政の中核的実施機関となっている。

(3) 消費者契約法とは，消費者と事業者が締結する契約において，情報や交渉力で劣る消費者を保護するルールを定めた法律である。この点から，考察すると，エは事業者の方に何の落ち度もなく，まったくの消費者側の都合が原因での契約取り消し希望であるから，取り消しはできない。

★ワンポイントアドバイス★

3(3) いろいろな作物を混合して生産しているので，混合農業というわけである。
4(2) 乾燥帯の中では，砂漠気候と少しだけ雨が降り草原が広がるステップ気候がある。熱帯の中では，熱帯雨林気候と雨季と乾季があるサバナ気候がある。

＜国語解答＞

一 (一) (i) 築　(ii) 立派　(二) イ　(三) イ　(四) ウ　(五) オ
(六) ウ

二 (一) イ　(二) 寡黙　(三) エ　(四) ウ　(五) 一度だけ人を殴った
(六) ア

三 (一) とわせたまえば　(二) ウ　(三) イ　(四) エ　(五) ア
(六) 顕季が身　(七) ア

○推定配点○
各1点×20　　計20点

＜国語解説＞

一 (論説文－漢字，脱語補充，接続語，指示語，文脈把握，慣用句，語句の意味，要旨)

(一) (i) 「築」の音読みは「チク」。熟語は「築城」「建築」など。「築山(つきやま)」という読み方もある。 (ii) 「派」を使った熟語はほかに「派閥」「流派」など。

(二) A 文末の「～からです」に呼応する語として，説明を説き起こす意の「というのも」が入る。 B 直前の「異質な他者を取り込むには，……相手との深い対話が必要です」と，直後の「私たちが深い対話を取り戻すためには，最適化願望をいったん脇におき，……というごく当たり前の事実に立ち返る必要があります」は，順当につながる内容なので，順接を表す「したがって」が入る。 C 直前に「『一人』になる自由を得て，名目上でもつき合う相手を選べるようになった社会では，人づきあいに対する期待値が上がります」とあり，直後で「異質な他者はつながりの不協和音として視線の外へ追いやられてゆきます」と，別の側面を付け加えているので，累加を表す「それと同時に」が入る。 D 直前で「私は，現代社会を生きる人びとは，ほんの少しでも，その原点に立ち返るべきではないかと考えています」とし，直後で「相手が自らにとってマイナスになるかプラスになるかにとらわれずに，……つき合うことを，もっと積極的に意識してもよいのではないかと考えています」と具体的に説明しているので，「具体的には」が入る。

やや難 (三)　直前の「期待どおりに行くこと，期待にそぐわないこともふくめてともにすごしてゆく」を指すので，「たとえ意に沿わないことがあったとしても，寛容に接する」とするイが適切。

(四)　直後の「つき合う」にかかる語としては，物事にじっくり落ち着いて対処する様子を意味する「腰を据えて」が適切。

(五)　直前に「相手」，直後に「受け容れる」とあることから，「異質さ」とは，自分と他者との相違点を意味するとわかる。本文には，「人はプラスの面もマイナスの面もある」異質な他者はつながりの不協和音として視線の外へ追いやられてゆきます」「人の弱さに思いをはせられるようになり」とあり，「コスト」については「マイナス面」としているので，ア・イ・ウ・エはあてはまる。オの「パフォーマンス」は，「プラス面」と説明されているのであてはまらない。

やや難 (六)　直前に「『ただつき合う』ということをもっと意識したほうがよい」とあり，そこから得られる「多様性」については，前に，「人にプラスの面があろうと，マイナスの面があろうとつき合ってみる。そうすることで，人の弱さに思いをはせられるようになり，また，異質な人とも，……うまくやっていけるすべを身につけられるようになります」「おたがいに迷惑をかけつつも，それを笑って受け容れられるつながりも同じくらい大事だと思います」と筆者の考えが述べられているので，これらの内容と合致するウが適切。アの「長所のみを個性と認め」，イの「個人の希望や選択をなによりも最優先する」，エの「他者の希望や選択をなによりも最優先する」は，本文の内容と合致しない。

二　**(小説－語句の意味，脱語補充，指示語，情景・心情，文脈把握，内容吟味，大意)**

(一)　「いささか」は，少し，わずかばかり，という意味。

(二)　「ボクシング」については，後に「筋肉を有効に素早く使用することへの人々の寡黙な没頭が，彼の心を少しずつ，しかし確実に捉えていった」と説明されているので，「寡黙(なスポーツ)」とするのが適切。

(三)　直前の「人はあらゆるものに勝つわけにはいかないんです。人はいつか必ず負けます。大事なのはその深みを理解することなのです。」という内容を「そういう行為(＝ボクシング)」としているので，エが適切。

やや難 (四)　直後に「『僕は本当はこの話をしたくないんです』」とあることから，本当は話したくない，という気持ちで「黙っていた」とわかるので，「人には話したくない自分の過去を打ち明けるにあたり，一呼吸おいたから」とするウが適切。

やや難 (五)　「大沢さん」が話したこととは，「僕」の「『これまでに喧嘩をして誰かを殴ったことはありますか』」という質問に対し，「『でも正直に言うと，一度だけ人を殴ったことがあります』」「『中学二年のときです。……殴ろうと思って殴ったわけでもないんです。ただ僕はそのときものすごく腹を立てていて，何かを考える間もなく，はじかれたみたいにさっと手が出ちゃったんです。……』」というものなので，解答欄に合わせて「一度だけ人を殴った(話)」とするのが適切。

(六)　アは，本文に「大沢さんがボクシングを始めたきっかけは叔父さんがボクシング・ジムを経営していたからだった。……両親は大沢さんに体を鍛えるためにそこのジムに通ってみてはどうかと言った」「しかし電車に乗って一時間近くかかる叔父のジムに何か月か通っているうちに，彼はその競技に対して意外なくらい心を引かれるようになった」「その中で僕は暗闇を相手に戦っているんです。孤独です。でも悲しくないんです」とあることと合致する。

三 （古文－仮名遣い，語句の意味，指示語，口語訳，文脈把握，内容吟味，大意）

(一)　語頭以外の「はひふへほ」は，現代仮名遣いでは「わいうえお」になるので，「は」は「わ」，「へ」は「え」に直して「問わせ給えば」とし，すべてひらがなにして「とわせたまえば」とする。

(二)　現代語訳を参照すると，②の「り」は「正当性」，⑤の「り」は「筋道」と訳しているので「理」が適切。「理」には，物事の筋道，道理，という意味がある。

(三)　③の「かれ」は「義光」を指す。アの「かれ」は「東国の荘園」，イの「かれ」は「義光」，ウの「かれ」は「東国の荘園」を指す。

(四)　「ゆゆし」には，並みひととおりではない，たいへんすばらしい，などの意味があるので，エの「大変な」が適切。

(五)　直前の「やすからず思はむままに，夜，夜中にもあれ，大路通るにてもあれ，いかなるわざはひをせむと思ひ立ちなば，おのれがため，ゆゆしき大事にはあらずや……心憂きためしにいはるべきなり」を指し，現代語訳では「心穏やかならず思えば，その命ずるままに夜，夜中であれ，大路を通っている時であれ，どんな仕打ちでもしようと思い立つことだろう。そうなったならば，……。そなたの身がどうこうなるだけではない。後々まで悔まれる，無念な話として噂になるだろう」となるので，「義光が顕季に危害を加えるかもしれない」とするアが適切。

(六)　院の「仰せごと」は，直前の「と」の前までで，始まりは，「とばかりものも申さで候ふければ」と，院の仰せを待つ「顕季」の様子が描かれている直後なので，「顕季が身」から。

(七)　直前に白河院の仰せごとがあり，「義光」が「顕季」に危害を加えることを心配し，さらに「そなたの身がどうこうなるだけはない。後々まで悔まれる，無念な話として噂になるだろう……こう考えるので，今に至るまで，結論を出さなかったのだ」と，「顕季」への深い配慮が語られているので，「白河院の深い配慮に感激したから」とするアが適切。

★ワンポイントアドバイス★

読解問題は，指示内容や言いかえ表現を的確にとらえる練習をしておこう！
古文は，重要古語を押さえ，現代語訳を参照して大意をとらえる練習をしておこう！

2022年度

★★★★★★★★★★★★★★★★★★★★★★★

入　試　問　題

2022年度

光ヶ丘女子高等学校入試問題

【数　学】（45分）　＜満点：20点＞

【注意】　分度器，コンパスは使用できません。

1． 次の(1)から(11)までの問いに答えなさい。

(1)　$-4^2+(3-1)\div 2$　を計算しなさい。

(2)　$-2\left(\dfrac{x+2y}{6}\right)-\dfrac{2x+y}{9}$　を計算しなさい。

(3)　$(\sqrt{3}-\sqrt{2})^2+\dfrac{4\sqrt{3}}{\sqrt{2}}$　を計算しなさい。

(4)　$(x+3)(x-3)-(2x-1)(x+3)$　を因数分解しなさい。

(5)　2次方程式　$x(x+5)=2x^2+x-7$　を解きなさい。

(6)　部活動の顧問の先生に誕生日プレゼントを購入した。後から費用徴収したところ，1人300円ずつ集めると3400円不足し，1人350円ずつ集めると800円余る。
このとき，部活動の人数は何人か，求めなさい。

(7)　図で，一辺の長さが全て同じの正五角柱である。点P，Q，Rはそれぞれ AF，CH，HI の中点である。このとき，3点P，Q，Rを通る平面でこの立体を切ったとき，切り口はどんな形になるか，書きなさい。

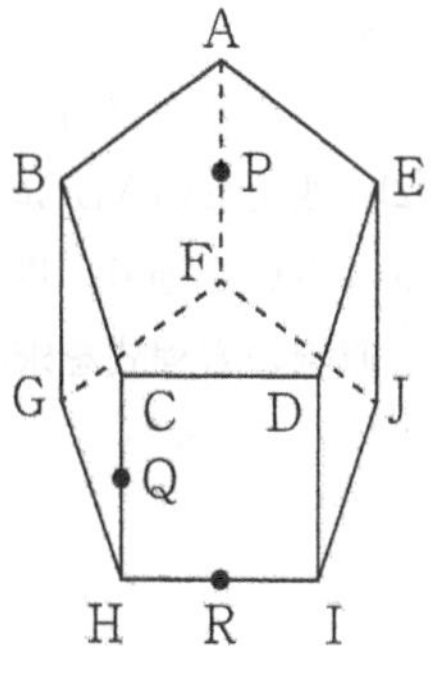

(8)　右の度数分布表は，あるクラスの生徒40人の身長をまとめたものである。このとき，次の**ア**から**エ**までの中から，度数分布表からわかることについて正しく述べたものをすべて選んで，そのかな符号を書きなさい。

ア　身長の範囲は35cm である。

イ　相対度数が一番大きい値は0.275である。

ウ　身長の最頻値は平均値より小さい。

エ　身長の中央値が含まれる階級は150cm 以上155cm 未満の階級である。

階級（身長）	度数（人）
140 以上～ 145 未満	1
145　～　150	6
150　～　155	11
155　～　160	9
160　～　165	7
165　～　170	5
170　～　175	1
計	40

(9) 図で，1，2，3，4，5の数字を1つずつ記入した5枚のカードがある。このカードをよくきって，1枚ずつ2回続けて取り出す。1回目に取り出したカードを十の位の数，2回目に取り出したカードを一の位の数として，2けたの整数をつくるとき，この整数が，25以上の奇数になる確率を求めなさい。
ただし，取り出したカードはもとにもどさないものとする。

(10) ある精肉店が100gで800円の牛肉を販売しており，500g購入ごとに100円引きになる。このとき，1万円の支払いで，最大何g購入できるか，求めなさい。

(11) 図で，四角形ABCDはAB＝4㎝，AD＝6㎝の長方形である。点PはAを出発して，毎秒2㎝の速さで，長方形の辺上をA→B→C→Dの順に動くものとする。点PがAを出発して，x秒後の△APDの面積をy㎝^{2}とする。
このとき，$0 \leqq x \leqq 7$におけるxとyの関係を，グラフに表しなさい。ただし，$x=0$のときは$y=0$とする。

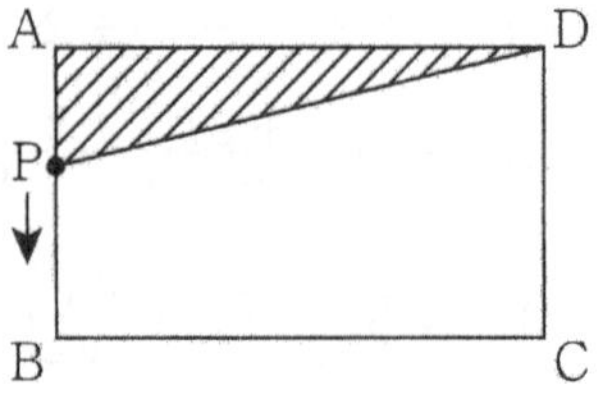

2． 図で，Oは原点，A，Bは関数$y=\frac{4}{9}x^2$のグラフ上の点で，Aのx座標は正の値，y座標は4，また，Bのx座標は－6である。点Cの座標が（－2，4）であるとき，次の(1)から(3)までの問いに答えなさい。

(1) 点Aのx座標を求めなさい。

(2) 四角形OABCの面積を求めなさい。

(3) 点Cを通り，四角形OABCの面積を2等分する直線の方程式を求めなさい。

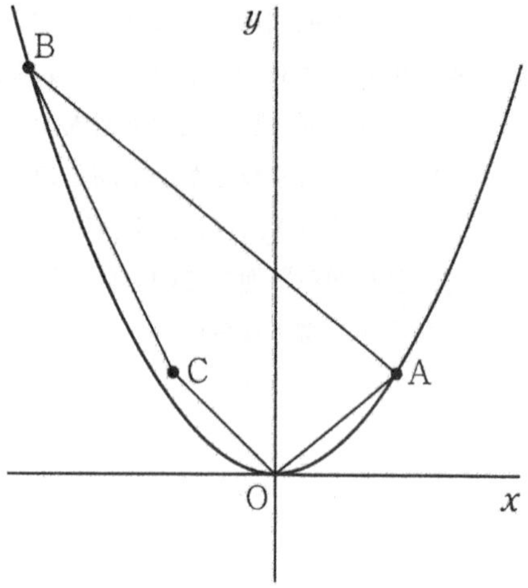

3． 次の(1)から(3)までの問いに答えなさい。

(1) 図で，九角形ABCDEFGHIは正九角形であり，ACとBFの交点をJとする。
次の①，②の問いに答えなさい。
① ∠BACの大きさは何度か，求めなさい。
② ∠AJFの大きさは何度か，求めなさい。

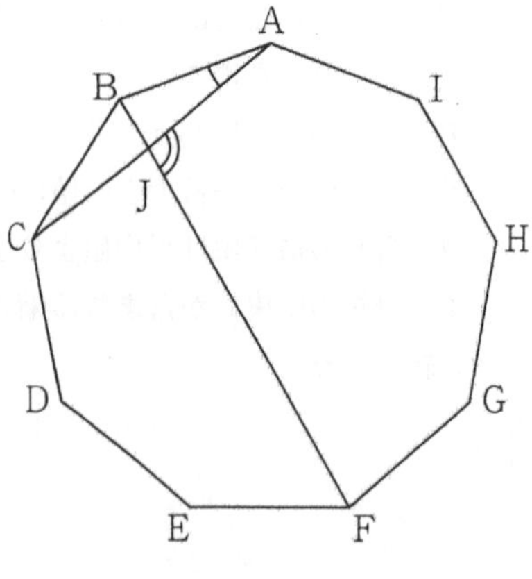

(2)　高さ10m の街灯から10.2m 離れた場所に，身長1.5m のＡ子さんが立っており，Ａ子さんの影が地面に映っている。
次の①，②の問いに答えなさい。

①　Ａ子さんの影の長さは何 m か，求めなさい。

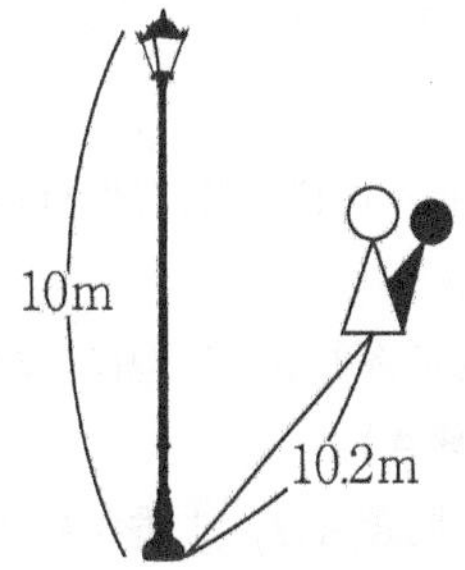

②　Ａ子さんが場所を動き，街灯から25.5m 離れた場所に立ったところ，影の一部が壁に映った。壁に映った影の高さを測ると，0.7m であった。Ａ子さんは壁から何 m 離れた場所に立っているか，求めなさい。

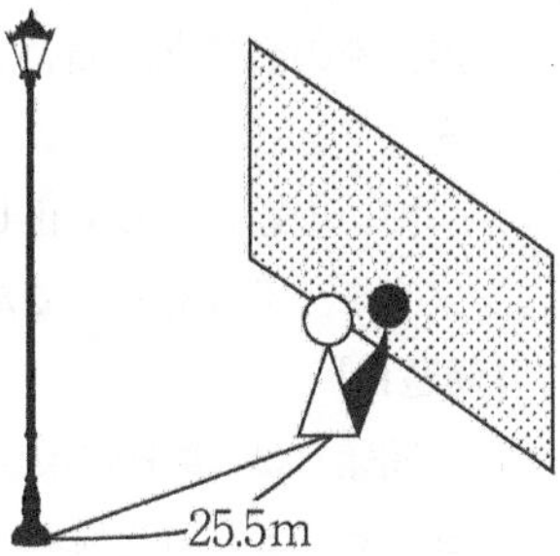

(3)　図の三角柱ABC－DEFで，AB＝3㎝，BC＝4㎝，AD＝8㎝，∠ABC＝90°であるとき，次の①，②の問いに答えなさい。

①　辺ACとねじれの位置にある辺をすべて書きなさい。

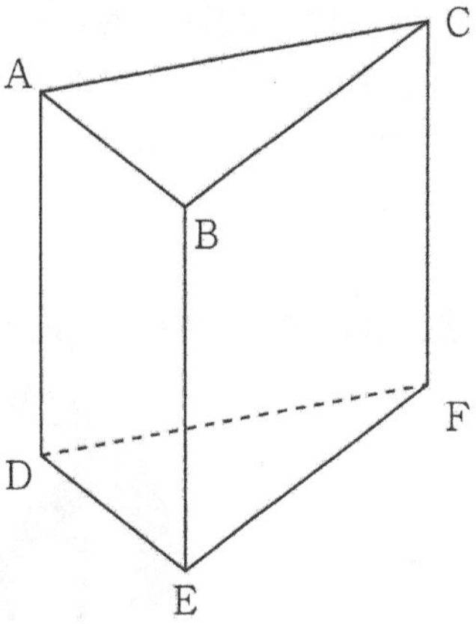

②　DG＝EH＝3㎝，FI＝1㎝となるように辺AD，辺BE，辺CF上にそれぞれ点G，H，Ｉをとり，平面GHＩでこの三角柱を斜めに切った。

このときにできる小さい方の立体の体積は何cm^3か，求めなさい。

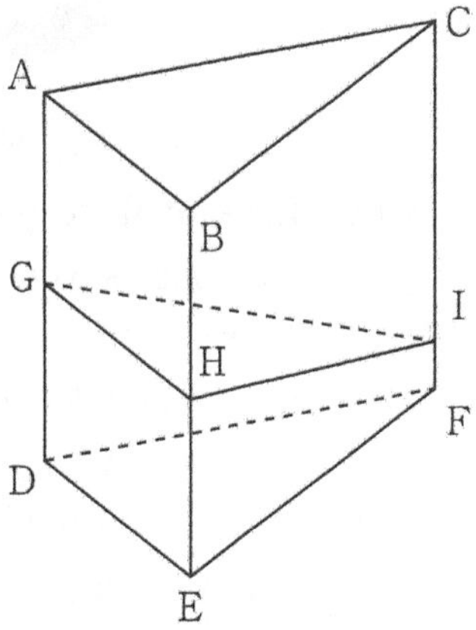

【英　語】（45分）　＜満点：20点＞

1． 指示に従って，聞き取り検査の問題に答えなさい。

「答え方」

問題はAとBの二つに分かれています。

【問題A】

問題Aは，１番から３番までの三つあります。それぞれについて，最初に会話文を読み，続いて，会話についての問いと，問いに対する答え，ａ，ｂ，ｃ，ｄを読みます。そのあと，もう一度，その会話文，問い，問いに対する答えを読みます。必要があればメモをとってもかまいません。

問いの答えとして正しいものは解答欄の「正」の文字を，誤っているものは解答欄の「誤」の文字を，それぞれ○でかこみなさい。正しいものは，各問いについて一つしかありません。

【問題B】

問題Bは，最初に英語の文章を読みます。続いて，文章についての問いと，問いに対する答え，ａ，ｂ，ｃ，ｄを読みます。問いは問１と問２の二つあります。そのあと，もう一度，文章，問い，問いに対する答えを読みます。必要があればメモをとってもかまいません。

問いの答えとして正しいものは解答欄の「正」の文字を，誤っているものは解答欄の「誤」の文字を，それぞれ○でかこみなさい。正しいものは，各問いについて一つしかありません。

※リスニングテストの放送台本は非公表です。

2． 次のピクトグラム（pictogram 案内用図記号）を見て，あとの問いに答えなさい。

（X）使用禁止

（Y）使用禁止

あなた：Look at these pictograms.　Pictogram（X）shows you that [①].　Pictogram（Y）shows you that [②] are banned in school.

転入生：I see.

（問い）　あなたは海外からの転入生に校内を案内している時，これらのピクトグラムについて説明をすることになりました。[①] には（X）のピクトグラムが示す禁止事項を，[②] には（Y）のピクトグラムが示すように，携帯電話だけでなくカメラも使用禁止であることを，それぞれ5語以上の英語で書き，英文を完成させなさい。ただし，[①] には use，[②] に also を必ず使うこと。また，下の語句を使うこと。

〈語句〉　mobile phones　携帯電話　　cameras　カメラ

3． さち（Sachi）とJackが下の表を見ながら2020東京オリンピックで獲得したメダル数（medal count：gold金，silver銀，bronze銅）の合計について会話をしています。二人の会話が成り立つように，下線部①～③までのそれぞれの（　）内に1語ずつ最も適当な語を入れて英文を完成させなさい。ただし，（　）内に文字が示されている場合は，その文字で始まる語を解答すること。

Sachi : Look at this chart of the medal count of the 2020 Olympics. The umber of gold, silver, and bronze medals are shown.

Jack : Wow! The United States of America won 113 medals, and China won 88 medals. Japan got 27 gold medals, 14 silver, and 17 bronze. So, ①(　　　)(　　　) medals did Team Japan get?

Sachi : They got 58 medals.

Jack : ②When we look at the medal count, the U.K. won (　　　) than Japan, but (f　　　) than ROC.

Sachi : Yeah, I think the most important thing is that all athletes did their best. I hope they are proud of themselves.

Jack : ③I'm really (　　　)(f　　　) to the next Olympics in Paris.

Country name	Number of medals won in the 2020 Olympics
U.S.	113
China	88
ROC（Russian Olympic Committee） （ロシアオリンピック委員会）	71
U.K.	65
Japan	58

4． 次の文章を読んで，(1)から(5)までの問いに答えなさい。

One of the hardest things for high school students to do is to think of how we can change our actions. SDGs have been talked about for a little over six years. But just learning about SDGs is not enough. We need to find ways to act. We need to work together with our teachers, classmates, and local companies that share our enthusiasm. Let's talk about some simple things we can do to work on finishing our goals.

The first thing we can do is to make sure that the SDGs are not just left to people who are interested in them. It is our job to try and make the world better, so we should ask everyone we know to help us because it benefits us all. One of the easiest things we can do at school is to make sure we recycle. Every school in Japan does a great job of separating garbage and (A) it in the right place. There is a place for combustible garbage, non-combustibles, plastic, PET bottles, aluminum cans, and paper. Our school has a box to put PET bottle caps in, so we can make new products from them. Some companies make new toothbrushes from recycled plastic, so we thought that donating bottle caps would be great.

But I think a lot of us are missing something. It is better to teach everyone to reduce garbage. Instead of buying PET bottles all the time, it is better to have our own bottles and use them as much as possible. However, just buying a bottle of water or tea at a supermarket and pouring it into our own bottles is not reducing waste. Not buying plastic bottles is the best way to reduce plastic waste. If we do this, we don't have to recycle or worry about the plastic going into the sea. Reducing plastic and other kinds of waste is a great way to help reach our SDG targets.

The second thing we can do from a young age is "upcycling". The Swedish environmental activist, Greta Thunberg, is a great role model. She had protests in her country and now ①【 in / knows / she / the / everyone / who / is / world 】. When she was about eight years old, she heard about climate change and decided to make a difference. One thing she was passionate about was upcycling. This is the opposite of recycling. Upcycling means changing waste materials to new materials or products of higher quality or greater functionality. A great example of upcycling is taking PET bottle labels and making art from them. Students at this school have collected PET bottle labels and made art that looks like stained glass. The future of art could be making something beautiful from garbage. If we can think of new ways of changing our waste into art, we will be taking action and showing that we appreciate the Earth more.

The third thing we can do is to work together with local companies. It is in our best interest to collaborate with companies that share our passion for SDGs. We shouldn't think of ways to make money all the time. [②] and how to protect the Earth. Students at this school are thinking of new products and using the power of local companies to make something completely new. For example, if we could make a new bottle that could decompose after a few months and didn't harm the environment, it would protect our world and we could work on a sustainable future.

It is important to listen to young students and their ideas. They see things in a different way that older people can't always see. Bringing their ideas and the great power of business together is a great way to build a better future.

（注） enthusiasm 熱意 benefits ～のためになる separating 分別すること

(non-) combustible (不)可燃　products 商品　donating 寄付すること
reduce 削減する　pouring 注ぐ　Swedish スウェーデンの　activist 活動家
role model お手本　protests 抗議　make a difference 改善する
passionate 熱烈な　opposite 反意語　waste 廃棄物　materials 物質
quality 品質　functionality 機能性　stained glass ステンドグラス
appreciate 感謝する　best interest ～にとって最もよい　collaborate 協力する
passion 情熱　all the time 常に　completely 完全に　decompose 分解する
harm 害する　sustainable 持続可能な

(1) （A）にあてはまる最も適当な語を，次の５語の中から選び，正しい形にかえて書きなさい。
eat　play　stand　put　wait

(2) 下線①のついた文が，「世界中のみんなが」を主語にして，【 】内の語句を正しい順序に並べ変えなさい。

(3) ② にあてはまる最も適当な英語を，次のアからエまでの中から一つ選んで，そのカナ符号を書きなさい。
ア We should think about how to make our lives better
イ We should buy more PET bottles
ウ We usually enjoy learning about SDGs
エ We always ask our teachers how to recycle

(4) 本文に関する以下の記述の内，この学校は取り組んでいないものを，次のアからエまでの文の中から一つ選んで，そのカナ符号を書きなさい。
ア The students make chocolate at school and sell it.
イ The students collect PET bottle labels and make art.
ウ The students work with companies and make new products.
エ The students collect and recycle PET bottle caps.

(5) 次のアからカまでの文の中から，その内容が本文に書かれていることと一致するものを全て選んで，そのカナ符号を書きなさい。
ア Greta Thunberg is the only person who wants to protect the Earth.
イ It is better to use our own bottles when we can.
ウ We should not ask our classmates to help us with SDGs.
エ Buying PET bottles is good for the environment because they are cheap.
オ Making money is more important than worrying about the SDGs.
カ Making art from garbage is very useful.

5． 海外からの観光客Davidが，観光案内所で京都の観光地についてガイドに尋ねています。次の会話文を読んで，あとの(1)から(4)までの問いに答えなさい。

Guide : May I help you?
David : Yes, we'd like to go sightseeing in Kyoto. 【 a 】

Guide : Yes, sure. Well, you're here, in front of Kyoto Station. There are different transportation systems to travel around Kyoto, such as buses, trains, taxis, and the subway. ①You can go (　　) you want to go. What are you interested in?

David : I am interested in World Heritage sites, samurai, and old temples and shrines.

Guide : 【 b 】

David : No, not yet.

Guide : Admission is 1,030 yen for both the castle entrance fee and the Ninomaru Goten viewing fee. Nijo Castle was built to protect Kyoto Gosho by Tokugawa Ieyasu, the first *shogun*.

David : 【 c 】 I'd love to go there.

Guide : Nijo Castle is one of many World Heritage sites in Kyoto.

David : 【 d 】 How can I get there?

Guide : Well, there are three (A) to get there. If you are using the subway, first, take the Karasuma Subway line from Kyoto Station to Karasuma Oike Station. Next, change to the Tozai line for Nijojo Station. Take exit one and walk for a few minutes. If you take the city bus, it takes about 16 minutes from Kyoto Station to Nijo Station. It's a short walk from there. If you take JR, it takes five minutes to get to Nijojo Station on the JR Sagano line, but after getting off, you have to walk for about 17 minutes. Please keep this map.

David : Thank you. It's going to rain today, so I do not want to change trains so often. And I don't want to walk too much if I don't have to. Are there any other good places to see near Nijo Castle?

Guide : Sure. Kitano Tenmangu Shrine is near there. I'll tell you an interesting story about it. ②It is (　　) that you can have Japanese rice cakes that Toyotomi Hideyoshi ate. He is a famous samurai.

David : Is it near here? 【 e 】

Guide : It's too far to walk and it's going to rain, so you should take a bus. There is a bus that runs four times an hour. You can also take a taxi, but it is more expensive than taking the bus.

David : All right. I have children with me. Are there any places that they can have fun, too?

Guide : If your children are also interested in samurai culture, I think they will enjoy visiting Toei Uzumasa Film Village. It is a theme park. You can experience samurai culture there.

David : Sounds good. Thank you very much.

（注） transportation systems 交通機関　subway 地下鉄　protect 護衛する
admission 入場料　entrance fee 入館料　viewing fee 拝観料
Toei Uzumasa Film Village 東映太秦映画村　theme park テーマパーク

(1) 次のアからオまでの英文を，会話文中の【a】から【e】までのそれぞれにあてはめて，会話の文として最も適当なものにするには，【b】と【d】にどれを入れたらよいか，そのカナ符号を書きなさい。ただし，いずれも一度しか用いることができません。

ア That sounds very interesting.
イ I've heard his name before.
ウ Can you tell us where we should go?
エ Can I walk there?
オ Have you seen Nijo Castle before?

(2) 下線①，②のついた文が，会話の文として最も適当なものとなるように，それぞれの（　）にあてはまる語を1語ずつ書きなさい。②は「…であるといわれている」という意味になるように英文を完成させなさい。

(3) （A）にあてはまる最も適当な語を，次のアからエまでの中から選んで，そのカナ符号を書きなさい。

ア roads　イ places　ウ stations　エ ways

(4) 次の英文は，この日の夜，David が母国にいる友人の Mike に送ったメールです。このメールが会話文の内容に合うように，次の（X）（Y）のそれぞれにあてはまる最も適当な語を書きなさい。

Hi Mike,

Today, I did some sightseeing in Kyoto with my family. There are so many places to visit in Kyoto. I am interested in Japanese samurai culture, so a guide said that we should go to Nijo Castle. Nijo Castle is a famous World Heritage site. We went there by (X). After that, we went to Kitano Tenmangu Shrine and ate Toyotomi Hideyoshi's favorite rice cakes. Finally, we went to a theme park (Y) Toei Uzumasa Film Village. Even my children could have fun there.

I'm still in Japan for a few more days, so I want to enjoy more Japanese food, culture, and scenery during my stay.

Bye

【理　科】（45分）　＜満点：20点＞

1． 次の(1)から(4)までの問いに答えなさい。

(1) クレーンは動滑車を用いることで，より小さな力で物体を持ち上げることができる。**図1**はクレーンの仕組みを模式的に表したものである。

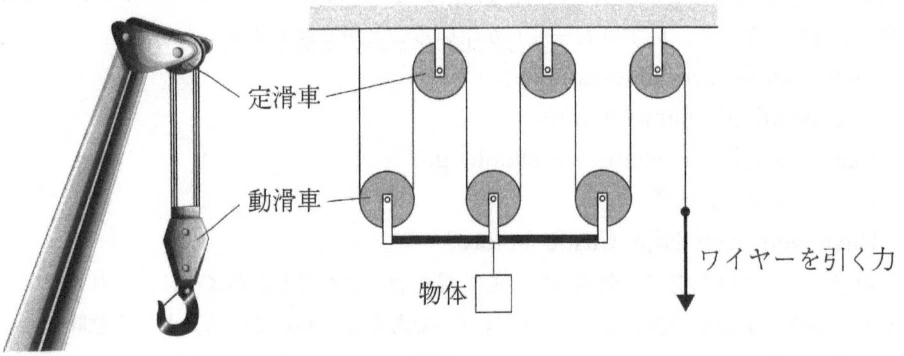

図1

クレーンを用いて物体を持ち上げた場合，**図2**のように定滑車のみで持ち上げた場合と比べて，(a)ワイヤーを引く力と(b)必要な仕事はそれぞれ何倍になるか。正しいものを，下の**ア**から**キ**までの中から一つずつ選びなさい。

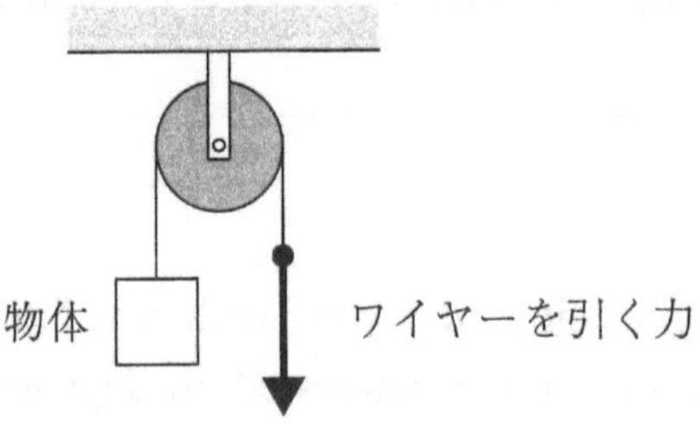

図2

(a) ワイヤーを引く力

ア $\frac{1}{6}$倍　**イ** $\frac{1}{4}$倍　**ウ** $\frac{1}{2}$倍　**エ** 1倍　**オ** 2倍　**カ** 4倍　**キ** 6倍

(b) 必要な仕事

ア $\frac{1}{6}$倍　**イ** $\frac{1}{4}$倍　**ウ** $\frac{1}{2}$倍　**エ** 1倍　**オ** 2倍　**カ** 4倍　**キ** 6倍

(2) 原子や原子をつくる粒子について述べた文として**誤っているもの**を，次の**ア**から**エ**までの中から一つ選びなさい。

ア 電子の質量は陽子に比べて大きい。
イ 原子全体では電気を帯びない。
ウ 陽子と電子が持つ電気の量は同じで，電気の＋，－の符号が逆である。
エ 元素の種類は原子核がもつ陽子の数で決まる。

(3)　**図3**は，葉の断面を模式的に描いたものである。**ア**から**カ**の模式図の中に描かれている細胞の中にある ▮ は，葉緑体を示している。葉における葉緑体の分布について，最も適当なものを下の**ア**から**カ**までの中から一つ選びなさい。

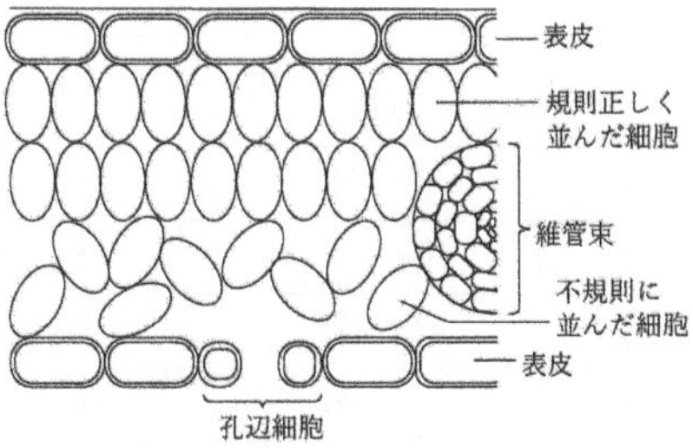

図3

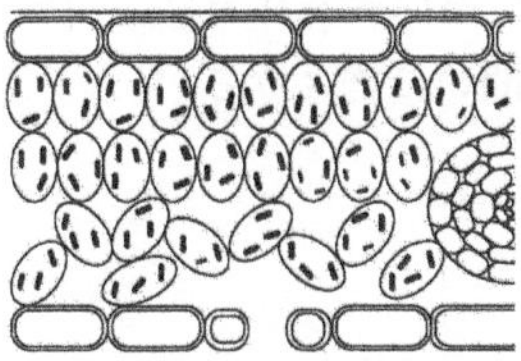

ア

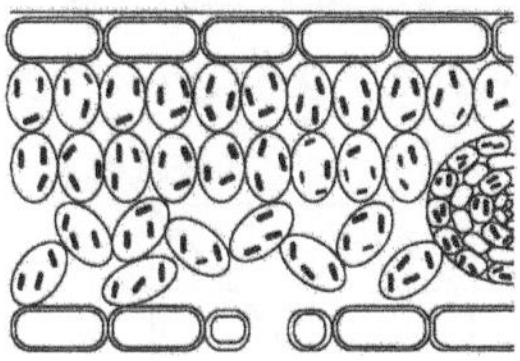

イ

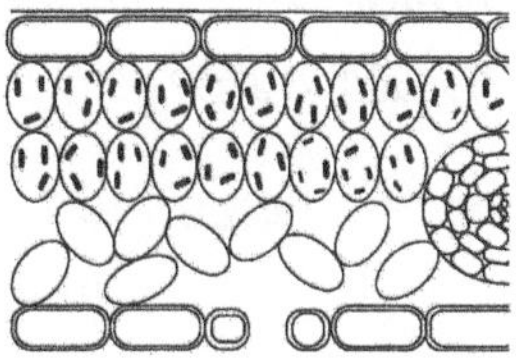

ウ

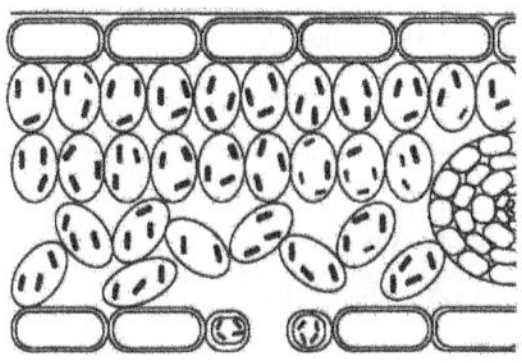

エ

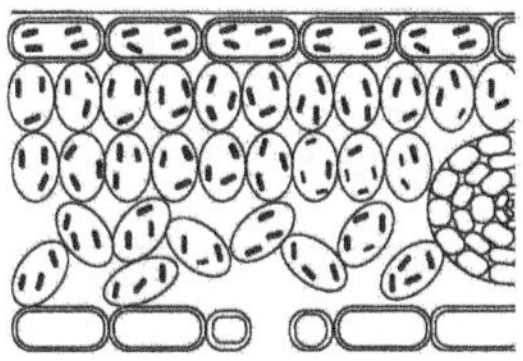

オ

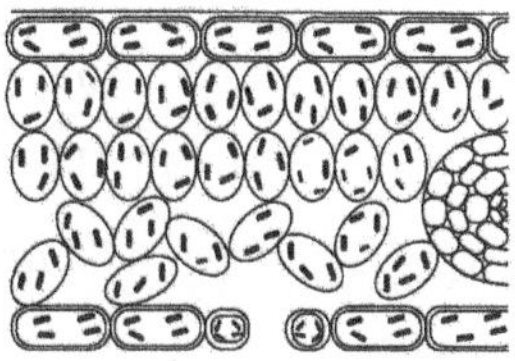

カ

(4)　雲が発生するしくみについて調べるために，次のような〔実験〕を行った。次のページの［　　］の中の文章は，この実験の結果から考えられることをまとめたものである。文章中の［①］，［②］にあてはまる語の組合せとして最も適当なものをあとの**ア**から**エ**までの中から一つ選びなさい。

〔実験〕　ぬるま湯で内部をぬらしたフラスコ内に，線香の煙を入れた。このフラスコを，**図4**のように，ゴム管を接続したゴム栓でふたをしてスタンドにとりつけ，ゴム管の一方に注射器をつないだ。また，フラスコ内の温度がわかるようにデジタル温度計も接続した。注射器のピストンをすばやく引いたり，戻したりしてフラスコ内のようすやフラスコ内の温度の変化を観察したところ，ピストンを引いたときに，フラスコ内が白くくもった。

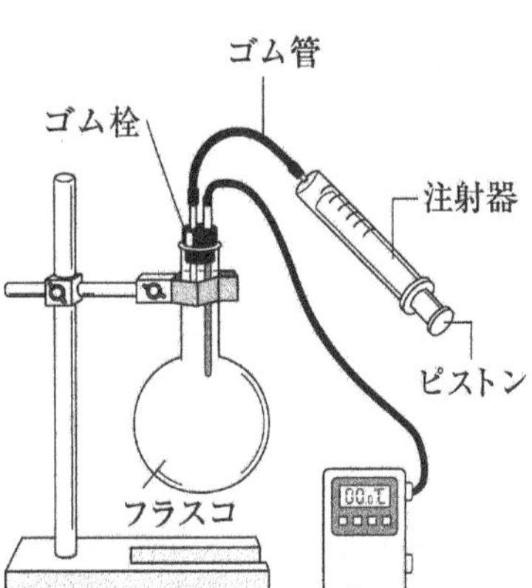

図4

ピストンを引いたときに，フラスコ内が白くくもったのは，ピストンを引いたことで，フラスコ内の空気が膨張したことにより，温度が ① し，露点に達したことでフラスコ内の水蒸気が ② したためと考えられる。

	①	②
ア	低　下	蒸　発
イ	低　下	凝　結
ウ	上　昇	蒸　発
エ	上　昇	凝　結

2． 2つの抵抗器A，Bがある。それぞれの抵抗器の両端に加える電圧を変化させ，電流を測定したところ，**図1**のようなグラフが得られた。次の(1)から(4)までの問いに答えなさい。

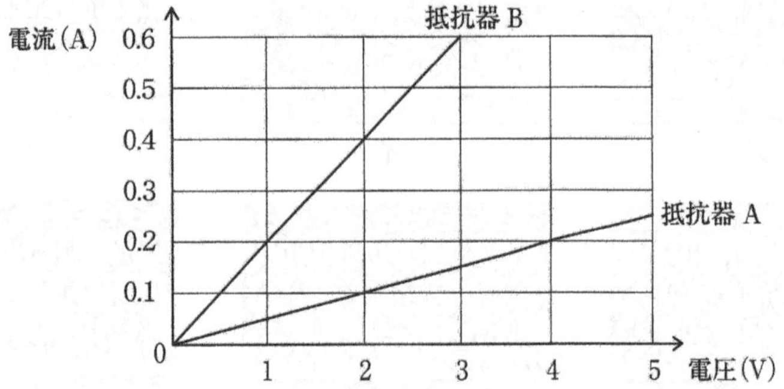

図1

(1) 抵抗器Aの抵抗値は何Ωか。最も適当なものを，次の**ア**から**カ**までの中から一つ選びなさい。

ア 10Ω　**イ** 15Ω　**ウ** 20Ω　**エ** 25Ω　**オ** 30Ω　**カ** 35Ω

抵抗器AとBを**図2**のように直列につなぎ，マンガン乾電池2本を直列につないだ電源に接続した。

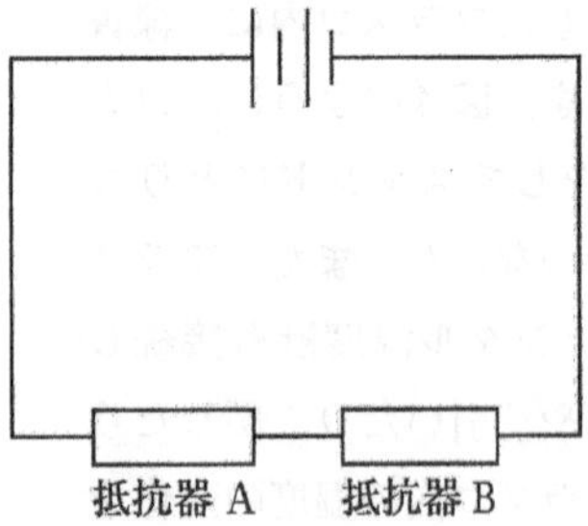

図2

(2) 抵抗器Aの1分間の発熱量は，抵抗器Bの1分間の発熱量の何倍か。最も適当なものを，次の**ア**から**キ**までの中から一つ選びなさい。

ア $\frac{1}{6}$倍　**イ** $\frac{1}{4}$倍　**ウ** $\frac{1}{2}$倍　**エ** 1倍　**オ** 2倍　**カ** 4倍　**キ** 6倍

次に，前のページの**図 2** の回路の抵抗器ＡとＢを**図 3** のように並列につなぎ直した。

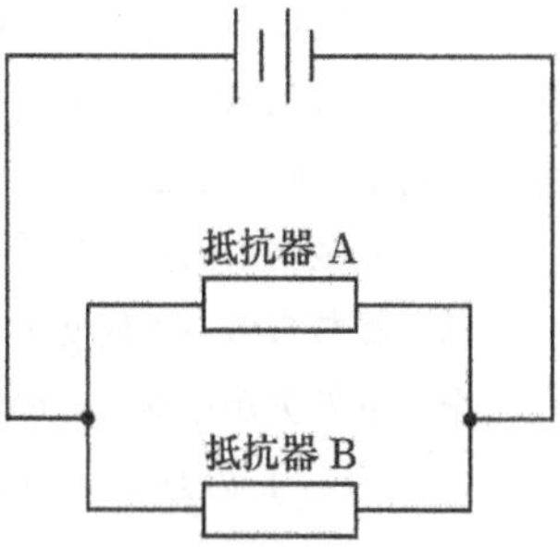

図 3

⑶　回路全体の抵抗値は何Ωか。最も適当なものを，次の**ア**から**カ**までの中から一つ選びなさい。

ア　2Ω　　**イ**　4Ω　　**ウ**　6Ω
エ　8Ω　　**オ**　10Ω　　**カ**　12Ω

⑷　抵抗器ＡとＢの消費電力の和は何Ｗか。最も適当なものを，次の**ア**から**カ**までの中から一つ選びなさい。

ア　1.25W　　**イ**　1.75W　　**ウ**　2.25W
エ　2.75W　　**オ**　3.25W　　**カ**　3.75W

3． 以下の〔実験〕を通して，鉄と硫黄の混合物を加熱するとどのようになるかを調べた。下の⑴から⑷までの問いに答えなさい。

〔実験〕

操作 1　鉄粉1.75 g と硫黄の粉末1.00 g を電子てんびんではかりとり，よく混ぜ合わせて試験管Ａに入れた。

操作 2　試験管Ａを脱脂綿でゆるく栓をして，ガスバーナーで加熱した。混ぜ合わせた粉末の一部が赤くなったところですぐに加熱をやめた。加熱をやめた後も激しく熱と光を出して反応が進み，鉄と硫黄が過不足なく反応して硫化鉄が2.75 g 生じた。

操作 3　試験管Ａを十分に冷やした後，反応で生じた硫化鉄を少量取り出し，試験管Ｂに入れた。

操作 4　新たに鉄粉1.75 g と硫黄の粉末1.00 g を電子てんびんではかりとり，よく混ぜ合わせてから，その一部を少量とり，試験管Ｃに入れた。

操作 5　こまごめピペットを使ってうすい塩酸をとり，試験管Ｂと試験管Ｃに数滴ずつ加えると，どちらの試験管からも気体が発生した。試験管Ｂからは無色で特有の刺激臭のある気体，試験管Ｃからは無色でにおいのない気体が発生した。

⑴　試験管Ｂから発生した特有な刺激臭とはどのようなにおいであるか。**漢字三文字**で答えなさい。

⑵　**操作 5** より，試験管Ｂと試験管Ｃからどのような気体が発生したか，正しい組み合わせを右の**ア**から**カ**までの中から一つ選びなさい。

	試験管Ｂ	試験管Ｃ
ア	H_2S	H_2
イ	H_2S	SO_2
ウ	SO_2	H_2S
エ	SO_2	H_2
オ	H_2	H_2S
カ	H_2	SO_2

⑶　この〔実験〕より，鉄粉と過不足なく反応する硫黄の質量はどのような比になるか。最も適当なものを，次の**ア**から**オ**までの中から一つ選びなさい。

ア　3：1　　**イ**　4：2　　**ウ**　5：3　　**エ**　7：4　　**オ**　11：4

⑷　〔実験〕と同じ装置を用いて，銅粉0.20 g と硫黄の粉末0.10 g をよく混ぜ合わせてからガスバー

ナーで加熱したところ，銅と硫黄が過不足なく反応して硫化銅が0.30ｇ生じた。新たに銅粉0.75ｇと硫黄の粉末0.40ｇをとり，よく混ぜ合わせてから試験管Ｄに入れた。さらに鉄粉0.75ｇと硫黄の粉末0.40ｇをとり，よく混ぜ合わせてから試験管Ｅに入れた。それぞれの試験管を加熱し，どちらも金属か硫黄のいずれか一方の物質を完全に反応させたとき，生じる硫化鉄と硫化銅の質量は，どちらの方が何ｇ大きいと考えられるか，次の文章を完成させる①，②の正しい組み合わせを，下の**ア**から**ク**までの中から一つ選びなさい。

（　①　）の方が（　②　）ｇ大きい。

	①	②
ア	硫化鉄	0.025
イ	硫化鉄	0.050
ウ	硫化鉄	0.25
エ	硫化鉄	0.50
オ	硫化銅	0.025
カ	硫化銅	0.050
キ	硫化銅	0.25
ク	硫化銅	0.50

4． 小学校５年生のミサトさんとシンヤさんのグループは，授業で「胎児は，母親の子宮の中で，どのように成長して生まれてくるのだろうか」を学んでいた。次の会話文を読み，あとの(1)から(4)までの問いに答えなさい。

ミサト：春にメダカの誕生を勉強したけど，ヒトも同じだよね。
シンヤ：たしか，メダカは卵で生まれるよね。
ミサト：でも，ヒトは，赤ちゃんで生まれるよね。
シンヤ：そうそう，僕のお母さんが妊娠していて，お母さんが昨日，『妊娠24週目』と言っていた。
ミサト：えっ！　そうなの。
シンヤ：だから，あと（　a　）週間で生まれてくるから，お兄ちゃんになるんだ。
ミサト：楽しみだね。
シンヤ：うん。
ミサト：受精卵は，直径が約0.1㎜だったのに，生まれてくるときは３㎏になるよね。
シンヤ：その成長に大切なのが，胎盤とへその緒，そして（　b　）だよね。
ミサト：へその緒が，お母さんの胎盤と胎児をつないでいる。そして，子宮は，（　b　）で満たされている。これって，500mLぐらいあるらしいよ。
シンヤ：僕，不思議に思うことがあるんだ。なんで，僕たちは親に似て生まれてくるんだろう。
ミサト：私は，お父さんにそっくりとよく言われる。
先　生：そこまで話が発展しているんだ。それは，c遺伝というしくみがあって，子どもが親に似るしくみは，みんなが中学に入ってから学ぶことなんだ。

シンヤ：だから僕は，お父さんにそっくりと言われたり，お母さんに似ているねと言われるんだ。

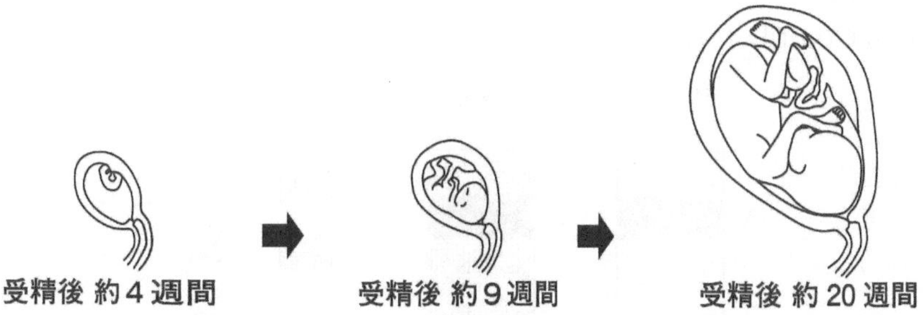

(1) 文章中の空欄（a）に入る最も適当な数値を，次の**ア**から**オ**までの中から一つ選びなさい。ただし，空欄に入る数値は一般的なものとする。

ア 4　**イ** 14　**ウ** 28　**エ** 38　**オ** 44

(2) 文章中の空欄（b）に入る最も適当な語句を漢字で答えなさい。

(3) 文章中の下線部cについて，子どもは親の遺伝情報を半分ずつ受け継ぐことになる。では，子どもは祖母（父方の祖母にあたる）の形質をどれくらい受け継ぐと考えられるか。最も適当なものを**ア**から**オ**までの中から一つ選びなさい。

ア まったく受け継ぐことはない

イ 必ず半分は受け継ぐことになる。

ウ 必ず$\frac{1}{4}$を受け継ぐことになる。

エ 最大で半分，少なくとも$\frac{1}{4}$は受け継ぐ。

オ 最大で半分，まったく受け継がないこともある。

(4) 遺伝の規則性を発見したのはメンデルである。メンデルはエンドウを使って交配実験を行い顕性の性質や潜性の性質があることがわかった。種子の形では，丸い種子が顕性で，しわの種子が潜性である。以下の〔実験〕を行ったとき，丸い種子としわの種子がどのような割合で得られると予想されるか，最も適当なものを**ア**から**キ**までの中から一つ選びなさい。

〔実験〕 丸い種子をつくる純系のエンドウを1個体，しわの種子をつくる純系のエンドウを2個体を用意した。さらに，丸い種子をつくる純系としわの種子をつくる純系の交配によって得られた両方の形質をもつものを2個体を用意し，これらの個体間で可能なすべての組み合わせで交配実験を行った。

	丸い種子	：	しわの種子
ア	1	：	1
イ	3	：	1
ウ	5	：	3
エ	9	：	5
オ	16	：	9
カ	21	：	4
キ	25	：	9

5． 地点ⅠとⅡで，火山灰などが固まってできた凝灰岩を含む地層が観察された。**図 1** は，地点ⅠとⅡで観察した地層の一部を表したものである。ＢとＣの凝灰岩の層は同じもので，地層の入れかわりはないものとする。
下の(1)から(4)までの問いに答えなさい。

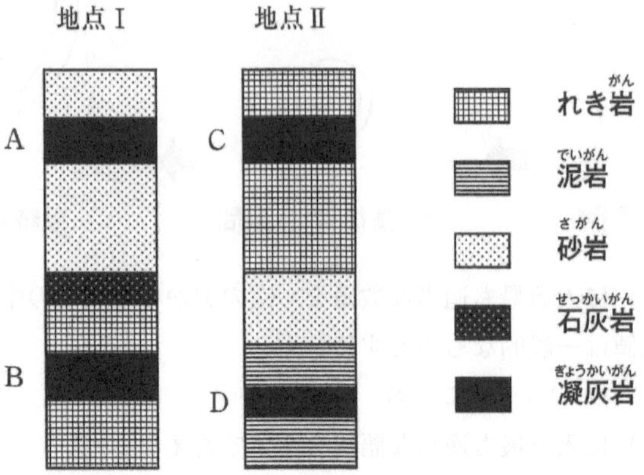

図 1

(1) 次の文の（ａ），（ｂ）に当てはまるものとして，最も適当なものを下の**ア**から**カ**までの中から一つ選びなさい。

ＡからＤの凝灰岩の層の中で，最も古く堆積したのは（　ａ　）の層であり，その層が堆積してから次の凝灰岩の層が堆積するまでの間，その地点は（　ｂ　）と考えられる。

	a	b
ア	B	海岸に近い浅い海から，しだいに沖合の深い海へと変化した
イ	B	沖合の深い海から，しだいに海岸に近い浅い海へと変化した
ウ	B	沖合の深い海になったり，海岸に近い浅い海になったりをくり返した
エ	D	海岸に近い浅い海から，しだいに沖合の深い海へと変化した
オ	D	沖合の深い海から，しだいに海岸に近い浅い海へと変化した
カ	D	沖合の深い海になったり，海岸に近い浅い海になったりをくり返した

(2) 地層がこのように層状になるのは，砂粒の大きさと水中における砂粒の沈む速さに関係があると考えられる。砂粒の大きさと水中における砂粒の沈む速さの関係を調べる実験として最も適当なものを**ア**から**エ**までの中から一つ選びなさい。なお，実験では**図 2** のような長い筒を使用した。

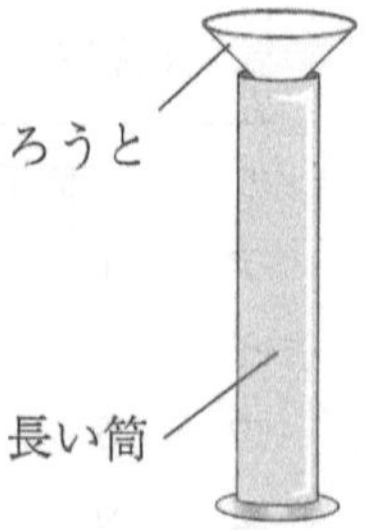

図 2

ア 長い筒に水を満たし，その中にれき，砂，泥を粒の小さいものから順に注ぎ込む。

イ 長い筒に水を満たし，その中にれき，砂，泥を粒の大きいものから順に注ぎ込む。

ウ 長い筒に水を満たし，その中にれき，砂，泥を混ぜた土砂を一度に注ぎ込む。

エ 長い筒にれき，砂，泥を混ぜた土砂を入れ，そこに水をそっと注ぎ込む。

(3) 地点Ⅰの石灰岩を観察すると，**図3**のような化石が見つかった。また，同じ地層からサンゴの化石も見つかっている。この地層が堆積した時代と当時の環境の組合せとして，最も適当なものを**ア**から**カ**までの中から一つ選びなさい。

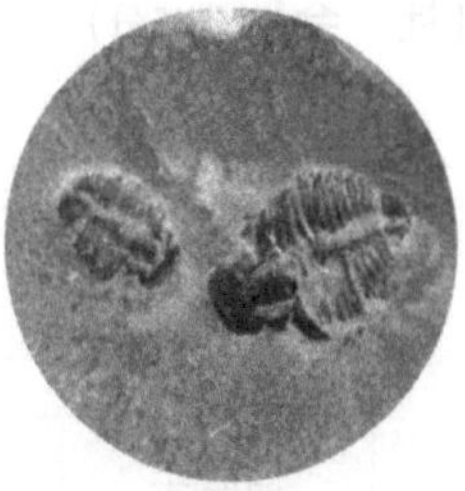

図3

	時代	環境
ア	古生代	湖や河口付近
イ	中生代	湖や河口付近
ウ	新生代	湖や河口付近
エ	古生代	暖かく浅い海
オ	中生代	暖かく浅い海
カ	新生代	暖かく浅い海

(4) 地点Ⅰ，Ⅱにおいて，岩石ＡからＥを持ち帰り，観察をした結果，下の**表**のような結果になった。この岩石Ｃの名称として最も適当なものを下の**ア**から**オ**までの中から一つ選びなさい。

〔方法〕 ① ルーペで粒の大きさや形を観察する。

② 岩石をくぎでこすり，硬さを調べる。

③ 岩石にうすい塩酸をかけて様子を見る。

〔結果〕

表

岩石	粒の大きさ	粒の形	硬さ	塩酸との反応
A	5mm くらいの小石などがある	丸い小さな小石のようだ	くぎで簡単に傷がつく	反応しなかった
B	5mm 程度の大きさのものも含まれる	角ばったものがある	くぎで簡単に傷がつく	反応しなかった
C	粒はほとんど見られなかった	粉のような感じがする	力を入れるとくぎで傷がつく	反応しなかった
D	粒は見られない	表面がなめらか	力を入れるとくぎで傷がつく	泡が出て反応したとけたようだ
E	1~2mm 程度の大きさのものもある	丸い粒のようなものが多い	くぎで簡単に傷がつく	反応しなかった

ア 凝灰岩　**イ** 石灰岩　**ウ** れき岩　**エ** 砂岩　**オ** 泥岩

【社　会】（45分）　＜満点：20点＞

1． 次のⅠの表は，日本における過去の災害についてまとめたものである。あとの(1)から(4)までの問いに答えなさい。

Ⅰ

西暦年	主な地震・震災
① 869	貞観地震がおこった。
② 1498	紀伊から房総半島にかけての海岸で津波が発生した。
③ 1854	安政東海地震がおこり，関東から近畿にかけて被害がでた。
1933	④三陸沖地震がおこり，太平洋沿岸で津波が発生した。

(1) 次の史料Xと史料Yは，日本のある時代に書かれた史料の一部を抜粋し現代語訳したものである。また図版aと図版bは日本の文化財である。①869年は藤原良房が摂政として実権を握っていた時である。藤原氏が全盛をむかえる平安時代に関する史料と，この時代に関係の深い図版の組み合わせとして最も適当なものを，あとのアからエまでの中から一つ選びなさい。

史料X

> 今日は威子を皇后に立てる日である。太閤が私を呼んでこう言った。「和歌をよもうと思う。ほこらしげな歌ではあるが，あらかじめ準備していたものではない。」

史料Y

> 養老七年の規定では，墾田は期限が終われば，ほかの土地と同様に国に収められることとなっている。しかし，このため農民は意欲を失い，せっかく土地を開墾してもまた荒れてしまう。今後は私有することを認め，期限を設けることなく永久に国に収めなくてもよい。

図版a

図版b

ア　史料X　図版a　　イ　史料X　図版b
ウ　史料Y　図版a　　エ　史料Y　図版b

(2) ②1498年は，バスコ・ダ・ガマの船隊がインドに到達して，ヨーロッパとインドがはじめて海路で直接つながった年である。大航海時代について述べた次の文章中の（　）にあてはまる人物名をカタカナ５字で書きなさい。

なお，文章中の２か所の（　）には同じ人物名があてはまる。

ポルトガルと競っていたスペインは，大西洋を横断してアジアに向かおうとする（　　　）を援助した。（　　　）は1492年にカリブ海の島に到達し，そこをインドだと考えた。

(3) ③1854年は日本とアメリカが日米和親条約を締結した年である。1850年代の世界のできごととして最も適当なものを，次の**ア**から**エ**までの中から一つ選びなさい。

ア　イギリスでロックが社会契約説を唱えた。

イ　アメリカで独立宣言が発表された。

ウ　フランスでバスチーユ牢獄が攻め落とされた。

エ　中国で洪秀全が率いる太平天国の乱がはじまった。

(4) 次の史料Xは，④三陸沖の震災に関するものである。図版Yは，平安時代後期に④三陸地方に建てられた寺院である。史料Xと図版Yの説明文をそれぞれaからdまでの中から選んだときの組み合わせとして最も適当なものを，あとの**ア**から**エ**までの中から一つ選びなさい。

史料X

高き住居は児孫の和楽 想え惨禍の大津浪 此処より下に家を建てるな 明治二十九年にも，昭和八年にも津浪は此処まで来て部落は全滅し， 生存者わずかに前に二人後に四人のみ 幾歳経るとも要心せよ

図版Y

a　史料Xでは，価格の高い家に住むことで子孫は繁栄し，地震からも守られると述べている。

b　史料Xでは，過去の経験から津浪が来ることを警戒し，人々に注意を促している。

c　図版Yは，藤原純友が朝廷に不満を感じて大規模な反乱をおこしたことを記念して建立した寺院である。

d　図版Yは，奥州藤原氏が金や馬の交易によって栄え，浄土教へのあこがれから建立した寺院である。

ア　史料X－a	図版Y－c	**イ**　史料X－a	図版Y－d
ウ　史料X－b	図版Y－c	**エ**　史料X－b	図版Y－d

2． 次のA，B，Cのカードは，ある時代の文化について生徒がまとめたものの一部である。あとの(1)から(3)までの問いに答えなさい。

A

アメリカ人のフェノロサが岡倉天心と協力して日本の美術の復興に努めたため，日本の伝統の価値が見直されるようになった。

B

大衆娯楽として映画が人気を集め，監督の黒澤明などが世界的にも高い評価を受けた。

C

欧米風の外観や応接室をもった「文化住宅」が流行し，ライスカレー，トンカツなどの洋食が広まった。

(1)　Aのカードの時代には日清戦争と日露戦争があった。次のXのグラフは，その当時の国民の税負担をあらわしたものである。下の文章は，Xのグラフの説明と日露戦争時のようすについて説明をしたものである。下の文章中の ① と（②）にあてはまることばの組み合わせとして最も適当なものを，あとのアからエまでの中から一つ選びなさい。

X

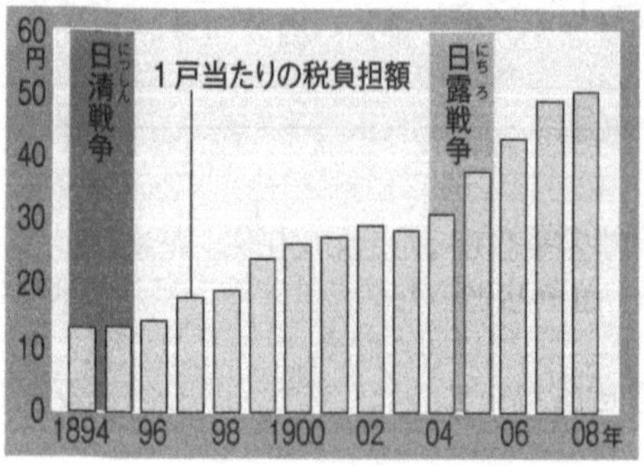

（「明治大正財政詳覧」による）

上記のXのグラフを見ると，日清戦争から日露戦争にかけて，一戸当たりの税負担額は ① している。また，日露戦争では日本軍は苦戦を重ねながらも戦争をすすめ，イギリスやアメリカから（　②　）の支援を得た。しかし，日本の戦力は限界に達し，ロシア国内でも革命運動が起こるなど，両国とも戦争の継続が困難になった。

ア　①　一度も減ることなく増加
　　②　戦費調達

イ　①　一度も減ることなく増加
　　②　兵士派遣

ウ　①　２倍以上増加
　　②　戦費調達

エ　①　２倍以上増加
　　②　兵士派遣

(2) 前のページのBのカードの時代のできごとについて述べた次の文章中の（①）と（②）にあてはまることばの組み合わせとして最も適当なものを，下のアからエまでの中から一つ選びなさい。なお，文章中の2か所の（②）には同じことばがあてはまる。

> 1954年にアメリカによる水爆実験で第五福竜丸が被ばくした事件をきっかけに原水爆禁止運動が全国に広がり，翌年に（　①　）で第一回原水爆禁止世界大会が開かれた。1959年に（　②　）で革命がおこり親米政権がたおされた。1962年にソ連が（　②　）に核ミサイル基地を建設しミサイルを運びこむとアメリカは海上封鎖にふみ切り，核兵器による全面戦争の瀬戸際にまでいたった。

ア　①－広島　②－ベトナム　　イ　①－広島　②－キューバ
ウ　①－長崎　②－ベトナム　　エ　①－長崎　②－キューバ

(3) 前のページのCのカードの時代のできごととして最も適当なものを，次のアからカまでの中からすべて選びなさい。

ア　政治学者の吉野作造は，政治の目的を一般民衆の幸福や利益におき，一般民衆の意向に沿った政策を決定する民本主義を主張した。
イ　板垣退助や江藤新平らは，民撰議院設立の建白書を政府に提出した。
ウ　原敬内閣は，選挙法を改正して選挙権をもつのに必要な納税額を引き下げた。
エ　日本は「大東亜共栄圏」の建設を唱えた。
オ　アメリカのルーズベルト大統領とイギリスのチャーチル首相は大西洋憲章を発表して，戦後の平和構想を示した。
カ　シベリア出兵を見こした米の買いしめから，米の値段が大幅に上がると，米の安売りを求める米騒動が全国に広がった。

3. ひかり中学校のあるクラスでは，次の略地図に示されたA，B，C，Dの国について調べ学習

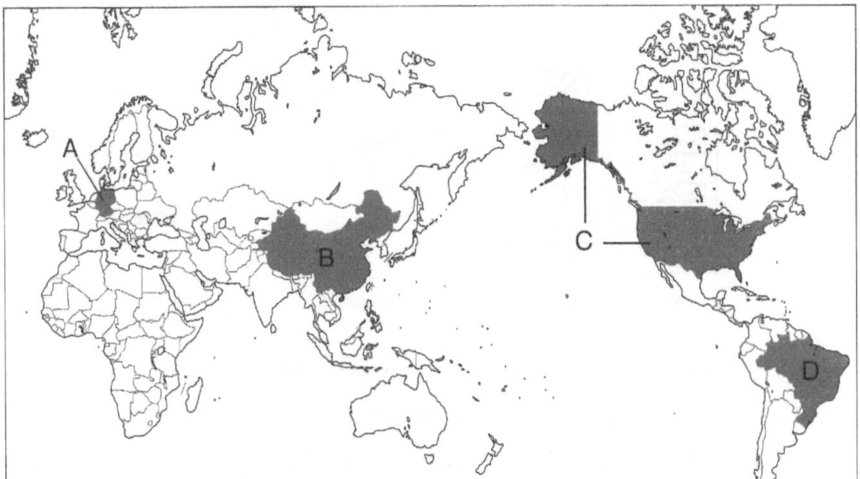

をすることになった。下のⅠ，Ⅱ，Ⅲ，Ⅳのカードは，それぞれ略地図中のＡ，Ｂ，Ｃ，Ｄに関する調べ学習の内容をまとめたものである。これらのカードの内容を読み，あとの(1)から(4)までの問いに答えなさい。

Ⅰ

Ａの国はヨーロッパ連合発足当時からの加盟国で，1980年代以降はハイテク産業が大きく成長しています。西側の国境近くには（　①　）が流れ，北海にそそいでいます。国境をこえた移動もさかんで，（　②　）と呼ばれる高速鉄道が整備されています。

Ⅱ

X

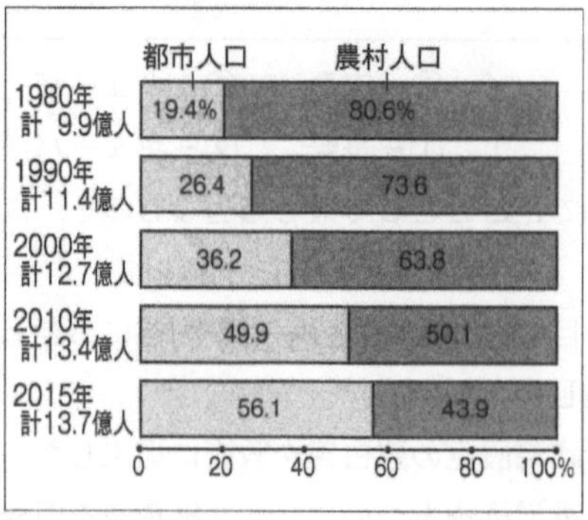

Y

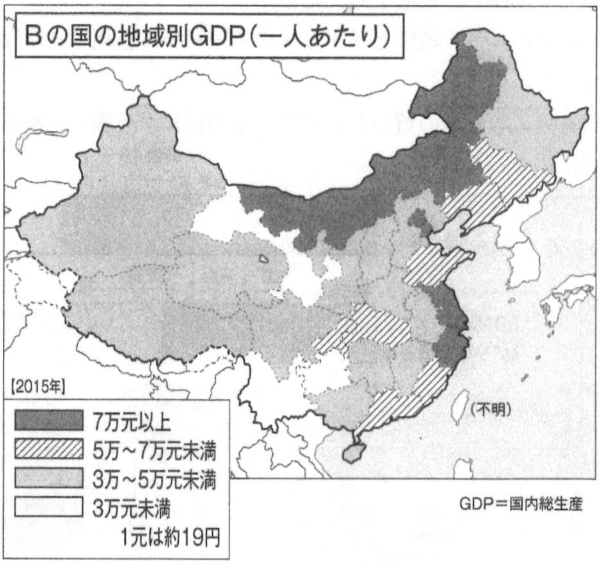

※X・Yの資料は出題に関わるため出典の表記を控えるものとする。

Ｘのグラフは Ｂの国の都市人口と農村人口の割合の移り変わりを示しています。また，Ｙの図は Ｂの国の地域別GDP（一人あたり）をあらわしたものです。

1980年と比べ2015年の農村人口の割合が大きく低下している理由として　①　があげられます。沿岸部の都市と内陸部の農村などの格差を改善するため，政府は　②　などの政策をすすめています。

Ⅲ

【Cの国の特徴】

① グレートプレーシズと呼ばれる平原では，センターピボット方式を用いた大規模なかんがい農業かさかんに行なわれています。

② ロッキー山脈の周辺では放牧がさかんで，たくさんの牛が飼育されています。十分に育った牛は大規模な食肉工場で解体され，日本にも多く出荷されています。

③ 水上交通に便利な環境をいかして，デトロイトでは主に自動車工業が発達しました。20世紀の後半には他国から安くて質の良い工業製品が輸入され，この地域では工業が停滞しました。

Ⅳ

Z

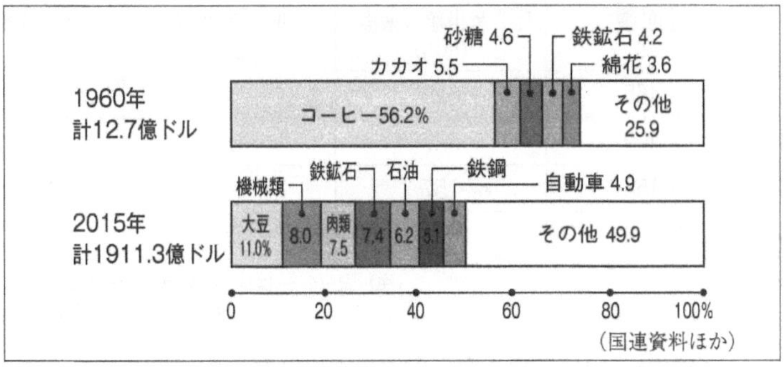

ZのグラフはDの国の輸出品の変化を示したものです。これらのグラフから，1960年から2015年のあいだに，この国の経済や環境が大きく変わったことがわかります。

(1) 前のページのⅠのカードの文章中の（①）と（②）にあてはまることばの組み合わせとして最も適当なものを，次の**ア**から**エ**までの中から一つ選びなさい。

ア ①－ライン川　②－ICE　**イ** ①－ライン川　②－ユーロスター

ウ ①－ドナウ川　②－ICE　**エ** ①－ドナウ川　②－ユーロスター

(2) 前のページのⅡのカードの文章中の ① と ② にあてはまることばの組み合わせとして最も適当なものを，次の**ア**から**エ**までの中から一つ選びなさい。

ア ① 工業の発達した都市に出かせぎに行く人々が多くいること
　② 外国企業を受けいれる経済特区を設ける

イ ① 工業の発達した都市に出かせぎに行く人々が多くいること
　② 西部大開発をかかげて鉄道や道路などを整備する

ウ ① 農村を中心に一人っ子政策が進められ人口が抑制されたこと
　② 外国企業を受けいれる経済特区を設ける

エ ① 農村を中心に一人っ子政策が進められ人口が抑制されたこと
　② 西部大開発をかかげて鉄道や道路などを整備する

(3) Ⅲのカードに記された①から③の地域を西から順に並べたものとして最も適当なものを，次の**ア**から**カ**までの中から一つ選びなさい。

ア ①→②→③　**イ** ①→③→②　**ウ** ②→①→③

エ ②→③→①　**オ** ③→①→②　**カ** ③→②→①

(4) 前のページのⅣのカードに該当する国について述べた文として最も適当なものを，次のアからエまでの中から**すべて選びなさい**。

ア 1960年と2015年を比較すると，鉄鉱石の輸出額は約50倍以上になっている。
イ アマゾン川流域のラパスでは，森林を切り開いて工業団地がつくられた。
ウ セルバと呼ばれる広大な草地で，大規模な牧畜が行なわれている。
エ 日本と協力して品種改良をすすめた結果，世界有数の大豆の産出国となった。

4． 次の表は，日本のある4つの県の総面積等を示したものである。なお，表中のA，B，C，Dは，山形，山梨，千葉，熊本のいずれかである。あとの(1)から(3)までの問いに答えなさい。

	総面積（㎢）	農業産出額（果実）（億円）	漁業産出額（億円）	国際線旅客（千人）
A	4 465	629	—	—
B	7 409	327	379	114
C	5 158	157	263	32 080
D	9 323	709	22	33

（注）表中の—は全くないか，データがないことを示す。
（「データでみる県政 2021」による）

(1) 次の文章は，山形県について述べたものである。文章中の（①）と ② にそれぞれあてはまる記号とことばの組み合わせとして最も適当なものを，下のアからエまでの中から一つ選びなさい。

> 山形県は表中の（ ① ）に該当する。また，この地域では豊かな自然の恵みを生かした ② が主要な産業となっている。

ア ①－A ②－最上川流域の庄内平野での稲作
イ ①－A ②－三陸海岸沖のかきやこんぶの養殖
ウ ①－D ②－最上川流域の庄内平野での稲作
エ ①－D ②－三陸海岸沖のかきやこんぶの養殖

(2) 次のW，X，Y，Zの文は，表中のA，B，C，Dいずれかの県について説明したものである。表中のBとCの県に該当する説明文をそれぞれ選んだときの組み合わせとして最も適当なものを，次のページのアからエまでの中から一つ選びなさい。

> W 地元の木材を加工した伝統工芸品として，天童将棋駒が作られており，8月には地域の伝統にねざした花笠まつりが行なわれる。
> X カルデラという噴火により形成された大きなくぼ地が見られ，この内部には水田や市街地が広がっている。
> Y かつては養蚕のためのくわの栽培がさかんであったが，現在では果樹栽培が広く行なわれ，特にぶどうの収穫量は全国1位である。
> Z 都市向けに野菜を出荷する近郊農業がさかんで，東京都の中央卸売市場にキャベツやねぎなどの野菜を多く出荷している。

ア　B－W　C－Y　　イ　B－W　C－Z
ウ　B－X　C－Y　　エ　B－X　C－Z

(3)　次の文章は，日本の防災対策について述べたものである。文章中の（　）にあてはまる最も適当なカタカナの用語を7字で書きなさい。

> 自然災害の多い日本では，火山の噴火や地震，土砂災害の発生についてのさまざまな調査が行なわれている。これらをもとに，国や県，市町村では，被害の予測とともに，避難場所や防災関連施設などの情報を盛りこんだ（　　　）を作成し，地域の防災意識を高めている。

5． 次の文章を読んで，あとの(1)から(3)までの問いに答えなさい。

> 2021年，日本国憲法の公布から75年が経過した。新型感染症への対策をめぐって，感染抑制のための行動制限と憲法に定められた①自由権をはじめとする②人権とのバランスへの関心が高まり，③国会でも議論された。

(1)　次のⅠの表は，日本国憲法に定められた①自由権のうちの一部をまとめたものである。これらの自由権を，精神の自由，身体の自由，経済活動の自由に分けたとき，精神の自由にあたるものを表中のアからカまでの中から**すべて選びなさい**。

Ⅰ

ア	奴隷的拘束・苦役からの自由	第18条
イ	集会・結社・表現の自由	第21条
ウ	居住・移転・職業選択の自由	第22条
エ	学問の自由	第23条
オ	財産権の保障	第29条
カ	法定手続きの保障，罪刑法定主義	第31条

(2)　次のⅡの表は，②人権の限界や制限について規定している日本国憲法の条文の一部をまとめたものである。条文中の（　）にあてはまることばを書きなさい。
なお，条文中の2か所の（　）には同じことばがあてはまる。

Ⅱ

第12条	この憲法が国民に保障する自由及び権利は，国民の不断の努力によつて，これを保持しなければならない。又，国民は，これを濫用してはならないのであつて，常に（　　　）のためにこれを利用する責任を負ふ。
第13条	すべて国民は，個人として尊重される。生命，自由及び幸福追求に対する国民の権利については，（　　　）に反しない限り，立法その他の国政の上で，最大の尊重を必要とする。

(3) ③国会と内閣との関係についての説明として最も適当なものを，次のアからエまでの中から一つ選びなさい。

ア 予算は内閣が作成し，先に参議院が審議する。

イ 国会で憲法改正案が可決されたときは，内閣が国民に憲法改正を発議する。

ウ 内閣を構成する国務大臣は必ず国会議員の中から選ばなければならない。

エ 衆議院の総選挙が行なわれたときは，内閣は必ず総辞職する。

6． 次のⅠのシートは，生徒が社会課題を調べ，その解決策を考えてまとめたものであり，ⅡとⅢ（次のページ）の資料は，Ⅰのシートで示した課題の詳細を調査するために使用した資料の一部である。あとの(1)から(3)までの問いに答えなさい。

Ⅰ

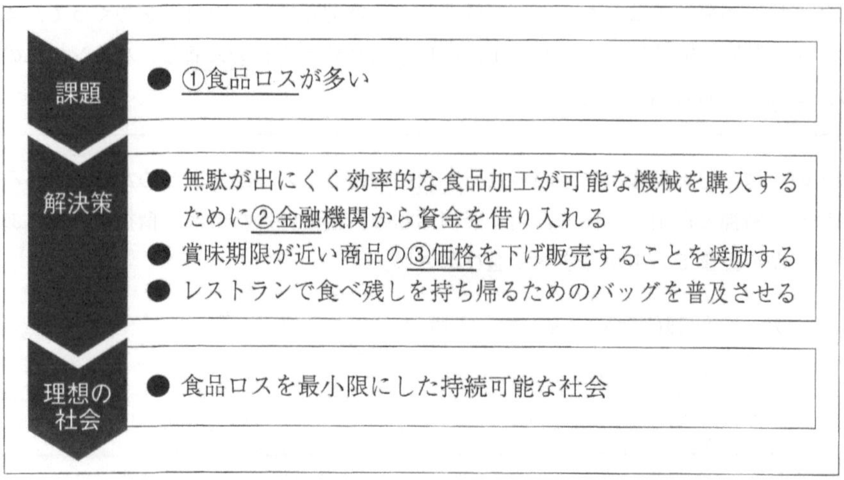

Ⅱ

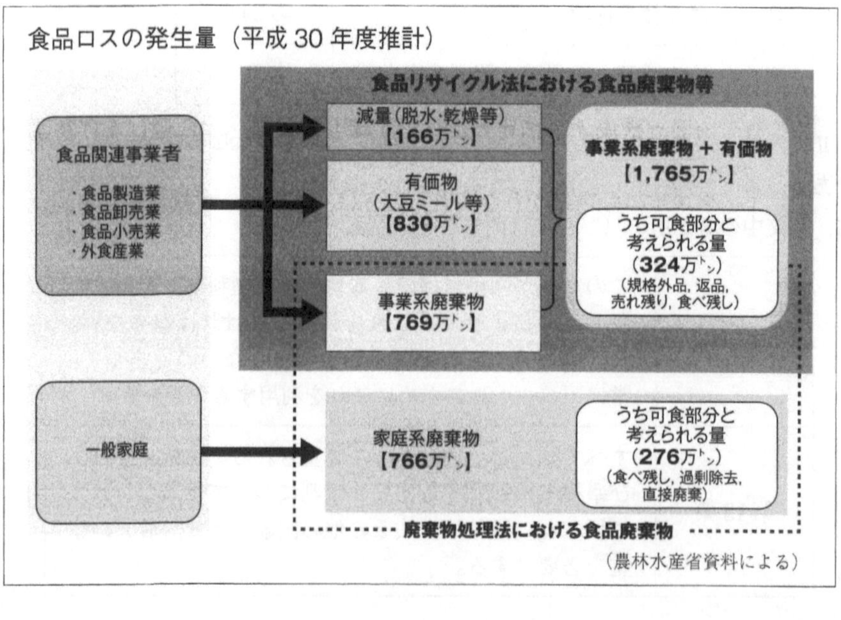

（農林水産省資料による）

Ⅲ

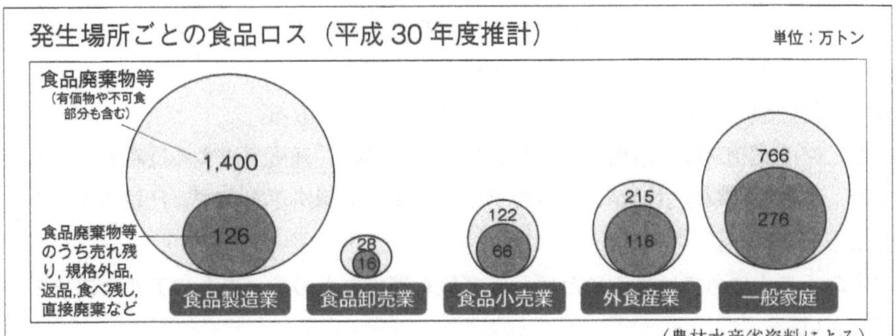

（農林水産省資料による）

(1)　次の文章は，生徒が前のページのⅡとⅢの資料をもとに，①食品ロスについて説明するために用意したメモの一部である。文章中の（A）と B にあてはまることばの組み合わせとして最も適当なものを，あとのアからカまでの中から一つ選びなさい。

> 食品ロスとは食品廃棄物等のうち本来食べられるにもかかわらず廃棄されている食品をいいます。農林水産省の資料によると，平成30年度の推計で食品関連事業者と一般家庭から出た食品ロスの合計は（　A　）万トンにのぼり，これは日本人一人あたり毎日およそ130グラム，実にお茶碗一杯分のごはんに相当する量の食料を無駄にしている計算になります。
> また，発生場所ごとの食品ロスをみると B ことが分かります。

J　600　　K　1,535　　L　2,531

P　食品関連事業者全体から出た食品廃棄物等に占める食品ロスの割合よりも，一般家庭から出た食品廃棄物等に占める食品ロスの割合のほうが高い

Q　外食産業から出た食品廃棄物等に占める食品ロスの割合よりも，食品製造業から出た食品廃棄物等に占める食品ロスの割合のほうが高い

ア　A－J　B－P　　イ　A－J　B－Q　　ウ　A－K　B－P

エ　A－K　B－Q　　オ　A－L　B－P　　カ　A－L　B－Q

(2)　次の文章は，②金融の仕組みについて説明したものである。文章中の（X）と Y にあてはまることばの組み合わせとして最も適当なものを，次のページのアからエまでの中から一つ選びなさい。

> お金の貸し借りは，個人や企業のように，不足していて借りたいと思っている側と，銀行のように，余裕があって貸したいと思っている側との間で成立します。このようなお金を融通する方法を，金融といいます。
> 企業が社債を発行してお金を借りることを（　X　）といいます。社債は株式と同じように売買されますが，証券会社が仲介することが一般的です。
> また，日本銀行と一般の銀行との間でもお金の融通は行なわれています。日本銀行は，景気を安定させる方法として公開市場操作を使っています。不景気のとき，日本銀行は Y ことで一般の銀行は貸し出せるお金が増え，積極的に貸し出そうと，貸し出すときの金利を下げます。すると，企業はお金を借りやすくなり，生産が活発になって，景気は回復します。

ア　X　直接金融　　Y　一般の銀行に国債などを売る
イ　X　直接金融　　Y　一般の銀行から国債などを買い取る
ウ　X　間接金融　　Y　一般の銀行に国債などを売る
エ　X　間接金融　　Y　一般の銀行から国債などを買い取る

(3)　次のⅣとⅤのグラフは，市場経済においてある商品の③価格が決まる仕組みを表したものである。また，あとの文章は生徒がこれらのグラフを使って価格が変化する仕組みを説明するために用意したものである。

文章中の　Z　にあてはまることばとして最も適当なものを，あとの**ア**から**エ**までの中から一つ選びなさい。

Ⅳ
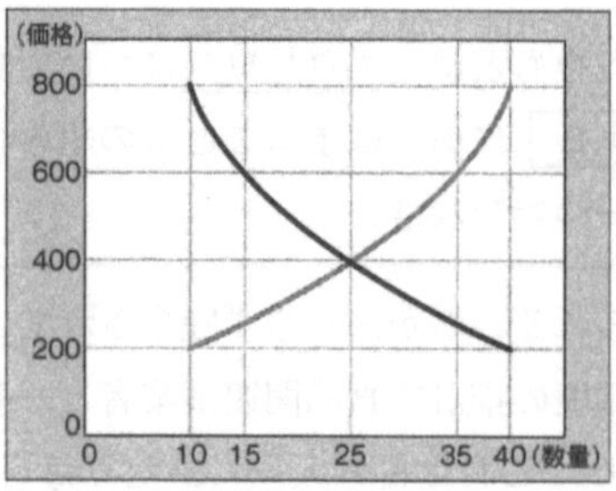

Ⅴ
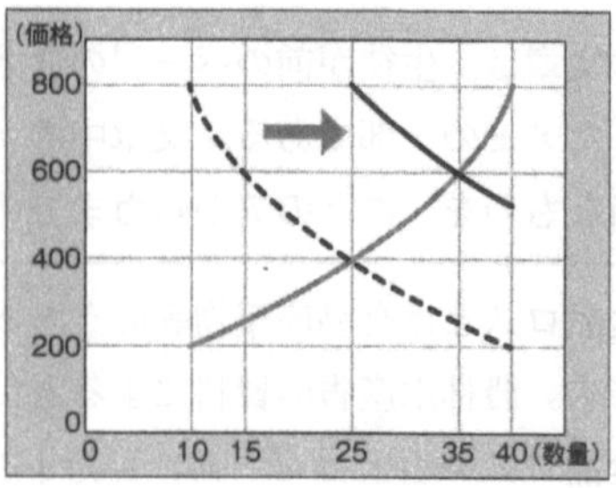

Ⅳのグラフは，縦軸に価格，横軸に数量をとり，ある商品の需要量と供給量をそれぞれ線で表したものです。売り手も買い手も十分に存在し，自由に売買ができる市場の場合，一般に需要量は右下がりの曲線となり，供給量は右上がりの曲線となります。そして，需要量と供給量が一致し市場の均衡がとれた価格を，均衡価格といいます。

また，何らかの理由でⅣのグラフはⅤのグラフのように変化することがあります。この変化の例としては，　Z　があげられます。

ア　悪天候が続いたため野菜の収穫量が減り，野菜の価格が上がった場合
イ　海流と海水温の変化で魚の収穫量が増え，魚の価格が下がった場合
ウ　テレビ番組で紹介された果物の人気が高まり，果物の価格が上がった場合
エ　新しい機種の登場で旧製品の人気が低下し，旧製品の価格が下がった場合

めにも、よくない遊びをしてはならない。

[③] 聖典の一句を読むと、なんということなく、その前後の経文も見える。そこでたちまち、長年のまちがいを改めることもある。かりに今、この経文を広げなかったとすれば、このことを知るであろうか。これがつまり触れるということの利益である。信仰の心が [⑤] 、仏前にいて数珠を手にとり、経文を手にとれば、いいかげんな気持ちのうちにも、善い行いが自然と修められ、煩悩のために乱れ散った心のままでも、縄を張った坐禅《ざぜん》の座に座れば、知らず知らずのうちに、禅定の境地が実現するであろう。

事理とは、もともと二つに区別されるものではない。外部に現れた姿が、物事の正しい筋道に背かなければ、内心の悟りは必ず成熟する。（形ばかりの仏前の行いに対して）あながちに不信仰と言ってはならない。これを敬って尊重すべきである。

（一） 傍線部①「れ」と同じ文法のものを次の**ア**から**エ**までの中から選び、その符号を書きなさい。

ア 卒業を前に懐かしい記憶が思い出され、胸がいっぱいになった。
イ 校長先生が経験談を話され、講話の内容が強く印象に残った。
ウ 最高学年になって後輩に頼られ、その信頼に応えたいと思った。
エ 人生で初めて入学試験を受ける前日は、緊張で眠れなかった。

（二） 空欄 [②] に入る語を原文から抜き出し、適当な活用形に直して答えなさい。

（三） 傍線部③「あからさまに」の現代語訳として、最も適当なものを、次の**ア**から**エ**までの中から選び、その符号を書きなさい。

ア はっきりと　**イ** じっくりと　**ウ** たちまちに　**エ** かりそめに

（四） 傍線部④「この事」とあるが、指示内容を原文から五字以内で抜き出しなさい。

（五） 傍線部⑤「さらに起こらずとも」の現代語訳として、最も適当なものを、次の**ア**から**エ**までの中から選び、その符号を書きなさい。

ア より一層起こらなくても　**イ** 甚だしく起こらなくても
ウ まったく起こらなくても　**エ** もちろん起こらなくても

（六） 傍線部⑥「事理」とあるが、「事」とは、「様々な現象・出来事」という意味である。では、「理」とは、何を意味するか。原文を踏まえて最も適当なものを、次の**ア**から**エ**までの中から選び、その符号を書きなさい。

ア 論理　**イ** 倫理　**ウ** 合理　**エ** 真理

（七） この文章の主題として、最も適当なものを、次の**ア**から**エ**までの中から選び、その符号を書きなさい。

ア 心が乱れてしまうのは、人間の本質が不善で怠惰だからだ。
イ 心を整えるためには、まずは環境や行動を整えるべきだ。
ウ 心が不安定な時は、聖典を読み、祈りを捧げるべきだ。
エ 心が整理されれば、新しいものを習得する余裕ができる。

と。

エ　衰弱した高齢者に対して、身体的負担のかかる医療行為を施すこと。

(四) 傍線部②「カタクリの花ってご存じですか?」とあるが、桂が「カタクリの花」の話を始めたのはなぜか。その理由として最も適当なものを、次の**ア**から**エ**までの中から選び、その符号を書きなさい。

ア　カタクリの花にたとえて、人間的関係性が途絶えた患者は衰弱しやすいことを伝えるため。

イ　カタクリの花にたとえて、一人の人間の命の在り方を決定する重大問題に直視させるため。

ウ　カタクリの花にたとえて、諦めずに関われば少しでも長く生きられることを伝えるため。

エ　カタクリの花にたとえて、医学的に快復の余地がないことを自覚するように促すため。

(五) 傍線部③「背後の三島は動かない」とあるが、この時の三島はどのような心情だと考えられるか。それを説明した一文として最も適当な箇所を本文中から抜き出し、最初の五字を書きなさい。(句読点を含む)

(六) 本文中から読みとれる桂の人物像として最も適当なものを、次の**ア**から**エ**までの中から選び、その符号を書きなさい。

ア　思慮深く医療や人間の本質を考え、患者やその家族と誠実に対峙《たいじ》する医師。

イ　患者の気持ちへの想像力が豊かで、時に感情的な面も見せる情熱的な医師。

ウ　患者やその家族が納得するだけの医学的知識と判断力を持った優秀な医師。

エ　医療への探究心が強く、治療の方向性や患者心理を論理的に説明する医師。

(七) までの問いに答えなさい。

三　次の『徒然草』の原文と現代語訳とを読んで、あとの(一)から(七)までの問いに答えなさい。

【原文】

筆とれば物書か①れ、楽器をとれば音をたてんと思ふ。盃《さかづき》をとれば酒を思ひ、賽《さい》をとれば攤《だ》打たん事を思ふ。心は必ず事に［②］て来《きた》る。かりにも不善の戯《たはぶ》れをなすべからず。

③あからさまに聖教《しやうげう》の一句を見れば、何となく前後の文も見ゆ。卒爾《そつじ》にして多年の非を改むる事もあり。かりに今、この文をひろげざらましかば、④この事を知らんや。これ則《すなは》ち触るる所の益《やく》なり。心⑤さらに起こらずとも、仏前にありて数珠《ずず》をとり、経をとらば、怠るうちにも、善業おのづから修せられ、散乱の心ながらも、縄床《じようしやう》に座せば、覚えずして禅定《ぜんぢやう》成るべし。

⑥事理もとより二つならず。外相《げさう》もし背かざれば、内証必ず熟す。強ひて不信を言ふべからず。仰ぎてこれを尊むべし。

【現代語訳】

筆を手にとると、自然と何かを書き、楽器を手にとると、音を立てようと思う。杯を手にとると、酒を飲もうと思い、さいころを手にとると、賭事《かけごと》をしようと思う。心は必ず物事に［②］て起こってくる。かりそ

「私も明日は朝早くから仕事がありましてね。年度末のこの時期は特に……」

「②カタクリの花ってご存じですか？」

ふいに桂の声が相手の言葉を遮っていた。

は？　と間抜けな声が応じたのは、やむを得ないことであろう。

いくらなんでも唐突な言葉であった。

奇妙な沈黙の間を埋めるように、桂は静かに語を継ぐ。

「カタクリの花って、昔はどこにでもあった花なんです。凜《りん》とした美しい花で、まだ風の冷たいこの時季から咲き始める花なんです」

まったく脈絡のないその言葉に、昭もその妻も困惑した顔を向けている。

しかし桂は構わず言う。

「それほど大きな花ではないんですが、小さいわりに根を深く張る植物なんです。だから下手に育った土地から掘り出すと、大事な根が切れて、すぐに枯れてしまいます。生まれた土地では十年以上も咲き続ける花ですが、根が切れればあっというまです。そういう花ですから、あちこちで安易に盗掘されてどんどん姿を消していったんです。もちろんちゃんと手をかけて鉢に植えてあげれば枯れずに済むんですが、やっぱりそこまで手を尽くせる人ってすごく少ないんです」

傍らの看護師が身じろぎをしたのは、さすがに桂がおかしくなったのかと思ったからかもしれない。

しかし③背後の三島は動かない。その沈黙に支えられるようにして桂は続ける。

「病院にはいろんな患者さんがいます。治療をして元気になって帰る人がいます。家族が退院を待っていて、すぐにもとの家に帰っていく人もいます。そういう人たちはいいんです。また元気になって、自分の居場所で次の花を咲かせます。でも」

桂は一度伏せた視線を再び上げて、昭を見返した。

「田々井さんはもう、根が切れてしまっていると僕は思うんです」

（夏川草介『勿忘草《わすれなぐさ》の咲く町で　～安曇野《あずみの》診療記～』による）

＊1　誤嚥《ごえん》性肺炎……体力の弱くなっている高齢者にとって、命にかかわるケースも少なくない肺炎。

＊2　胃瘻《いろう》……腹部に穴をあけて、直接胃にチューブを入れる道具。体内に直接栄養を注入する治療法。

（一）　空欄 A 及び B に入る最も適当な言葉を次の**ア**から**エ**までの中から二つ選び、その符号を書きなさい。ただし、順序は問わない。

ア　全部やってくれ

イ　仕方がないと諦める

ウ　少しでも延びるならいい

エ　難しいことを言われてもわからない

（二）　空欄 C に入る最も適当な熟語を本文から抜き出して書きなさい。

（三）　傍線部①「何かがおかしいと感じていた」とあるが、その「何か」とは、どんなことか。最も適当なものを、次の**ア**から**エ**までの中から選び、その符号を書きなさい。

ア　もはや助かる見込みがないのに、延命治療を懇願していること。

イ　家族に対して、思いやりのない冷淡な言動を繰り返していること。

ウ　当事者意識を持たず、肉親の死に関して思考を停止しているこを向ける。妻の方は苦笑いで頷《うなず》くだけだ。

桂は口を閉ざしたまま二人を見つめていた。口は閉ざしたが、心の奥底は思いのほかに静かであった。

①何かがおかしいと感じていた。

その何かが、ゆっくりと桂には見え始めていた。

田々井さんの経過の中で、ずっと感じ続けていた違和感。

できることを全部やってくれという家族の気持ちはおかしくはない。むしろ当然のことである。

寝たきりの患者に胃瘻《いろう》を作ることは乱暴だという、そういう単純な話をしているのでもない。

命の尊厳に関する考察や、想像力が足りないのではないかというような話も、問題の一端を担ってはいるものの、本質ではない。ひとつひとつを言語化しても、そのたびにもっとも大事な核心から少しだけ逸《そ》れてしまう。

そうではないのだ。

大切なことは三島の言葉の中にあった。

それは「悩む」ということではないか。

目の前の孫は、祖父の治療内容について、何も悩んでいない。

〝　A　〟

〝　B　〟

そういう言葉によって、悩むこと、考えることそのものを停止しているのである。

仕事の忙しさや、祖父との人間関係など、桂にはわからない色々な事情を抱えているのかもしれない。けれどもひとりの人間が死に向かうという切実な事象を前にして、この男性は、現実から目を逸らし、我が身を遠ざけ、彼岸の出来事として医療者に任せようとしている。

悩み続けている桂に比して、相手は悩むことそのものを放棄しているのである。

目の前の人物だけが特別なのではないだろう。

汚いものには蓋《ふた》をして、見て見ぬふりをする。

テレビや小説では〝劇的な死〟や〝感動的な死〟ばかりが描かれる一方で、地味で汚くて不快な臭気を発する〝　C　の死〟は、施設や病院に押し込んで黙殺する。

そういう現代の医療が直面している闇の一端が、社会の縮図が、桂の前に立ちはだかっている問題なのである。

桂はそっとすぐ背後の指導医を顧みた。

三島は腕を組んだまま、細い目をさらに細めてじっと見つめ返している。

なんの助言もない。助言はないが、無関心の目ではない。

本当に、すべての判断を桂に一任しようとしているのだ。

梓川《あずさがわ》病院での研修はあと数日で終わる。これが三島が桂に与えた最後の課題ということであろうか。

「もういいですか、先生」

沈黙の中で、さすがに居心地の悪そうな顔をした昭が告げた。

「先生方に何か不満があるわけではありません。とにかくお任せします。それだけです」

言いながら、もう立ち上がりかけている。

座ったまま見上げた桂の目に、昭は言い訳をするように続ける。

ア 言霊　**イ** 書道　**ウ** 道徳
エ 文法　**オ** 随筆

(五) 傍線部② 「近代思考」における人間観とは、どのような考え方のことか。その説明として最も適当なものを、次の**ア**から**エ**までの中から選び、その符号を書きなさい。

ア 理性的な判断をするために、科学を使って物事を区別する人間になること。
イ 客観的な分析をするために、理知に富んでいる視野の広い人間になること。
ウ 筋道を立てて物事を考えるために、知恵を身につけて理性的な人間になること。
エ 秩序を守って物事を捉えるために、根拠を挙げて説明ができる人間になること。

(六) 本文全体を読んで、筆者の考えに最も近いものを、次の**ア**から**エ**までの中から選び、その符号を書きなさい。

ア オカルトの世界は科学で扱えず検証可能ではないため、理性的な思考で物事を見直す必要がある。
イ オカルトという言葉が間違った意味で使用されているため、近代的思考自体を見直す必要がある。
ウ 論理的な考察を重視するのではなく、「光」と「闇」の両立を目指した考え方をする必要がある。
エ 非科学的な世界を否定するのではなく、「光」と「闇」の両方の面に対して向き合う必要がある。

二 次の文章を読んで、あとの(一)から(六)までの問いに答えなさい。

研修医の桂《かつら》正太郎は、消化器内科医の三島の指導を受けながら、＊1誤嚥《ごえん》性肺炎で入院した田々井富次を担当している。田々井は、快復の見込みもなく、意思表示もできないまま、寝たきり状態である。口から食べられなければ、＊2胃瘻《いろう》を造設するのが、医学的には一般的である。しかし、反応一つしない患者の腹に穴をあけ、チューブを入れて、もとの施設に帰す行為は、一体何を意味するのか。善悪で明確に線引きできない問題に、桂は考え込んでいた。そんな中、田々井の病状が不安定となり、親族に経過を説明する必要性が生じた。田々井の家族は、妻も息子も他界していて、孫夫婦がいるだけである。桂は、田々井の孫の昭を呼び出した。

「前にも言ったと思いますが」と昭が眉を寄せたまま口を開いた。
「できることは全部やってください。その上でダメならダメで仕方がないと諦《あきら》めます」
「延命治療はそれ自体が、肺炎や心不全を治してくれるわけではありません」
桂はできるだけ急がぬように答える。
「今の田々井さんの場合、呼吸が悪くなった場合の選択肢として人工呼吸器をつなげることになりますが、つないだところで肺炎が治らなければ、亡くなる時間が少しばかり先延ばしになるだけです」
「少しばかりでも、延びるのならいいですよ。できることは全部やってください。難しいことを言われてもわからないんですから」
苛立《いらだ》たし気な返答をしながら、昭は傍らの妻に同意を求めるように目ろうかという懐疑の動き、もしくは反省の動きともとれるのです。

そう考えると、私たち現代人は、やはり、「闇」、特にオカルトのようなものに対して、一度、真正面から捉え直す必要があると思うのです。それが正しい人間観を構築する礎《いしずえ》ともなると思うのです。

そもそも「オカルト」という言葉は、どこから出てきたものでしょうか？

これもやはり十七世紀に遡《さかのぼ》ります。当時発生した近代科学の最大なる特徴は、先述したように、何でも客観的に分析していくという手法を最重要視したことです。客観的な分析とは、誰でも検証が可能であることです。しかしそうでないもの、例えば、すこぶる［B］であり、誰でも検証可能ではない錬金術や占星術といったものは、秘儀めいたもの、つまりオカルト・サイエンス（隠された学問）と呼んだのです。

オカルト（occult）という単語は、元来「隠す」を意味するラテン語オクレレ（occulere）の過去分詞から出たもので、当時の社会では［C］に使われていました。ですから、単によく分からないものに対しても使われていたのです。

しかし、時代が下るにつれ、近代科学は社会に(ii)シントウし、一方でオカルト・サイエンスはますます人目につかないようなところでするものとなり、ついには、日向《ひなた》の学問である近代科学や理性を教える学校ではタブーとなっていくわけです。

オカルトと近代科学の分かれ目はきわめてあやふやな面があります。というのも、その時代の知識や技術で分析可能なものが近代科学の＊1範疇《はんちゅう》で、そうでないものはどうしてもオカルトとなるからです。例えば、観天望気《かんてんぼうき》なども、湿気や雲の発生メカニズムが分かるようになって初めて［D］な評価がされるようになりましたが、以前は当たるも＊2八卦《はっけ》当たらぬも八卦の世界のものと思われていたものです。また、動物や植物の地震予知がマスコミなどで取りざたされていますが、学界的な評価から言えば、あれもまだオカルトの世界と言えるでしょう。

（渡部昇一『知的人生のための考え方』による）

＊1　範疇……同じような性質のものが含まれる範囲。

＊2　八卦……占い。

(一)　二重傍線部(i)「ケンゼン」(ii)「シントウ」を漢字で書きなさい。

(二)　空欄［A］から［D］にあてはまる言葉の組み合わせとして最も適当なものを、次の**ア**から**エ**までの中から選び、その符号を書きなさい。

ア　A 一般的　B 主観的　C 普遍的　D 実証的

イ　A 科学的　B 普遍的　C 実証的　D 個人的

ウ　A 全面的　B 個人的　C 一般的　D 科学的

エ　A 全体的　B 主体的　C 科学的　D 一般的

(三)　空欄［X］に入る最も適当な慣用句を、次の**ア**から**エ**までの中から選び、その符号を書きなさい。

ア　さじを投げる

イ　歩調を合わせる

ウ　二の足を踏む

エ　頭をひねる

(四)　傍線部①「それ以外は間違いである」の「それ以外」に分類されるものとして**不適当なもの**を、次の**ア**から**オ**までの中から一つ選び、その符号を書きなさい。

【国　語】（四五分）〈満点：二〇点〉

一　次の文章を読んで、あとの（一）から（六）までの問いに答えなさい。

私たちは生まれてからこの方、啓蒙主義（enlightenment）、言い換えれば、理性第一主義の教育を受けてきたと言っても過言ではありません。しかし、理性だけが絶対で、①それ以外は間違いであるという考え方は、好ましくないものなのです。

私たち現代人がいつのまにか洗脳された啓蒙主義とは、文字通り、蒙《もう》を啓《ひら》く、蒙とは「知恵が足らない・文化が低い」、啓とは「導く・教える」ということです。英語でもエンライトメント、つまり光によって明るくするということです。

近代哲学の祖であるデカルトは、理性のことを「自然の光」（lumen naturale）と呼び、『方法序説』の第一部で、「良識（理性）は万人に共通するものである」と高らかに謳《うた》い上げています。

十七世紀に端を発するこの考え方は、「自然の光」としての人間本来にある「理性」に［　A　］に心服し従うことによって、未成熟な状態から抜け出し、理性的自立的な人間になる、またはそういった人間の社会を目指すというものです。この理性の「光」が及んだところが科学的な世界であり、人間はそうあるべきだとする考え方は、広く西欧社会に広まっていきました。

この啓蒙主義が、西欧では十七～十八世紀の市民運動の台頭とともに時代の主流となり、同時に躍進していた近代科学と［　X　］ように、全世界に広がっていくわけです。

日本でも、明治政府が開国によって啓蒙主義を採用し、理性という「光」を重視し、それ以外のものは数段低く見るようになってしまったわけです。

しかし、「理性」だけで人間は幸せになれるのでしょうか？良い社会が築けるでしょうか？「理性」という光にだけ重きを置いてよいものでしょうか？

例えば、木の葉や向日葵《ひまわり》の花は「光」を志向して、その生命力を謳歌《おうか》します。向日性の存在です。しかし、木の葉や向日葵が存在するのは、根があるからです。根は光に背を向け、「闇」の地中を這《は》います。背日性の存在です。そしてその根の部分がしっかりして、深く張っていれば張っているほど、向日性の部分が(i)ケンゼンになるのです。

逆に根の部分が弱ければ生命全体が駄目になってしまいます。生命体にとっては、「光」の部分も大切ですが、それ以上に「闇」の部分が大切なのです。

ゲーテ（一七四九～一八三二年）は、「あかつきの薄暗いうちからいち早く起き出して太陽を待ちこがれていたのに、太陽が上がってくると、目がくらんでしまうような人の気持ちを私は学問において味わった」と言っています。

また、ベーメ（一五七五～一六二四年）は「光が認められるのは闇のおかげである」と言っています。「光」だけの世界は人間にとって、目映《まばゆ》すぎる世界、息苦しい世界、心休まらない世界なのかもしれません。

二十一世紀を迎えて、②近代思考の崩壊が叫ばれる一方で、超常現象やオカルティズムが脚光を浴び始めています。これは人間本来のあり方を考えた時に「闇」の部分をそんなに軽視したり、否定していいものだ

MEMO

大切なことはメモしておこうネ！

2022年度

解　答　と　解　説

《2022年度の配点は解答欄に掲載してあります。》

＜数学解答＞

1　(1)　-15　　(2)　$\dfrac{-5x+7y}{9}$　　(3)　5　　(4)　$-(x+2)(x+3)$

(5)　$x=2\pm\sqrt{11}$　(6)　84人　　(7)　六角形　　(8)　イ，ウ

(9)　$\dfrac{2}{5}$　　(10)　1275g　　(11)　右図

2　(1)　$x=3$　　(2)　40　　(3)　$y=2x+8$

3　(1)　①　20度　　②　100度　　(2)　①　1.8m　　②　2.4m

(3)　①　辺BE，辺DE，辺EF　　②　$14cm^3$

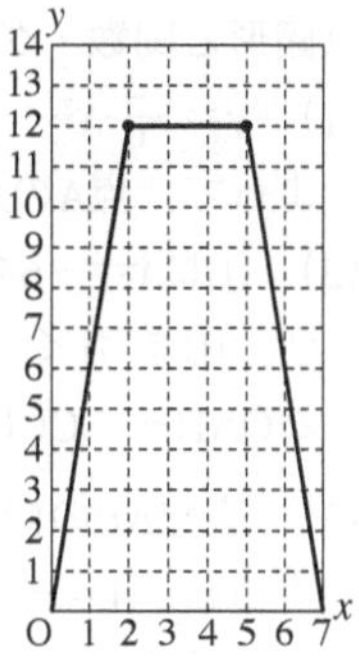

○配点○

各1点×20　　計20点

＜数学解説＞

基本　**1**　(数・式の計算，平方根の計算，因数分解，2次方程式，1次方程式の応用問題，空間図形の切断面，統計，確率，グラフの作成)

(1)　$-4^2+(3-1)\div2=-16+2\div2=-16+1=-15$

(2)　$-2\left(\dfrac{x+2y}{6}\right)-\dfrac{2x+y}{9}=-\dfrac{x+2y}{3}-\dfrac{2x+y}{9}=\dfrac{-3(x+2y)-(2x+y)}{9}=\dfrac{-3x-6y-2x-y}{9}=$
$\dfrac{-5x-7y}{9}=-\dfrac{5x+7y}{9}$

(3)　$(\sqrt{3}-\sqrt{2})^2+\dfrac{4\sqrt{3}}{\sqrt{2}}=3-2\sqrt{6}+2+\dfrac{4\sqrt{6}}{2}=5-2\sqrt{6}+2\sqrt{6}=5$

(4)　$(x+3)(x-3)-(2x-1)(x+3)=x^2-9-(2x^2+6x-x-3)=x^2-9-2x^2-5x+3=-x^2-5x-6$
$=-(x^2+5x+6)=-(x+2)(x+3)$

(5)　$x(x+5)=2x^2+x-7$　　$x^2+5x=2x^2+x-7$　　$x^2-4x-7=0$　　2次方程式の解の公式から，
$x=\dfrac{-(-4)\pm\sqrt{(-4)^2-4\times1\times(-7)}}{2\times1}=\dfrac{4\pm\sqrt{44}}{2}=\dfrac{4\pm2\sqrt{11}}{2}=2\pm\sqrt{11}$

(6)　部活動の人数をx人として，費用に関する方程式をたてると，$300x+3400=350x-800$
$50x=4200$　　$x=84$

(7)　AB，BC，FJの中点をそれぞれS，T，Uとすると切り口は六角形STQRUPとなる。

(8)　ア　度数分布表では，最大値と最小値を読み取れないので，身長の範囲はわからない。
イ　相対度数が一番大きくなるのは，度数が11人の150cm以上155cm未満の階級で，相対度数は，$\dfrac{11}{40}=0.275$　　ウ　身長の最頻値は，150cm以上155cm未満の階級の階級値だから，$\dfrac{150+155}{2}=152.5$(cm)　　平均値は，$\dfrac{142.5\times1+147.5\times6+152.5\times11+157.5\times9+162.5\times7+167.5\times5+172.5\times1}{40}=156.75$(cm)　　よって，最頻値は平均値より小さい。　エ　中央値が含まれる階級は，身長が低い順(または高い順)から数えて20番目と21番目が含まれる階級だから，155cm以上160cm未満の階級である。

(9)　2けたの整数のつくり方は全部で，$5\times4=20$(通り)　　そのうち，25以上の奇数になる場合

は，25，31，35，41，43，45，51，53の8通り。よって，求める確率は，$\frac{8}{20}=\frac{2}{5}$

(10)　500gの値段は，$800\times5-100=3900$(円)　$10000\div3900=2$あまり2200　1gの値段は$800\div100=8$(円)　$2200\div8=275$　よって，$500\times2+275=1275$(g)

(11)　$0\leqq x\leqq2$のとき，点PはAB上にあり，$AP=2x$　$y=\frac{1}{2}\times6\times2x=6x$　$2\leqq x\leqq5$のとき，点PはBC上にあるので，$y=\frac{1}{2}\times6\times4=12$　$5\leqq x\leqq7$のとき，点PはCD上にあり，$DP=14-2x$　$y=\frac{1}{2}\times6\times(14-2x)=42-6x$　$x=2$のとき，$y=6\times2=12$　$x=7$のとき，$y=14-2\times7=0$　よって，(0, 0)，(2, 12)，(5, 12)，(7, 0)を直線で結んだグラフをかく。

2 (図形と関数・グラフの融合問題)

基本 (1)　$y=\frac{4}{9}x^2\cdots$①　①に$y=4$を代入して，$4=\frac{4}{9}x^2$　$x^2=4\times\frac{9}{4}=9$　$x>0$から，$x=3$　よって，点Aのx座標は3

(2)　①に$x=-6$を代入して，$y=\frac{4}{9}\times(-6)^2=16$　B$(-6, 16)$　点A，C，Bからx軸へ垂線AH，CI，BJを引く。$HJ=3-(-6)=9$　$IJ=(-2)-(-6)=4$　(四角形OABC)＝(台形AHJB)－△OAH－△OCI－(台形CIJB)＝$\frac{1}{2}\times(4+16)\times9-\frac{1}{2}\times3\times4-\frac{1}{2}\times2\times4-\frac{1}{2}\times(4+16)\times4=40$

重要 (3)　直線ABの傾きは，$\frac{4-16}{3-(-6)}=-\frac{4}{3}$　直線ABの式を$y=-\frac{4}{3}x+b$として点Aの座標を代入すると，$4=-\frac{4}{3}\times3+b$　$b=8$　よって，直線ABの式は$y=-\frac{4}{3}x+8$　直線ABとy軸との交点をDとすると，D(0, 8)　$\triangle DAO=\frac{1}{2}\times8\times3=12$　$\triangle DCO=\frac{1}{2}\times8\times2=8$　$12+8=20$　よって，四角形OADCは四角形OABCの面積の半分になる。したがって，直線CDは四角形OABCの面積を二等分する。直線CDの式を$y=cx+8$として点Cの座標を代入すると，$4=-2c+8$　$c=2$　したがって，求める直線の式は，$y=2x+8$

3 (平面図形，空間図形の計量問題－角度，平行線と線分の比の定理，ねじれの位置，体積)

(1)　①　正九角形の1つの角度は，$\frac{180^\circ\times(9-2)}{9}=140^\circ$　△ABCは二等辺三角形だから，$\angle BAC=\frac{180^\circ-140^\circ}{2}=20^\circ$　②　五角形BCDEFの内角の和は540°　$\angle CBF+\angle EFB=540^\circ-140^\circ\times3=120^\circ$　$\angle CBF=\angle EFB$から，$\angle CBF=\frac{120^\circ}{2}=60^\circ$　よって，$\angle AJF=\angle BJC=180^\circ-(20^\circ+60^\circ)=100^\circ$

重要 (2)　①　影の長さをxmとする。右図において，$AF=10-1.5=8.5$　△ADF∽△DCEから，FD：EC＝AF：DE　$FD=BE=10.2$　$10.2:x=8.5:1.5$　$x=\frac{10.2\times1.5}{8.5}=1.8$

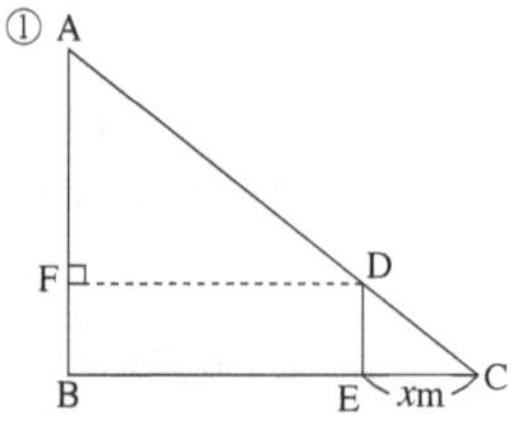

重要 ②　求める長さをymとする。右図において，$DG=1.5-0.7=0.8$　△ADF∽△DCGから，FD：GC＝AF：DG　$FD=BE=25.5$　$25.5:y=8.5:0.8$　$y=\frac{25.5\times0.8}{8.5}=2.4$

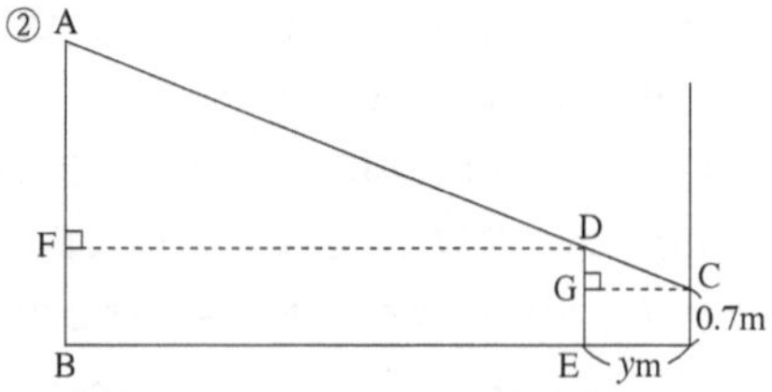

基本 (3)　①　辺ACと交わらなく平行でない線がねじれの位置にある辺だから，辺BE，辺DE，辺EF

②　点IからHE，GDへ垂線IJ，IKを引くと，$JE=KD=IF=1$，$HJ=GK=3-1=2$　求める立体の体積は，三角柱KJI－DEFの体積と，四角錐I－GHJKの体積の和になるから，$\frac{1}{2}\times3\times4\times1+\frac{1}{3}\times2\times3\times4=6+8=14$(cm³)

★ワンポイントアドバイス★

3(2)②のように影が折れ曲がっている問題を解くときは，影の先から真横へ補助線を引き，相似な三角形を作って求めよう。

＜英語解答＞

1　リスニングテスト問題解答省略

2　①　(Pictogram(X)shows you that)you must not use mobile phones(.)

②　(Pictogram(Y)shows you that)not only mobile phones but also cameras (are banned in school.)

3　①　how many　②　more fewer　③　looking forward

4　(1)　A putting　(2)　everyone in the world knows who she is　(3)　ア

(4)　ア　(5)　イ，カ

5　(1)　b　オ　d　ア　(2)　①　anywhere　②　said　(3)　エ

(4)　X　bus　Y　called

○推定配点○

1　各1点×5(各完答)　2　各1点×2　3　各1点×3(各完答)　4　各1点×5((5)完答)

5　各1点×5((1)・(4)完答)　計20点

＜英語解説＞

1　リスニングテスト問題解説省略。

やや難　2　(自由・条件英作文：助動詞，受動態)

(全訳)　あなた：「これらのピクトグラムを見てください。ピクトグラム(X)は，①携帯電話を使ってはいけない，ということを示しています。ピクトグラム(Y)は，②携帯電話だけではなくて，カメラも学校では禁止されている，ということを示しています」／転入生：「なるほど」 must not「～してはいけない」(禁止)not only A but also B「AばかりでなくてBもまた」are banned「禁止されている」← <be動詞＋過去分詞>受動態「～される，されている」

やや難　3　(会話文：語句補充・記述，進行形)

(全訳)　さち：2020オリンピックのメダル数のこの表を見てください。金，銀，銅メダルの数が示されています。／ジャック：うあ！　アメリカ合衆国は113個のメダルを獲得して，中国は88個のメダルを勝ち取りました。日本は27個の金メダル，14個の銀メダル，17個の銅メダルを得ました。したがって，①日本チームはいくつのメダルを獲得しましたか。／さち：彼らは58個のメダルを勝ち取りました。／ジャック：②メダル数を見ると，英国は日本よりも多く，でも，ロシアオリンピック委員会よりも少ないメダルを獲得しました。／さち：ええ，最も重要なことは，全ての選手が最善を尽くしたということだ，と私は思います。彼らには自分自身に誇りを持って欲しいと願っています。／ジャック：③私はパリでの次のオリンピックを本当に楽しみにしています。

①<How many＋複数名詞 ～?> 数を尋ねる表現。　②「より多く」more than 「より少なく」fewer than more「より多く(の)」many／much の比較級 fewer ← fewの比較級 ③<look forward to>「首を長くして～を待つ」I'm really looking forward to ← <be動詞＋現在分詞[原形＋-ing]>進行形「～しているところである」

4　(長文読解問題・エッセイ：語句補充・選択，語句整序，内容吟味，要旨把握，前置詞，動名詞，間接疑問文，助動詞，不定詞，比較，関係代名詞，現在完了，進行形，接続詞)

(全訳)　高校生が行うのに最も困難な事柄のひとつが，いかに自らの行動を変えることができるかについて，考えることです。SDGsに関しては，6年間以上話されてきました。しかし，単にSDGsに関して学ぶだけでは十分ではありません。行動に移す方法を見つける必要があります。私たちは，私たちの先生，級友，そして，熱意を共有する地元の会社と協力することが必要です。私たちの目標に到達するように取り組むために，私たちができるいくつかの単純なことについて話しましょう。

私たちができる最初のことは，興味を持つ人々のみに，SDGsを任せたままに放置しないように(確実に)することです。世の中をより良くしようとすることが我々の仕事であり，従って，私たち皆のためになるという理由で，私たちが知っているすべての人に私たちの援助を申し入れるべきなのです。学校でできる最も簡単なことのひとつが，リサイクルを確実にすることなのです。日本のすべての学校は，ごみを分別して，それを適切な場所へA置くという点で，素晴らしい成果をあげています。可燃ごみ，不可燃ごみ，プラスチック，ペットボトル，アルミニウム缶，紙に対して，各場所が確保されています。私たちの学校には，ペットボトルのキャップを入れる箱があり，それらから新製品を作ることが可能です。リサイクルされたプラスチックから，新しい歯ブラシを作っている会社があるので，ボトルキャップを寄付することは素晴らしい，と私たちは考えました。

しかし，私たちの多くは何かを欠いている，と私は感じています。ごみを減らすことをみんなに伝えた方が，より良いでしょう。常にペットボトルを買う代わりに，自分自身のボトルを持ち，それをできるだけ多くの機会で使う方が，良いでしょう。しかし，単に，スーパーでボトル入りの水やお茶を買い，自分自身のボトルへそれを注ぐだけでは，ごみを減らすことになりません。プラスチックボトルを買わないことが，プラスチックごみを削減する一番良い方法なのです。こうすることで，リサイクルする必要はないし，海にプラスチックが投棄されることを心配する必要もありません。プラスチックや他の種類のごみを削減することが，おおいに私たちのSDGの目標を達成する手助けすることになるのです。

次に，若い頃より私たちができることに，“アップサイクリング[創造的再利用]”があります。スウェーデンの環境活動家，グレタ・トゥーンベリ がその偉大な手本となる人物です。彼女は祖国で抗議して，今では，①世界中の誰もが彼女が誰であるかを知っています。8歳だった頃に，彼女は気候変動について知り，事態を改善しようと決意しました。彼女が熱心だったものの1つは，アップサイクリングでした。これは，リサイクリングの反意語です。アップサイクリングは，不用品を新たな物質，あるいは，より高品質，また，より機能的な製品に変えること，を意味します。アップサイクリングの1つの好例が，ペットボトルのラベルを取り除き，それらから芸術を作り出すことです。この学校の生徒は，ペットボトルのラベルを収集し，ステンドグラスのように見える芸術作品を作り出しました。芸術の未来は，ひょっとしたら，ごみから何か美しいものを作り出す，ということになりえるかもしれません。仮に不用品を芸術に変えるといった新しい方法を思いつけば，実際に行動を起こして，地球に感謝するということを示すことになるでしょう。

第3番目に私たちができるのは，地元の企業と協力するということです。SDGsに対する私たちの情熱に共感する会社と協力することは，私たちにとって一番の利益になります。常にお金儲けをする術を考えるべきではありません。②いかに私たちの生活をより良くするか，どのように地球を守るか，その方法について考えるべきです。この学校の生徒は，新しい製品について考えており，完全に新しいものを作るために，地元の会社の力を活用しています。例えば，環境に害を与えず，数か月で分解することが可能な新たなボトルを作ることができれば，それは私たちの世界を守り，持続可能な未来に働きかけることが可能となるでしょう。

若い学生の声や考えに耳を傾けることは重要です。彼らは年配者が常にできない異なった方法で物事を見ます。彼らの考えと企業の偉大な力をまとめることが，大いにより良い未来を築くことになるでしょう。

基本 (1) 「日本のすべての学校は，ごみを分別して，適切な場所へ(A)するという点で，素晴らしい成果をあげている」 まず，「ごみを選別して，それを適切な場所へ置く」と考え，同時に，前置詞 of の目的語になって，separating と同格になっていることから，正解は put の動名詞形 putting ＜前置詞＋動名詞＞ eat「食べる」 play「する」 stand「立つ，を立てる」 wait「待つ」

重要 (2) (She had protests in her country and now)everyone in the world knows who she is (.) who she is は Who is she? が挿入された形。疑問文が他の文に挿入される(間接疑問文)と，＜疑問詞＋主語＋動詞＞の語順になるので，注意。

やや難 (3) 空所を含む第5段落の文脈から考えること。「3番目に私たちができることは，地元の企業と協力するということだ。SDGsに対する私たちの情熱を共有する会社と協力することは，私たちにとって一番の利益になる。常にお金儲けをする術を考えるべきではない。いかに地球を守り，［②］。当学校の生徒は，新しい製品について考え，完全に新しいものを作るために，地元の会社の力を活用している」 正解は，ア「いかに私たちの生活をより良くするか，その方法について考えるべきである」。should「～すべきである，するはずだ」＜how＋to不定詞＞「～する方法」make our lives better ← make O C「OをCの状態にする」better「もっとよい，もっとよく」good／wellの比較級 the third thing we can do「私たちができる3番目のこと」← 目的格の関係代名詞の省略＜先行詞(＋目的格の関係代名詞)＋主語＋動詞＞「主語が動詞する先行詞」＜It is … ＋ to不定詞＞「～［不定詞］することは…である」companies that share ～「～を共有する会社」← ＜先行詞＋主格の関係代名詞 that＋動詞＞「動詞する関係代名詞」shouldn't「～すべきでない」 イ「もっと多くのペットボトルを買うべきだ」should「～すべきである，するはずだ」more「より多く(の)」many／much の比較級 ウ「私たちは通常SDGsについて学ぶことを楽しむ」＜enjoy＋動名詞＞「～することを楽しむ」 エ「私たちは常に私たちの先生にリサイクルの仕方を尋ねる」＜how＋to不定詞＞「～する方法」

基本 (4) 正解は，ア「生徒はチョコレートを作り，それを販売している」未記述。他の選択肢は次の通りであるが，全て，本文にて言及されている。イ「生徒はペットボトルのラベルを集めて，芸術を作っている」(第4段落最後から第3文目)have collected ← ＜have＋過去分詞＞現在完了 art that looks「～のように見える芸術」← ＜先行詞＋主格の関係代名詞 that＋動詞＞「動詞する先行詞」 ウ「生徒は会社と協力して，新しい製品を作っている」(第5段落第5文)are thinking ～ and using ← ＜be動詞＋現在分詞［原形＋-ing］＞進行形「～しているところだ」something completely new「全く新しいもの」← ＜something＋形容詞＞ エ「生徒はペットボトルのキャップを集めて，リサイクルしている」(第2段落最後から第2文目)a box to put ～ in「～を入れる箱」← 不定詞の形容詞的用法＜名詞＋to不定詞＞「～するための名詞」＜～, so …＞「～である，だから…だ」

重要 (5) ア「グレタ・トゥーンベリは地球を保護したいと望む唯一の人である」(×)地球を保護したいと望む人は彼女だけではない。the only person who wants「欲する唯一の人」← ＜先行詞(人)＋主格の関係代名詞 who＋動詞＞「動詞する先行詞」 イ「使える際には，自身のボトルを使う方が良い」(○)第3段落第3文の Instead of buying PET bottles all the time, it is better to have our own bottles and use them as much as possible. に一致。＜It is＋形容詞＋to不定詞＞「～［不定詞］することは…［形容詞］である」better「もっと良い，もっと良く」good／well の比較級＜one's own＋名詞＞「自分自身の名詞」instead of「～の代わりに」all the time「常に」as ～ as possible「できるだけ～」 エ「ペットボトルを購入することは，安いので，環境に良い」(×)ペットボトルを購入することは安い，ないしは，ペットボトルを購入することが環境に良い，とは，本文では述べられていない。buying PET bottles「ペットボトルを買うこと」← 動名詞[原形＋-ing]「～すること」 オ「お金を儲けることは，SDGsについて心配することよりも，重要である」(×)第5段落第3文に，「常にお金儲けをする術を考えるべきではありません」とあるので，不一致。making money「お金を儲けること」／worrying「心配すること」← 動名詞[原形＋-ing]「～すること」 more important「より重要な」important の比較級。カ「ごみから芸術を作り出すことは，非常に役に立つ」(○)第4段落では，ペットボトルのラベルから芸術を作り出す実例が挙げられており，The future of art could be making something beautiful from garbage.(第4段落最後から第2文目)と述べられているので一致している。making art「芸術を作ること」← 動名詞[原形＋-ing]「～すること」 have collected ← ＜have＋過去分詞＞現在完了 art that looks「～のように見える芸術」← ＜先行詞＋主格の関係代名詞 that＋動詞＞「動詞する先行詞」

5 **(会話文問題：文挿入，語句補充・記述・選択，現在完了，間接疑問文，助動詞，受動態，関係代名詞，不定詞，前置詞，進行形，分詞)**

(全訳) ガイド(以下G)：何かお困りでしょうか。／デイビッド(以下D)：はい，私たちは京都で観光をしたいのですが。aウどこに行くべきか教えてくださいませんか。／G：はい，もちろんです。えーと，今，ここ，京都駅の正面にいます。京都を旅するのならば，バス，電車，タクシー，地下鉄といった異なった交通手段があります。①行きたいところはどこにでも行くことができます。何に興味がございますか。／D：私は，世界遺産，侍，古い神社と寺に興味があります。／G：bオ二条城を以前見たことがありますか。／D：いいえ，まだです。／G：入場料金は，城への入館料と二の丸御殿の拝観料の両方で1,030円です。二条城は，最初の将軍の徳川家康によって，京都御所を守るために，建設されました。／D：cイ彼の名前は以前聞いたことがあります。そこへ行きたいと思います。／G：二条城は京都に多くある世界遺産のひとつです。／D：dア非常に興味深いように思えます。どうやってそこへ行くことができますか。／G：そうですね，そこへの行くには3通りの方法があります。もし地下鉄を使うのであれば，まず，京都駅から烏丸《からすま》御池《おいけ》駅まで地下鉄烏丸《からすま》線に乗ってください。次に，二条城駅行きの東西線に乗り換えます。1番出口を使い，数分間歩きます。市バスに乗れば，京都駅から二条駅までおよそ16分間かかります。そこから少し歩くだけです。JRを使うのであれば，JR嵯峨野《さがの》線で二条城駅まで着くのに5分かかりますが，下車した後に，およそ17分歩かなければなりません。どうぞこの地図をお持ちください。／D：ありがとうございます。今日はこれから雨が降るとのことなので，それほど頻繁には電車の乗り換えをしたくはありません。それに，必要なければ，長距離を歩きたいとは思いません。二条城の近くで，見学するのに他に何か良い場所はありますか。／G：もちろんです。そこからは，北野天満宮が近いです。そこに関する興味深い話をしましょう。豊臣秀吉が食べた餅を食べることができる②そうです。彼は有名な侍です。／D：そこはここから近いですか。eエそこまで歩けますか。／G：歩くには遠すぎますし，雨が降りそうなので，バスに乗るべきです。1時間に4本運行しているバスがあります。タクシーに乗ることもできますが，バスに乗るよりも割高です。／D：わかりました。子供が一緒ですが，彼らも楽しむことができる場所がどこかありますか。／G：もしあなたのお子さんが侍文化にも興味があるのならば，東映太秦映画村を訪れれば，彼らは楽しむことができるであろう，と思います。そこはテーマパークです。そこでは侍文化を体験できます。／D：面白そうですね。どうもありがとうございます。

やや難 (1) 【b】 空所bの質問を受けて，No, not yet.「いいえ，まだです」と答えていることから，空所には，経験の有無を尋ねる疑問文が当てはまることになる。正解は，オ Have you seen Nijo Castle before?「今までに二条城を見たことがあるか」。← 現在完了＜have＋過去分詞＞(完了・結果・継続・経験) 【d】 空所前の Nijo Castle is one of many World Heritage sites in Kyoto.「二条城は京都にある多くの世界遺産のひとつだ」に自然につながる選択肢を探し出すこと。正解は，ア　That sounds very interesting.「非常に興味深いように思えますね」。他の空所に関しては，全訳を参照のこと。イ　I've heard his name before. ← <have + 過去分詞>現在完了(完了・結果・経験・継続)　ウ　Could you tell us where we should go? 間接疑問文で，本来，Where should we go? が，<疑問詞 + 主語 + 動詞>の語順になっていることに注意。Could you ～?「～していただけませんか」

やや難 (2)　①　下線部①の前で，京都にはさまざまな交通手段が整備されていることが述べられているので，「行きたいところへはどこにでも行くことができる」という意味になるように，空所には anywhere を当てはめればよい。<There + be動詞 + S>「Sがある，いる」such as「～のような」　②「～であるといわれている」= It is said that ～ Japanese rice cake that Toyotomi Hideyoshi ate「豊臣秀吉が食べた餅」← <先行詞 + 目的格の関係代名詞 that + 主語 + 動詞>「主語が動詞する先行詞」

基本 (3)　空所を含む文以降，交通手段が説明されていることから考える。「そこへ行くには3通りの方法がある」という意味の文を完成させること。正解は，エ ways「方法」。<There + be動詞 + S>「Sがある，いる」three ways to get there ← 不定詞の形容詞的用法<名詞 + to不定詞>「～するための名詞」

重要 (4)　(全訳)　こんにちは，マイク。

今日，私の家族と一緒に京都観光をしました。京都には訪れるべき場所がとてもたくさんあります。私は日本の侍文化に興味があるので，ガイドが二条城へ行くべきだ，と言いました。二条城は有名な世界遺産です。私たちはそこへXバスで行きました。その後に，北野天満宮へ行き，豊臣秀吉の大好物の餅を食べました。最後に，東映太秦映画村Yと呼ばれるテーマパークへ行きました。私の子供たちでさえ，そこで楽しむことができました。

あと数日はまだ日本にいるので，滞在中に，もっと日本の食べ物，文化，景色を楽しみたいと思います。

さようなら。

(　X　)　二条城への交通手段を答える問題。雨が降るので，電車の乗り換えを頻繁にしたくない，必要ないならば，歩く距離を少なくしたい，とデイビッドが述べていることから，ガイドが説明した，地下鉄，(市)バス，JRの3つの手段から，適切なものを選ぶこと。乗り換えがなくて，停留所から目的地まで近い(If you take the city bus, it takes about 16 minutes from Kyoto Station to Nijo Station. It's a short walk from there.)，「バス」が条件に該当する。<by + 乗り物>「(交通手段)で」<have + to不定詞の否定形>「～する必要がない」are using ← 進行形[be動詞 + 現在分詞]には，未来を表す用法がある。(　Y　)　a theme park called C「Cと呼ばれるテーマパーク」← 過去分詞の形容詞的用法<名詞 + 過去分詞 + 他の語句>「～される名詞」

★ワンポイントアドバイス★

3の会話文中の語句補充問題をとりあげる。語句補充問題であるが，記述式なので，注意が必要である。一部は書き出し文字が指定されており，ヒントとなりうるが，文脈から，当てはまる表現を類推する力が必要となる。

<理科解答>

1　(1)　a　ア　　b　エ　　(2)　ア　　(3)　エ　　(4)　イ
2　(1)　ウ　　(2)　カ　　(3)　イ　　(4)　ウ
3　(1)　腐卵臭　　(2)　ア　　(3)　エ　　(4)　オ
4　(1)　イ　　(2)　羊水　　(3)　オ　　(2)　オ
5　(1)　オ　　(2)　ウ　　(3)　エ　　(4)　オ

○推定配点○
各1点×20(1(1)完答)　　計20点

<理科解説>

重要　**1**　(小問集合)

(1)　(a)　右図のように6か所で物体が支えられているので，ワイヤーを引く力は物体の$\frac{1}{6}$となる。　(b)　必要な仕事は，定滑車のみで持ち上げた場合と同じである。

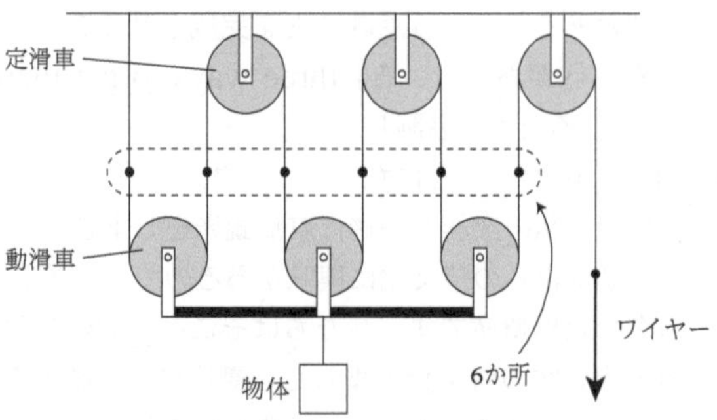

(2)　電子の質量は，陽子の質量を1とすると，約$\frac{1}{1840}$なので，アは間違いである。

(3)　葉緑体がない場所は，表皮細胞と維管束なので，エが正しい。

(4)　ピストンを引いたとき，フラスコが白くくもったのは，ピストンを引いたことで，フラスコ内の空気が膨張したことにより，温度が低下し，露点に達したことでフラスコ内の水蒸気が凝結したためである。

2　(電流と電圧)

重要　(1)　2(V)＝x(Ω)×0.1(A)より，20Ωである。

基本　(2)　抵抗器Bの抵抗値は，図1より，1(V)＝x(Ω)×0.2(A)より，5Ωである。抵抗器AとBを図2のように直列につなぐと，それぞれの抵抗器に同じ電流がながれる。よって，抵抗器Aの1分間の発熱量は，抵抗器Bの20(Ω)÷5(Ω)＝4(倍)となる。

基本　(3)　図3の回路全体の抵抗値は，$\frac{1}{20(\Omega)}+\frac{1}{5(\Omega)}=\frac{1}{4(\Omega)}$より，4Ωである。

やや難　(4)　マンガン乾電池1個は1.5(V)なので，2個直列につなげると，3.0(V)の電圧が回路にはたらく。回路全体の抵抗値は4Ωなので，回路に流れる電流は，3.0(V)＝4(Ω)×x(A)より，0.75(A)となる。よって，抵抗器AとBの消費電力の和は，3.0(V)×0.75(A)＝2.25(W)となる。

3　(化学変化と質量)

重要　(1)・(2)　試験管Bからは硫化水素(H_2S)，試験管Cからは水素(H_2)が発生する。硫化水素は腐卵臭がする。

重要　(3)　1.75(g)：1.00(g)＝7：4

やや難　(4)　銅粉と過不足なく反応する硫黄の質量は，0.20(g)：0.10(g)＝2：1である。よって，銅粉0.75gと硫黄を0.40gあわせると，銅粉0.75(g)と，0.375(g)の硫黄が反応し，1.125gの硫化銅ができる。鉄粉と過不足なく反応する硫黄の質量比は7：4なので，鉄粉0.75gと硫黄0.40gをまぜると，硫黄0.40gと鉄粉0.70gが反応するので，硫化鉄が1.1gできる。よって，硫化銅の方が1.125(g)－1.1(g)＝0.025(g)多く発生する。

4 （生殖と遺伝）

重要 (1) ヒトの子はおよそ妊娠40週間で生まれてくるので，あと40(週)－24(週)＝16(週間)くらいで生まれてくる。よって，イが最も近い。

重要 (2) 母親の胎内で，胎児は羊水に包まれている。

基本 (3) 子どもは祖母の形質を最大で半分受け継ぎ，場合によっては全く受け継がないこともある。

やや難 (4) 丸い種子をつくる純系の遺伝子型をAA，しわの種子をつくる純系の遺伝子型をaa，丸い種子をつくる純系としわの種子をつくる純系の交配によってできた遺伝子型をAaとする。AAは1個体，aaとAaは2個体ずつなので，合計5個の個体をAA，aa，$\boxed{\text{aa}}$，Aa，$\boxed{\text{Aa}}$と区別すると，自家受粉の場合(AA×AA)$_{*1}$・(aa×aa)$_{*2}$・($\boxed{\text{aa}}$×$\boxed{\text{aa}}$)・(Aa×Aa)$_{*3}$・($\boxed{\text{Aa}}$×$\boxed{\text{Aa}}$)の子ができる。他家受粉の場合，卵細胞，精細胞の違いも考慮に入れると，(AA×aa)$_{*4}$(AA×$\boxed{\text{aa}}$)(AA×Aa)$_{*5}$(AA×$\boxed{\text{Aa}}$)(aa×AA)(aa×$\boxed{\text{aa}}$)(aa×Aa)$_{*6}$(aa×$\boxed{\text{Aa}}$)($\boxed{\text{aa}}$×AA)($\boxed{\text{aa}}$×aa)($\boxed{\text{aa}}$×Aa)($\boxed{\text{aa}}$×$\boxed{\text{Aa}}$)(Aa×AA)(Aa×aa)(Aa×$\boxed{\text{aa}}$)(Aa×$\boxed{\text{Aa}}$)($\boxed{\text{Aa}}$×AA)($\boxed{\text{Aa}}$×Aa)($\boxed{\text{Aa}}$×aa)($\boxed{\text{Aa}}$×$\boxed{\text{aa}}$)の組み合わせができる。よって，AAが16個体，Aaが48個体，aaが36個体できるので，丸い種子：しわの種子＝64：36＝16：9となる。

＊1 (自)・(他)あわせて1組

	A	A
A	AA	AA
A	AA	AA

＊2 (自)・(他)あわせて4組

	a	a
a	aa	aa
a	aa	aa

＊3 (自)・(他)あわせて4組

	A	a
A	AA	Aa
a	Aa	aa

＊4 (自)・(他)あわせて4組

	a	a
A	Aa	Aa
A	Aa	Aa

＊5 (自)・(他)あわせて4組

	A	A
A	AA	AA
a	Aa	Aa

＊6 (自)・(他)あわせて8組

	A	a
a	Aa	Aa
a	aa	aa

(自)：自家受粉　(他)：他家受粉

重要 5 （地層と岩石）

(1) BとCは同じ地層なので，Dが最も古い地層となる。泥岩，砂岩，れき岩の順に地層が堆積している。泥岩は沖合の海に，れき岩は海岸に近い海に堆積するので，オが正解である。

(2) れき，砂，泥を一度に注ぐと，重いれきから砂，泥の順に堆積する。

(3) 図3の生物はサンヨウチュウであり，古生代に生息していた。また，サンゴの化石が見つかったことにより，この地層ができたときの環境は暖かくきれいな浅い海であったことがわかる。

(4) 岩石Cは粒がほとんど見られず，粉のような感じがするので，泥岩である。

★ワンポイントアドバイス★

問題の条件，情報を読み間違えないようにしよう。

＜社会解答＞

1　(1)　イ　(2)　コロンブス　(3)　エ　(4)　エ
2　(1)　ウ　(2)　イ　(3)　ア，ウ，カ
3　(1)　ア　(2)　イ　(3)　ウ　(4)　ア・エ
4　(1)　ウ　(2)　エ　(3)　ハザードマップ
5　(1)　イ，エ　(2)　公共の福祉　(3)　エ
6　(1)　ア　(2)　イ　(3)　ウ

○推定配点○

1　各1点×4　2　各1点×3((3)完答)　3　各1点×4((4)完答)　4　各1点×3
5　各1点×3((1)完答)　6　各1点×3　計20点

＜社会解説＞

1 (日本と世界の歴史―災害の歴史に関する様々な問題)

やや難　(1)　イ　史料Xは藤原道長の時代のもの。威子は道長の娘。図版bは源氏物語絵巻の一部。史料Yは墾田永年私財法を示すもので，図版aは法隆寺の金堂の壁画の一部。

(2)　イタリアのジェノヴァのクリストファー・コロンブスはスペイン女王イサベラの援助を受けて大西洋を横断しアジアを目指し，新大陸のそばのサンサルヴァ島に到達したものの，そこがアジアだと思い西インド諸島とした。

(3)　エ　洪秀全は満州族の清朝の支配に対抗する形で太平天国の乱の中で「滅満興漢」というスローガンを掲げる。清朝はこの鎮圧に手を焼き，結局，欧米の手を借りて鎮圧する。アは17世紀末，イは1776年，ウは1789年。

重要　(4)　エ　史料Xは三陸沖の地震の津波を受けたもので，海岸のそばの低い土地ではなく高い場所へ家を建てることについて説いているもの。図版Yは中尊寺金色堂のもので，奥州藤原氏は前九年，後三年の役の後に勢力を伸ばした。豊かな財力を持ち，その栄華が中尊寺などからも偲ばれる。

2 (日本と世界の歴史－明治，大正，昭和の時代に関連する問題)

重要　(1)　ウ　Aのカードは明治時代。史料Xから，日清戦争の頃の1戸当たりの税負担額は10数円。これが日露戦争の時には30数円になっているので2倍以上に増加といえる。また，日露戦争の際にはイギリスやアメリカなどから資金を借り入れて戦費を調達しようとした。

(2)　イ　Bのカードは昭和時代。1955年に第一回原水爆禁止世界大会が開催されたのは被爆地の広島。1962年のいわゆるキューバ危機は，当時のソ連がカリブ海にあるキューバに核ミサイルの基地をつくろうとし，アメリカとの間で緊張が高まったもの。

基本　(3)　Cのカードは大正時代のもの。大正時代は1912年から1926年にかけて。アは1916年，ウは1919年，カは1918年。イは1874年，エは米英と開戦し東南アジアへの進出をした際。オは1941年の大西洋会談のこと。

3 (地理ードイツ，中国，アメリカ，ブラジルに関連する問題)

重要　(1)　ア　ライン川はスイスから流れ，ドイツとフランスの国境を経てドイツの中を通り，オランダに入り北海に抜ける。ICEはドイツを中心に運行されている高速鉄道でインターシティーエクスプレスの略。現在はドイツの他，オーストリア，スイス，ベルギー，オランダ，フランス，デンマークにも乗り入れている。

(2)　イ　中国では文化大革命後に生産責任制が導入されるとまずは農村部が発達し万元戸と呼ばれる富農も現れるようになるが，その後，東の沿海部にある都市で工業が発達し経済活動も活発化すると農村部から都市部への人口移動がみられ，農村と都市の経済格差も深刻になった。その格差を是正するために中国政府が打ち出したのが西部大開発。中国の内陸部の国土の3分の2にあたる地域にはかなり砂漠や荒れ地も広がっているが，この地域の開発を進め農業の食糧増産や水力発電所をつくり発電量を増やしたり，資源の開発を行ったりするもの。

基本 (3)　ウ　②　ロッキー山脈は北米大陸の西側にある山脈→①　グレートプレーンズは西経100度線付近に広がる乾燥した土地。地下水をくみ上げて灌漑農業を行うセンターピボット方式による丸い畑が点在している。→③　デトロイトは五大湖の中央のヒューロン湖とエリー湖の間にある都市。かつては自動車工業で栄えていた。

重要 (4)　ア　鉄鉱石の輸出額なので，それぞれの年の総額に鉄鉱石の比率の数字を掛け合わせて実際の輸出額を求める。鉄鉱石の輸出額だけでみると265倍になる。　エ　ブラジルの現在の大豆の生産，輸出はアメリカに次いで世界2位になっている。イはアマゾン川流域の熱帯雨林はセルバなので誤り。ラパスはボリビアの首都名。ウは南米の広大な草原はパンパなので誤り。場所もブラジルではなくアルゼンチンとウルグアイにまたがるあたり。

4 **(日本の地理ー山形，山梨，千葉，熊本の地誌に関する問題)**

基本 (1)　ウ　表のDが山形県。この中では果物の産出額が大きいのが特徴。山形県の中央を流れる最上川には上流から米沢盆地，山形盆地，新庄盆地，庄内平野があり，それぞれの場所で特徴的な農業が行われている。庄内平野は有数の米どころ。

(2)　エ　表のBが熊本県でX，Cは千葉県でZ。千葉県は成田空港があるので国際線の旅客数が圧倒的に多い。表のAは山梨県でY。山梨県は内陸県で空港もないので漁業産出額は無く国際線旅客数もない。

基本 (3)　ハザードマップは地域の地図に災害が発生した場合に被害が想定される地域を示し，安全なルートでの避難経路などを示したもの。

5 **(公民ー憲法，人権，三権など政治分野に関する問題)**

基本 (1)　イ，エが精神の自由に関するもの。ア，カは身体の自由，ウ，オは経済活動の自由に関するもの。

重要 (2)　公共の福祉に反するという場合は，一般に他人の迷惑になるという状況で理解される。公共の福祉のためという場合には，最大公約数的に，ほぼすべての人にとっての利益になると理解される。

(3)　エ　総選挙の行われた後，最初に召集される国会の初日の午前に内閣が総辞職し，その日の午後に首相の指名が行われ，同日中に組閣されるのが一般的な流れ。アは予算の先議権は衆議院にあるので誤り。イは内閣ではなく衆参両院の議決で発議になるので誤り。ウは内閣総理大臣は必ず国会議員でなければならないが，国務大臣は過半数が国会議員であれば，残りは国会議員以外でも可能なので誤り。

6 **(公民ー食品ロス，経済分野に関する問題)**

やや難 (1)　ア　資料Ⅲの黒丸の数値をすべて足したものが食品ロスの合計になる。食品関連事業者の白全体と黒全体の比率と一般家庭の白と黒の比率を比べると一般家庭の方が食品ロスの比率が高いことがわかる。

重要 (2)　イ　企業が金融機関から資金を借り入れるのが間接金融で，企業が社債や株式などで直接一般の人々から資金を調達するのが直接金融。日銀の国債売買での景気対策は，市場の通貨量を増やすか減らすかで考えれば良く，国債を日銀が市中の銀行から買い上げれば市中の銀行の手元の通貨量が増えるので，市場に通貨が出回りやすくなり景気に刺激を与えて好景気にすることが期待できる。逆に，日銀が市中の銀行に国債を売りつければ，市中の銀行の手元の通貨量を減らすことになり，市場に通貨が出回るのを抑えるので，景気を抑えることが想定できる。

(3)　需要と供給のグラフの問題。縦軸に価格，横軸に数量をとった場合，右下がりになるのは需要を示すもので，右上がりになるのは供給を示すもの。この場合，Vのグラフでは右下がりの需要曲線が右にスライドし交点が右上に動いているので，需要量が増えて高い価格でも多く購入される状態になったと判断できるので，この状況に該当するのがウ。アだと供給曲線が左にスライドし，イだと供給曲線が右にスライドし，エだと需要曲線が左にスライドする。

★ワンポイントアドバイス★

試験時間は問題数に対して余裕があり，解答方式も記号選択のものが多いが，設問を正しく把握し，選択肢を丁寧に読んでいかないと正解しづらいものも多いので，注意が必要である。

＜国語解答＞

一　㈠　(i)　健全　(ii)　浸透　㈡　ウ　㈢　イ　㈣　エ　㈤　ウ　㈥　エ

二　㈠　ア，エ　㈡　現実　㈢　ウ　㈣　イ　㈤　本当に，す　㈥　ア

三　㈠　ア　㈡　触れ　㈢　エ　㈣　多年の非　㈤　ウ　㈥　エ　㈦　イ

○配点○

各1点×20(二㈠完答)　　計20点

＜国語解説＞

一　(論説文－漢字の書き取り，脱文・脱語補充，内容吟味，大意)

㈠　(i)「健全」とは心身ともにすこやかで異常のないこと，物事に欠陥や偏りがないこと。(ii)「浸透」とは，しみとおること。

㈡　A「理性だけが絶対で，それ以外は間違いである」とする考え方は，17世紀に端を発し，「理性」に対して，「全面的」に心服し従っていたのである。　B　空欄の前より，「客観的な分析」ではないものとあるので，「主観的」「個人的」「主体的」のどれかが妥当。　C　空欄の後に，「単によく分からないものに対して使われていた」とあり，オカルトという言葉は，「普遍的」「一般的」に使われていたのである。　D　観天望気はメカニズムがわかる前までは，オカルトであり，わかって初めて「科学的」なものであると証明された。

㈢　啓蒙主義と科学の発達は，同じ速度で進行してきたということを表すので，「歩調を合わせる」が適当。

㈣　ここでいう「理性」とは，道理によって，物事を判断する心の働き，また論理的，概念的に思考する能力のこと。選択肢の中で，論理的に意味を理解するのは「文法」なので，エが不適当。

㈤　近代においては良識を身に付け，また「未成熟な状態から抜け出し，理性的自立的な人間になる」ことが求められていた。

基本　㈥　文章の中に，超常現象やオカルティズムを指して，「これは人間本来のあり方を考えた時に『闇』の部分をそんなに軽視したり，否定していいものだろうかという懐疑の動く，もしくは反

省の動きともとれる…(中略)…私たち現代人は，やはり，『闇』，特にオカルトのようなものに対して，一度，真正面から捉え直す必要があると思う」として，「光」と同じように「闇」の部分も重要であることを主張している。

二 (物語文－脱文・脱語補充，内容吟味，文脈把握，心情の理解，大意)

㈠ 空欄の前に，昭が言ったセリフとして，「できることは全部やってください。難しいことを言われてもわからないんですから」と自分で考えることはせず，全て医療者に任せようとしている内容が見られる。

㈡ テレビや小説にある〝劇的な死〟と対比している。テレビや小説がフィクションの非現実であるとするならば，施設や病院で起こっているのは実際の〝現実の死〟である。

㈢ 傍線部の後に，「悩むこと，考えることそのものを停止している」「ひとりの人間が死に向かうという切実な事象を前にして，この男性は，現実から目を逸らし，我が身を遠ざけ，彼岸の出来事として医療者に任せようとしている。悩み続けている桂に比して，相手は悩むことそのものを放棄している」という内容から読み取る。

㈣ カタクリの花は根が切れてしまうとすぐに枯れるように，現在，入院している田々井はすでに根が切れているので，誰かがちゃんと世話をしてあげないといけない様態になっている。よって，それは医療者だけではなく親族の協力も必要であることを訴えている。

㈤ 傍線部の前より，三島は全く桂に助言することなく，「本当に，すべての判断を桂に一任しようとしているの」である。

基本 ㈥ 患者の処置について，どうすればいいのかを徹底的に「悩む」ことのできる医師であり，また医療者に全てを任せて自分たちには無関係だとする親族に，カタクリの花を例にして，少しでも共に「悩んで」，より良い道に進むことを考えている。

三 (古文－用法，古文の口語訳，指示語の問題，語句の意味，主題)

㈠ 傍線部は，自発の助動詞「る」の連用形である。アは卒業を前に自ずから懐かしい記憶が思い出されたとなるので，適当。

㈡ 心は物事に「触れる」ことによって，何かを感じ取るのである。「触れる」はラ行下一段活用の動詞であり，また連用形に接続する助詞「て」が下にあることから，「触れ」が入る。

㈢ 「あからさまに」とは，急に，かりそめに，あらわになどの意味。また否定の語句を伴って「全く～ない」という意味になる。聖典の一句を読む場合と，読まない場合を比較しているので，「かりそめに」が適当。

㈣ 今，この経文を広げなければ，長年の間違いを知ることがあろうか，いやない，という内容になるので，傍線部の前にある「多年の非」が入る。

㈤ 「さらに」は打ち消しの語句を伴って，「全く～ない」という意味になる。

㈥ 「理」とは事の筋道，道理，また真理を表す。ここでは，「事」を外部に現れた姿としているのに対し，「理」は悟りとしているので，真理が適当。

基本 ㈦ 文章の中では仏教の作法を例に挙げ，たとえ信仰心がなくても，仏前で数珠と経文を手に取れば，自然と善い行いが修められ，また乱れた心でも座禅をすれば禅定の境地に達することができるとする。

★ワンポイントアドバイス★

論理的文章，文学的文章，古文に加え，基本的知識という幅広い出題に対応できるよう問題集や資料集を最大限に活用しよう。

MEMO

大切なことはメモしておこうネ！

2021年度

★★★★★★★★★★★★★★★★★★★★★★★★

入　試　問　題

2021年度

光ヶ丘女子高等学校入試問題

【数　学】（45分）　＜満点：20点＞

【注意】 定規，分度器，コンパスは使用できません。

1. 次の(1)から(11)までの問いに答えなさい。

(1)　$(-5)^2-(-10)\div 2$ を計算しなさい。

(2)　$\dfrac{5x+3y}{4}-x+2y$ を計算しなさい。

(3)　$(-3xy^3)^3\div\left(-\dfrac{3}{2}xy\right)\div x^5y^4$ を計算しなさい。

(4)　$(x-5)(x+1)-(x-2)(2x+1)+9$ を因数分解しなさい。

(5)　2次方程式 $2x^2+x=2$ を解きなさい。

(6)　n は2けたの自然数で，$\sqrt{7n}$ は奇数になるという。このような n を求めなさい。

(7)　次の文のうち，正しく述べたものを，**ア**から**エ**までの中からすべて選んで，そのかな符号を書きなさい。

ア　$\sqrt{16}=\pm 4$ である。

イ　15の平方根は $\pm\sqrt{15}$ である。

ウ　$\dfrac{4}{\sqrt{2}}$ の分母を有理化すると，$2\sqrt{2}$ である。

エ　$\sqrt{10}$ は無理数であるが，$\sqrt{9}$ は有理数である。

(8)　下のヒストグラムは，あるクラスの生徒40人が1か月に読んだ本の冊数をまとめたものである。このとき，このクラスの生徒が1か月に読んだ本の冊数の中央値を求めなさい。

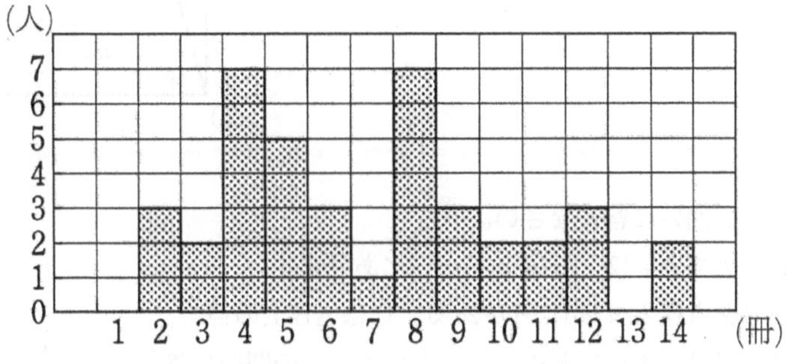

(9)　赤玉2個，白玉3個が入っている袋がある。この袋の中から1個ずつ2回玉を取り出すとき，1回目と2回目に取り出した玉の色が異なる確率を求めなさい。
ただし，取り出した玉はもとにもどさないものとする。

(10)　長さ900mの鉄橋を列車が渡るとき，渡りはじめてから渡り終わるまでに36秒かかった。また，この列車が鉄橋を渡ったときと同じ速さで，1580mのトンネルを通り抜けるとき，60秒かかった。この列車の長さは何mか求めなさい。

⑾ 右の表のように，ある規則にしたがって，連続する自然数を並べるものとする。この表の a 行目で１列目の数と，（$a-1$）行目で１列目の数の差が2021となるとき，a の値を求めなさい。

	1列目	2列目	3列目	4列目	・・・	
1行目	1	4	9	16		
2行目	2	3	8	15		
3行目	5	6	7	14		
4行目	10	11	12	13		
・	17					
・						
・						

2. 図で，四角形ABCDはAB＝10㎝，CD＝６㎝，DA＝４㎝，∠BAD＝∠ADC＝90°の台形である。点Ｐ，Ｑは点Ａを同時に出発して，点Ｐは辺AD，DC上を点Ｃまで，点Ｑは辺AB上を点Ｂまで，それぞれ毎秒１㎝の速さで動くとき，次の①から③の問いに答えなさい。

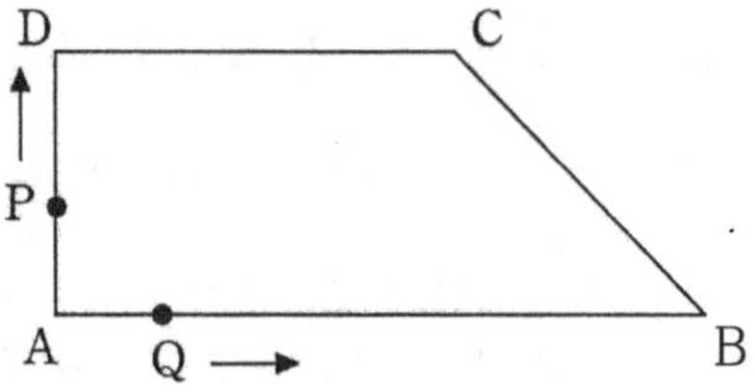

① 点Ｐが点Ａを出発してから x 秒後の△APCの面積を y ㎝^{2} とし，x と y の関係をグラフに表すと，右のようになった。$4 \leqq x \leqq 10$ における y を x の式で表しなさい。

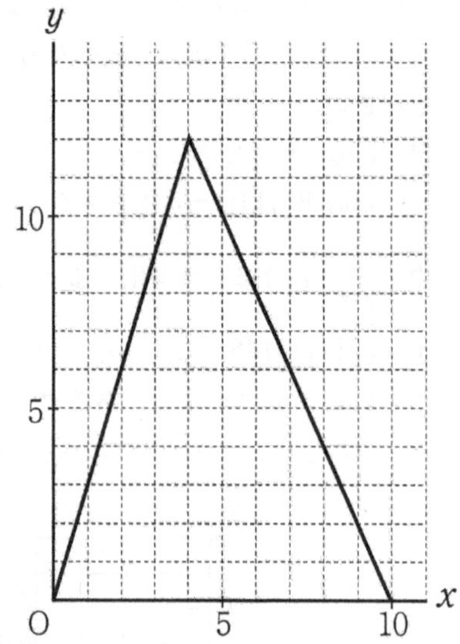

② 点Ｐが辺DC上にあるとき，台形ADPQの面積が $\frac{40}{3}$ ㎝^{2} となるのは，点Ｐが点Ａを出発してから何秒後か，求めなさい。

③ △ＡＰＣと△ＡＰＱの面積が等しくなるのは，点Ｐ，Ｑが点Ａを出発してから何秒後か，求めなさい。ただし，点Ｐ，Ｑが点Ａの位置にあるときは除く。

3. 次の⑴から⑶までの問いに答えなさい。

ただし，円周率は π とする。⑵，⑶は３ページにあります。

⑴ 図で，線分ABを直径とする半円がある。Ｃは $\overset{\frown}{AB}$ 上の点で，AC＝BCとなる。AB＝４㎝であるとき，次の①，②の問いに答えなさい。

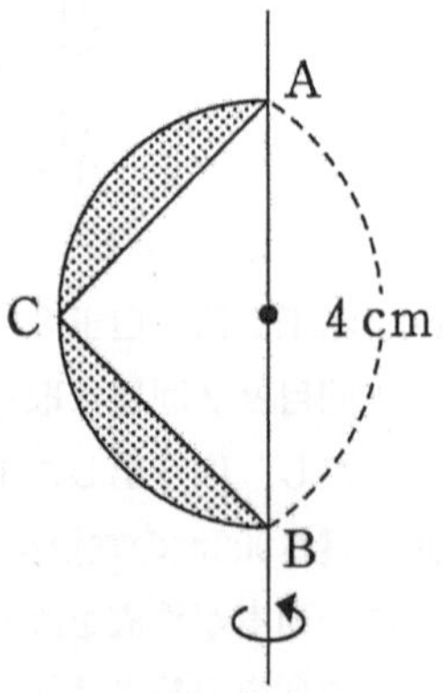

① △ABCの面積を求めなさい。

② 影のついた部分を直線ABを軸として１回転させてできる立体の体積を求めなさい。

(2) 図で，四角形ABCDは平行四辺形である。対角線ACの垂直二等分線をひき，2辺AD，BCとの交点を，それぞれE，Fとする。Gは直線ACと直線EFの交点である。

∠ECA＝∠ECD＝37°，ED：DC＝3：5とするとき，次の①，②の問いに答えなさい。

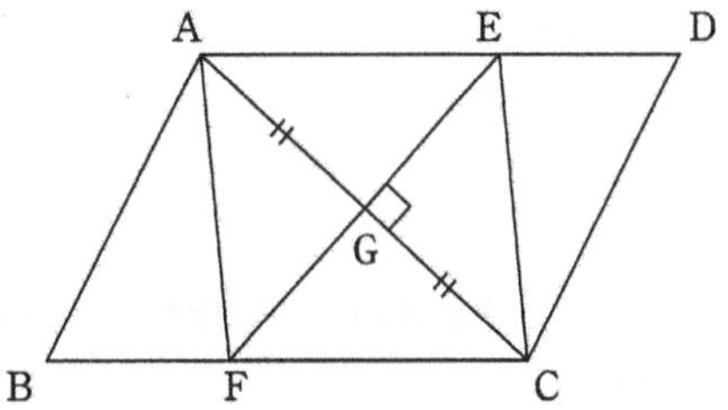

① 次の文のうち，正しく述べたものを，**ア**から**オ**までの中からすべて選んで，そのかな符号を書きなさい。

ア △ACFは二等辺三角形である。

イ AE：ED＝4：3である。

ウ EF // DCである。

エ △ACDと△CEDは，2組の辺の比とその間の角が，それぞれ等しいので相似の関係である。

オ △ACDと△CEDは，2組の角が，それぞれ等しいので相似の関係である。

② △AFGと△CDEの面積比を求めなさい。

(3) あかりさんは，近所で開かれている「HIKARIグルメまつり」に行くことにした。このまつりでは，愛知県で生産されている食材を使った料理とデザートが販売されており，それらの定価は，図のようになっている。このとき，次の①，②の問いに答えなさい。ただし，消費税は考えないものとする。

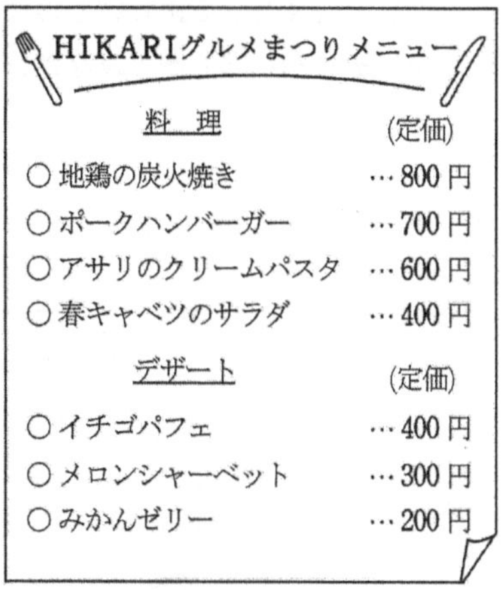

HIKARIグルメまつりメニュー	
料　理	（定価）
○ 地鶏の炭火焼き	…800 円
○ ポークハンバーガー	…700 円
○ アサリのクリームパスタ	…600 円
○ 春キャベツのサラダ	…400 円
デザート	（定価）
○ イチゴパフェ	…400 円
○ メロンシャーベット	…300 円
○ みかんゼリー	…200 円

① 図のメニューの中から，料理とデザートをそれぞれ1つずつ選ぶとき，定価の合計が900円以下になる選び方は，全部で何通りか，求めなさい。

② HIKARIグルメまつりの支払い方法は，現金支払いとクレジットカード支払いの2種類ある。あかりさんは，現金支払いのときに50円引きになるサービス券を持っている。また，キャッシュレスキャンペーンにより，クレジットカード支払いにすると，支払い金額が5％割引になる。図のメニューの中から，料理とデザートをそれぞれ1つずつ選ぶとき，クレジットカードで支払った方が安くなる選び方は全部で何通りか，求めなさい。

【英　語】（45分）　＜満点：20点＞

1. 指示に従って，聞き取り検査の問題に答えなさい。

「答え方」

問題はＡとＢの二つに分かれています。

【問題Ａ】

問題Ａは，問１から問３までの三つあります。それぞれについて，最初に会話文を読み，続いて，会話についての問いと，問いに対する答え，ａ，ｂ，ｃ，ｄを読みます。そのあと，もう一度，その会話文，問い，問いに対する答えを読みます。必要があればメモをとってもかまいません。

問いの答えとして正しいものは解答欄の「正」の文字を，誤っているものは解答欄の「誤」の文字を，それぞれ○でかこみなさい。正しいものは，各問いについて一つしかありません。

【問題Ｂ】

問題Ｂは，最初に朝のホームルームでの連絡を読みます。続いて，連絡についての問いと，問いに対する答え，ａ，ｂ，ｃ，ｄを読みます。問いは問１と問２の二つあります。そのあと，もう一度，連絡，問い，問いに対する答えを読みます。必要があればメモをとってもかまいません。

問いの答えとして正しいものは解答欄の「正」の文字を，誤っているものは解答欄の「誤」の文字を，それぞれ○でかこみなさい。正しいものは，各問いについて一つしかありません。

※リスニングテストの放送台本は非公表です。

2. 次のグラフを見て，あとの問いに答えなさい。

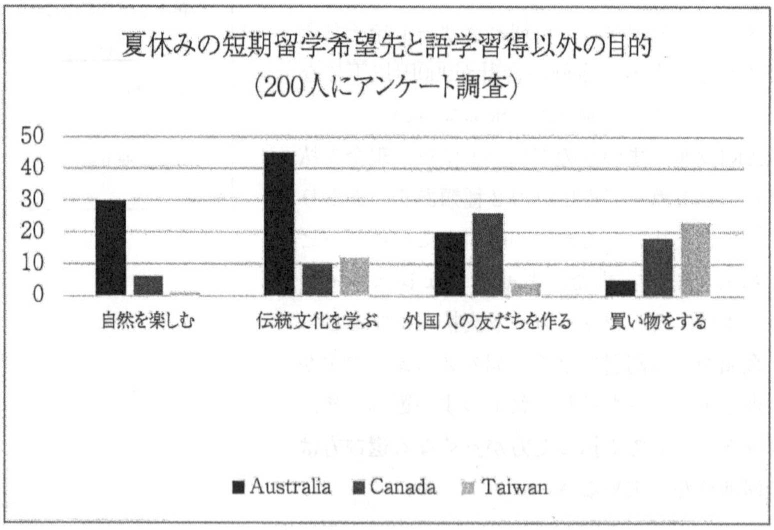

（問い）　このグラフから読み取れることは何か。また，グラフを参考にし，その中からあなたが短期留学したい国と目的を，次に示す答え方により，英語で述べなさい。ただし，(a)の下線部には popular （人気のある），(b)の下線部には in（～で）を必ず使うこと。

〈答え方〉

下線部をそれぞれ５語以上の英語で書く。

(a) グラフから読み取れること：

Australia_______.

(b) あなたが留学したい国とその目的：

In my opinion, I_______.

なお，下の語句を参考にしてもよい。

〈語句〉

数ある～の中で of all ～　～よりも than ～

3. 志保（Shiho）と留学生のエミリー（Emily）が会話をしています。二人の会話が成り立つように，下線部①から③までのそれぞれの（ ）内に最も適当な語を入れて英文を完成させなさい。ただし，（ ）内に文字が示されている場合は，その文字で始まる語を解答すること。

Emily : Hello, Shiho. Do you know about this picture? ① This was (g　　) (　　) me by my Japanese friend. But I don't know what it is.

Shiho : Hi, Emily. That is *ukiyo-e*. It is a Japanese famous art made by Katsushika Hokusai. We call this picture *The Great Wave* in English.

Emily : ② When I saw this, I was (i　　) (w　　) this big wave and Mt. Fuji. I want to learn more about his works.

Shiho : I'm going to the Japanese Art Museum next Sunday. I think you can see some of them there. ③ (W　　) (　　) you come with me?

Emily : That sounds great! I'd love to.

4. 次の文章を読んで，あとの(1)から(5)までの問いに答えなさい。

After COVID-19 spread, people started wearing a face mask every day. But even before COVID-19, it was not so special for Japanese people to wear a face mask in daily life. They wear one to protect themselves from viruses or pollen. Also they like to wear one on a crowded train or plane. But for American people wearing a face mask is new to their life.

To protect their people from the virus, each government tells its people to wear a mask. They use different words. The American government says, "If you wear a face mask, you can be a hero," and the German government says, "You must wear a face mask because it is a rule." For Italian people, the government says, "If you wear a face mask, you can be popular with men/women," and the Japanese government says, "You should wear a face mask because everyone is wearing one."

These differences are (A) by their cultures.

Japanese *kao-moji*
(^_^) (;_;) (>_<) (0_0)
American *kao-moji*
:-) :-(:-D :-O

Research shows that there is a difference between Japanese people and American people in how they show their emotions. In the research, they studied *kao-moji*. Japanese people show their emotions with their eyes, but American people show theirs with their mouths. This means that they look at different parts of people's faces when they want to know their feelings.

Generally, in the parts of our face, [①]. In contrast, it is not easy to read people's emotion from their eyes because eyes do not move much. American people tend to show their feelings directly to others, so when they want to know others' feelings, they look at their mouths. If their mouths are covered, it is difficult for American people to know what their feelings are. Japanese people do not often show their feelings directly to others. If you want to know their true feelings, you should look at their eyes carefully.

We can also see this kind of difference in anime. Heroes usually do not want other people to know who they are, and they cover their faces with a mask. In Japanese anime, heroes cover their mouths. But there are not many heroes covering their mouths in America. They tend to wear a mask to cover their eyes.

People living in different countries wear a face mask for different, reasons. These differences come from their cultural differences.

Learning cultural differences is important to have good communication with foreign people. If you want to understand foreign people well, ② you 【 but / learn / not / language / should / also / their / only 】 their culture.

（注） COVID-19　新型コロナウイルス　wear　～を身につけている　face mask　マスク
virus(es)　ウイルス　pollen　花粉　American　アメリカ(人)の　people　国民
government　政府　tell … to ～　…に～するように言う　hero　ヒーロー
German　ドイツ(人)の　research　研究　emotion　感情　*kao-moji*　顔文字
mouth　口（元）　feeling　感情　generally　一般的に　in contrast　対照的に
tend to ～　～する傾向にある　directly　直接的に　carefully　注意深く　reason　理由
cultural　文化の　understand　～を理解する

(1) （A）にあてはまる最も適当な語を，次の５語の中から選んで，正しい形に変えて書きなさい。
discover　influence　destroy　take　stop

(2) [①] にあてはまる最も適当な英語を，次のアからエまでの中から一つ選んで，そのカナ符号を書きなさい。

ア　eyes are the best part to look at to know people's feelings

イ　eyes do not tell us people's feelings well

ウ mouths don't move much to show our feelings

エ mouths show our feelings the best

(3) 下線②のついた文が，本文の内容に合うように，【 】内の語句を正しい順序に並べ変えなさい。

(4) 本文中では，アメリカ人についてどのように述べられているか。最も適当なものを，次のアからエまでの文の中から一つ選んで，そのカナ符号を書きなさい。

ア They have enjoyed wearing a mask for a long time.

イ They often look at others' eyes when they talk with them.

ウ They usually show their feelings a lot when they talk.

エ They wear a mask because they do not want to be different from other people.

(5) 次のアからカまでの文の中から，その内容が本文に書かれていることと一致するものを<u>全て選んで</u>，そのカナ符号を書きなさい。

ア Each government uses different words to tell people to wear a mask because there are many differences in their traditional clothes.

イ Everyone looks at the same part of the face when they talk to a person.

ウ In Japanese *kao-moji*, the different emotions are shown by using different "eyes."

エ Japanese people look at people's eyes because eyes show their true feelings more than their mouths.

オ American people do not show their emotions as well as Japanese people.

カ It is necessary for us to learn foreign cultures if we want to enjoy good communication with foreign people.

5. オーストラリアから留学中のミア（Mia）とサキ（Saki）が会話をしています。次の会話文を読んで，あとの(1)から(4)までの問いに答えなさい。

Mia : Hello, Saki. 【 a 】

Saki : Hi, Mia. I am writing about my vacation. This summer, I went to Canada with my family for a week.

Mia : 【 b 】

Saki : It was really great! In fact, it was my first time to travel abroad. I was very excited when I arrived there.

Mia : 【 c 】 How is the weather there? Is it different from Japan?

Saki : Yes, it is very different. ① <u>Summer in Japan is very (   ) and humid, but in Canada, it is cold and dry.</u>

Mia : I see. What was the most interesting thing during your stay, Saki?

Saki : I liked the animals in Canada. I will show you some pictures. Here you are.

Mia : Wow, there are beautiful birds in this picture! Did you go to a zoo?

Saki : ② <u>No, I (　　　) this picture in a park.</u> I wanted to go to the zoo, but we didn't have enough (A). It was far from our hotel. In Canada, we can see a lot of birds everywhere. They are in the parks, cities, and so on. If you like animals, I think you should visit Canada.

Mia : 【 d 】

Saki : This is a kind of deer, and it is a very famous animal in Canada. It is called a moose by Canadian people. During my trip, I saw a lot of traffic signs of this animal on a road. I asked my Canadian friend, "Why are there so many moose signs?" And she told me the reason. What do you think it is?

Mia : 【 e 】

Saki : It means "be careful of moose!" My Canadian friend said that moose were often hit by cars.

Mia : Oh, that's sad. Actually, there is a similar sign in Australia. In my country, the animal on the sign is the kangaroo.

Saki : Really? I didn't know that. Anyway, I will never forget my trip to Canada this summer.

（注） weather 天気　humid 湿気のある　dry 乾燥している　deer シカ
moose ムース（ヘラジカ）　Canadian カナダ（人）の　traffic 道路（交通）の
sign 標識　tell A B AにBを教える　reason 理由　hit ～を（車で）はねる
similar 似ている　anyway とにかく

(1) 次のアからオまでの英文を，会話文中の【a】から【e】までのそれぞれにあてはめて，会話の文として最も適当なものにするには，【b】と【d】にどれを入れたらよいか，そのカナ符号を書きなさい。ただし，いずれも一度しか用いることができません。

ア I have no idea. Please tell me about it.
イ Oh, that's nice. How was your trip?
ウ I have never been there, so could you tell me about Canada?
エ What are you doing now?
オ What is the name of this animal? It is really big!

(2) 下線①，②のついた文が，会話の文として最も適当なものとなるように，それぞれの（ ）にあてはまる語を書きなさい。

(3) （A）に当てはまる最も適当な語を，次のアからエまでの中から選んで，そのカナ符号を書きなさい。

ア time　イ food　ウ money　エ luck

(4) 次のページの英文は，この会話が行われた夜，ミアが母国にいる友人のウィリアム（William）に送ったメールです。このメールが会話文の内容に合うように，次のページの（X）（Y）のそれぞれにあてはまる最も適当な語を書きなさい。

Hi William,
Today, my Japanese friend, Saki, told me that she went to Canada with her family.
In Canada, there are many beautiful animals.
She showed me some pictures, and there is one big animal (X) moose.
I became (Y) when I learned that this animal is often hit by cars in Canada.
I'd like to go there and see moose with you someday.
Bye,
Mia

【理　科】（45分）　＜満点：20点＞

1. 次の(1)から(4)までの問いに答えなさい。

(1) 100V－100Wの電球に50Vの電圧を加えた。この電球の消費電力として最も適当なものを，次の**ア**から**カ**までの中から一つ選びなさい。

ア　25W　　**イ**　50W　　**ウ**　75W　　**エ**　100W　　**オ**　150W　　**カ**　200W

(2) 次の**表**は，20℃における各物質（物体）の質量と体積を示したものである。金属球**A**から金属球**D**までを水銀に入れたとき，水銀に沈むと考えられるものはどれか。最も適当なものを，下の**ア**から**エ**までの中から一つ選びなさい。

表

物質（物体）	質量〔g〕	体積〔cm^3〕
金属球**A**	13.6	4.0
金属球**B**	26.0	2.0
金属球**C**	9.5	0.5
金属球**D**	750.0	60.0
水　銀	13.5	1.0

ア　金属球**A**　　**イ**　金属球**B**　　**ウ**　金属球**C**　　**エ**　金属球**D**

(3) シダ植物に関する文章として最も適当なものを，次の**ア**から**カ**までの中から一つ選びなさい。

ア　高さが50cm未満のものが多く，1mを超えるものは存在しない。

イ　湿度の高いところを好むため，日当たりの良いところに生えるものはない。

ウ　コケ植物と同じように維管束がなく，体の表面で水分を吸収する。

エ　一年中，暖かいところで生育するため，日本には沖縄と九州の一部でしか存在しない。

オ　コケ植物とは異なり，花をつけて受精する。その後，種子をつくる。

カ　種子植物と同じように，根・茎・葉の区別がある。

(4) **図1**は，台風が愛知県付近を通過した日に，気象台で観測した**A**市の天気と気象要素（気圧，風向，風力）の変化をまとめたものである。また，**図2**は，**A**市と台風の中心付近の位置関係を模式的に示したものである。この台風について述べた，次のページの文章の空欄 a から c に入る語の組み合わせとして最も適当なものを，次のページの**ア**から**カ**までの中から一つ選びなさい。

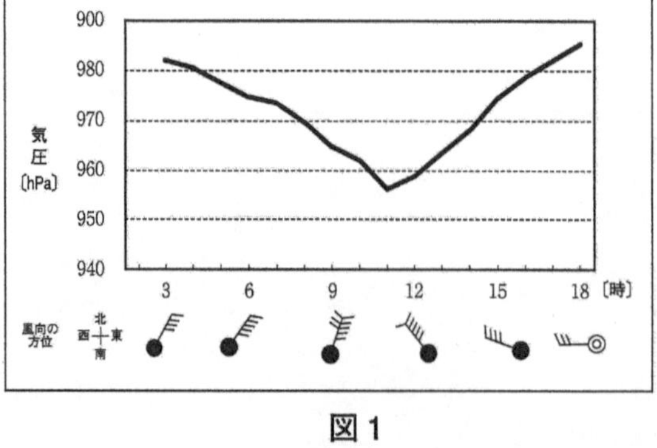

図1

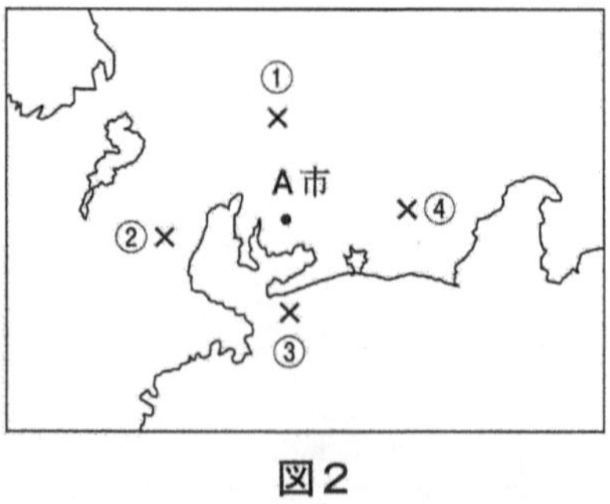

図2

台風が**A**市に最も近づいたのは [a] 時ごろで，台風の中心付近は，この日の6時から18時までの間に，**図2**の [b] の位置から [c] の位置まで進んだと考えられる。

	a	b	c
ア	9	②	①
イ	9	③	④
ウ	11	②	①
エ	11	③	④
オ	13	②	①
カ	13	③	④

2. ミカコさんは，自由研究のために愛知県の北部にある酪農家を訪ねた。次の文章を読み，あとの(1)から(4)までの問いに答えなさい。

ミカコ：ウシの消化について教えてください。
酪農家：はい。
ミカコ：ウシは牧草ばかり食べて大きくなりますが，なぜ牧草だけ食べて大きくなれるのですか。
酪農家：ウシの消化管には，<u>微生物</u>が生息しているんだよ。
ミカコ：えっ！微生物がウシの体に住んでいるの？
酪農家：そうなんです。その微生物が植物体の主成分を分解する酵素を分泌して栄養分にし，それをウシの消化管である腸で吸収しているんだよ。
ミカコ：その栄養分でウシが大きくなるということ？
酪農家：そうなんです。だからたくさん牧草を食べて，その微生物に植物をどんどんあげているんだよ。
ミカコ：だからウシは牧草を食べて，からだのお肉にしているんですね。

(1) 下線部の微生物の説明として最も適当なものを，次の**ア**から**オ**までの中から一つ選びなさい。

ア すべての微生物は，からだが単細胞からできていて，1つの細胞で生殖や消化などを行う。

イ 太陽からの光エネルギーを利用して光合成を行い，有機物を合成する小さな生き物を微生物という。

ウ 菌類や細菌類の微生物は，有機物からエネルギーを得ている。

エ 大きさは0.01㎜以下のものを微生物といい，光学顕微鏡を使わなければ見つけることができない。

オ 微生物のすみかは，池や湖，沼であり，海には生息していない。

(2) ヒトはウシと比べると消化管はやや短いが，それでも小腸の長さは400㎝ほどあり，直径は3㎝である（次のページの**図**は小腸を模式的に示したものである)。

小腸の内部は，たくさんのひだと柔毛でおおわれている。その柔毛を平らにすると，小腸の外側における表面積のおよそ600倍に相当する。小腸内部の表面積はおよそ何m^2となるか。最も適当なものを，下の**ア**から**ケ**までの中から一つ選びなさい。

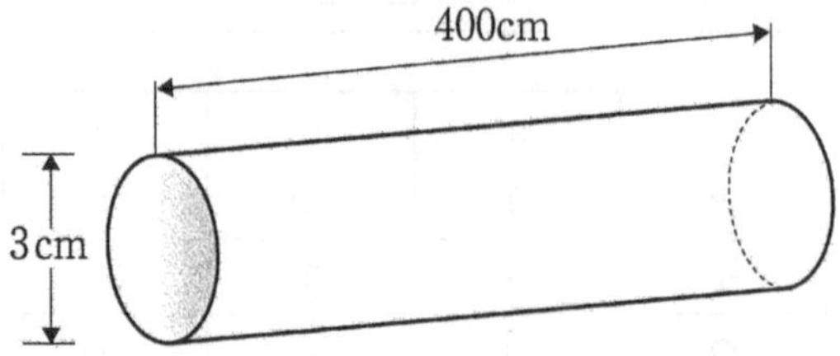

図

ア　226m^2　**イ**　452m^2　**ウ**　1,690m^2　**エ**　22,600m^2　**オ**　45,200m^2
カ　169,000m^2　**キ**　2,260,000m^2　**ク**　4,520,000m^2　**ケ**　16,900,000m^2

(3)　次の図は，小腸と肝臓をつなぐ血管を模式的に示した図である。小腸と肝臓をつなぐ血管はどのようになっているか。最も適当なものを，次の**ア**から**オ**までの中から一つ選びなさい。

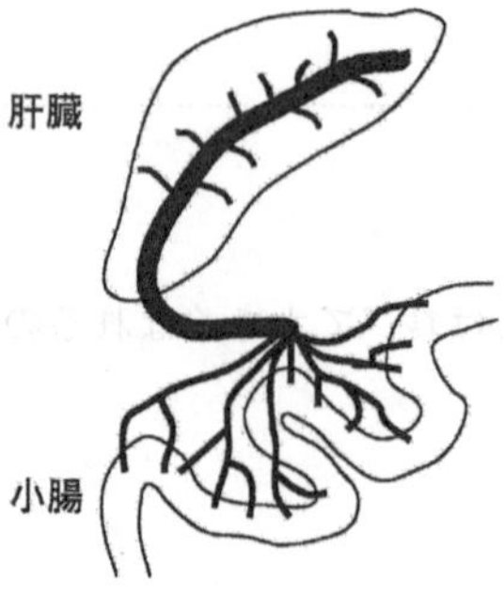

ア

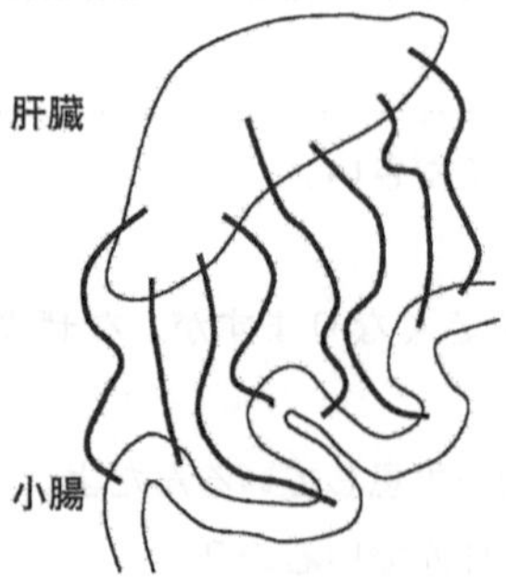

イ

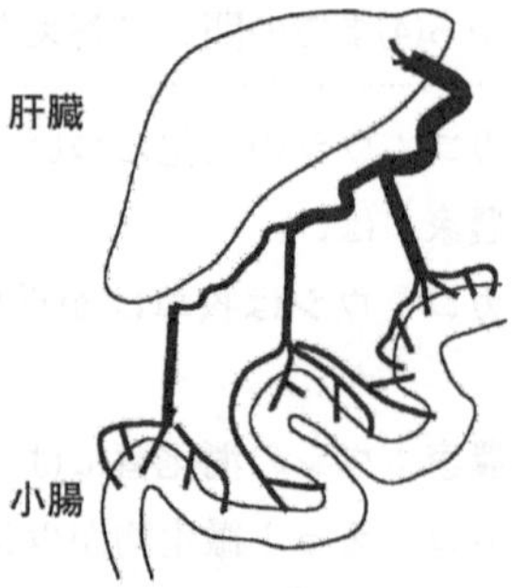

ウ

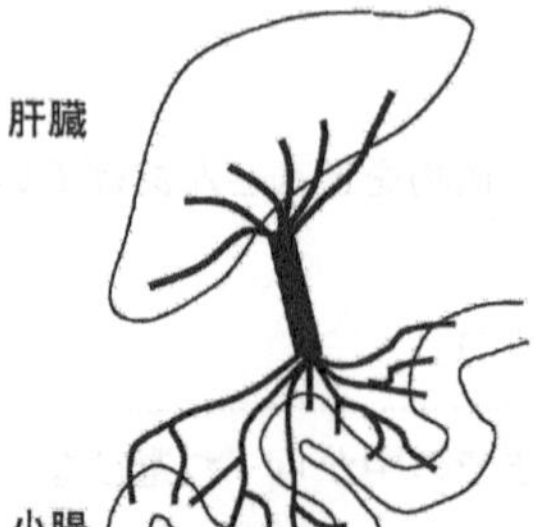

エ

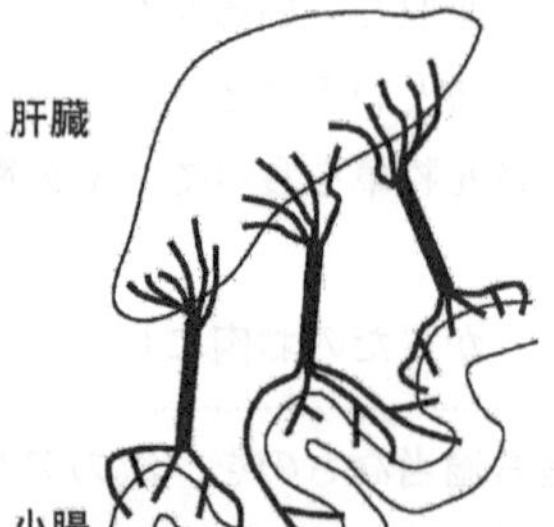

オ

(4)　口から取り入れられた水は，食道を通過した後，次の①～⑤の臓器のうち，どの臓器で主に吸収されるか。最も適当なものを，下の**ア**から**コ**までの中から一つ選びなさい。

臓器　①胃　②小腸　③大腸　④肝臓　⑤すい臓

ア　①　**イ**　②　**ウ**　③　**エ**　④　**オ**　⑤
カ　①，②　**キ**　②，③　**ク**　③，④　**ケ**　③，⑤　**コ**　④，⑤

3. ミサコさんは電池のしくみについて調べるために，3種類の金属板**A**，**B**，**C**とうすい塩酸を用いて次のような実験を行った。実験に用いる金属板とうすい塩酸は，実験ごとに新しいものを用いるものとして，これらの実験とその結果についての文章を読み，あとの(1)から(4)までの問いに答えなさい。

〔実験1〕

図1のように，うすい塩酸を入れたビーカーに金属板**A**，**B**，**C**を入れたところ，金属板**A**，**B**からは気体が発生したが，金属板**C**からは気体が発生しなかった。また，金属板**A**は，金属板**B**よりも激しく気体を発生しながらうすい塩酸によく溶けることがわかった。

〔実験2〕

図2のように，うすい塩酸に2枚の金属板を入れる装置を用意した。この装置の**ア**に金属板**B**を，**イ**に金属板**C**を用いて導線でつなぎ，検流計を接続したところ，両方の金属板から気体が発生し，検流計の針がある向きにふれた。

〔実験3〕

図2の装置の**ア**，**イ**どちらにも金属板**A**を用いて導線でつなぎ，検流計を接続したところ，両方の金属板から気体が発生したが，検流計の針はふれなかった。また，**ア**，**イ**どちらにも金属板**B**を用いた場合も結果は同じであった。さらに，どちらにも金属板**C**を用いた場合は，両方の金属板とも気体の発生はなく，検流計の針はふれなかった。

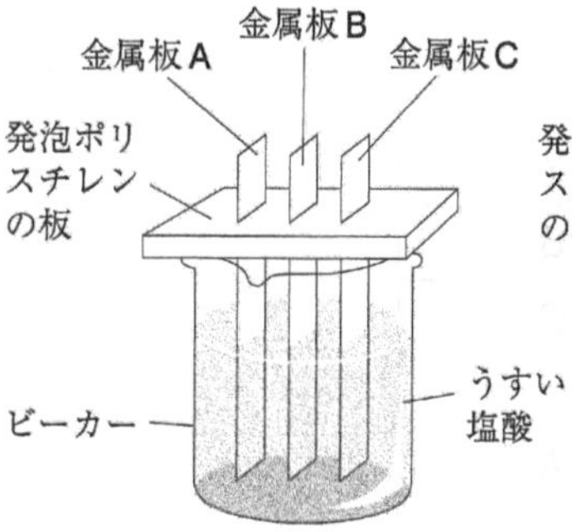

図1

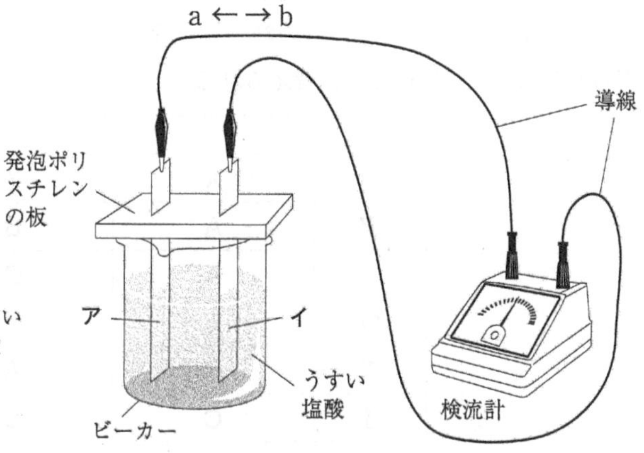

図2

(1) 〔実験2〕より，2枚の金属板とうすい塩酸が電池の役割を果たし，導線に電流が流れていることがわかる。導線を移動する電子の向きは，**図2**の矢印a，bのどちらか。また，金属板**C**は何極になるか。その組み合わせとして最も適当なものを，次の**ア**から**エ**までの中から一つ選びなさい。

	導線を移動する電子の向き	金属板**C**の極
ア	a	＋極
イ	a	－極
ウ	b	＋極
エ	b	－極

(2) ［実験２］において，検流計がふれている間にビーカーの液体中に増加するイオンは何であると考えられるか。最も適当なものを，次の**ア**から**カ**までの中から一つ選びなさい。

ア　金属**B**のイオン　　　　　　　**イ**　金属**C**のイオン
ウ　金属**B**のイオンと金属**C**のイオン　**エ**　水素イオン
オ　金属**B**のイオンと水素イオン　　　**カ**　金属**C**のイオンと水素イオン

(3) ［実験２］では，金属板**B**と金属板**C**を導線でつなぐことにより，［実験１］では気体が発生しなかった金属板**C**からも気体が発生した。次の式は，［実験２］において金属板**C**から気体が発生するしくみを表そうとしたものである。電子１個を表す記号を「⊖」としたとき，式が成り立つように，係数も含めて空欄**ア**と**イ**にあてはまる化学式またはイオン式をそれぞれ答えなさい。

（　**ア**　）　＋　⊖⊖　→（　**イ**　）

(4) ミサコさんは［実験３］の結果から，２枚の金属板とうすい塩酸を組み合わせて電池を作るには，電極となる２枚の金属板の，塩酸への溶けやすさに差があることが必要だと考えた。そして，「電池の極は，金属の種類によってあらかじめ決まっているのではなく，用いる２種類の金属板の塩酸に対する溶けやすさのちがいにより決まる。」と仮説を立てた。次の文章は，ミサコさんがこの仮説が正しいかどうかを調べるために考えた実験についてのメモである。文章中の（**X**），（**Y**）に入る記号の組み合わせとして最も適当なものを，下の**ア**から**オ**までの中から一つ選びなさい。

［実験２］と同様の実験を，金属板の組み合わせを変えて行い，［実験２］の結果と比較する。図２の**ア**の金属板の種類を**B**から（　**X**　）に変え，**イ**の金属板の種類を**C**から（　**Y**　）に変えて実験を行い，「検流計の針が［実験２］の時と，同じ向きにふれる」という結果が得られれば，仮説は正しいと考えられる。

	X	Y
ア	A	B
イ	A	C
ウ	B	A
エ	C	A
オ	C	B

4. 次の［A］と［B］の問題に答えなさい。

［A］　次の文章を読み，あとの(1)と(2)の問いに答えなさい。

凸レンズは中央が厚くなっていて，光を（　a　）させて集めるはたらきがある。凸レンズの軸に平行な光は，凸レンズを通ると（　b　）に集まる。凸レンズによってできる像は，凸レンズと物体の距離によって異なり，物体が（　b　）より遠くにあるときは（　c　）が，（　b　）より近くにあるときは（　d　）ができる。その性質から凸レンズは，虫めがねやカメラ，望遠鏡などに使われている。

(1) 文章中の空欄（a）から（d）に入る語の組み合わせとして最も適当なものを，次のページの**ア**から**ク**までの中から一つ選びなさい。

	a	b	c	d
ア	屈　折	中心点	実　像	虚　像
イ	屈　折	中心点	虚　像	実　像
ウ	屈　折	焦　点	実　像	虚　像
エ	屈　折	焦　点	虚　像	実　像
オ	反　射	中心点	実　像	虚　像
カ	反　射	中心点	虚　像	実　像
キ	反　射	焦　点	実　像	虚　像
ク	反　射	焦　点	虚　像	実　像

(2)　文章中の下線部について述べた文として最も適当なものを，次の**ア**から**エ**までの中から一つ選びなさい。

ア　人の目には，水晶体と呼ばれる凸レンズのはたらきをする部分があり，外の景色は網膜上に虚像としてうつる。

イ　虫めがねを通して見える像は，近くのものを拡大しているため虚像である。

ウ　カメラは，凸レンズによってできる虚像をフィルム上にうつして記録している。

エ　望遠鏡の対物レンズを通して見える像は，遠くのものを拡大しているため虚像である。

[B]　図のように，岸壁からある距離だけ離れた位置に船がある。音の速さを秒速340mとして，下の(1)と(2)の問いに答えなさい。

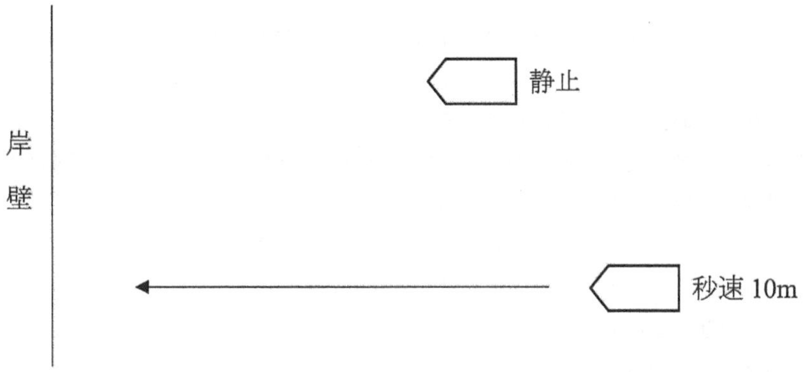

図

(1)　静止している船が汽笛を鳴らしたところ，汽笛を鳴らしてから8秒後に船上で反射音が聞こえた。このときの岸壁から船までの距離として最も適当なものを，次の**ア**から**オ**までの中から一つ選びなさい。

ア　1200m　　**イ**　1280m　　**ウ**　1360m　　**エ**　1440m　　**オ**　1520m

(2)　秒速10mで岸壁に垂直に近づく船が(1)とは異なる位置から汽笛を鳴らしたところ，汽笛を鳴らしてから8秒後に船上で反射音が聞こえた。汽笛を鳴らしたときの岸壁から船までの距離は何mか答えなさい。

5. ある日の夕方，ヒカリさんは自宅で緊急地震速報を聞き，ゆれを感じた。その後，この地震について調べたところ，震央は自宅から80kmの地点で，震源の深さはごく浅いことが分かった。また，地点A，B，Cについての今回の地震の情報を調べた。図は地点Aでの地震計の記録である。図中のXは地震のゆれはじめの小さなゆれを表し，YはXの後にくる大きなゆれを表している。また，表は地点A，B，Cにおける震源からの距離とゆれの開始時刻をまとめたものである。ただし，地震のゆれの伝わる速さは一定であるとして，あとの(1)から(4)までの問いに答えなさい。

地点Aでの地震計の記録

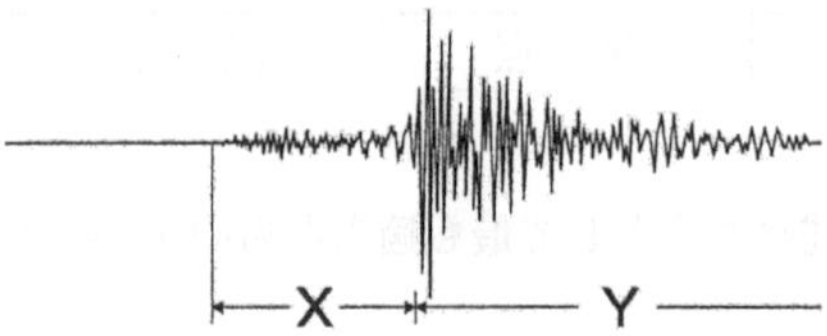

図

表

	震源からの距離	Xの開始時刻	Yの開始時刻
地点A	40 km	17時35分40秒	17時35分45秒
地点B	120 km	17時35分50秒	17時36分05秒
地点C	160 km	17時35分55秒	17時36分15秒

(1) 地震について述べた文として最も適当なものを，次のアからエまでの中から一つ選びなさい。

ア 地震計で記録されたゆれXとゆれYが始まった時刻に差が生じるのは，それぞれゆれを伝える波の発生する時刻がちがうからである。

イ くり返しずれて活動したあとが残っている断層を活断層といい，今後も活動して地震を起こす可能性がある断層として注目されている。

ウ 日本付近で発生する地震は，大陸側のプレートが太平洋側のプレートの下に沈みこむときに大きな力がはたらくことで発生すると考えられている。

エ 太平洋側で起こる地震は，震源の深さが40kmから50kmまでの地震が多い。

(2) 図のゆれYを何というか。漢字3文字で答えなさい。

(3) この地震における地点PでのゆれXの長さは25秒であった。地点Pの震源からの距離は何kmか答えなさい。

(4) 緊急地震速報は，地震が起こると震源に近い地点の地震計の観測データを解析して，ゆれYのような後からくる大きなゆれを事前に各地に知らせるものである。この地震において，地点AにゆれXが到達してから4秒後に，各地に緊急地震速報が瞬時に伝わったとすると，ヒカリさんの家では，緊急地震速報が伝わってから何秒後にゆれYが始まるか。最も適当なものを，次のアからオまでの中から一つ選びなさい。

ア 3秒後　イ 6秒後　ウ 8秒後　エ 11秒後　オ 15秒後

【社　会】（45分）　　＜満点：20点＞

1．次のA，B，Cの写真や絵は，朝鮮にまつわるものであり，下の①，②，③の文章は，それぞれA，B，Cに関して説明したものである。あとの(1)から(4)までの問いに答えなさい。

A

B

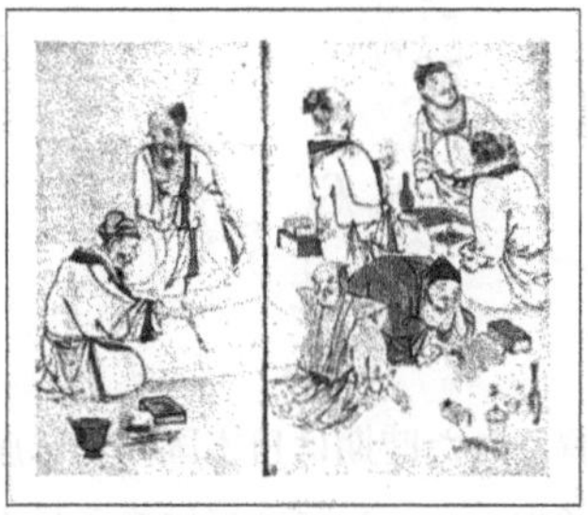

C

①	Aは，7世紀初頭に厩戸皇子が秦河勝（はたのかわかつ）に送ったものとされ，朝鮮伝来のものと伝えられている。赤松の一木造でしなやかな指，表情，体つきなど全体に柔らかさがある。韓国国立中央博物館にある弥勒菩薩像との様式の類似が指摘されている。
②	Bは，将軍の代替わりごとなどに朝鮮から派遣された使節を描いたものである。文禄・慶長の役以降，朝鮮との国交は途絶えていたが，対馬藩の努力で朝鮮との講和が成立した。1711年には新井白石の建議によって使節の待遇が簡素化された。
③	Cは，日本が1910年に朝鮮支配のために設けた朝鮮総督府の写真である。総督府だった建物は1995年に取りこわされ，朝鮮国時代の王宮の門が復元された。

(1) ①の文章中にある，7世紀初頭のできごとについて述べた文として最も適当なものを，次の**ア**から**エ**までの中から一つ選びなさい。

ア　大和政権が百済や伽耶地域の国々と結んで高句麗や新羅と戦った。

イ　倭の五王が朝鮮半島南部の軍事的な指揮権を中国の皇帝に認めてもらおうとした。

ウ　日本は隋の進んだ制度や文化を取り入れようと，小野妹子などを派遣した。

エ　日本は百済が滅びると復興を助けるために大軍を送ったが，唐と新羅の連合軍に敗れた。

(2) ②の文章中にある，対馬藩の場所を次のページの略地図中の**a**・**b**・**c**から選び，新井白石による政策を下の**X**・**Y**から選んだときの組み合わせとして最も適当なものを，あとの**ア**から**カ**までの中から一つ選びなさい。

X	公事方御定書という裁判の基準になる法律を定め，庶民の意見を聞く目安箱を設置した。
Y	貨幣の質をもとに戻す一方，金銀が海外に流出することを防ぐため，貿易額を制限した。

ア　a－X　　**イ**　a－Y　　**ウ**　b－X　　**エ**　b－Y　　**オ**　c－X　　**カ**　c－Y

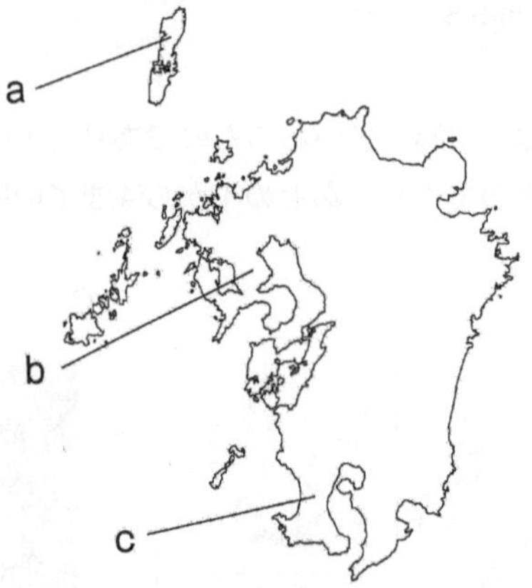

(3) ③の文章中にある，朝鮮総督府が設置された時期は日本国内では産業革命が進展していた。その時期の資本家について述べた次の文章中の（　）にあてはまる最も適当な語句を，漢字２字で書きなさい。

なお，２か所の（　）には同じ語句があてはまる。

産業革命が進む中，三井，三菱，住友，安田などの資本家は，金融，貿易，鉱業など，さまざまな業種に進出して，日本の経済を支配する（　　　）に成長した。第二次世界大戦が終わると，経済の面でも民主化が進み，（　　　）解体が行われた。

(4) ③の文章中にある，朝鮮総督府が置かれていた建物が1995年に解体されるまでのアジアのできごとⅠ・Ⅱ・Ⅲを年代の古い順に並べたものとして最も適当なものを，下の**ア**から**カ**までの中から一つ選びなさい。

Ⅰ　東京オリンピック・パラリンピックが開催された。 Ⅱ　ベトナムからアメリカが撤兵し，南北ベトナムが統一された。 Ⅲ　毛沢東を主席とする中華人民共和国が成立した。

ア　Ⅰ－Ⅱ－Ⅲ　　**イ**　Ⅰ－Ⅲ－Ⅱ
ウ　Ⅱ－Ⅰ－Ⅲ　　**エ**　Ⅱ－Ⅲ－Ⅰ
オ　Ⅲ－Ⅰ－Ⅱ　　**カ**　Ⅲ－Ⅱ－Ⅰ

2. 次のA，B，Cの史料は日本と中国にまつわるものである。これらの史料を読み，あとの(1)から(3)までの問いに答えなさい。

A

…私が位を継いで以来，あいさつにくる異域の王の数は多い。そもそも大義にそむくものでなければ，礼をもって対応しようと思う。ここに日本国王である源道義は，心をわが王室に寄せ，私への忠誠の心をもち，海を越えて，使いを派遣し，捕虜を返還し，…金を差し出した。

B

> 一　中国政府は，ドイツが山東省に持っている一切の権益を日本にゆずる。
> 一　日本の旅順・大連の租借の期限，南満州鉄道の期限を99か年延長する。
> 一　中国政府は，南満州・東部内蒙古における鉱山の採掘権を日本国民に与える。

C

> 日本側は，過去において日本国が戦争を通じて中国国民に重大な損害を与えたことについての責任を痛感し，深く反省する…
> 一　日本国と中華人民共和国との間のこれまでの不正常な状態は，この共同声明が発出される日に終了する。
> 一　日本国政府は，中華人民共和国政府が中国の唯一の合法政府であることを承認する。

(1)　Aの史料は明の皇帝が日本に送った国書である。日本と明との貿易について述べた次の文章中の（①），［②］，（③）にあてはまることばや記号の組み合わせとして最も適当なものを，下の**ア**から**ク**までの中から一つ選びなさい。

> Aの史料にある「源道義」とは（　①　）のことである。（　①　）は明の求めに応じて倭寇を禁じる一方，正式な貿易船に［　②　］勘合という証明書を持たせ，明に朝貢する形で貿易を始めた。この明との貿易における輸出品・輸入品を示したのが次の図（　③　）である。
>
> 図X
>
> | 日本の輸出品 | 日本の輸入品 |
> |---|---|
> | 生糸，俵物，茶，銅 | 毛織物，綿織物，砂糖 |
>
> 図Y
>
> | 日本の輸出品 | 日本の輸入品 |
> |---|---|
> | 刀，銅，硫黄，漆器 | 銅銭，生糸，絹織物，陶磁器 |

ア　①　足利尊氏　②　室町幕府が発行した　③　X
イ　①　足利尊氏　②　室町幕府が発行した　②　Y
ウ　①　足利尊氏　②　明からあたえられた　③　X
エ　①　足利尊氏　②　明からあたえられた　③　Y
オ　①　足利義満　②　室町幕府が発行した　③　X
カ　①　足利義満　②　室町幕府が発行した　③　Y
キ　①　足利義満　②　明からあたえられた　③　X
ク　①　足利義満　②　明からあたえられた　③　Y

(2)　Bの史料は二十一か条の要求である。この史料が示されたころの世界のようすについて述べた次の文章中の［①］と(②)にあてはまることばの組み合わせとして最も適当なものを，次のページの**ア**から**エ**までの中から一つ選びなさい。

> Bの史料を日本が出した背景には［　①　］ことがあった。中国は日本に対して山東省の返還などを求めたが，パリ講和会議でこの要求が拒否されると，北京での学生集会をきっかけに（　②　）とよばれる反日・反帝国主義の運動がおこった。

ア　①　第一次世界大戦で欧米列強のアジアへの影響力が弱まった
　　②　五・四運動
イ　①　第一次世界大戦で欧米列強のアジアへの影響力が弱まった
　　②　三・一独立運動
ウ　①　関東軍が柳条湖で南満州鉄道の線路を爆破し，満州の主要地域を占領した
　　②　五・四運動
エ　①　関東軍が柳条湖で南満州鉄道の線路を爆破し，満州の主要地域を占領した
　　②　三・一独立運動

(3)　Cの史料は日中共同声明である。日中共同声明が出された時代について述べた次の文章中の（①），［②］，［③］にあてはまることばの組み合わせとして最も適当なものを，下のアからクまでの中から一つ選びなさい。

（　①　）内閣は日中共同声明を発表し，日中国交正常化を実現した。この内閣は「日本列島改造」を掲げ，大規模な公共投資を行うなど，高度経済成長をさらに進める政策を推進した。その後，第４次中東戦争の影響で［　②　］と日本の経済成長率は下のグラフのように戦後初めて［　③　］。

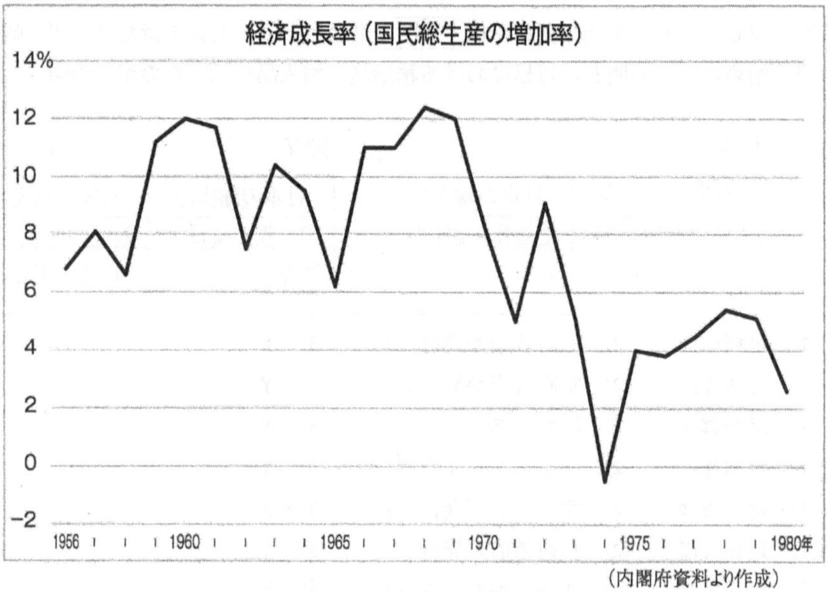

（内閣府資料より作成）

ア　①　鳩山一郎　　②　石油危機がおきる　　③　10%をこえた
イ　①　鳩山一郎　　②　石油危機がおきる　　③　マイナスとなった
ウ　①　鳩山一郎　　②　特需景気になる　　③　10%をこえた
エ　①　鳩山一郎　　②　特需景気になる　　③　マイナスとなった
オ　①　田中角栄　　②　石油危機がおきる　　③　10%をこえた
カ　①　田中角栄　　②　石油危機がおきる　　③　マイナスとなった
キ　①　田中角栄　　②　特需景気になる　　③　10%をこえた
ク　①　田中角栄　　②　特需景気になる　　③　マイナスとなった

3. Ⅰのグラフは，石油と石炭の国別埋蔵量を，Ⅱのグラフは，世界の石油と石炭の産出国を，Ⅲの表は，シェールガスとシェールオイルの技術的回収可能資源量を示している。

なお，ⅠとⅡのグラフとⅢの表中のA，B，C，Dにはそれぞれ同じ国があてはまり，アメリカ，オーストラリア，ロシア，サウジアラビアのいずれかである。あとの(1)から(5)までの問いに答えなさい。

Ⅰ　石油と石炭の国別埋蔵量

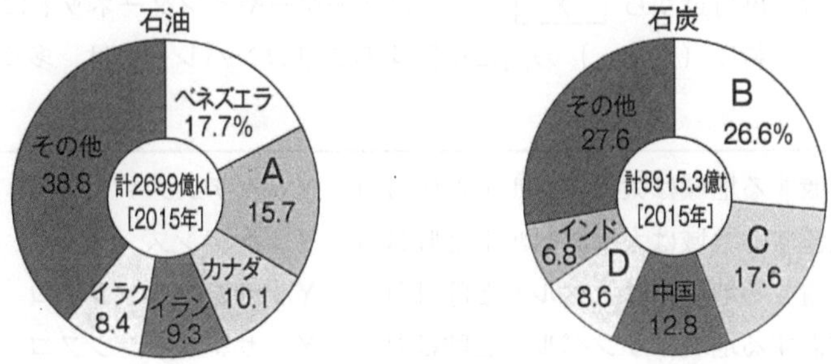

（「エネルギー・経済統計要覧」2017 年版による）

Ⅱ　世界の石油と石炭の産出国

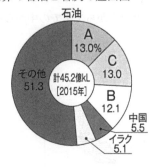

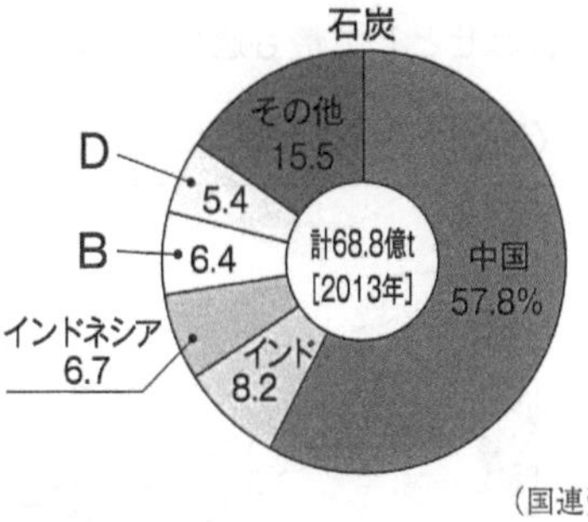

（国連資料ほか）

Ⅲ　シェールガスとシェールオイルの技術的回収可能資源量

資源 / 国名	シェールガス（単位 兆㎥）	シェールオイル（単位 億 kL）
A	−	−
B	17.6	124.3
C	8.1	118.6
D	12.2	24.8

（注）表中の－は全くないか，データがないことを示す。
（「世界国勢図会 2020/21」による）

(1)　Aに該当《がいとう》する説明文を，次の**ア**から**カ**までの中から**二つ選びなさい**。

ア　季節風の影響を受けて降水量が多いため，稲作が盛んで，年に２回米をつくる二期作も行われている。

イ　キリスト教が広く信仰されており，クリスマスやイースターなど，キリスト教に関連した多くの祝日がある。

ウ　アラブ系の人々が生活しており，イスラム教を信仰し「コーラン」に従って日常生活を送っている。

エ　夏は高温で乾燥し，冬は温暖で雨が多いため，農地として利用できる広大な土地ではオリーブやオレンジが栽培されている。

オ　石油輸出国機構（OPEC）の加盟国で，産出する石油の大半を輸出している。

カ　ダイヤモンドやプラチナなどの鉱産資源が豊富で，クロムなどのレアメタルが産出されている。

⑵ 次の文章は，生徒がBの工業について発表を行った際のメモの一部である。文章中の X と（Y）にあてはまることばの組み合わせとして最も適当なものを，下のアからエまでの中から一つ選びなさい。

> 経済の中心が情報技術に基づいたサービス産業へと変化するなかで工業の中心地も移動していった。北緯37度付近から X ，コンピューターやインターネットに関連したIT産業が発達している。特に（ Y ）の南に位置するシリコンバレーには，多くの会社が集まっている。

ア X：北に位置する地域は太平洋ベルトと呼ばれ Y：ケアンズ
イ X：南に位置する地域は太平洋ベルトと呼ばれ Y：ケアンズ
ウ X：北に位置する地域はサンベルトと呼ばれ Y：サンフランシスコ
エ X：南に位置する地域はサンベルトと呼ばれ Y：サンフランシスコ

⑶ 次の地図は，Cと歴史的に深い関係を持っているX，Yの地理的な位置を示している。下の①と②のグラフはそれぞれX，Yいずれかの主な輸出品を示している。XとYの国名と主な輸出品のグラフの組み合わせとして最も適当なものを，あとのアからエまでの中から一つ選びなさい。

〈地図〉

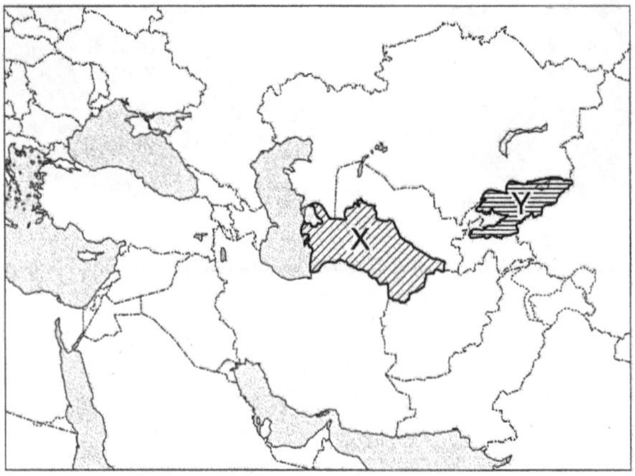

〈主な輸出品〉

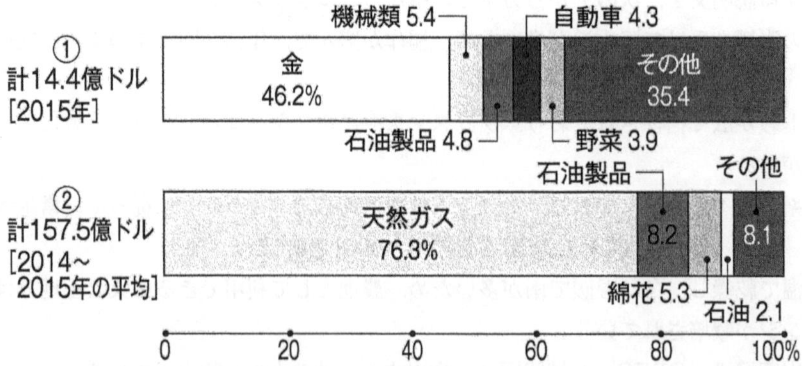

（国連資料ほか）

ア　X：トルクメニスタン　①，　Y：キルギス　②
イ　X：トルクメニスタン　②，　Y：キルギス　①
ウ　X：キルギス　①，　Y：トルクメニスタン　②
エ　X：キルギス　②，　Y：トルクメニスタン　①

(4)　次のグラフは，Dの輸出品の変化を示している。下の表の①，②，③，④はA，B，C，Dいずれかの人口，人口密度，農作物の生産量，家畜頭数を示している。グラフ中のXにあてはまることばと，Dに該当する表中の番号の組み合わせとして最も適当なものを，あとのアからクまでの中から一つ選びなさい。

〈グラフ〉

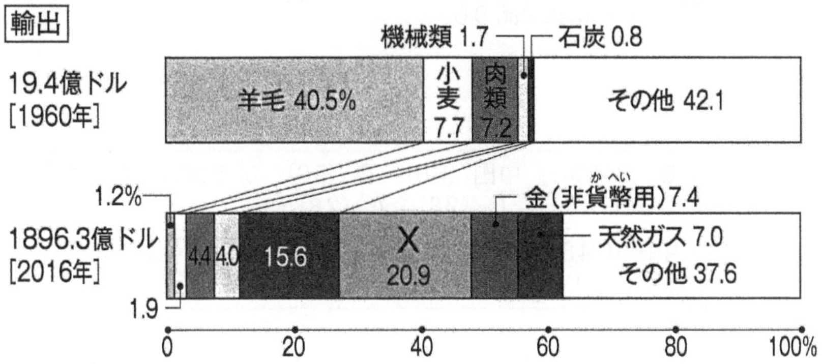

（国連資料ほか）

〈表〉

	人口（千人）	人口密度（1㎢あたり人）	小麦（単位 千t）	とうもろこし（単位 千t）	牛（千頭）	豚（千頭）
①	145 934	9	72 136	11 419	18 294	23 076
②	34 814	16	586	15	368	−
③	331 003	34	51 287	392 451	94 298	74 550
④	25 500	3	20 941	387	26 396	2 534

（注）表中の－は全くないか，データがないことを示す。
（「世界国勢図会 2020/21」による）

ア　X：ボーキサイト　①　　イ　X：ボーキサイト　②
ウ　X：ボーキサイト　③　　エ　X：ボーキサイト　④
オ　X：鉄鉱石　①　　カ　X：鉄鉱石　②
キ　X：鉄鉱石　③　　ク　X：鉄鉱石　④

(5)　次のページのグラフとその下の表は生徒が日本とA，B，C，Dの貿易関係について調べた資料の一部である。（X）と（Y）はそれぞれ日本から輸出される貨物の輸送方法を示している。次のページの表は，グラフ中の①と②それぞれの主な輸出先を示している。（X）と（Y）の貨物の輸送方法と，①と②の輸出品の組み合わせとして最も適当なものを，あとのアからクまでの中から一つ選びなさい。

なお，グラフと表中の①と②にはそれぞれ同じことばがあてはまる。

〈グラフ〉

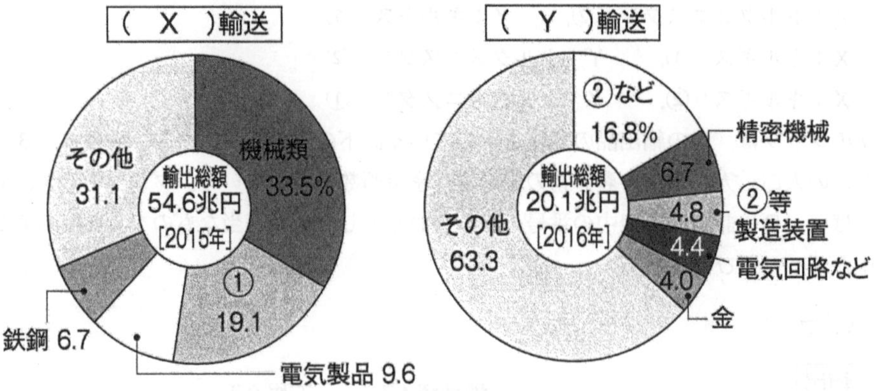

（財務省「貿易統計」ほか）

〈表〉

①の輸出先	B（35.8%），中国（6.6），D（5.9），アラブ首長国（3.5），カナダ（3.1），C（2.8），A（2.8）
②等電子部品の輸出先	中国（24.5%），香港（18.5），台湾（17.8），韓国（6.2），タイ（5.4）

（「日本国勢図会 2020/21」による）

ア　X：海上　Y：航空，　①：自動車　②：通信ケーブル
イ　X：航空　Y：海上，　①：せんい品　②：半導体
ウ　X：海上　Y：航空，　①：せんい品　②：通信ケーブル
エ　X：航空　Y：海上，　①：自動車　②：半導体
オ　X：航空　Y：海上，　①：自動車　②：通信ケーブル
カ　X：海上　Y：航空，　①：自動車　②：半導体
キ　X：航空　Y：海上，　①：せんい品　②：通信ケーブル
ク　X：海上　Y：航空，　①：せんい品　②：半導体

4.　Ⅰの表は都道府県別米軍施設の面積，Ⅱの表は都道府県別日本人の人口増加率，Ⅲの表は都道府県別の高齢化率の順位をそれぞれ示している。

なおⅠ，Ⅱ，Ⅲの表中のA，B，C，Dにはそれぞれ同じ県があてはまり，神奈川，秋田，沖縄，山口のいずれかである。あとの(1)と(2)の問いに答えなさい。

Ⅰ　**都道府県別米軍施設の面積** ※（大きい順）

1位 A	2位 青森	3位 B	4位 東京	5位 C	・・・・・

※日米地位協定第2条第1項(a)に基づき，米軍が使用している施設及び区域（米側が管理。同協定第2条第4項(a)に基づき，自衛隊等も使用するものを含む）の面積。
（防衛省・自衛隊「在日米軍に関する諸施策」，「平成30年版 防衛白書」などによる）

Ⅱ　**都道府県別日本人の人口増加率**（高い順）

1位 東京	2位 A	3位 B	4位 千葉	・・・・・・	47位 D

（総務省「住民基本台帳に基づく人口，人口動態及び世帯数」2019年などによる）

Ⅲ　都道府県別の高齢化率（高い順）

1位 D	2位 高知	3位 島根	4位 C	・・・・・・・	47位 A

（総務省「人口推計」2018年などによる）

(1)　AとBに関連した次の文章中の（X）と（Y）にあてはまることばの組み合わせとして最も適当なものを，下のアからカまでの中から一つ選びなさい。

（　X　）内閣はアメリカ政府と交渉を進め，1972年，Aが日本に復帰した。Aは，独自の文化と自然を生かした観光産業などの（　Y　）が発達しており，東京についで人口の多いBは2015年時点で（　Y　）人口の割合が7割を超えている。

ア　X：佐藤栄作，　Y：第一次産業　　イ　X：吉田茂，　Y：第一次産業
ウ　X：佐藤栄作，　Y：第二次産業　　エ　X：吉田茂，　Y：第二次産業
オ　X：佐藤栄作，　Y：第三次産業　　カ　X：吉田茂，　Y：第三次産業

(2)　次の文章を読んで，CとDを下の略地図①，②，③，④からそれぞれ選んだときの組み合わせとして最も適当なものを，あとのアからエまでの中から一つ選びなさい。

Cは本州の最西端に位置し，源氏と平氏の戦いの舞台となった壇ノ浦の古戦場跡がある。Dは東北地方に属しており稲作の盛んな地域である。

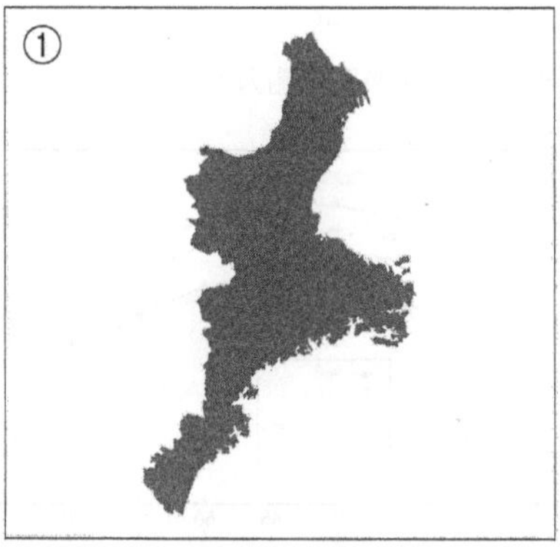

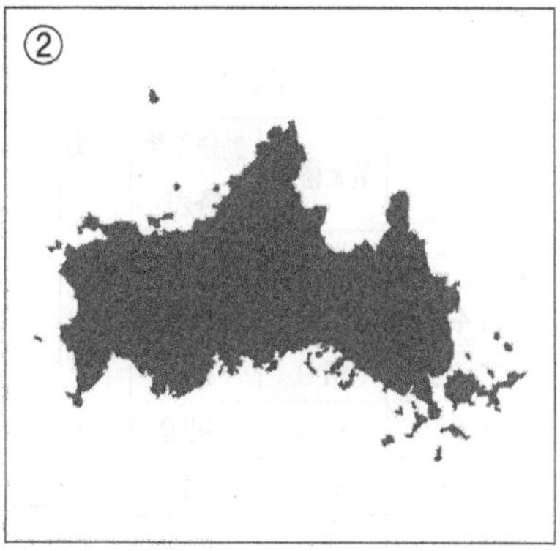

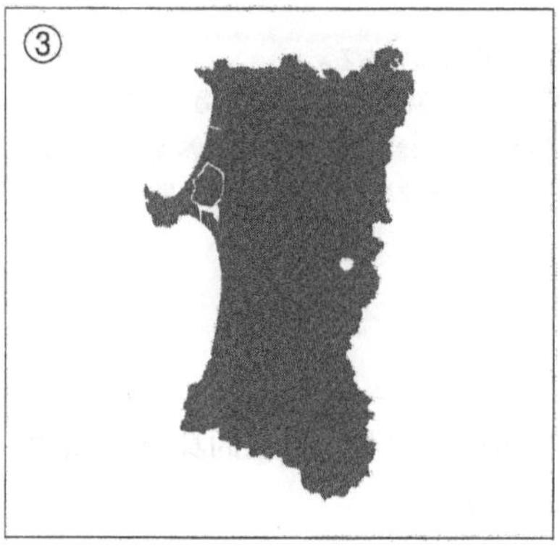

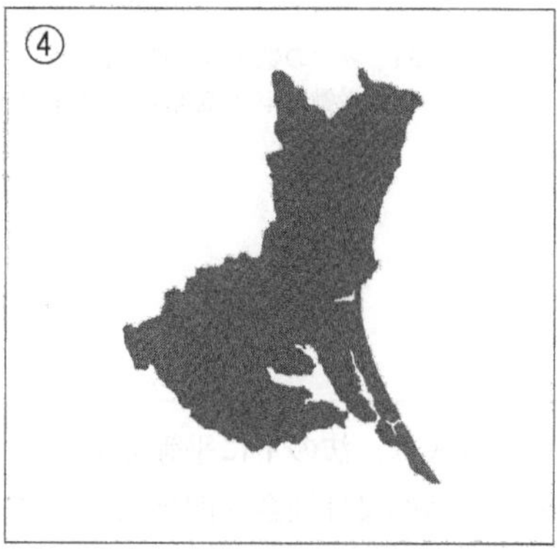

ア　C：①　D：④　　イ　C：②　D：③
ウ　C：③　D：②　　エ　C：④　D：①

5. 次のⅠからⅢまでの資料は，生徒が「女性の社会進出」についてレポートを作成するために集めたものである。あとの(1)から(3)までの問いに答えなさい。

Ⅰ

A　社会全体で男女の地位の平等感

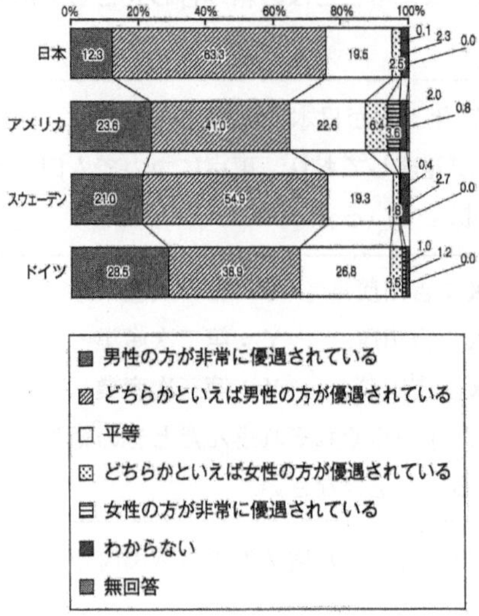

B　男性の方が優遇されていると答えた割合
（性・年齢別）

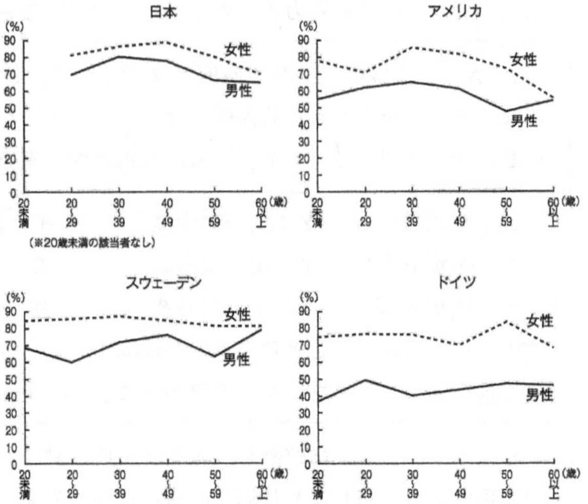

Ⅱ

C　男女間賃金・勤続年数格差 ※1

	賃金格差	勤続年数格差
	男 =100	男 =100
日本	73.0	69.9
アメリカ	81.9	93.0
ドイツ	84.3	92.9
スウェーデン	88.0	104.7
韓国	68.6	65.8

D　女性の年齢階級別労働力率 ※2

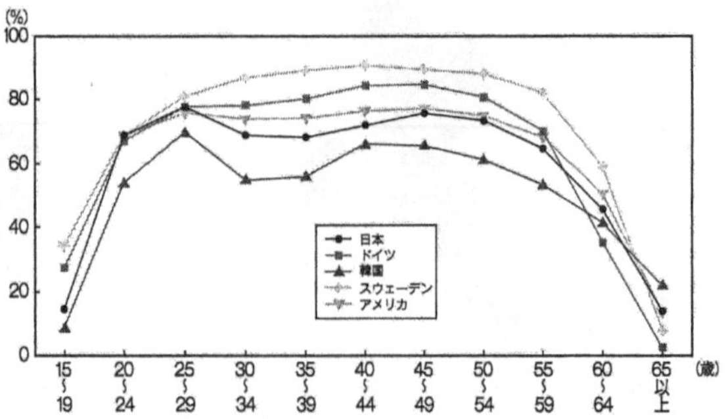

※1　表中の数字は男性を100としたときの女性の数値である。
※2　労働力率は15歳以上人口に占める労働力人口（就業者＋完全失業者）の割合である。

資料A，B，Cは内閣府男女共同参画局ホームページ
資料Dはデータブック国際労働比較（2018）より

Ⅲ

すべて国民は，法の下に平等であつて，人種，信条，性別，社会的身分又は門地により，政治的，経済的又は社会的関係において，差別されない。

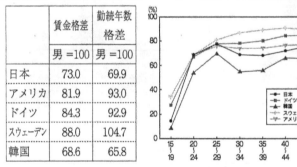

(1) 前のページのⅠの資料A，Bから読み取れることについて述べた文として最も適当なものを，次の**ア**から**エ**までの中から一つ選びなさい。

ア 「男性の方が非常に優遇されている」と答えた全体の割合は，日本が最も高い。

イ 男女の地位は「平等」であると答えた人の割合は，アメリカが最も高い。

ウ スウェーデンでは，男女ともに年齢があがるにつれて男性の方が優遇されていると答えた割合があがっている。

エ 男性の方が優遇されていると答えた割合の男女間の認識の差が最も大きいのはドイツである。

(2) 次の文章は，生徒が前のページのⅡの資料を用いて作成したレポートの一部である。文章中の（①），（②）にあてはまることばの組み合わせとして最も適当なものを，下の**ア**から**エ**までの中から一つ選びなさい。

Cの表からは，日本や（　①　）などの国では男女の賃金格差や勤続年数の格差が大きいことが分かる。Dのグラフからは，20代後半から30代にかけて，（　①　）の女性の労働力率が日本に比べてより低下していることが分かる。日本は1985年に（　②　）を制定するなどの対策を講じている。

ア ① 韓国　② 男女共同参画社会基本法

イ ① 韓国　② 男女雇用機会均等法

ウ ① アメリカ　② 男女共同参画社会基本法

エ ① アメリカ　② 男女雇用機会均等法

(3) 前のページのⅢの資料は日本国憲法第14条１項である。私たちは，考え方の違いなどを認めたうえで，ともに助け合う共生社会を築いていくことが求められている。次の図は，言葉や文化，性別，年齢，障がいの有無などにかかわらず，すべての人にとって暮らしやすい社会のための試みの一つである。次の図のような試みとして最も適当なものを，下の**ア**から**エ**までの中から一つ選びなさい。

ア ユニバーサルデザインの普及　**イ** インフォームド・コンセントへの理解

ウ 法テラスの拡充　**エ** オンブズパーソン制度の確立

6. 次のⅠの資料は，生徒が「政府の役割」についてまとめたレポートの一部である。またⅡの資料はレポート作成のために用意した法律案の提出，成立件数のグラフであり，A，Bは内閣提出法案と議員提出法案のいずれかである。あとの(1)から(3)までの問いに答えなさい。

Ⅰ

> 19世紀半ばまで欧米では，政府の役割を①安全保障や治安の維持など，最小限にとどめようという「小さな政府」の考え方が一般的でした。現代では，政府は②社会保障や教育，雇用の確保などさまざまな仕事を行うべきだとする「大きな政府」の考え方のもと，③政府の仕事の範囲が広がっています。
>
> しかし現在，日本では行政改革により，公務員の数の削減，規制緩和，そして事業の無駄をなくす取り組みなどが進められています。

Ⅱ

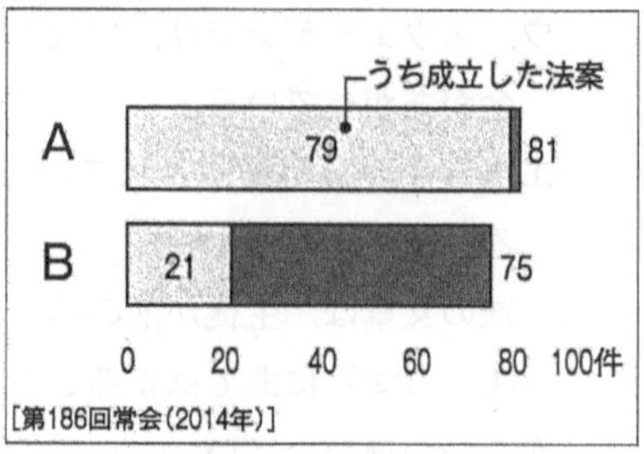

（内閣法制局ホームページより）

(1) 現在の日本の①安全保障について述べた文として誤っているものを，次のアからエまでの中から一つ選びなさい。

ア 憲法第９条は，戦争を放棄し，戦力を持たず，交戦権を認めないと定めている。

イ 政府は，これまで憲法上できないとしてきた集団的自衛権を，法改正を行い，行使できるようにしている。

ウ 日米安全保障条約では，他国が日本を攻撃してきたときに，日本とアメリカが共同で対応することを約束している。

エ 政府に対して，近年国際貢献を求める声が高まっているが，自衛隊の海外派遣については認められていない。

(2) ②社会保障や教育，雇用の確保などさまざまな仕事を実行するのに欠かせないのが公務員である。次の文は，公務員について規定した日本国憲法第15条２項である。文中の（　）にあてはまる最も適当な語句を，漢字３字で書きなさい。

なお，文中の２か所の（　）には，同じ語句があてはまる。

> すべて公務員は，全体の（　　　）であつて，一部の（　　　）ではない。

(3) 次の文章は，生徒が③政府の仕事の範囲が広がっていくことの影響をまとめたレポートの一部である。文章中の（①），（②）にあてはまることばの組み合わせとして最も適当なものを，下のアからエまでの中から一つ選びなさい。

> まず，公務員数や財政規模が大きくなるため，国民の負担は（　①　）。また，法律などをつくるときにも，各省庁の専門知識を生かして（　②　）の作成を助けたりする。Ⅱの資料では，Aの（　②　）の成立件数が多いことがわかる。

ア ① 大きくなる　② 内閣提出法案　　イ ① 大きくなる　② 議員提出法案

ウ ① 小さくなる　② 内閣提出法案　　エ ① 小さくなる　② 議員提出法案

思い立ったのでございますと、泣く泣く語ったので、病人も、心から、（　　⑤　　）。「そうなるはずの親子の因縁だったのだと、しみじみ心を動かされることよ。」と言って、お互いに親しみを感じ、遂《つい》に最期《さいご》まで看病されて、心安らかに終わった。

この上ない親孝行の心こそは、めったにないものに思われます。人の子は、男子よりも女子の方が、親に対する A の心も、扶養《ふよう》の務めも、心のこもったことと世間で申すのも道理なのであろうか。

（『沙石集』による）

（一）空欄 A に入る二字の熟語を原文中から抜き出して書きなさい。

（二）傍線部①「余りに有り難く看病し」とあるが、若き女人がこのように行動した理由として最も適当なものを、次の**ア**から**エ**までの中から選び、その符号を書きなさい。

ア　女人は病人を看病することで、自身の素性を明かし自分を見て欲しいと願ったから。

イ　女人は病人を看病することで、自身とその家族の立場を知って欲しいと考えたから。

ウ　女人は病人を看病することで、過去の自身の生き方を理解して欲しいと思ったから。

エ　女人は病人を看病することで、看護に精通した自身を感じて欲しいと望んだから。

（三）傍線部②「この病人申されけるは」とあるが、この病人が申した部分はどこまでか。申した内容の最後を原文中から四字で抜き出して書きなさい。（句読点は含まない）

（四）傍線部③「御看病の人も疲れて」とあるが、看病の人が疲れた理由を述べている部分を原文中から三十二字で抜き出し、次の文に合うように最初と最後の四字を書きなさい。（句読点も一字と数える）

病人が（　　　　）から。

（五）傍線部④「事欠けたると承りて」とあるが、女人がうかがったことの内容として最も適当なものを、次の**ア**から**エ**までの中から選び、その符号を書きなさい。

ア　看病の人も疲れて、食事も不足していること。

イ　看病の人も疲れて、看護も充分ではないこと。

ウ　看病の人も疲れて、薬品も補充していないこと。

エ　看病の人も疲れて、生活も安定していないこと。

（六）傍線部⑤「志のほどの、哀れに覚えて、涙もかきあへず」の現代語訳として最も適当なものを、次の**ア**から**エ**までの中から選び、その符号を書きなさい。

ア　志のありさまがひどく思えて、涙が枯れてしまった。

イ　志の程度が高く思えて、涙が流れることはなかった。

ウ　志の深さがいとしく思えて、涙が止まらなかった。

エ　志の様子がすばらしく思えて、涙が流れなかった。

（七）筆者の感想を述べた一文を原文中から抜き出して最初の四字を書きなさい。

ける。「いかなる人ぞ」と問へども、「迷者《まどいもの》にて候《そうろう》。人に知られ参《まい》らすべき者にも非《あら》ず」とて、つやつや名乗らず。

①余りに有《あ》り難《がた》く看病し、月日も経《へ》にければ、②この病人申されけるは、＊4仏法《ぶっぽう》・＊5世法《せほう》の恩を蒙《こうぶ》る年来《としごろ》の弟子だにも、捨てて侍《はべ》るに、これ程《ほど》に念比に看病し給《たま》へるは、然るべき先世《せんぜ》の契《ちぎ》りにこそとまで有り難く思ひ給へるに、いたく隠し給ふ事こそいぶせけれ。仰《そもそ》も、いかなる人にておはすぞとあながちに問ひければ、この女人申しけるは、実《まこと》に今は申し侍らん。これは、そのかみ、思ひかけぬ縁にあひて、思ひの外なる御事《おんこと》の候《さぶら》ひける、某《それがし》と申す者の女《むすめ》なり。其《そ》れには知らせ給はねども、母にて候ふ者の、『汝《なんじ》はかかることにてあり』と申ししかば、我が身には、心計《こころばか》りは、御女と思ひ給へて、あはれ、見奉《たてまつ》り、見得《みえ》奉らばやと、年来思ひ侍りつるに、この御病に、③御看病の人も疲れて、④事《こと》欠けたると承《うけたまわ》りて、御孝養《こうよう》に、心安く、あつかひ殺し奉らんと、思ひ立ちて候ひつると、泣く泣く語りければ、病人も、まめやかに、⑤志《こころざし》のほどの、哀《あわ》れに覚えて、涙もかきあへず。「然るべき親子の契りこそ、哀れなれ」とて、互《たが》ひになつかしき事にて、終《つい》に最後まで看病せられて、心安く終りにけり。

かの至孝《しこう》の志こそ、有り難く覚え侍れ。人の子に、男子よりも女子は、［A］の心も、傅養《ふよう》の勤めも、懃《ねんごろ》なる事と申すも理《ことわり》にや。

＊1　別当……役職名。
＊2　門徒……宗門を同じくする信徒。
＊3　中風……脳出血後の半身麻痺《はんしんまひ》の状態。
＊4　仏法……仏の説いた教法。
＊5　世法……俗世間の法や生活上のならわし。

【現代語訳】

坂東《ばんどう》のある山寺の別当《べっとう》は、学者で、弟子や門徒《もんと》が多かったけれども、年を取って、中風《ちゅうふう》を患《わずら》い、寝込んで、身体は思うようにならないが、命は長らえて、年月を送っていた間に、弟子たちは、看病に疲れて、最後には放っておいた。どこからともなく、若い女人が一人やって来て、「御看病してさしあげたいのですが、いかがでしょう。」と言うので、弟子たちは、「ふさわしいだろう。」と許し、言いようもないくらい丁寧《ていねい》に看病した。「あなたはどういう人なのか。」と尋ねても、「行くあてのない者でございます。人にお知らせ申し上げるほどの者ではありません。」と言って、全く名乗らない。

あまりにめったにないくらい手厚く看病し、月日も経ったので、この病人が申されたことには、仏法《ぶっぽう》・世法《せほう》の恩を長年受けてきた弟子たちでさえ、私を見捨てておりますのに、これほど丁寧に看病なさるのは、そうなるはずの前世の因縁があるに違いないとめったにないことと思いますのに、ひどく隠しなさることが気がかりです。いったい、どういう人でいらっしゃるのですか。と強《し》いて尋ねると、この女人が申し上げたことには、本当に今は申し上げましょう。私は、昔、思いがけない縁に巡り会って、予想外の御事がございました、だれそれと申す者の娘です。あなた様にはお知らせしませんでしたが、私の母が、『そなたはこのようなことで授かった』と申しましたので、私としては、心の中だけで、あなたの娘であると思っておりまして、ああ、あなたにお目にかかり、私を見ていただきたいと、長い間思っておりましたところ、この御病気に、御看病の人も疲れて、看護も事が欠けているとうかがいまして、親孝行として、心穏やかに、世話をして死を見届け申し上げようと、

「そんなにまで死にたかったものかねえ、」と宿屋の主人が言った。「もう④憑《つ》き物が下りたと思っていたがね。」

「浅間山がよっぽど気に入ったんだろう、」と駐在が言った。

浅間山は二人の前に無言でそびえていた。そして若い恋人たちが死ぬまで燃え続けさせた情熱は、火の山のしずかな噴煙の前では、あまりにもはかないもののように思われた。

「まだ若いのに、」と⑤宿屋の主人がぽつりと言った。

⑥駐在は黙ったまま、冷たくなった渋茶をすすった。

（福永武彦『愛の試み』による）

＊1　浅間（浅間山）……長野・群馬両県にまたがる活火山。標高二五六八メートル。

＊2　帳場……会計をする場所。

＊3　徒らに……むだに。意味もなく。

（一）傍線部①「宿屋の主人はさっきから首をひねっていた」とあるが、宿屋の主人が首をひねらせるきっかけとなった一文は何か。それが分かる一文を本文中から抜き出し、最初の五字を書きなさい。

（二）空欄 A に入る最も適当な言葉を漢字一字で書きなさい。

（三）傍線部②「若い男女は小さくなって畳に座っていた」とあるが、その理由を説明したものとして最も適当なものを、次の**ア**から**エ**までの中から選び、その符号を書きなさい。

ア　信州の厳しい冬の寒さが身に染みているから。

イ　皆に心配させて申し訳なく思っているから。

ウ　死にきれなかったことを無念に思っているから。

エ　迎えに来た家族に叱られて恐縮しているから。

（四）傍線部③「黄色い声」とあるが、どのような声か。それを説明したものとして最も適当なものを、次の**ア**から**エ**までの中から選び、その符号を書きなさい。

ア　大きな太い声

イ　かん高い叫び声

ウ　怒り狂った声

エ　慌てふためいた声

（五）傍線部④「憑き物」を具体的に指した部分を本文中から八字で抜き出して書きなさい。

（六）傍線部⑤「宿屋の主人」、傍線部⑥「駐在」に共通する心情を説明したものとして最も適当なものを、次の**ア**から**エ**までの中から選び、その符号を書きなさい。

ア　二人の命を助けられなかったことへの後悔の気持ち。

イ　亡くなった二人の残された家族への同情の気持ち。

ウ　未来ある二人の若い恋人たちの死を悼む気持ち。

エ　火山のように燃える二人の愛の深さに驚く気持ち。

三　次の文章を読んで、あとの（一）から（七）までの問いに答えなさい。

【原文】

坂東《ばんどう》のある山寺の＊1別当《べっとう》、学匠《がくしょう》にて、弟子《でし》・＊2門徒《もんと》多かりけれども、年たけて、＊3中風《ちゅうぶ》し、床《とこ》に臥《ふ》して、身は合期《ごうご》せずながら、命は長らへて、年月を送るままに、弟子ども、看病し疲れて、果ては打ち捨ててける。いづくともなく、若き女人《にょにん》一人来《きた》つて、「御看病申さん事いかに」といへば、弟子ども、「然《しか》るべし」とて許し、えもいはず念比《ねんごろ》に看病しこの青年は磨き上げた玄関の板の間に、煙草の灰をぽろりと落とした。

　その日の夕刻、駐在所の巡査が、さっきの二人を連れて宿屋へ来た。主人はさてはという顔で駐在の顔を見た。若い恋人たちは俯《うつむ》いたなり、寒そうに震えていた。

「離山《はなれやま》に登ったんだ。＊1浅間《あさま》と間違えたんだそうな。」

　気のいい駐在は＊2帳場に上り込んで、やれやれと呟《つぶや》いた。親元に電報を打ったから、明日の朝は迎えに来るだろうと言った。

　二人の男女は浅間山で死ぬ決心だった。二人は宿屋を出て、その方角にある山へ登った。しかし雪が降って来たので彼等は地理を間違え、離山に登ってしまった。離山というのは、軽井沢のすぐ側の、ほんの小さな丘陵だった。浅間山とは比較にならなかった。二人は雪を踏んで行くうちに、割とたやすく、その頂上に達してしまった。間違えたと知ってがっかりし、そこからまた麓へ戻って来たというのだ。

「何というのんきなことだね、」と駐在は言った。

「浅間とはね。どうして間違えたのかね。あんまり違いすぎるじゃないか。」

　宿屋の主人は大声で笑った。

「あたしゃもう三十年もこの旅館をやってるが、こんな馬鹿な話は初めてだよ。」

「いやいや、間違いでよかった。天の助けというものだ。これであの連中も無事に親元に帰るだろうよ。」

「一度やり損なえばもう大丈夫だな、」と主人が相槌《あいづち》を打った。

　あくる朝、娘の親たちが東京から駆けつけて来た。娘は相当に大きな本屋の一人娘だった。何か家庭の中に面白くないことがあるらしく、［A］を食いしばったなり、迎えに来た父親と母親とに少しも懐かしそうな顔を見せなかった。母親は意地の悪い表情で、男の方にくってかかった。この青年は店に雇われている店員だった。両親は亡くなっていて、叔父というのが少しおくれてやって来たが、来るなり娘の母親と一緒になって口汚く青年を罵《ののし》った。②若い男女は小さくなって畳に座っていた。その日もまだ雪が降っていた。

　午後の汽車で彼等は引き上げるはずになっていた。別室に昼食の支度が出来て、皆が顔を揃《そろ》える段になると娘の姿が見えなかった。母親が③黄色い声を出して騒ぎ始めると、青年の方もいつのまにか姿を消していた。宿屋の主人は慌てて駐在を呼びにやった。玄関に二人の履物は見当たらなかった。

「ほんの今さっきのことだ、」と宿屋の主人は駐在に言った。

　それから大騒ぎになり、青年団や消防が駆り出された。浅間山の方へ行ったと思われてすぐに手配がなされた。すぐにも見つかりそうなものなのに、＊3徒《いたず》らに時間が経《た》って行った。

「暗くなる前に見つからないと。」

そう言って駐在は雪の舞い下りて来る空の方を不安げに見上げた。風が雪片を吹きさらって、ごうと唸《うな》っていた。浅間の方角はもう暗かった。

　翌日は嘘のようにからりと晴れた上天気だった。浅間山は真白い頂から、むくむくと噴煙を上げていた。その手前に、ちっぽけに、離山がやはり雪に覆われてうずくまっていた。

　二人の死体は浅間の中腹の林の中で発見された。登山道から少し入り込んだ落葉松《からまつ》の林の中だった。二人は用意してきた催眠剤を多量に服用していた。

(三) 傍線部①「半分は正しく、半分は間違っている」の理由として最も適当なものを、次の**ア**から**エ**までの中から選び、その符号を書きなさい。

ア 自然を身近に感じる心を持っているが、自然の回復力はすさまじく強いから。

イ 自然とともに生活する術を持っているが、天災との付き合い方を知らないから。

ウ 自然を取り入れることには長けているが、破壊することには無頓着でいるから。

エ 自然にこだわった住空間を意識しているが、実生活に生かされていないから。

(四) 傍線部②「自然は無限に豊かで、不落の城であるかのような印象」とあるが、日本人にとって自然とはどのような存在であるのか。該当する部分を本文中から五十字以内で抜き出し、最初と最後の五字を書きなさい。（句読点も一字として数える）

(五) 傍線部③「ヨーロッパ」は、かつて森林に対してどのような考えを持っていたと考えられるか。それが分かる一文を本文中から抜き出し、最初の五字を書きなさい。

(六) 傍線部④「憂き身をやつし」の意味として最も適当なものを、次の**ア**から**エ**までの中から選び、その符号を書きなさい。

ア 無駄なことにも意味を見出して行動を起こすこと。

イ 無情なことに遭遇しても信念を持って生きること。

ウ 無益なことや本業でないことに特に熱中すること。

エ 無理なことでも心身ともに集中して取り組むこと。

(七) 本文中に書かれている筆者の考えとして最も適当なものを、次の**ア**から**エ**までの中から選び、その符号を書きなさい。

ア 日本人は自然とともに暮らしてきたため、強い回復力を持つ森への関心もあり、豊かな森林を守ろうとしている。

イ 日本人は自然の変化に敏感だったため、森林を守ることへの関心も高く、保護と愛好の思想も確立されている。

ウ 日本人は豊かな自然に親しむ心を持っていたが、森林を支配する対象と捉え、山野への滞在にも関心がある。

エ 日本人は身近な自然に一体感を感じてきたが、森が豊か過ぎるためにかえって森林への関心が薄い傾向がある。

二 次の文章を読んで、あとの(一)から(六)までの問いに答えなさい。（なお、設問の都合上、表記の一部を改めた）

まだ雪の多い、冬の終わりの季節だった。信州の軽井沢の宿屋に泊まった二人の若い男女が、昼すぎに宿屋を出て行った。

それはうっすらと曇った底冷えのする日で、二人が出掛けて間もなくまた雪になった。①宿屋の主人はさっきから首をひねっていた。二人を立たせる時から、この主人は不機嫌な表情で苛々《いらいら》していた。二人の様子がおかしいことを、長年の経験ではっきり見抜いていた。

この二人は荷物らしい荷物を持っていなかったし、若い者たちに特有の浮き浮きした様子も見せていなかった。女の方の顔色が特に暗かった。女といっても、まだ少女と呼んだ方がいいような、二十歳くらいの、痩せた女だった。男の方も、店員風の、大して年も違わない、おどおどした青年だった。神経質な手つきで煙草《たばこ》を喫《の》んでいた。出掛ける時に、よって支配されるべき対象であった。自然破壊の極致に至ったとき、自然は管理し保護しなければならないという思想が生まれる。＊8プロシャで自然保護という言葉が誕生するのは、わずか二百年前のことである。

　日本人にとっては、自然は人間の対立物でもなく、ましてや支配する対象でもなかった。空気や水と同じく、人間をとりまくごくあたりまえのものであった。人間の力ではびくともしない豊かな自然、それがここ二十年の間に巨大な破壊技術の進歩によって急激に壊されはじめたのである。しかしまだ日本人の心の奥には、②自然は無限に豊かで、不落の城であるかのような印象が根を張っている。この状況が続けば、かつての③ヨーロッパがそうであったように、否《いな》もっと恐ろしい形で日本の自然が破壊しつくされるであろう。そうなればもはや取り返しがつかなくなる。今のうちに自然保護と愛好の思想を育てなければならない。

　フィンランドを旅していると、キャンピングカーによく出会う。家族や友人たちが乗っているのだが、気に入った場所に車をとめ、そこで＊9野営《やえい》し、数日間滞在する。そんな話をすると、たいていの人は、そこで何をするのかと聞く。とくに何をするのでもなく、釣りをしたり、草の実や花を摘んだり、森の中をぶらぶら歩いて楽しんでいるというと、へえーとあきれた顔をされる。全然納得がいかないらしい。

　欧米の人は森が好きだ。とくにドイツ人がそうで、休みになると多くの人が＊10ヴァンデルングに出かける。ワンダーフォーゲルという言葉はすっかり日本に定着し、大学にはワングル部があるが、ヴァンダー（ワンダー）とはあてもなくさまよい歩くという意味である。ヴァンデルングはハイキングよりももっとハードな内容をもち、山野を＊11跋《ばっ》渉《しょう》するとでもいえばよいだろうか。

　そういう楽しみは、日本人にはどうも苦手らしい。自然に浸り、自然の声を聞き、都会生活で疲れた体と心を自然にゆだねて憩《いこ》うという楽しみ、ドイツ人には至福《しふく》の境地なのであろう。ところが、日本人は登山だスキーだ、アウトドアライフだと、ファッションに④憂《う》き身をやつし、何かをし、あそべる場所がなければ野外で楽しむ方法を知らない。緑ときれいな空気に囲まれた屋外遊技場という感覚では、あまりに貧しい心根といわねばならない。

＊1　バイブル……キリスト教の聖書。
＊2　歳時記……一年のそのおりおりの自然・人事百般の事を記した書。
＊3　揶揄……からかうこと。
＊4　強靭……しなやかで強いこと。
＊5　災厄……災難。
＊6　親鸞……鎌倉時代初期の僧。
＊7　末燈抄……親鸞の書簡集。
＊8　プロシャ……プロイセン（ドイツ）のこと。
＊9　野営……野外にテントなどを張って泊まること。
＊10　ヴァンデルング……ハイキングのこと。
＊11　跋渉……山をふみ越え、水を渡ること。

（河合雅雄『子どもと自然』による）

（一）二重傍線部A「シュウチ」のカタカナを漢字で書きなさい。

（二）二重傍線部B「暴」と異なる読み方をする漢字として最も適当なものを、次のアからエまでの中から選び、その符号を書きなさい。

ア　暴落　　**イ**　暴露　　**ウ**　暴飲　　**エ**　暴風

【国　語】（四五分）〈満点：二〇点〉

一　次の文章を読んで、あとの㈠から㈦までの問いに答えなさい。

わが国ほど豊かな自然に恵まれた国は少ない。しかも、四季のめぐりにしたがって、自然は変化に富んだ装いをみせる。欧米の家に＊1バイブルがあるように、＊2歳時記《さいじき》が多くの家にあるのは、驚くべきことだ。ウサギ小屋と＊3揶揄《やゆ》される小さな家にも庭があり、部屋には花が生けてある。日本人は世界の数ある民族の中でも、すぐれて自然を愛好する民族だと思っている人が多い。しかし、これは①半分は正しく、半分は間違っていると思う。子どもの教育や人間の健全な生活には、自然と親しむことが大変重要であるが、そのような教育がなされているだろうか。残念ながら、非常に不十分と言わざるをえない。

知床《しれとこ》半島の原生林の伐採が強行されて、シマフクロウが絶滅の危機にさらされる。残された唯一のブナの大原生林である白神《しらかみ》山地の伐採計画が進められている。石垣島の白保《しらほ》の珊瑚礁《さんごしょう》が破壊されようとしているなど、大規模な自然破壊をあげればきりがない。国内だけでなく、熱帯雨林材の大量消費により、世界中から非難を浴びているのはAシュウチのことである。すべて経済優先の考えに基づくB暴挙であるが、もっと根本的には日本人の自然観に基づいている。

日本人は自然保護の思想が貧困だといわれる。なぜそうなのかを少し考えてみたい。一言にしていえば、日本の自然が豊かすぎるからである。国土面積の森林被覆率《ひふくりつ》は七〇パーセント弱、これは森と湖の国フィンランドに匹敵する世界有数の森林国といえよう。木材の国カナダといえども森林被覆率は三三パーセント、ドイツやフランスで二七パーセントだから、日本は大変な森林国である。それに種類も多い。フィンランドへ行ってびっくりするのは、樹種が非常に少ないことだ。カンバ類三種と松、トウヒくらい知っていると、どこの森へ行っても間に合う。

わが国は、世界でも有数の天災多発国だ。毎年台風が襲来して草木をなぎ倒し、そこここで洪水が起こる。地震や火山の噴火で山は崩れ、山火事で全山が燃えつきることもある。しかし、しばらくするとスキや笹《ささ》が生え、ついで低木や松の緑が破壊された地肌を覆ってしまう。日本の森は、壊れても焼かれても復元する＊4強靭《きょうじん》さをもっており、世界中でも最も回復力が強い森だといってよい。

清い水と豊かな緑に覆われた自然の中で育った日本人には、それを保護しようなどという考えが生まれようもなかった。どんな＊5災厄《やくさい》からも立ち直る不死鳥のような自然、それはちっぽけな人間の力をはるかに超越した不動の存在で、人間を守りこそすれ、人間に守られるものではありえなかった。

大《おお》野《の》晋《すすむ》氏によると、大和言葉には、〝自然〟に該当する言葉は見当たらないという。現在われわれが使っている自然という言葉は、ネイチャーの訳語である。＊6親鸞《しんらん》の＊7末燈抄《まっとうしょう》に「自然《じねん》といふは、もとより自《おの》ずから然《しか》り、つまり、しからしむといふことばなり」とあるように、あるがままにあるものとして自然は認識されてきた。人々は自然との一体感の中で、四時のうつろいに身をゆだね、もののあわれを感じとり、いのちのはかなさに思いをいたした。

ヨーロッパの森は日本のそれとは違い、人為《じんい》に対してもろくて弱い。農耕牧畜が始まって以来、ヨーロッパの森林は破壊し続けられ、ほとんどなくなってしまった。自然は人間の対立物としてとらえられ、人間に

MEMO

大切なことはメモしておこうネ！

2021年度

解　答　と　解　説

《2021年度の配点は解答欄に掲載してあります。》

＜数学解答＞

1　(1)　30　　(2)　$\dfrac{x+11y}{4}$　　(3)　$\dfrac{18y^4}{x^3}$　　(4)　$-(x+3)(x-2)$　　(5)　$x=\dfrac{-1\pm\sqrt{17}}{4}$

(6)　$n=63$　(7)　イ，ウ，エ　(8)　6.5冊　(9)　$\dfrac{3}{5}$　(10)　120m

(11)　$a=1012$

2　①　$y=-2x+20$　　②　$\dfrac{16}{3}$秒後　　③　5秒後

3　(1)　①　4cm^2　　②　$\dfrac{16}{3}\pi\,\text{cm}^3$　　(2)　①　ア，オ　　②　8：9　　(3)　①　6通り

②　3通り

○推定配点○

各1点×20　　計20点

＜数学解説＞

1　(正負の数，式の計算，因数分解，2次方程式，数の性質，資料の整理，確率，方程式の利用，規則性)

基本　(1)　$(-5)^2-(-10)\div2=25+5=30$

基本　(2)　$\dfrac{5x+3y}{4}-x+2y=\dfrac{5x+3y-4x+8y}{4}=\dfrac{x+11y}{4}$

基本　(3)　$(-3xy^3)^3\div\left(-\dfrac{3}{2}xy\right)\div x^5y^4=-27x^3y^9\times\dfrac{-2}{3xy}\times\dfrac{1}{x^5y^4}=\dfrac{18y^4}{x^3}$

基本　(4)　$(x-5)(x+1)-(x-2)(2x+1)+9=x^2-4x-5-(2x^2-3x-2)+9=-x^2-x+6=-(x^2+x-6)=-(x+3)(x-2)$

基本　(5)　$2x^2+x=2$　　$2x^2+x-2=0$　　解の公式を用いて，$x=\dfrac{-1\pm\sqrt{1^2-4\times2\times(-2)}}{2\times2}=\dfrac{-1\pm\sqrt{17}}{4}$

(6)　題意より，kを奇数として，$n=7k^2$と表せる。nは2けたであるから，$k=3$を代入して，$n=7\times3^2=63$

基本　(7)　ア　$\sqrt{16}=4$だから，誤り。イ　正しい。ウ　$\dfrac{4}{\sqrt{2}}=\dfrac{4\sqrt{2}}{\sqrt{2}\sqrt{2}}=\dfrac{4\sqrt{2}}{2}=2\sqrt{2}$ だから，正しい。エ　$\sqrt{9}=3$は有理数だから，正しい。よって，正しいものはイ，ウ，エ

基本　(8)　資料数40の中央値は，冊数の少ない順に数えたときの20番目と21番目の平均となる。20番目は6冊，21番目は7冊だから，中央値は，$\dfrac{6+7}{2}=6.5$(冊)

重要　(9)　玉の取り出し方の総数は$5\times4=20$(通り)　　このうち，玉の色が同じなのは，(1回目，2回目)＝(赤$_1$，赤$_2$)，(赤$_2$，赤$_1$)，(白$_1$，白$_2$)，(白$_1$，白$_3$)，(白$_2$，白$_1$)，(白$_2$，白$_3$)，(白$_3$，白$_1$)，(白$_3$，白$_2$)の8通りだから，求める確率は，$1-\dfrac{8}{20}=\dfrac{3}{5}$

(10)　列車の長さをxm，速さを秒速ymとすると，$x+900=36y$…①，$x+1580=60y$…②

②－①より，$680=24y$　　$y=\dfrac{85}{3}$　　これを①に代入して，$x+900=36\times\dfrac{85}{3}$　　$x=120$(m)

(11)　1行目に並ぶ数は，$1=1^2$，$4=2^2$，$9=3^2$，$16=4^2$，…だから，$(a-2)$列目の数は，$(a-2)^2$

と表される。よって，$(a-1)$行目で1列目の数は，$(a-2)^2+1=a^2-4a+5$，a行目で1列目の数は，$(a-1)^2+1=a^2-2a+2$と表される。したがって，$(a^2-2a+2)-(a^2-4a+5)=2021$
$2a-3=2021$　　$2a=2024$　　$a=1012$

2 (点の移動と面積)

① $4 \leqq x \leqq 10$のとき，$PC=4+6-1\times x=10-x$だから，$\triangle APC=\frac{1}{2}\times PC\times AD$より，$y=\frac{1}{2}\times(10-x)\times 4=-2x+20$

② $4 \leqq x \leqq 10$のとき，$DP=x-4$，$AQ=x$だから，台形$ADPQ=\frac{1}{2}\times(x-4+x)\times 4=4x-8$
$4x-8=\frac{40}{3}$　　$4x=\frac{64}{3}$　　$x=\frac{16}{3}$(秒後)

③ $0<x\leqq 4$のとき，$\triangle APC=\frac{1}{2}\times AP\times DC$より，$y=\frac{1}{2}\times x\times 6=3x$　　$\triangle APQ=\frac{1}{2}\times AP\times AQ=\frac{1}{2}x^2$　　$\frac{1}{2}x^2=3x$　　$x^2=6x$　　$x(x-6)=0$　　$x=0,\ 6$　　これは不適。$4\leqq x\leqq 10$のとき，$\triangle APQ=\frac{1}{2}\times AQ\times AD=\frac{1}{2}\times x\times 4=2x$　　$2x=-2x+20$　　$4x=20$　　$x=5$(秒後)

3 (平面図形，空間図形，場合の数)

基本　(1) ① 円の中心をOとすると，$\triangle ABC=\frac{1}{2}\times AB\times OC=\frac{1}{2}\times 4\times 2=4(cm^2)$

重要　② 求める立体の体積は，半径2cmの球と，底面の半径2cm，高さ2cmの円錐2個分の体積の差と等しい。$\frac{4}{3}\pi\times 2^3-\frac{1}{3}\pi\times 2^2\times 2\times 2=\frac{16}{3}\pi(cm^3)$

重要　(2) ① **ア**　2組の辺とその間の角がそれぞれ等しいから，$\triangle AGF\equiv\triangle CGF$　　よって，$FA=FC$だから，$\triangle ACF$は二等辺三角形となり，正しい。　**イ**　$\triangle AGE\equiv\triangle CGE$より，$AE=CE$
$\angle CED=\angle EAC+\angle ECA=2\angle ECA=2\times 37^\circ=74^\circ$　　よって，$\angle CED$は直角でないので，$AE:ED=4:3$は誤り。　**ウ**　$\angle ACD=\angle ECG+\angle ECD=2\times 37^\circ=74^\circ$だから，$EF/\!/DC$は誤り。　**エ・オ**　$\triangle ACD$と$\triangle CED$において，$\angle CAD=\angle ECD=37^\circ$　　共通だから，$\angle ADC=\angle CDE$　　2組の角がそれぞれ等しいから，$\triangle ACD\backsim\triangle CED$　　よって，正しいものはアとオ

重要　② $\triangle ACD\backsim\triangle CED$より，相似比は$CD:ED=5:3$　　よって，面積比は$5^2:3^2=25:9$
したがって，$\triangle AFG=\triangle AEG=\triangle CEG$より，$\triangle AFG:\triangle CDE=\frac{25-9}{2}:9=8:9$

(3) ① 料理にポークハンバーガーを選ぶときは，デザートはみかんゼリーの1通り。料理にアサリのクリームパスタを選ぶときは，デザートはメロンシャーベットかみかんゼリーの2通り。料理に春キャベツのサラダを選ぶときは，デザートはイチゴパフェかメロンシャーベットかみかんゼリーの3通り。よって，全部で$1+2+3=6$(通り)

② 定価800円，700円，600円，400円，300円，200円の5％はそれぞれ，40円，35円，30円，20円，15円，10円だから，組み合わせて50円より安くなるのは，料理に地鶏の炭火焼きを選ぶときは，デザートはイチゴパフェかメロンシャーベットの2通り。料理にポークハンバーガーを選ぶときは，デザートはイチゴパフェの1通り。よって，全部で$2+1=3$(通り)

★ワンポイントアドバイス★

出題構成，難易度ともに大きな変化はない。時間配分を考えて，できるところからミスのないように解いていこう。

＜英語解答＞

1 聞き取り問題解答省略

2 (Australia) is the most popular country(.)　(In my opinion, I) want to make some foreign friends in Canada(.)

3 ①　given, to　②　impressed, with　③　Why, don't

4 (1)　influenced　(2)　エ　(3)　(…, you) should learn not only their language but also (their culture.)　(4)　ウ　(5)　ウ，カ

5 (1)　b　イ　d　オ　(2)　①　hot　②　took　(3)　ア
(4)　X　called　Y　sad

○推定配点○
各1点×20(5(1)・(4)各完答)　計20点

＜英語解説＞

1 聞き取り問題解説省略。

重要 **2** (条件英作文：比較，不定詞)

(a)　グラフから読み取れることを書く場合，数値の最も大きい(小さい)を選ぶとよい。この場合，オーストラリアを希望する生徒が最も多いため，その点に触れるとよい。

(b)「留学したい国とその目的」を伝える場合，模範解答以外の表現として，<I want to go to ＋国名＋to動詞の原形～.>「～するために…に行きたい」と不定詞の名詞的用法と副詞的用法を用いて表すこともできる。

3 (語句補充問題：受動態，助動詞)

①　<be動詞＋過去分詞＋ by ～>「～に…される」という受動態の文である。

やや難 ②　be impressed with ～「～に感動する」

③　Why don't you ～？「～するのはどうですか」

4 (長文読解・説明文：語句補充，語句整序[接続詞]，要旨把握，内容吟味)

(大意)　新型コロナウイルスが広がった後，人々はマスクを着用し始めた。しかし，新型コロナウイルス以前でも，日本人が生活の中でマスクを着用することは特別ではなかった。それはウイルスや花粉から守るために身に着けている。また，混雑した電車や飛行機で着用するのが好きだ。しかし，マスクを着用しているアメリカ人にとっては，彼らの生活には新しい。

ウイルスから人々を守るために，政府は国民にマスクを着用するように指示する。彼らは異なる言葉を使用する。アメリカ政府は「マスクをすればヒーローになることができる」と言い，ドイツ政府は「マスクはルールなので着用しなければならない」と言う。イタリア人の場合，政府は「マスクを着用すれば，男性／女性に人気がある」と言い，日本政府は「誰もがつけているのでマスクを着用すべきだ」と言う。

これらの違いは，文化のA影響を受ける。

研究によると，日本人とアメリカ人の間に，感情を示す方法に違いがある。彼らは顔文字を研究した。日本人は感情を目で見せるが，アメリカ人は口で見せる。これは，気持ちを知りたいとき，顔のさまざまな部分を見ることを意味する。

一般的に，私たちの顔の部分では，①口は気持ちを最高に示している。それに対して，目はあまり動かないので，人の感情を目から読むのは簡単ではない。アメリカ人は気持ちを他人に見せがち

なので，他人の気持ちを知りたいときは口を見る。口が覆われていると，アメリカ人は気持ちを知ることは難しい。日本人は気持ちをあまり他人に直接見せない。気持ちを知りたいなら，目を注意深く見るべきだ。

アニメではこのような違いも見ることができる。ヒーローは，自分が誰であるかを知られたくないし，彼らはマスクで自分の顔を覆っている。日本のアニメでは，ヒーローが口を覆う。しかし，アメリカでは口を覆う英雄はあまりいない。彼らは目を覆うためにマスクを着用する。

異なる国に住んでいる人々は，さまざまな理由でマスクを着用している。この違いは，文化の違いから来る。

文化の違いを学ぶことは，外国人とよいコミュニケーションをするために大切だ。外国人を理解したいのであれば，②人は言語だけでなく文化も学ぶべきだ。

重要 (1) be influenced 「影響を受ける」

(2) この後で，①に対して目は気持ちを示さないという内容が書かれていることから判断できる。

(3) not only A but also B 「AだけでなくBもまた」

(4) 第5段落参照。アメリカ人は，気持ちを他人に見せがちであると書かれている。

重要 (5) ア 「各政府は，伝統的な服には多くの違いがあるため，マスクを着用するように人々に伝えるために異なる言葉を使用している」 第2，3段落参照。異なる言葉を用いるのは文化が異なるからであるため不適切。 イ 「人と話すとき，誰もが顔の同じ部分を見る」第4段落参照。日本人は目を，アメリカ人は口を見るため不適切。 ウ 「日本の顔文字では，異なる『目』を使って，異なる感情が示されている」 第4段落参照。日本人は，感情を目で見せるので適切。 エ「日本人が人の目を見るのは，目が自分の口よりも自分の本当の気持ちを示すからだ」 第5段落参照。目はあまり動かず，感情を読み取ることが簡単ではないので不適切。 オ 「アメリカ人は日本人と同様に自分の感情を示さない」 第5段落参照。アメリカ人は感情を他人に見せがちなので不適切。 カ 「外国の人とのコミュニケーションを楽しみたいのであれば，外国文化を学ぶことが必要だ」 最終段落参照。言語だけではなく文化も学ぶべきだとあるため適切。

5 （会話文：語句補充，要旨把握）

（大意） ミア：こんにちは，サキ。a何をしているの？

サキ：こんにちは，ミア。休暇について書いているの。今年の夏，1週間家族と一緒にカナダに行ったのよ。

ミア：bああ，それはいいわね。旅行はどうだった？

サキ：本当に素晴らしかったわ。実際，海外旅行は初めてだったの。そこに着いたとき，とてもワクワクしていたわ。

ミア：cそこに行ったことがないので，カナダについて教えてくれる？ そこの天気はどう？ 日本と違うの？

サキ：うん，とても違うよ。①日本の夏はとても蒸し暑いけど，カナダでは涼しくて乾燥していたんだ。

ミア：なるほど。サキ，滞在中一番面白かったのは何？

サキ：カナダの動物が気に入ったわ。何枚か写真を見せるね。どうぞ。

ミア：うわー，この写真に美しい鳥がいる！ 動物園に行ったの？

サキ：②公園でこの写真を撮ったの。動物園に行きたかったんだけど，A時間が足りなくて。私たちのホテルから遠く離れていたの。カナダではどこでもたくさん鳥が見られるわ。公園や街などにいるの。動物が好きならカナダに行くべきだと思うわ。

ミア：dこの動物の名前は何？ とても大きいわね！

サキ：これは鹿の一種で，カナダでは非常に有名な動物よ。カナダの人々にムースと呼ばれているの。旅行中，道路でこの動物の交通標識がたくさん見えたの。私はカナダ人の友人に「なぜそんなに多くのムースの標識があるのか」と尋ねたの。そして，彼女は私に理由を教えてくれたわ。何だと思う？

ミア：e見当がつかない。それについて教えて。

サキ：「ムースに気をつけて」よ。私のカナダ人の友人は，ムースはしばしば車にはねられると言っていたの。

ミア：ああ，それは悲しいわね。オーストラリアでも同様の標識があるんだ。私の国では，標識の動物はカンガルーよ。

サキ：本当に？　知らなかった。とにかく，今年の夏のカナダ旅行は忘れないわ。

(1)　b　この後，旅行の感想を答えているのでHow was your trip?「旅行はどうだった」が適切。　d　この後，「ムース」についての話になっていることから判断できる。

(2)　カナダは寒く乾燥しているが，日本は暑く湿気があると判断できる。

基本　(3)　動物園はホテルから遠かったため，十分な時間がなかったのである。

(4)　X　called moose は前の名詞を修飾する過去分詞の形容詞的用法である。　Y　ミアの最後の発言を参照。ムースが車にはねられる話を聞いて「悲しい」と言っている。

★ワンポイントアドバイス★

聞き取り問題や条件英作文，長文読解問題と様々な出題となっている。そのため，過去問や問題集を用いて似たような問題形式を数多く解きたい。

＜理科解答＞

1　(1)　ア　(2)　ウ　(3)　カ　(4)　エ
2　(1)　ウ　(2)　ア　(3)　エ　(4)　キ
3　(1)　ウ　(2)　ア　(3)　ア　$2H^+$　イ　H_2　(4)　ア
4　[A]　(1)　ウ　(2)　イ　[B]　(1)　ウ　(2)　1400m
5　(1)　イ　(2)　主要動　(3)　200km　(4)　エ

○推定配点○

各1点×20(3(3)完答)　計20点

＜理科解説＞

1　(小問集合)

やや難　(1)　100V−100Wの電球は，100(W)÷100(V)＝1(A)の電流が流れるので，電球の抵抗は100(V)＝x(Ω)×1(A)より，100Ωである。この電球に50Vの電圧を加えたので，流れる電流は，50(V)＝100(Ω)×x(A)より，0.5Aとなる。よって，消費電力は50(V)×0.5(A)＝25(W)である。

基本　(2)　同じ体積で比べたとき，水銀より重ければ沈む。金属球Cは1cm^3あたり，9.5(g)÷0.5(cm^3)＝19(g/cm^3)であり，水銀の密度より重いため，水銀に沈む。

(3)　シダ植物は，根・茎・葉の区別がある。

重要 基本 (4)　a　気圧が最も下がったのは図1より，11時頃である。　b　6時のときA市に吹く風は図1より，北東の風なので，6時のときの台風は③の位置にあったと考えられる。　c　18時のときA市に吹く風は図1より，西の風なので，18時のときの台風は④の位置にあったと考えられる。

2　(動物の体のしくみ)

(1)　菌類や細菌類は有機物からエネルギーを得ているので，ウが正しい。

基本 (2)　0.03(m)×3.14×4(m)×600＝226.08(m^2)より，アが最も近い数値である。

(3)　小腸の毛細血管が集まり，肝門脈となり，肝門脈は肝臓に近づくと枝分かれし，毛細血管となるので，エが正しい。

(4)　水は主に，小腸と大腸で吸収される。

重要 3　(電気分解とイオン)

(1)　金属板Bは塩酸に溶けイオンとなるため，電子はbの方向に移動する。電子の移動の向きと電流の移動の向きは逆になるので，金属板Cは＋極となる。

(2)　(1)の解説により，ビーカーの液体中に増加するイオンは金属Bのイオンである。

(3)　金属板Cから発生する気体は，塩酸が電離してできた$2H^+$に電子が2個結合してできたH_2である。

基本 (4)　実験2の結果と比較するためには，図2のアをBからAに変え，イをCからBに変えればよい。その上で，検流計の針が〔実験2〕と同じ向きに触れるという結果が得られれば，仮説は正しいといえる。

重要 4　(光と音の性質)

[A]　(1)　凸レンズは光を屈折させる働きを持つ。凸レンズの軸に平行な光が凸レンズに当たると，光は焦点に集まる。凸レンズによってできる像は，物体が凸レンズの焦点より遠くにあるときは実像が，焦点より近くにあるときは虚像ができる。　(2)　虫眼鏡を通して見える像は虚像であるので，イが正しい。

やや難 [B]　(1)　音は船と岸壁を往復するので，船と岸壁までの距離は，340(m/秒)×(8(秒)÷2)＝1360(m)である。　(2)　x(m)×2÷(340(m/秒)＋10(m/秒))＝8(秒)より，汽笛を鳴らしたときの岸壁から船までの距離は，1400mである。

5　(地震)

重要 (1)　過去に活動した痕跡があり，今後も活動をして地震を起こす可能性のある断層を活断層というので，イが正しい。

重要 (2)　初期微動(X)の後の大きなゆれ(Y)を主要動という。

基本 (3)　初期微動継続時間と震源距離は比例の関係にある。震源からの距離が40kmの地点Aの初期微動継続時間は5秒なので，地点Pの震源距離は，40(km)：5(秒)＝x(km)：25(秒)より，200kmである。

やや難 (4)　地点AとBから，P波の速さが80(km)÷10(秒)＝8(km/秒)とわかる。P波が地点Aに届くまで，40(km)÷8(km/秒)＝5(秒)かかるので，地震の発生時刻は17時35分35秒であることがわかる。ヒカリさんの自宅は震央から80kmの地点であり，震源がごく浅いことから，震源距離も約80kmであると考える。よって，ヒカリさんの家にP波が到着するのは，80(km)÷8(km/秒)＝10(秒後)の17時35分45秒である。また，初期微動継続時間は，40(km)：5(秒)＝80(km)：x(秒)より，10秒間なので，ヒカリさんの家で主要動が始まるのは，17時35分45秒＋10秒＝17時35分55秒である。緊急地震速報は17時35分40秒＋4秒＝17時35分44秒に流されたので，ヒカリさんの家では緊急地震速報が伝わってから17時35分55秒－17時35分44秒＝11秒後に，主要動が始まる。

★ワンポイントアドバイス★

選択肢は，消去法で対応しよう。

＜社会解答＞

1 (1) ウ　(2) イ　(3) 財閥　(4) オ
2 (1) ク　(2) ア　(3) カ
3 (1) ウ，オ　(2) エ　(3) イ　(4) ク　(5) カ
4 (1) オ　(2) イ
5 (1) エ　(2) イ　(3) ア
6 (1) エ　(2) 奉仕者　(3) ア

○推定配点○

各1点×20(3(1)完答)　　計20点

＜社会解説＞

1 **(日本・世界の歴史－古代・近世～現代)**

(1) 7世紀初頭には，小野妹子などを遣隋使として隋に派遣しているので，ウが適当。アの大和政権が百済や伽耶地域の国々と結んで高句麗や新羅と戦ったのは5世紀から6世紀にかけてのできごと。イの倭の五王が朝鮮半島南部の軍事的な指揮権を中国の皇帝に認めてもらおうとしたのは5世紀ごろのできごと。エは663年の白村江の戦いについてのべており，7世紀のできごとである。

(2) 新井白石は江戸幕府6代将軍徳川家宣・7代将軍徳川家継に仕えた儒学者で，貨幣の質をもとに戻したり，金銀が海外に流出することを防ぐために長崎貿易を制限したので，Yがあてはまる。なお，Xは享保の改革を行った江戸幕府8代将軍徳川吉宗の政策について述べている。対馬藩は九州北方の玄界灘にある対馬にあったので，aとわかる。よって，イの組み合わせが適当。

基本 (3) 戦前には，三井・三菱・住友・安田などの資本家は日本の経済を支配する財閥に成長した。第二次世界大戦後には，財閥解体がおこなわれている。

(4) Ⅰについて，1964年に東京オリンピック・パラリンピックが開催された。Ⅱについて，南北ベトナムが統一されたのは1976年。Ⅲについて，中華人民共和国が成立したのは1949年。年代の古い順に並べるとⅢ→Ⅰ→Ⅱとなり，オの組み合わせが適当。

2 **(日本・世界の歴史－中世，近代，現代)**

(1) 明との貿易を始めた人物は，室町幕府3代将軍であった足利義満である。日明貿易は，正式な貿易船には明からあたえられた勘合という証明書を持たせ，明に朝貢する形で行われた。日明貿易においては，日本は刀や銅などを輸出し，銅銭や絹織物などを輸入したので，図Yがあてはまる。よって，クの組み合わせが適当。

重要 (2) 二十一か条の要求は，第一次世界大戦中の1915年に日本が中国に対して要求したもので，第一次世界大戦で欧米列強のアジアへの影響力が弱まったことが背景にある。第一次世界大戦の講和会議であるパリ講和会議で山東省を返還することなどを求めた中国の要求が拒否されると，五・四運動がおこっている。よって，アの組み合わせが適当。なお，関東軍が柳条湖で南満州鉄道の線路を爆破し，満州の主要地域を占領したできごとは満州事変であり，三・一独立運動は1919年に朝鮮でおこった独立運動である。

(3)　1972年に日中共同声明を発表したときの内閣は，田中角栄内閣である。1973年におこった第4次中東戦争の影響で石油危機がおこり，1974年には日本の経済成長率は戦後初めてマイナスとなった。よって，カの組み合わせが適当。なお，鳩山一郎は1956年の日ソ共同宣言を発表した時の内閣総理大臣であり，特需景気は1950年に勃発した朝鮮戦争によっておこった。

3 (地理－資源・エネルギー，工業，貿易)

(1)　石油の埋蔵量がベネズエラに次いで多いAは，サウジアラビアと判断できる。サウジアラビアはイスラム教の聖地メッカがあり，アラブ系の人々が生活しており，イスラム教を信仰していることから，ウが該当する。また，サウジアラビアは石油輸出国機構(OPEC)に加盟しており，産出する石油の大半を輸出しているので，オも該当する。

(2)　Bは，石炭の埋蔵量が最も多いことや，シェールガスとシェールオイルの技術的回収可能資源量が最も多いことから，アメリカとわかる。アメリカの北緯37度付近から南の地域にはコンピューターやインターネットに関連したIT産業が発達しており，サンベルトと呼ばれる。また，シリコンバレーはサンフランシスコの南に位置している。よって，エの組み合わせが適当。

やや難　(3)　Cは，シェールオイルの技術的回収可能資源量がB(アメリカ)に次いで多いことなどから，ロシアと判断できる。カスピ海に面しているXはトルクメニスタンなので，Yはキルギスとなる。カスピ海周辺では石油や天然ガスの採掘が盛んであることから，天然ガスが輸出品の大部分を占めている②はカスピ海に面しているトルクメニスタンとわかり，①はキルギスとなる。よって，イの組み合わせが適当。

(4)　Aがサウジアラビア，Bがアメリカ，Cがロシアなので，Dはオーストラリアとなる。オーストラリアの2016年における最大の輸出品目となるXは，鉄鉱石があてはまる。表から，人口が3億人を超えておりとうもろこしの生産量が4か国の中で最も多い③はアメリカ，人口が約1億4600万人の①はロシアとわかる。サウジアラビアとオーストラリアを比べると，オーストラリアのほうが農牧業は盛んなことから，④がオーストラリア，②がサウジアラビアとなる。よって，クの組み合わせが適当。

重要　(5)　Xは機械類や鉄鋼など重量のあるものが大部分を占めていることから，海上輸送とわかる。Yは精密機械や電気回路，金など価格の割に軽量なものが上位を占めていることから，航空輸送とわかる。海上輸送で金額が2番目に大きい①は自動車と考えられ，航空輸送で金額が最も大きい②は半導体と考えられるので，カの組み合わせが適当。

4 (日本の地理－人口，都道府県の特徴)

(1)　都道府県別米軍施設の面積が最も大きいAは沖縄県とわかる。沖縄が日本に復帰したのは1972年で，この時の内閣は佐藤栄作内閣である。沖縄県では観光産業などの第三次産業が発達している。よって，オの組み合わせが適当。なお，東京についで人口が多い都道府県は神奈川県である。

(2)　①は三重県，②は山口県，③は秋田県，④は茨城県を示している。Cは本州最西端に位置していることから②(山口県)，Dは東北地方に属していることから③(秋田県)とわかり，イの組み合わせが適当。

5 (公民－基本的人権，労働)

(1)　資料Aから，「男性の方が非常に優遇されている」と答えた全体の割合は，ドイツが最も高いので，アは誤り。資料Aから，「平等」と答えた人の割合はドイツが最も高いので，イは誤り。資料Bから，スウェーデンでは「男性の方が優遇されている」と答えた割合は，女性は年齢によって大きな差は見られず，男性は20～29歳や50～59歳は低く60歳以上などで高いことから，年齢があがるにつれて「男性の方が優遇されている」と答えた割合があがっているわけではないので，ウは誤り。資料Bから，「男性の方が優遇されている」と答えた割合の男女間の認識の差が最も大きいのはドイツなので，エが適当。

やや難 (2) 資料Cから，男女の賃金格差は韓国，日本，アメリカ，ドイツ，スウェーデンの順で大きいこと，男女の勤続年数格差は韓国，日本，ドイツ，アメリカ，スウェーデンの順で大きいことから，①には韓国があてはまる。日本は1985年に男女雇用機会均等法を制定しており，男女共同参画社会基本法は1999年に制定されたので，②には男女雇用機会均等法があてはまる。よって，イの組み合わせが適当。

(3) 言葉や文化，性別，年齢，障がいの有無などにかかわらず，すべての人にとって暮らしやすい社会のための試みとしては，アのユニバーサルデザインの普及があてはまる。ユニバーサルデザインは，言葉や文化，性別，年齢，障がいの有無などにかかわらず，最初からできるだけ多くの人が利用可能なように建築物や製品，情報などを設計することである。イのインフォームド・コンセントは，患者が治療方法などについて自分で決定できるよう，手術の方法などについて十分に説明を受け同意を得るようにすることをいう。ウの法テラスは，弁護士などの専門家が少ない地域などでも司法に関するサービスが受けられるようにするために設けられた。エのオンブズパーソンは，国民(住民)の立場から行政などを監察する役職。

6 (公民－日本国憲法，政治のしくみ)

(1) 自衛隊は，国際平和協力法(PKO協力法)などによって海外派遣されることがあるので，エが誤っている。日本国憲法は第9条で「戦争放棄」「戦力不保持」「国の交戦権の否認」を規定しているので，アは適当。これまで憲法上できないとしてきた集団的自衛権について，政府は2014年に限定的に使えるという見解に変更し，2015年には安全保障関連法の改正も行っているので，イは適当。日米安全保障条約では，他国が日本を攻撃してきたときに，日本とアメリカが共同で対応することが約束されているので，ウは適当。

基本 (2) 日本国憲法第15条第2項は，「すべて公務員は，全体の奉仕者であつて，一部の奉仕者ではない。」と規定している。

(3) 公務員数や財政規模が大きくなると，国民の負担も大きくなる。各省庁は専門知識を生かして内閣提出法案の作成を助けたりする。よって，アの組み合わせが適当。議員提出法案と内閣提出法案を比べると，内閣提出法案のほうが成立件数は多い。

★ワンポイントアドバイス★

用語の意味や出来事などを正確に覚えておくようにしよう。

＜国語解答＞

一 (一) 周知 (二) イ (三) ウ (四) どんな災厄～不動の存在
(五) 自然は人間 (六) ウ (七) エ

二　(一)　この二人は　(二)　歯　(三)　エ　(四)　イ　(五)　浅間山で死ぬ決心
(六)　ウ

三　(一)　孝養　(二)　ア　(三)　おはすぞ　(四)　(病人が)中風し，～月を送る(から。)
(五)　イ　(六)　ウ　(七)　かの至孝

○推定配点○

各1点×20　　計20点

＜国語解説＞

一　(論説文―大意・要旨，内容吟味，文脈把握，漢字の読み書き，語句の意味)

(一)　広く知れわたっていること。「周」の訓読みは「まわ(り)」。

基本　(二)　「暴挙」の読みは「ボウキョ」で，乱暴なふるまいのこと。アは「ボウラク」，イは「バクロ」，ウは「ボウイン」，エは「ボウフウ」という読み方をする。

(三)　直前の文の「日本人は世界の数ある民族の中でも，すぐれて自然を愛好する民族だ」に対して，「半分は正しく，半分は間違っている」としている。同じ段落の「ウサギ小屋と揶揄される小さな家にも庭があり，部屋には花が生けてある」とあるように自然を暮らしに取り入れる一方，直後の段落の日本各地で「大規模な自然破壊」が行われているという日本の現状から，理由を読み取る。アの「自然の回復力はすさまじく強い」は，日本人が自然を愛好する理由にはならない。イの「天災との付き合い方を知らない」とは述べていない。エの「実生活に生かされていない」は，冒頭の段落で述べている日本人の暮らしの様子に合わない。

(四)　傍線部②の「不落の城」は決して滅びることのない偉大なものをたとえている。したがって，自然は豊かで決して滅びないという日本人の自然に対する印象を述べている部分を探す。「どのような存在であるのか」と問われているので，「存在」という語をキーワードに探すと，「清い水と」で始まる段落に「どんな災厄からも立ち直る不死鳥のような自然，それはちっぽけな人間の力をはるかに超越した不動の存在」とあるのに気づく。

(五)　「ヨーロッパ」の森林について述べている部分を探す。「ヨーロッパの森は」で始まる段落に「ヨーロッパの森は日本のそれとは違い，人為に対してもろくて弱い。……自然は人間の対立物としてとらえられ，人間によって支配されるべき対象であった。」から，ヨーロッパでの森林に対する考えを述べている一文を抜き出す。「森」を「自然」と置き換えていることを確認する。

(六)　「憂き身をやつす」には，身がやせ細るほどに一つのことに熱中する，無益なことに夢中になるという意味があり，ここでは後者の意味で用いられている。ドイツ人の「自然にゆだねて憩うという楽しみ」に対して，日本人の「登山だスキーだ，アウトドアライフだと，何かをし，あそべる場所がなければ野外で楽しむ方法を知らない」ことに対する言葉であることからも，意味を判断することができる。

重要　(七)　「日本人にとっては」で始まる段落の「日本人にとっては，自然は人間の対立物でもなく，ましてや支配する対象でもなかった。空気や水と同じく，人間をとりまくごくあたりまえのものであった」の「ごくあたりまえ」を「関心が薄い」と置き換えて述べているエが最も適当。アの「豊かな森林を守ろうとしている」，イの「森林を守ることへの関心も高く，保護と愛好の思想も確立されている」は，「知床半島の」で始まる大規模な自然破壊の内容に合わない。ウの自然に対して「支配する」という発想はヨーロッパのものなので，適当ではない。

二　(小説―情景・心情，文脈把握，語句の意味，ことわざ・慣用句)

(一)　「首をひねる」は疑わしく思う様子を表す。宿屋の主人が「首をひねっていた」のは，一つ後の文にあるように「二人の様子がおかしいこと」による。この「二人の様子」を直後の段落で「この二人は荷物らしい荷物を持っていなかったし，若い者たちに特有の浮き浮きした様子も見せていなかった……煙草の灰をぽろりと落とした」と述べており，ここから「きっかけ」となる最初の一文を抜き出す。

（二）「 A を食いしばる」は，悔しさや苦痛を，歯を噛み合わせて必死にこらえる様子を表す。直後の文の「少しも懐かしそうな顔を見せなかった」という娘の様子もヒントになる。

やや難 （三） 浅間山で死のうとしたが間違えて離山に登ってしまい麓へ戻って来た「若い男女」を，それぞれの親や親戚が叱責している場面である。同じ段落の「母親は意地の悪い表情で，男の方にくってかかった……叔父というのが少しおくれてやって来たが，来るなり娘の母親と一緒になって口汚く青年を罵った」から，家族に叱られて恐縮しているからとあるエが最も適当。この母親と親戚に対する心情として，イはそぐわない。傍線部②の「小さくなって座っていた」のは家族に対してなので，ウの「死にきれなかったことを無念に思っ」たためではない。アが読み取れる描写はない。

基本 （四） 「黄色い声」は，女性や子どものかん高い叫び声。

（五） 「憑き物」は，人にとりついて災いをなすもののけのこと。若い男女について話している場面で，「そんなにまで死にたかったものかねえ」に続けて言っていることから，「憑き物が下りた」は，死ぬ気がなくなったという意味であると推察する。設問に「具体的に指した部分」とあるので，「二人の男女は」で始まる段落の「浅間山で死ぬ決心」を抜き出す。

重要 （六） 傍線部⑤の直前「まだ若いのに，」の後には「かわいそうに」などの若い恋人たちの死を悲しむ言葉が省略されている。前の「浅間山は二人の前に無言でそびえていた。そして若い恋人たちが死ぬまで燃え続けさせた情熱は，火の山のしずかな噴煙の前では，あまりにはかないもののように思われた」という描写からも，「宿屋の主人」と「駐在」が若い恋人たちの死を気の毒に思っていることが読み取れる。この悲しみ気の毒に思う気持ちを「悼む」と表現しているウが最も適当。

三 （古文―主題・表題，文脈把握，脱文・脱語補充，口語訳）

やや難 （一） A の前後の文脈から，親に対する心を意味する言葉が入る。【現代語訳】の A を含む文の冒頭に「この上ない親孝行の心こそは」とあるが，【原文】の「至孝」はこの上ない親孝行の心という意味なので適当ではない。親孝行だけを意味する語を探すと，「余りに」で始まる段落に「御孝養」という語がある。ここから，親孝行を意味する適当な熟語を抜き出す。

（二） 若き女人が，別当を熱心に看病した理由を読み取る。同じ段落で「いかなる人にておはすぞ」と聞かれた女人が「我が身には，心計りは，御女と思ひ給へて，あはれ，見奉り，見得奉らばやと，年来思ひ侍りつるに」と答えている。【現代語訳】の「私としては，心の中だけで，あなたの娘であると思っておりまして，ああ，あなたにお目にかかり，私を見ていただきたいと，長い間思っておりましたところ」から，娘である自分の素性を明かし自分を見て欲しいからとあるアが適切。私を見ていただきたいというのであるから，「家族の立場を知って欲しい」とあるイは適当ではない。女人は別当の娘だと思って看病したのであるから，ウの「過去の自身の生き方を理解して欲しい」や，エの「看護に精通した自身を感じて欲しい」も適当ではない。

（三） 後の「いかなる人にておはすぞとあながちに問ひければ」に着目する。傍線部②の直後の「仏法・世法の」から，引用の意味を表す「と」の前の「いかなる人にておはすぞ」までが，病人である別当の「申した部分」にあたる。

（四） 傍線部③の「御看病の人も疲れて」と同じ内容が，冒頭の段落に「弟子ども，看病し疲れて」とある。その前の「年たけて，中風し，床に臥して，身は合期せずながら，命は長らへて，年月を送るままに」から，理由を述べている部分を抜き出す。

(五) 「事欠けたる」は充分でないということ。直前に「御看病の人も疲れて」とあるので，充分でないのは看護だとわかる。この内容を述べているイが適当。

(六) 同じ文の前半に「泣く泣く語りければ」とある。それを聞いた病人も「哀れに覚えて」というのであるから，「涙もかきあへず」は涙が止まらなかったという意味だと判断する。

重要 (七) 本文では，別当が病気になったと聞いた女人が，娘であることを明かして熱心に看病をしたことを述べるものである。筆者は，女人の親を思う心に感心しており，その感想を述べた一文を抜き出す。

★ワンポイントアドバイス★

論説文の読解問題では，文脈を読み取る設問が中心になっている。指示語や接続語を意識した読みを心がけよう。

2020年度

★★★★★★★★★★★★★★★★★★★★★★★★

入　試　問　題

2020年度

光ヶ丘女子高等学校入試問題

【数　学】（45分）　＜満点：20点＞

【注意】 定規，分度器，コンパスは使用できません。

1． 次の⑴から⑾までの問いに答えなさい。

⑴　$3-(-2)\times 4$ を計算しなさい。

⑵　$\dfrac{x+1}{2}-\dfrac{3x-4}{6}$ を計算しなさい。

⑶　$(1-\sqrt{3})^2-2$ を計算しなさい。

⑷　$(x+1)^2+3(x+2)-7$ を因数分解しなさい。

⑸　2次方程式 $(x-3)(x+8)=2(5x-9)$ を解きなさい。

⑹　$3xy^2\div(-2x^2y)^3\times 6xy^2$ を計算しなさい。

⑺　3本 a 円の赤ペン12本と1本80円のボールペン b 本を，x 円あれば買うことができるという関係を不等式に表しなさい。

⑻　関数 $y=ax^2$ と反比例の関係 $y=\dfrac{1}{x}$ について x の値が，2から4まで増加するときの変化の割合が等しくなる。このとき，a の値を求めなさい。

⑼　次のように自然数を一定の規則に従い並べた。最初から40番目の整数はいくつかを求めなさい。

1，1，2，1，2，3，1，2，3，4，1，2，…

⑽　食塩水500gから取り出した食塩水200gに3％の食塩水300gを混ぜると，8％の食塩水になった。はじめの食塩水の濃度は何％かを求めなさい。

⑾　ある中学校の生徒8人について，10点満点の小テストを行ったところ，下のような結果となった。この8人の平均点と中央値が一致するとき，a の値を求めなさい。ただし，a は整数とする。

3，5，1，7，8，1，2，a

2． 次のページの図で，Oは原点，A，Bは関数 $y=-x^2$ 上の点，C，Dは関数 $y=ax^2$（a は定数，$a>0$）上の点である。
点Aの x 座標は－2，点Bの x 座標は1，点Cの x 座標は－1，点Dの x 座標は2である。また，直線ABと直線CDは平行である。次の①から③までの問いに答えなさい。

① 直線ABの傾きを求めなさい。

② 直線CDの式を求めなさい。

③ 次に y 軸上に点Eをとる。

△CDEの面積が△OABの面積の３倍になるとき，点Ｅの座標をすべて求めなさい。

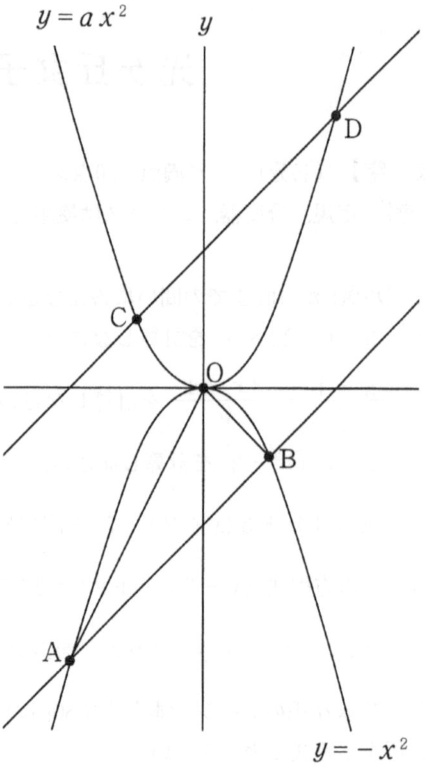

3． 次の⑴から⑶までの問いに答えなさい。ただし，円周率は π とする。また，答えは根号をつけたままでよい。

⑴　図で，半径３㎝の円があり，円周上には点Ａ，Ｂ，Ｃ，Ｄ，Ｅがある。Ｆは弦BDとCEの交点である。また，$\overset{\frown}{AB}=\overset{\frown}{BC}=\overset{\frown}{CD}=\overset{\frown}{DE}$，∠BFE＝135°のとき，次の①，②の問いに答えなさい。

①　∠CAEの大きさは何度か，求めなさい。

②　△ACEの面積は何㎠か，求めなさい。

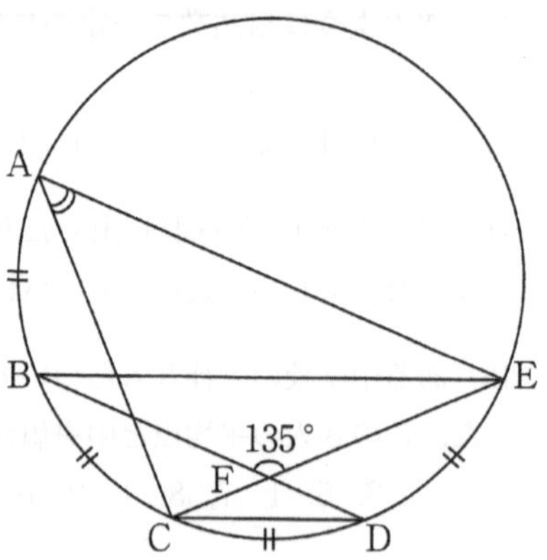

⑵　次のページの図で，立方体の展開図がある。点Ｐは辺ABの中点，点Ｑは辺FGの中点とするとき，次の①，②の問いに答えなさい。

①　展開図をもとにして立方体をつくるとき，点Ａと重なる点のアルファベットをすべて書きなさい。

②　この展開図を組み立てて立方体を作る。３点Ｌ，Ｐ，Ｑを通る平面で切ったとき，切り口はどんな形か，求めなさい。

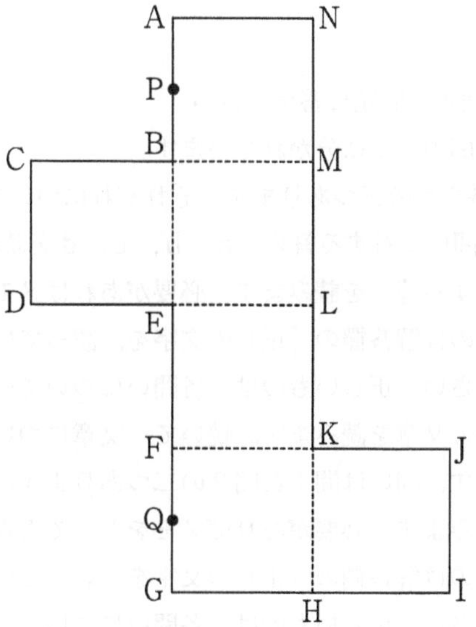

⑶　図で，点Oを中心とした半径$\sqrt{2}$cmの円があり，この円周上に点A，B，C，Dがある。また，四角形ABCDは正方形である。点PはOCを直径とする円の中心で，点QはPCを直径とする円の中心である。次の①，②の問いに答えなさい。

①　正方形ABCDの面積は何cm^{2}か，求めなさい。

②　斜線部分の図形の周の長さは何cmか，求めなさい。

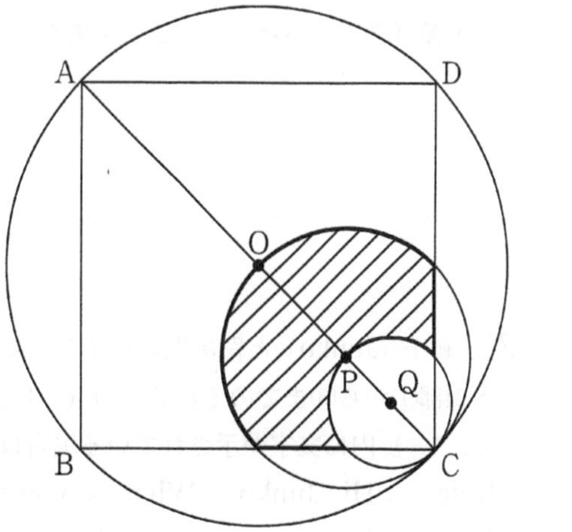

【英　語】（45分）　＜満点：20点＞

1． 指示に従って，聞き取り検査の問題に答えなさい。

「答え方」 問題は第１問と第２問の二つに分かれています。

第１問　第１問は，1番から３番までの三つあります。それぞれについて，最初に会話文を読み，続いて，会話についての問いと，問いに対する答え，ａ，ｂ，ｃ，ｄを読みます。そのあと，もう一度，その会話文，問い，問いに対する答えを読みます。必要があればメモをとってもかまいません。

問いの答えとして正しいものは解答欄の「正」の文字を，誤っているものは解答欄の「誤」の文字を，それぞれ○でかこみなさい。正しいものは，各問いについて一つしかありません。

第２問　第２問は，最初に英語の文章を読みます。続いて，文章についての問いと，問いに対する答え，ａ，ｂ，ｃ，ｄを読みます。問いは問１と問２の二つあります。そのあと，もう一度，文章，問い，問いに対する答えを読みます。必要があればメモをとってもかまいません。

問いの答えとして正しいものは解答欄の「正」の文字を，誤っているものは解答欄の「誤」の文字を，それぞれ○でかこみなさい。正しいものは，各問いについて一つしかありません。

メモ欄（必要があれば，ここにメモをとってもかまいません。）

※リスニングテストの放送台本は非公表です。

2． 順子（Junko）と留学生のケイト（Kate）が会話をしています。二人の会話が成り立つように，下線部①から③までのそれぞれの（　）内に最も適当な語を入れて，英文を完成させなさい。ただし，（　）内に文字が示されている場合は，その文字で始まる語を解答すること。

Kate　: Hi, Junko.　What is your plan for this weekend?

Junko : Well, on Saturday I'll go to Ikeda Park.　I'm going to do volunteer work.

Kate　: Volunteer work?　①(S　　　) interesting (　　　) me.　What will you do there?

Junko : I'll go there with a group of people from the church and give some hot meals and warm clothes to homeless people.

Kate　: Oh, I see.　I didn't know that there are homeless people in this town.

Junko : I didn't know about them either until I heard about this volunteer group from Ms. Kobayashi at school.　If you are interested in volunteer work, ②(w　　　) you (l　　　) to join us?

Kate　: Sure.　Can we meet at the park?

Junko : OK, first we will go to the church at nine o'clock in the morning and prepare some hot meals and some clothes.　Then we will go to the park to give them to the homeless.

Kate　: OK.　③(H　　　)(　　　) meeting you at the church at eight thirty?

3． 次の文章を読んで，あとの(1)から(5)までの問いに答えなさい。

Last summer, I visited a friend living in Reykjavik, Iceland, and stayed with her for two weeks. On the first night, we went out for dinner. It was Saturday. At a very famous restaurant, we enjoyed local dishes and conversation. On the way home from the restaurant, we were spoken to by a group of middle-aged people on the street. At first, I had no idea what they were talking about because I didn't understand the language. But later my friend Sara told me a story, and I discovered who they were.

In 1999, there were a great number of young people hanging out late at night. The country was [A] from the number of young people who drank and smoked. At that time, 56 percent of 16-year-old children drank and about the same number smoked. To make the number smaller, the country started two important programs. One is to keep children busy after school. The communities have set a number of activities that high school students can join after class. Many clubs have attracted a lot of students. They have enjoyed their club activities and started to (①).

The other program is "Parents Patrol." On weekends, parents walk around the city in groups to check on young people at night. When they find a group of students under the age of 18, they tell them what time it is. The children have a curfew. Children under 12 cannot be outside after 8 p.m. without parents, and for children from 13 to 16 it is 10 p.m. During summer holidays the curfew is two hours later. On that summer night, the group of people that I met on the way home was patrol members.

These two programs have made a big difference. Now, Iceland has the smallest number of children who drink and smoke in Europe. In other countries in Europe, more than half of the people under 18 drink. This number doesn't go over 30% in Iceland. When Sara told me this story, ②I【 support / for / thought / was / from / children / necessary / get / it / to 】communities.

（注） Reykjavik　レイキャビク（アイスランドの首都）　Iceland　アイスランド　local　地元の
conversation　会話　middle-aged　中年の　hang out　ぶらぶら遊ぶ　drink　飲酒する
smoke　喫煙する　activity　活動　age　年齢　curfew　門限　without　～なしで

(1) [A] にあてはまる最も適当な語を，次の５語の中から選んで，正しい形にかえて書きなさい。

sell　　solve　　suffer　　find　　enjoy

(2) （①）にあてはまる最も適当な英語を，次のアからエまでの中から一つ選んで，そのかな符号を書きなさい。

ア　find a better place to smoke

イ　find a wrong place to hang out

ウ　find a better way to spend their time

エ　find a better place to drink

⑶　下線②のついた文が，本文の内容に合うように【　】内の語句を正しい順序に並べかえなさい。

⑷　本文中では，筆者は地域社会の取り組みに対してどのように述べているか。最も適当なものを，次のアからエまでの文の中から一つ選んで，そのかな符号を書きなさい。

ア Parents Patrol is more successful than the curfew rules.

イ The curfew rules have worked better than Parents Patrol.

ウ Parents Patrol is more interesting than the curfew rules.

エ Parents Patrol and the curfew rules are both important.

⑸　次のアからカまでの文の中から，その内容が本文に書かれていることと一致するものを全て選んで，そのかな符号を書きなさい。

ア On the first night in Iceland, the writer enjoyed dinner but didn't enjoy the conversation with people at the restaurant.

イ The writer couldn't understand the patrol members because they spoke very fast.

ウ In Iceland, twenty years ago, high school students smoked more than they drank.

エ In Iceland, the number of high school students who smoke went down because they decided to join club activities.

オ The Parents Patrol was successful because parents walked around the city every night.

カ No other country in Europe has a smaller number of children who drink and smoke than Iceland has.

4． 同じ大学に通う美月（Mizuki）と留学生のシンディー（Cindy）が会話をしています。次の会話を読んで，あとの⑴から⑷までの問いに答えなさい。

Mizuki：Hi, Cindy. I heard that you were going to watch the Olympic Games in Tokyo this summer.

Cindy：Yes, I've just won tickets. I'm very excited!

Mizuki：【 a 】

Cindy：Swimming. ①I（ ア ）to a swimming team when I was in high school in Canada. One of my friends from the swimming team is on the national team now. She will swim in one of the races!

Mizuki：【 b 】 By the way, did you find a place to stay?

Cindy：I'm going to stay with my mother's friend. She lives in Tokyo.

Mizuki：【 c 】

Cindy：No. She is also making plans to take me around Tokyo.

Mizuki：【 d 】

Cindy：For almost the whole summer. ②I really want to see what it will be（ イ ）during this special event. I'm sure Tokyo will attract a great number of foreign tourists.

Mizuki ：I know that a lot of Japanese companies are getting ready to welcome those tourists.

Cindy ：【 e 】

Mizuki ：One company, Japan Railways (JR), will introduce a new prepaid transportation card called "Welcome Suica" only for foreign tourists. This is different from regular cards that Japanese people can buy because it needs no deposit.

Cindy ：That's really nice! It seems so (A) because no process to get the deposit back is needed at the end of their trip. This will save some time.

Mizuki ：Exactly! The tourists can continue to use the Welcome Suica card for about a month. On the card there are white cherry blossoms with the national flag.

Cindy ：Nice! I will tell this to my friends in Canada.

（注） the Olympic Games オリンピック　race レース　by the way ところで
introduce ～を導入する　prepaid 事前支払い　transportation 交通輸送機関
regular 通常の　deposit 預り金　process 過程　cherry blossom 桜の花　flag 旗

⑴ 次の**ア**から**オ**までの英文を，会話文中の【**a**】から【**e**】までのそれぞれにあてはめて，会話の文として最も適当なものにするには，【**b**】と【**d**】にどれを入れたらよいか，そのかな符号を書きなさい。ただし，いずれも一度しか用いることができません。

ア Nice! You don't have to search for hotels.
イ How wonderful! That's very exciting.
ウ How long are you going to be in Tokyo?
エ Could you tell me more about it?
オ What sport are you going to watch?

⑵ 下線部①，②の文が，会話の文として最も適当なものとなるように，（**ア**）（**イ**）のそれぞれにあてはまる語を書きなさい。

⑶ （**A**）にあてはまる最も適当な語を，次の**ア**から**エ**までの中から選んで，そのかな符号を書きなさい。

ア simple　**イ** expensive　**ウ** difficult　**エ** cheap

⑷ 次の英文は，この会話が行われた次の日，シンディーが母国にいる友人のメアリー（Mary）に送ったメールです。このメールが会話文の内容に合うように，次の（**X**），（**Y**）のそれぞれにあてはまる最も適当な１語を書きなさい。

Hi, Mary.
Yesterday, I talked with Mizuki about the Olympic Games in Tokyo this summer. I have learned that many companies in Japan are (X) for welcoming foreign tourists. One train company is going to introduce a new prepaid transportation card called "Welcome Suica." It is only for foreign people who will travel to Japan. People in Japan must pay a deposit when they get a new transportation

card. But Welcome Suica is not the (Y). The foreign tourists don't have to pay any deposit. I know you have some friends who are planning to travel across Japan. If they need more information, they can contact me anytime. I will enjoy my summer holidays. I hope that you will also enjoy yours.

Bye,

Cindy

【理　科】（45分）　＜満点：20点＞

1． 次の⑴から⑷までの問いに答えなさい。

⑴　図のように電源装置とコイルを接続して電流を流し，U字形磁石を近づけたところ，コイルは手前に動いた。同じようにコイルが手前に動く装置の組み立て方はどれか。最も適当なものを，下の**ア**から**エ**までの中から一つ選びなさい。

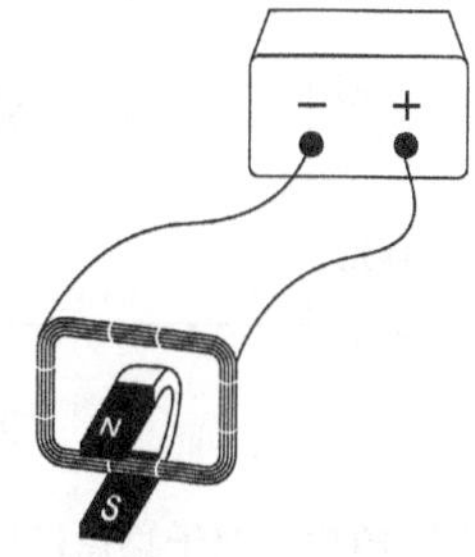

図

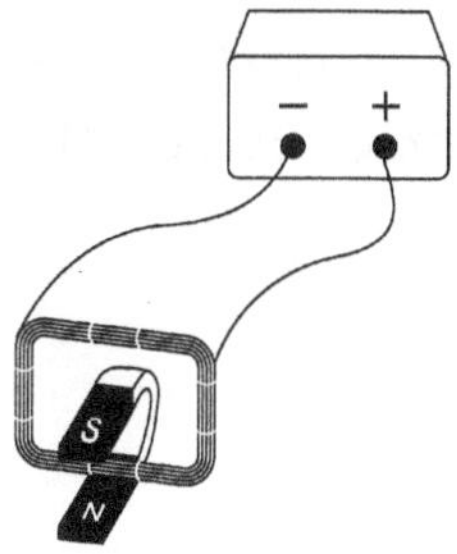

ア

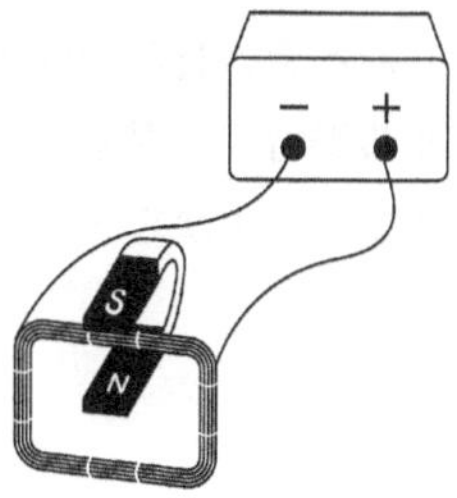

イ

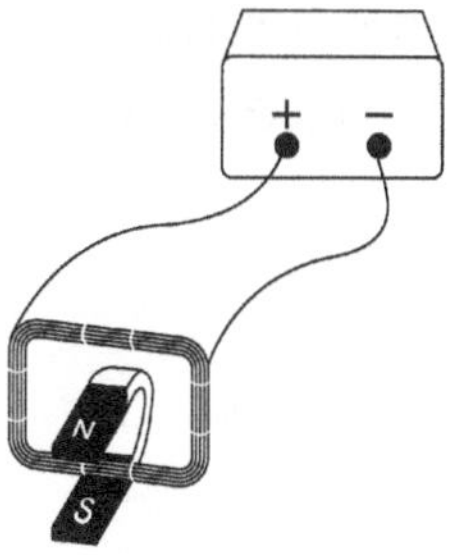

ウ

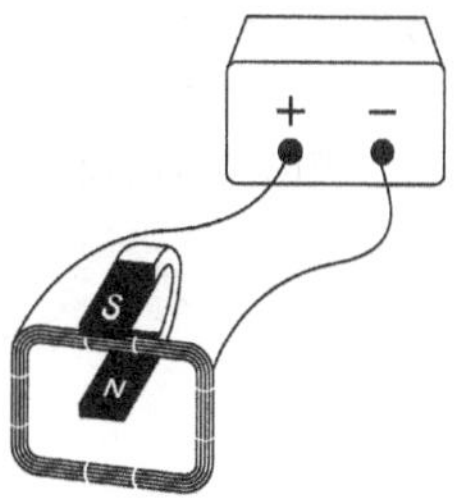

エ

⑵　次の**ア**から**エ**までの図は東北地方の東西断面図の模式図である。図中の「×」は震源の深さとその位置を示している。日本付近の震源の分布について正しく表しているものはどれか。次の**ア**から**エ**までの中から一つ選びなさい。

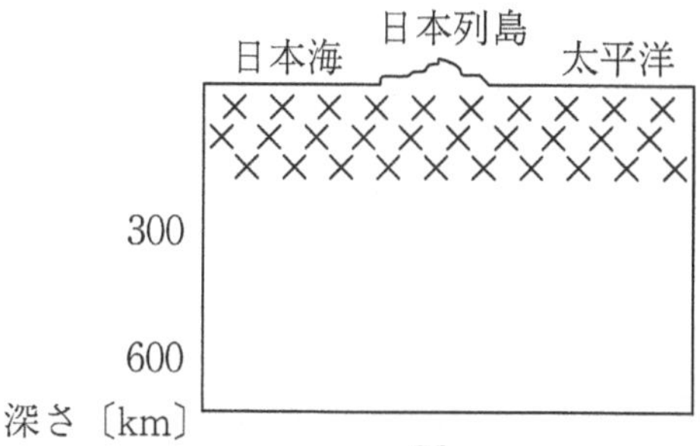

ア

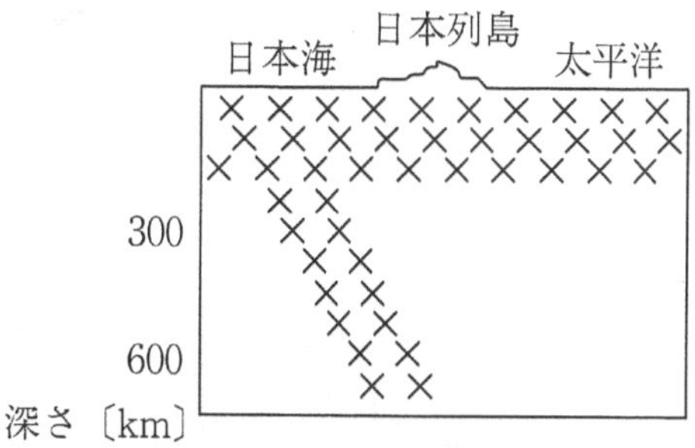

イ

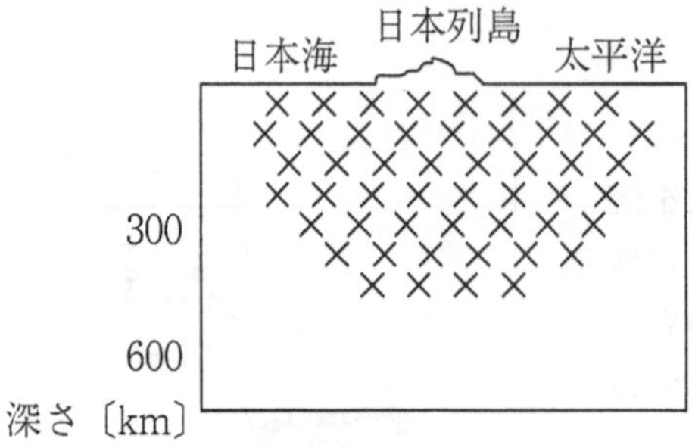

ウ

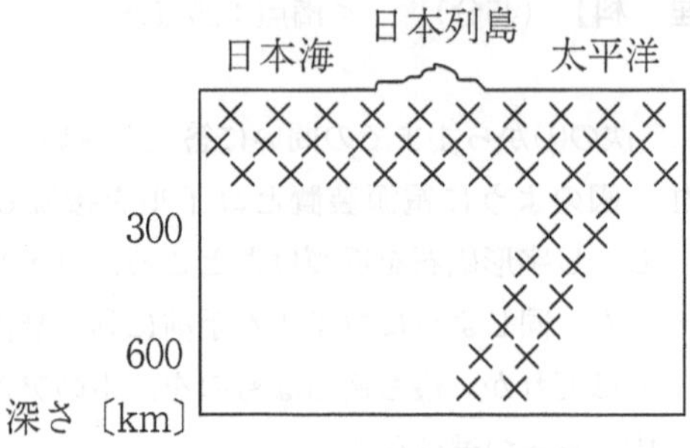

エ

(3) 被子植物の双子葉類には，アサガオやツツジなどの花弁がくっついているものと，アブラナやサクラなどの花弁が複数からなるものがある。花弁がくっついているものを何類というか。**漢字4文字**で答えなさい。

(4) 金属を熱したときの質量の変化を調べるため，下の〔実験〕を行った。マグネシウムが完全に酸素と反応する場合，マグネシウムの質量と反応する酸素の質量の比として最も適当なものを，次の**ア**から**オ**までの中から一つ選びなさい。

ア　2：1
イ　3：2
ウ　3：5
エ　3：8
オ　5：2

〔実験〕 **図**のように，マグネシウムの粉末0.30 gをステンレス皿全体に広げ，一定時間加熱したあと，ステンレス皿を冷やし，粉末の質量をはかった。同じ粉末を使って，この操作を繰り返したところ，**表**のようになった。

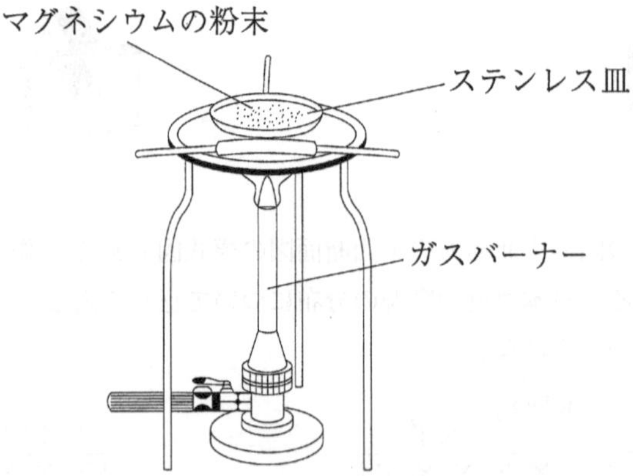

図

表

加熱の回数〔回〕	1	2	3	4	5	6
加熱後の粉末の質量〔g〕	0.40	0.45	0.48	0.50	0.50	0.50

2． カズサさんとナオキくんが，図１のような７枚の動物のカードをつくりました。そのカードを，机の上に並べ，文字が見えないようにふせました。次にそのカードをよく混ぜました。カズサさんとナオキくんが，このカードを使ってゲームを始めました。あとの⑴から⑷までの問いに答えなさい。

ヒト	イカ	ニワトリ	カエル	トカゲ	サンマ	カニ

図１

⑴　カズサさんが，右の２枚のカードをひきました。この２枚のカードの動物に共通していることを言うには，どのようなことを言えばよいか。最も適当なものを下の**ア**から**カ**までの中から一つ選びなさい。

イカ	サンマ

ア　えらで呼吸をしています。　　**イ**　背骨をもつ脊椎動物です。
ウ　気管で呼吸をしています。　　**エ**　外とう膜をもっています。
オ　２心房２心室の心臓をもっています。　　**カ**　赤血球をもっていません。

⑵　ナオキくんが，右の２枚のカードをひきました。この２枚のカードの動物に共通していることを言うには，どのようなことを言えばよいか。最も適当なものを下の**ア**から**カ**までの中から一つ選びなさい。

ヒト	カエル

ア　１心房１心室の心臓をもっています。
イ　背骨をもつ脊椎動物です。
ウ　生まれたばかりはえらで，やがて肺で呼吸をしています。
エ　外とう膜をもっています。
オ　心臓で動脈血と静脈血が混じり合います。
カ　毛細血管がありません。

⑶　担任の先生が二人のところへやってきて，ある１枚のカードをひきました。カズサさんとナオキくんが，先生がひいた１枚のカードを当てるためにいくつかの質問をしました。次の会話から，先生がどのカードをひいたのか推測し，最も適当なものを下の**ア**から**キ**までの中から一つ選びなさい。

カズサ　「その動物は，卵を産んでなかまをふやしますか。」
先　生　「はい。」
ナオキ　「その動物は，からだの表面には羽毛がありますか。」
先　生　「ありません。」
カズサ　「最後の質問です。呼吸は，肺のみですか。」
先　生　「はい。」

ア　ヒト　　**イ**　イカ　　**ウ**　ニワトリ　　**エ**　カエル
オ　トカゲ　　**カ**　サンマ　　**キ**　カニ

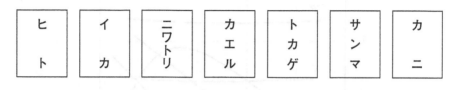

⑷　次の**図2**の**ア**から**オ**は，まわりの温度と体温の関係を示したものである。ニワトリの場合，どのようなグラフになるか。最も適当なものを**ア**から**オ**までの中から一つ選びなさい。

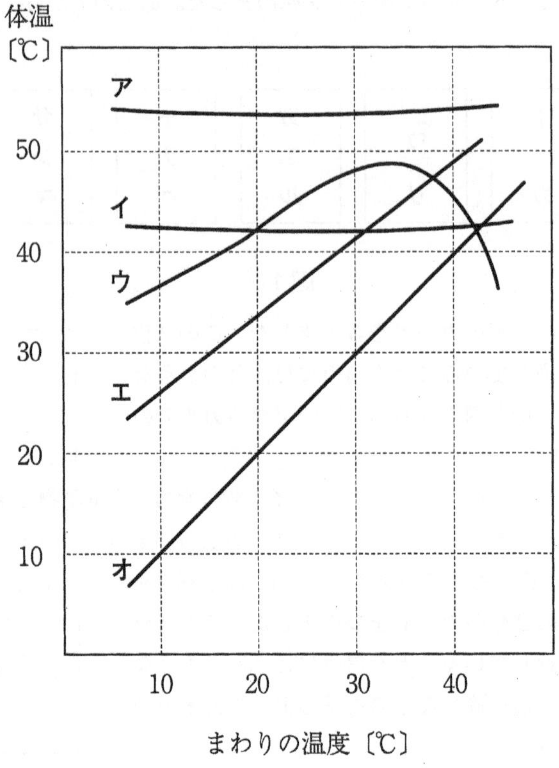

図2

3． 次の［**A**］と［**B**］の問いに答えなさい。

［**A**］　5種類の気体A，B，C，D，Eがある。これらの気体は水素，アンモニア，酸素，二酸化炭素，塩素のどれかである。次の〔実験Ⅰ〕から〔実験Ⅳ〕を読み，下の⑴から⑵までの問いに答えなさい。

〔実験Ⅰ〕　水に溶かしたA，B，Cをリトマス紙で調べた。Aは赤色のリトマス紙が青色に変化した。またB，Cは青色のリトマス紙が赤色に変化した。

〔実験Ⅱ〕　D，Eは水にほとんど溶けなかった。

〔実験Ⅲ〕　気体の色を観察すると，Cのみ色が見られた。

〔実験Ⅳ〕　火を近づけると，Dは音をたてて燃え，Eは火が大きくなった。

⑴　刺激臭のある酸性の気体はどれか。最も適当なものを，次の**ア**から**オ**までの中から一つ選びなさい。

ア　A　　**イ**　B　　**ウ**　C　　**エ**　D　　**オ**　E

⑵　気体Dの製法と集め方として最も適当な方法を，あとの**ア**から**エ**までの中から一つ選びなさい。

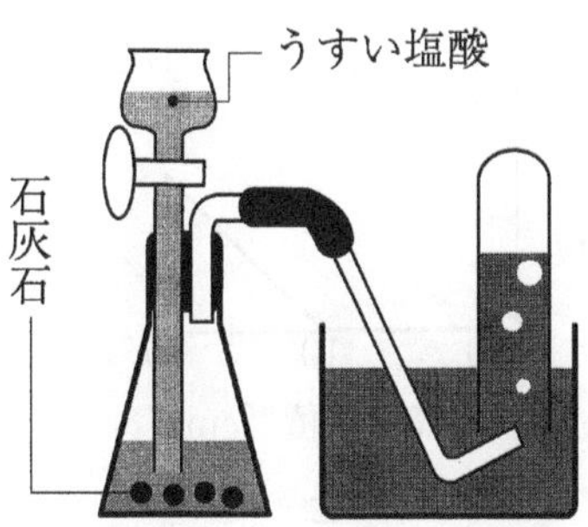

ア

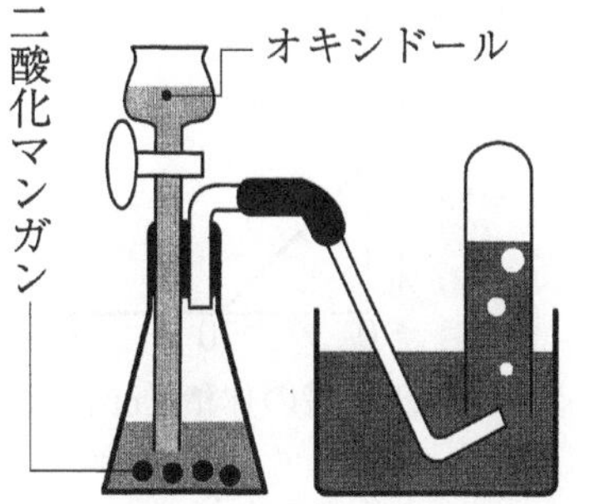

イ

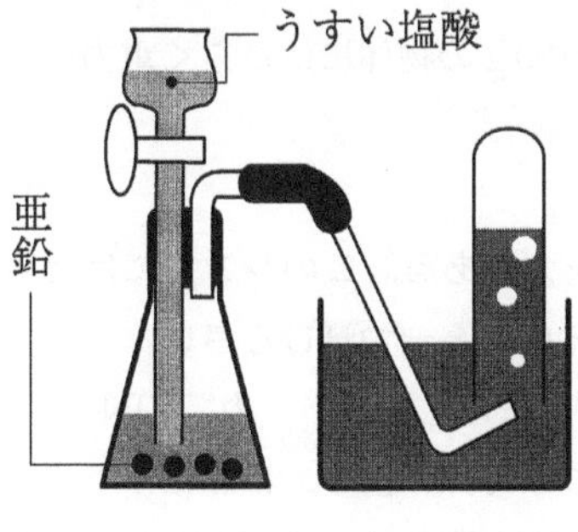

ウ

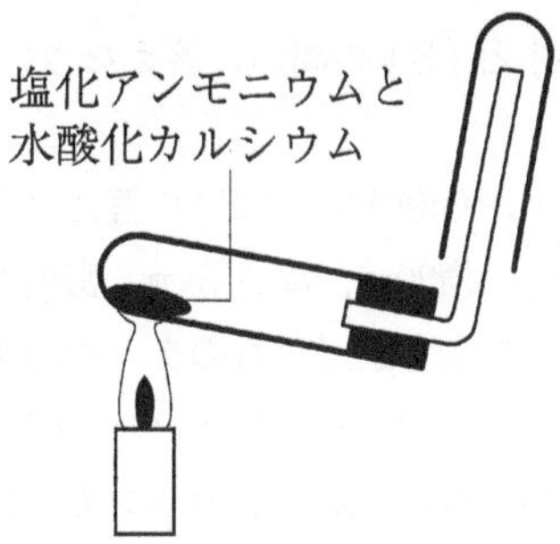

エ

［B］　ビーカーにうすい水酸化ナトリウム水溶液を10cm^{3}とり，BTB溶液を数滴加えた。この溶液にうすい塩酸20cm^{3}を少量ずつ加えていったところ，溶液の色が変化し，さらにうすい塩酸を加えていったところ，それ以降の色の変化は見られなかった。次の⑴から⑵までの問いに答えなさい。

⑴　塩酸を加えはじめてからの，ビーカー内の溶液の色の変化を正しく表しているのはどれか。最も適当なものを，次の**ア**から**エ**までの中から一つ選びなさい。

ア　青→緑→黄　　**イ**　青→黄→緑　　**ウ**　黄→緑→青　　**エ**　緑→黄→青

⑵　下のグラフは，加えた塩酸の体積と，ビーカー内の溶液中の水素イオン，ナトリウムイオン，水酸化物イオン，塩化物イオンのいずれかのイオンの数との関係を表したものである。水素イオンの数の変化を表したグラフはどれか。最も適当なものを，次の**ア**から**エ**までの中から一つ選びなさい。

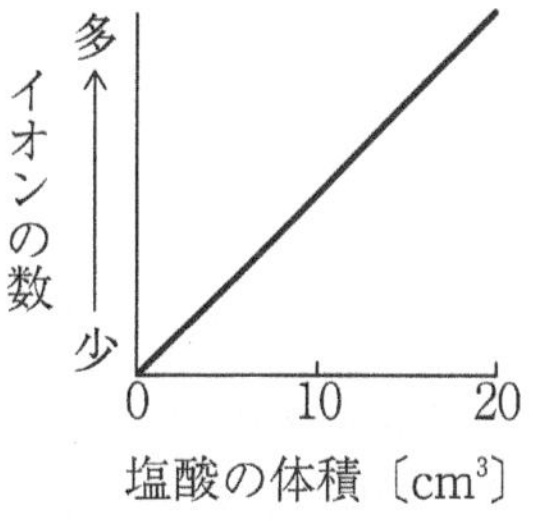

ア

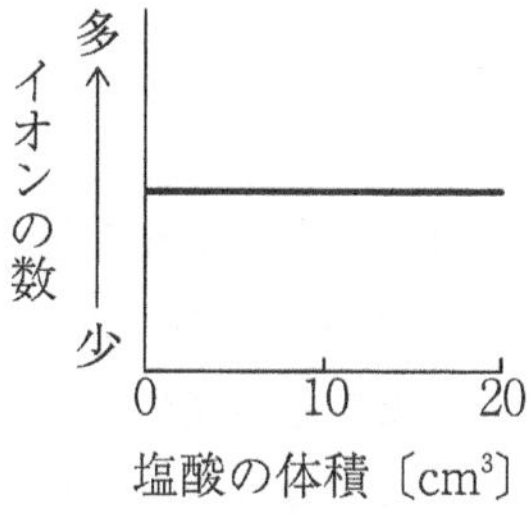

イ

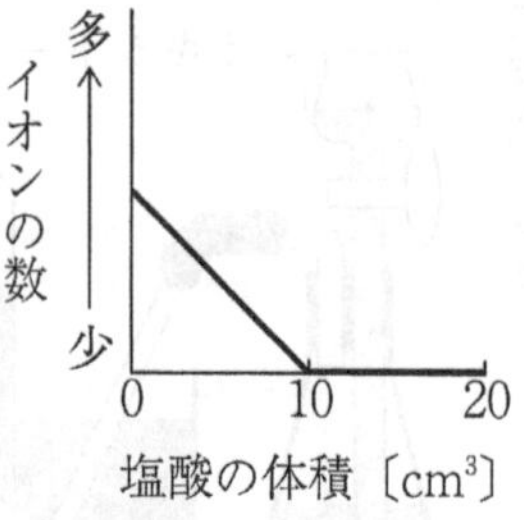

ウ

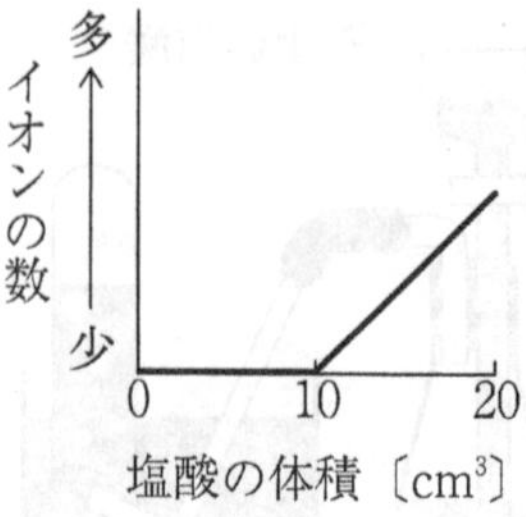

エ

4． 下の［**A**］と［**B**］の問いに答えなさい。なお，質量100ｇの物体にはたらく重力の大きさを１Ｎとする。

［**A**］ 次の⑴から⑵までの問いに答えなさい。

⑴ 縦10㎝，横20㎝，高さ５㎝，密度２ｇ/cm^3のレンガがある。このレンガにはたらく重力の大きさとして最も適当なものを，次の**ア**から**カ**までの中から一つ選びなさい。

ア 0.2N　**イ** 0.4N　**ウ** 2N　**エ** 4N　**オ** 20N　**カ** 40N

⑵ **図１**のように，2000ｇのレンガにばねばかりをつけて床に置き，ばねばかりを引っ張ったところ，ばねばかりは16Nを示した。このとき，レンガが床に加える圧力として最も適当なものを，次の**ア**から**オ**までの中から一つ選びなさい。

ア 200Pa　**イ** 400Pa　**ウ** 600Pa　**エ** 800Pa　**オ** 1000Pa

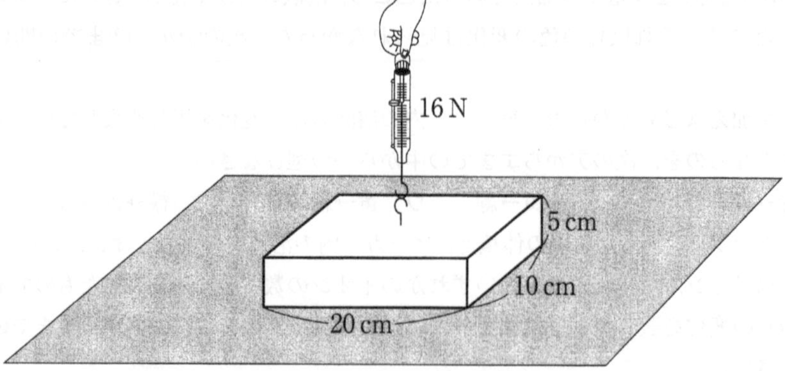

図１

［**B**］ 次の⑴から⑵までの問いに答えなさい。

⑴ 次のページの**図２**のように，物体が水面に浮かんでいる。このとき，物体にはたらく力について説明した文として最も適当なものを，次の**ア**から**カ**までの中から一つ選びなさい。

ア 物体にはたらく力は浮力のみであり，その大きさは物体にはたらく重力よりも大きい。

イ 物体にはたらく力は浮力のみであり，その大きさは物体にはたらく重力に等しい。

ウ 物体にはたらく力は浮力のみであり，その大きさは物体にはたらく重力よりも小さい。

エ　物体にはたらく力は重力と浮力であり，浮力の大きさは物体にはたらく重力よりも大きい。

オ　物体にはたらく力は重力と浮力であり，浮力の大きさは物体にはたらく重力に等しい。

カ　物体にはたらく力は重力と浮力であり，浮力の大きさは物体にはたらく重力よりも小さい。

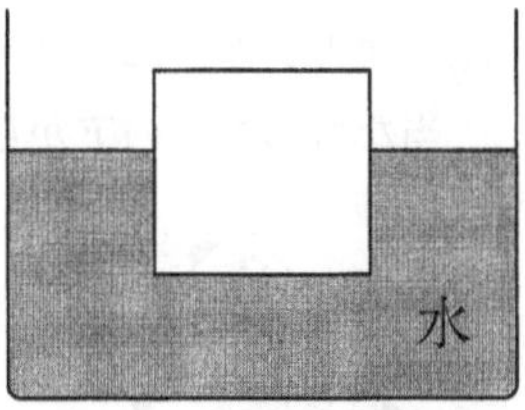

図２

⑵　**図３**のように，質量が120ｇで，体積が40㎤の物体Ａにばねばかりをつけ，物体Ａを水に入れたところ，ばねばかりは0.80Ｎを示した。次に質量が120ｇで，体積が100㎤である物体Ｂにばねばかりをつけ，物体Ｂを水に入れたときに，物体Ｂにつけたばねばかりが示す結果として最も適当なものを，下の**ア**から**カ**までの中から一つ選びなさい。なお，水中で物体にはたらく浮力はその物体の体積に比例するものとする。

ア　0.2Ｎ　　**イ**　0.4Ｎ　　**ウ**　0.6Ｎ

エ　0.8Ｎ　　**オ**　１Ｎ　　**カ**　1.2Ｎ

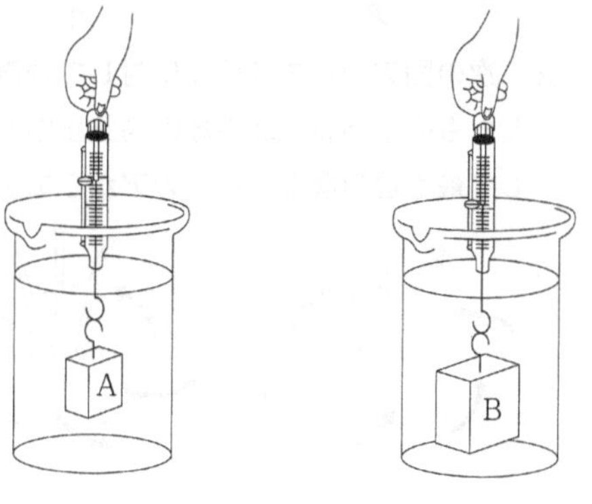

図３

５． **図１**は気象庁HPをもとに作成したある日の天気図である。**図１**をもとに次のページの⑴から⑷までの問いに答えなさい。

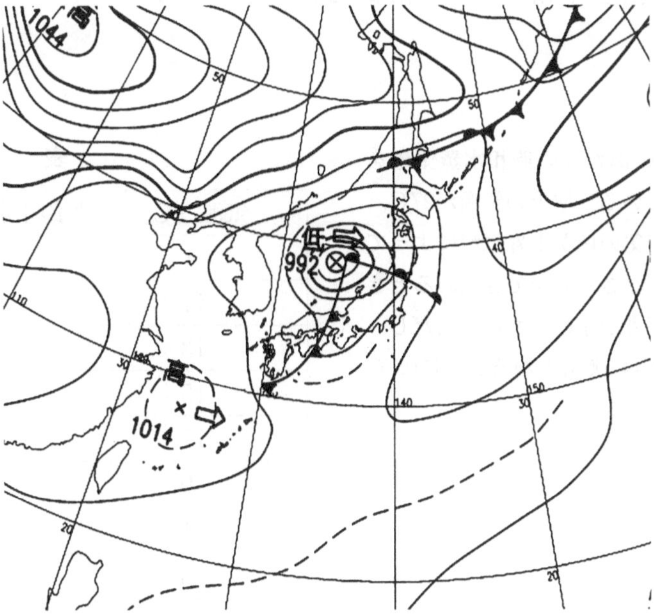

図１

⑴　次の**ア**から**エ**の「・」は，**図1**に示されている前線付近での降水の様子を表している。最も適当なものを次の**ア**から**エ**までの中から一つ選びなさい。

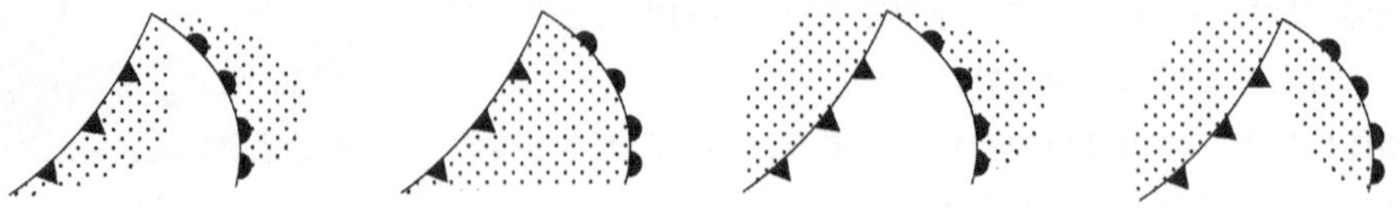

ア　　**イ**　　**ウ**　　**エ**

⑵　次の図**ア**から**エ**は地面に対して垂直方向や水平方向でどのように風が吹いているかを矢印で表したものである。北半球の高気圧中心付近ではどのように風が吹いているか。正しい風の様子として最も適当なものを次の**ア**から**エ**までの中から一つ選びなさい。

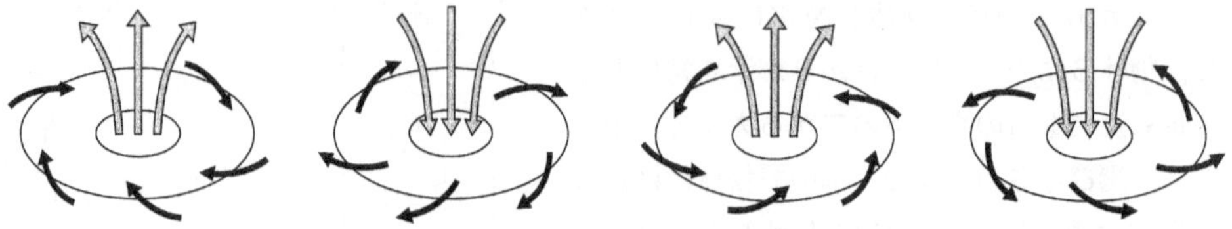

ア　　**イ**　　**ウ**　　**エ**

⑶　**図1**中のある地点の風や天気を観測して，天気図に天気図記号（**図2**）を書いた。この天気図記号が示す内容として，最も適当なものを次の**ア**から**ク**までの中から一つ選びなさい。

ア　北西の風，風速３，晴れ　　**イ**　北西の風，風速３，くもり
ウ　南東の風，風速３，晴れ　　**エ**　南東の風，風速３，くもり
オ　北西の風，風速４，晴れ　　**カ**　北西の風，風速４，くもり
キ　南東の風，風速４，晴れ　　**ク**　南東の風，風速４，くもり

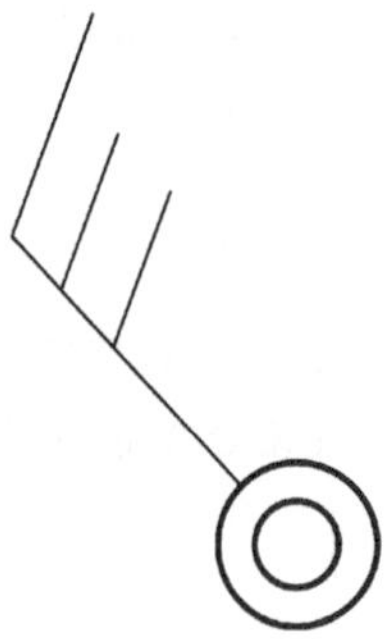

図2

⑷　右の**表**は $1\ \mathrm{m}^3$ あたりの飽和水蒸気量を気温別に示している。地上の気温が27℃，湿度が50%の空気の塊が上昇気流によって持ち上げられたとき，雲ができ始めるときの地上からの高さを求めなさい。ただし，空気の塊の温度は100m上がるごとに0.6℃下がるものとする。

表

気温〔℃〕	飽和水蒸気量〔$\mathrm{g/m^3}$〕
9	8.83
11	10.0
13	11.4
15	12.8
17	14.5
19	16.3
21	18.4
23	20.6
25	23.1
27	25.6

【社　会】（45分）　＜満点：20点＞

1． 次の文章は，先生とひかりさんが元号について交わした会話である。あとの⑴から⑷までの問いに答えなさい。

先　生：今年は元号が「令和」に変わりましたね。これまでに「和」の字を使った元号は20あるそうです。ひかりさんは令和以外に「和」のつく元号を知っていますか。

ひかり：少し前に「①昭和」がありました。

先　生：そうですね。平成のひとつ前の元号です。日本で初めて作られた元号は「大化」だと言われています。「大化の改新」のように②歴史上のできごとに元号が使われている場合もありますね。

ひかり：文禄の役の「文禄」もそうですか。

先　生：その通りです。また，貨幣の名前に元号が使われることもあります。

ひかり：もしかして寛永通宝のことですか。

先　生：よく覚えていましたね。天保小判や③万延小判なども教科書に写真がありましたよ。

ひかり：元号というのは，どのように決められるのですか。

先　生：最近では有識者が候補を出し，その中から話し合いで決められることが多いようです。「令和」は④『万葉集』の一節から選ばれたということで，話題になっていましたね。

⑴　Ⅰの図は①昭和初期にいたるまでの政党の移り変わりを示したものである。また，Ⅱの文章は1930年代の日本について述べたものである。図中の A にあてはまる語句と文章中の B にあてはまる文の組み合わせとして最も適当なものを，あとの**ア**から**エ**までの中から一つ選びなさい。

Ⅰ

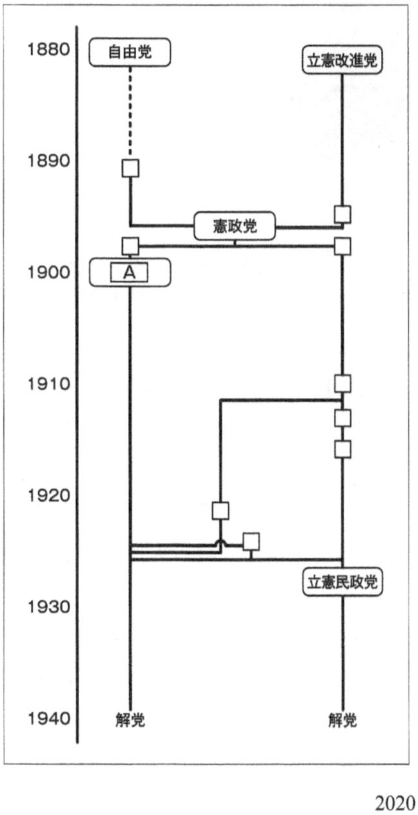

Ⅱ

満州の主要地域を占領した関東軍は，1932年に清の最後の皇帝であった溥儀を元首とする満州国の建国を宣言した。しかし国際連盟はこれを認めず，反発した日本は国際連盟を脱退して国際的な孤立を深めた。そして1936年には B ，これ以降，軍部は政治的な発言力をますます強めていった。

ア　A　立憲政友会
　　B　海軍の青年将校らが首相官邸を襲う五・一五事件がおこり

イ　A　立憲政友会
　　B　陸軍の青年将校らが東京の中心部を占拠する二・二六事件がおこり

ウ　A　大政翼賛会
　　B　海軍の青年将校らが首相官邸を襲う五・一五事件がおこり

エ　A　大政翼賛会
　　B　陸軍の青年将校らが東京の中心部を占拠する二・二六事件がおこり

⑵　元号を用いた②歴史上のできごとについて述べた文として最も適当なものを，次のアからエまでの中から一つ選びなさい。

ア　保元の乱では，平清盛が源義朝を破って平氏の勢力を広げた。

イ　承久の乱に敗れた白河上皇は隠岐に流され，幕府は京都に六波羅探題を設置した。

ウ　建武の新政を行なった後醍醐天皇は，京都から吉野にのがれて兵を挙げ，南北朝の動乱を終結させた。

エ　応仁の乱は，将軍足利義政のときに将軍のあとつぎ問題をめぐり，細川氏と山名氏が対立しておこった。

⑶　次の写真は③万延小判である。19世紀半ばに，幕府が改鋳《かいちゅう》により小判の質を落とした理由として最も適当なものを，あとのアからエまでの中から一つ選びなさい。

ア　外国との金銀の交換比率のちがいから，金が大量に国外に持ち出されることを防ぐため。

イ　幕府の財政が苦しくなり，通貨の発行量を減らして収入を増やそうとしたため。

ウ　朱印船貿易の停止により，国外への銀の輸出が制限されるようになったため。

エ　明銭などの中国銭の使用を禁止した結果，一時的に日本国内の銭が不足したため。

⑷　④『万葉集』がつくられた奈良時代について述べた文として最も適当なものを，次のアからエまでの中から一つ選びなさい。

ア　唐の法律にならって，全国を支配する仕組みを細かく定めた大宝律令がつくられた。

イ　仏教が国家によって手厚く保護される一方，行基などの僧が一般の人々にも仏教の信仰を広めた。

ウ　漢字を変形させた仮名文字が作られ，『古今和歌集』などのすぐれた文学作品が生まれた。

エ　百済の復興を助けるために朝鮮半島に大軍を送ったが，白村江の戦いで唐と新羅の連合軍に敗れた。

2． 次のA，B，Cの絵や写真を見て，あとの⑴から⑶までの問いに答えなさい。

A

B

C

⑴　次の文章は，Aの人物について述べたものである。文章中の（　）にあてはまる最も適当な語句を，カタカナ５字で書きなさい。

　なお，文章中の２か所の（　　）には同じ語句があてはまる。

　マケドニア出身のAの人物は東方に遠征してペルシャを征服し，インダス川にまで達する大帝国を建設した。この結果，ギリシャの文化が東方に広まってオリエントの文化と結びついた。これを（　　　）と呼ぶ。（　　　）の文化は，後にインド，中国，日本の美術にも影響を与えた。

⑵　Bの絵は，20世紀初めの中国分割の状況を風刺《ふうし》したものである。次のページの略地図中のX，Yの都市と，それぞれの都市について述べた下の文a，bの内容の正誤の組み合わせとして最も適当なものを，あとのアからエまでの中から一つ選びなさい。

a　Xの都市は上海であり，三国干渉後にロシアが租借した。

b　Yの都市は香港であり，南京条約によりイギリスに譲渡された。

ア　a－正　　b－正

イ　a－正　　b－誤

ウ　a－誤　　b－正

エ　a－誤　　b－誤

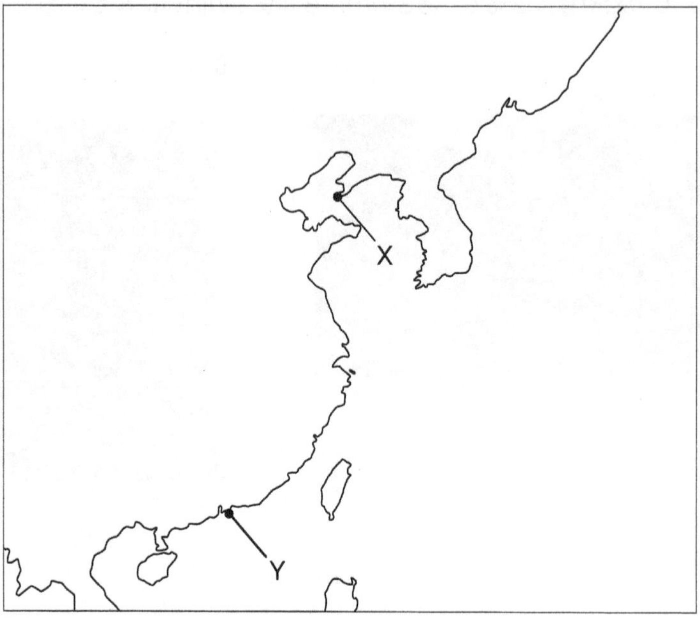

(3) 前のページの**C**の写真は，冷戦を象徴するベルリンの壁に集まる人びとである。次の文**X**，**Y**，**Z**は，それぞれ冷戦期の世界情勢について述べたものである。これらを年代の古い順番に並べたとき最も適当なものを，あとの**ア**から**カ**までの中から一つ選びなさい。

X　インドネシアのバンドンで，アジア・アフリカ会議が開催された。

Y　アメリカがベトナムから撤兵し，ベトナム戦争が終結した。

Z　西側陣営の軍事同盟として，北大西洋条約機構が結成された。

ア　**X→Y→Z**　　**イ**　**X→Z→Y**　　**ウ**　**Y→X→Z**

エ　**Y→Z→X**　　**オ**　**Z→X→Y**　　**カ**　**Z→Y→X**

3． 次のページの略地図は，緯線と経線が直角に交わったものである。あとの(1)と(2)の問いに答えなさい。

(1) 略地図に関して述べた文として最も適当なものを，次の**ア**から**エ**までの中から一つ選びなさい。

ア　東経45度に位置しているサウジアラビアと日本の時差を計算すると，日本のほうが６時間早い。

イ　この略地図では，面積を正確にあらわすために赤道から離れるほど，陸地の形がゆがんであらわされている。

ウ　この略地図中の緯線**A**，**B**，**C**のうち，赤道は緯線**A**である。

エ　北緯40度，西経120度の地点が含まれる国の首都は北京である。

(2) 次の文章は，略地図に関して述べたものである。文章中の（　）にあてはまる最も適当な語句を，漢字５字で書きなさい。

なお，文章中の２か所の（　）には同じ語句があてはまる。

経度は，イギリスのロンドンを通る（　　　）を経度０度として，地球を東西それぞれ180度にわけたものである。（　　　）より東を東経，西を西経という。

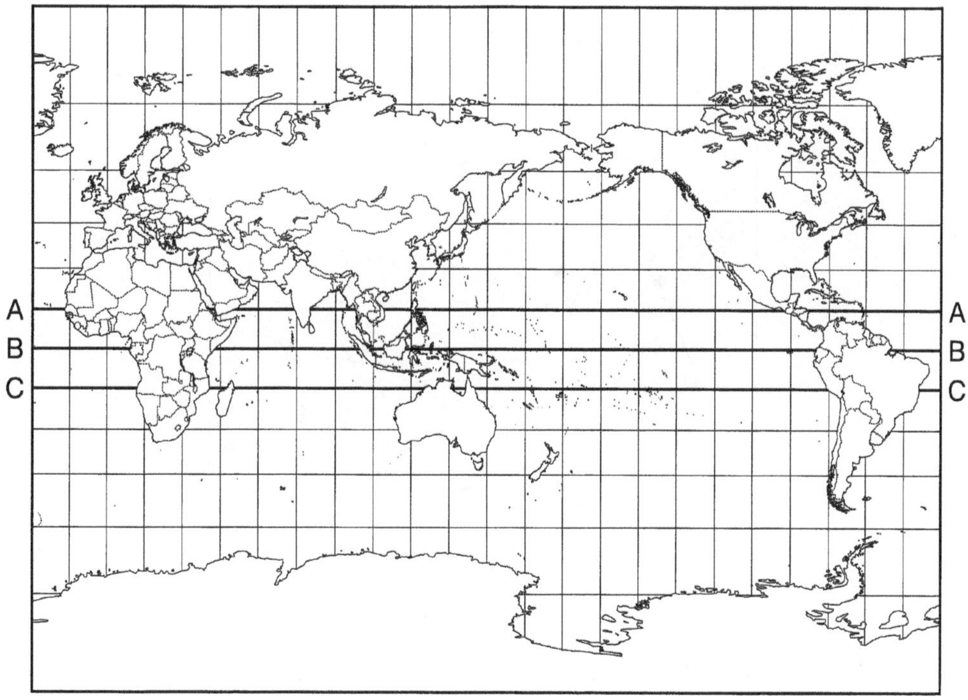

4． 次のⅠの表は，アフリカ州にある４国の人口等を示したものである。次のページのⅡの略地図中の①，②，③，④は，Ⅰの表中のA，B，C，Dのいずれかの国の首都を示している。

なお，Ⅰの表中のA，B，C，Dは，それぞれエジプト，コートジボワール，ナイジェリア，南アフリカのいずれかである。あとの⑴から⑶までの問いに答えなさい。

Ⅰ

	人口 （千人）	１人あたりの 国民総所得 （ドル）	農林水産業の 就業人口比率	穀物生産量 （トン）	旧宗主国
A	57 398	5 128	5.6%	10 167	イギリス
B	195 875	2 129	36.3%	25 036	イギリス
C	99 376	2 778	25.6%	24 214	イギリス
D	24 906	1 499	48.9%	2 578	フランス

（「世界国勢図会 2018/19年版」による）

Ⅱ

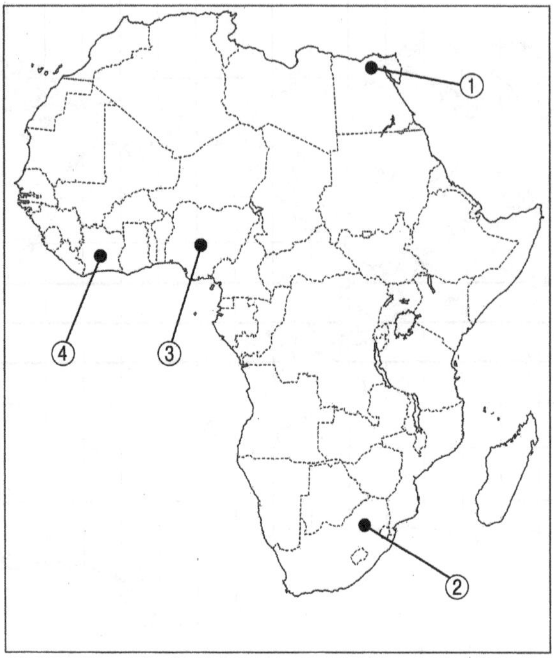

⑴　次の文章は，前のページのⅠの表中のA，B，Cのいずれかの国について述べた文章である。この文章で述べられている国をⅠの表中A，B，Cの中から，Ⅱの略地図中の①，②，③の中からそれぞれ選んだときの組み合わせとして最も適当なものを，あとのアからケまでの中から一つ選びなさい。

毎年夏にナイル川がはんらんし，後に養分の多い土を残すため，農耕が発達した。紀元前3000年頃には国々が統一され，国王の墓としてピラミッドが造られるようになった。

ア　A－①　　イ　A－②　　ウ　A－③　　エ　B－①　　オ　B－②　　カ　B－③
キ　C－①　　ク　C－②　　ケ　C－③

⑵　右のⅢの表は，Ⅰの表中のA，B，C，Dの輸出品目とその割合を示したものである。Ⅰの表中のDの国に該当《がいとう》するものを，Ⅲの表中のW，X，Y，Zの中から，Ⅱの略地図中の①，②，③，④の中からそれぞれ選んだときの組み合わせとして最も適当なものを，あとのアからエまでの中から一つ選びなさい。

ア　W－①
イ　X－③
ウ　Y－④
エ　Z－②

Ⅲ

W	原油 82%	液化天然ガス 11.7%	石油ガス 1.3%
X	自動車 12.3%	機械 9.5%	白金族 8.1%
Y	カカオ 30%	石油製品 11.3%	野菜 7.9%
Z	金 11.8%	野菜 11.3%	原油 8%

(「世界国勢図会2018/19年版」による)

(3) アフリカ州では，エチオピアやリベリアなどを除くほぼ全域が，ヨーロッパ諸国の植民地となった。なかでもイギリスやフランスは多くの国を植民地とした。フランスについて述べた文として最も適当なものを，次の**ア**から**エ**までの中から一つ選びなさい。

ア この国は，マーガリンの原料になるアブラやしの農園をつくるために大規模開発がすすんでいる。

イ この国は，20世紀初めから1970年代にかけて，白豪主義とよばれる政策を採用した。

ウ この国は，国土の大部分が平地であり，穀物の自給率は2012年の段階で100%をこえている。

エ この国は，NAFTAの中心的な役割を果たしている国であり，アメリカやカナダと経済的な結びつきを強めた。

5． 次の表は，日本のある４つの府県の面積等を示したものである。
なお，表中の**A**，**B**，**C**，**D**は，宮城県，愛知県，大阪府，福岡県のいずれかである。あとの(1)と(2)の問いに答えなさい。

	面積 (k㎡)	使用電力 (百万 kWh)	米 (トン)	窯業出荷額 (億円)
A	1 905	17 918	26 800	2 280
B	4 986	10 825	180 400	4 131
C	5 173	14 831	144 300	7 691
D	7 282	4 819	369 000	1 258

（「データでみる県勢　2018年版」による）

(1) 次の文章は，大阪府について述べたものである。文章中の（①）と（②）にそれぞれあてはまる記号と語句の組み合わせとして最も適当なものを，あとの**ア**から**エ**までの中から一つ選びなさい。

大阪府は表中の（　①　）に該当する。淀川から枝分かれした運河が市の中心まで流れこんでおり，かつては水運を利用して各地の物産がもたらされた。大阪市内には，材木町や瓦屋町など生産品の名をつけた地名があり，諸産業が盛んであったことがわかる。明治時代になるとせんい工業が発展し，戦後は化学コンビナートや製鉄所がおかれ，阪神工業地帯の中心として栄えた。人口増加にともない，大規模な宅地開発が行なわれて（　②　）が郊外につくられた。

ア ①－A　②－ポートアイランド　　**イ** ①－A　②－ニュータウン
ウ ①－B　②－ポートアイランド　　**エ** ①－B　②－ニュータウン

(2) 次の文**W**，**X**，**Y**，**Z**は，表中の**A**，**B**，**C**，**D**のいずれかの府県について説明した文である。表中の**C**と**D**の府県に該当する説明文をそれぞれ選んだときの組み合わせとして最も適当なものを，あとの**ア**から**エ**までの中から一つ選びなさい。

W 第二次世界大戦後，大規模河川から用水が引かれ，水不足が解消され，現在では電照ぎくなどの施設園芸農業が行なわれている。

X 日本初の本格的な製鉄所が建設され，筑豊炭田の石炭と中国から輸入した鉄鉱石を利用して鉄鋼生産を行なった。

Y　夏になると寒流の千島海流の影響を受け，海上から冷たく湿った北東風が吹き込み霧を発生させ，また日照不足で，気温が上がらない日が続くことがある。

Z　包丁や刀を生産するため鍛冶職人が集まり，現在でも堺市は伝統的工芸品である高品質な刃物の産地として有名である。

ア　C－W　D－Y　　イ　C－W　D－Z
ウ　C－X　D－Y　　エ　C－X　D－Z

6． 次の文章を読んで，あとの(1)から(3)までの問いに答えなさい。

近年，社会的課題が複雑化・多様化する中，①企業活動を通じて②環境問題や人権問題，まちづくりや子育て支援などの課題解決に貢献する「ソーシャルビジネス」が注目されるようになってきた。③行政による取り組みやボランティアなどによる活動を通じた支援には，それぞれに限界がある中，「ソーシャルビジネス」は，それらの弱点を補いつつさらに新しい産業の創出・育成にもつながる可能性があると期待されている。

(1)　①企業について述べた文として適当なものを，次の**ア**から**エ**までの中から<u>すべて選びなさい</u>。

ア　現代の企業には，利潤を追求するだけでなく企業の社会的責任を果たすことが求められるようになっており，企業の社会的責任を「ＣＳＲ」という。

イ　小売業者や卸売業者が，商品を企画してメーカーに製造を依頼し，独自のブランドとして販売する商品をフランチャイズという。

ウ　労働基準法では，企業で働く労働者に少なくとも週１日の休日を与えることや，男女が同一の賃金であることが定められている。

エ　電気料金や鉄道運賃は公共料金と定められており，企業は自由に価格を決定することができない。

(2)　次の文**X**，**Y**は，②環境破壊の原因の一つであるごみ問題に対する対策として注目されている「３Ｒ」について述べたものである。それぞれの文の内容の正誤の組み合わせとして最も適当なものを，あとの**ア**から**エ**までの中から一つ選びなさい。

X　資源ごみの分別回収を行ない，もう一度製品をつくることをリデュースという。

Y　買い物の際にレジ袋をもらわないようにして，ごみの量をできるだけ減らすことをリユースという。

ア　X－正　Y－正　　イ　X－正　Y－誤
ウ　X－誤　Y－正　　エ　X－誤　Y－誤

(3)　③行政をになう国や地方公共団体について述べた文として最も適当なものを，次の**ア**から**エ**までの中から一つ選びなさい。

ア　国家公務員は一部の人々のためではなく「全体の奉仕者」として仕事をすることが求められるが，地方公務員にその必要はない。

イ　幼稚園は教育施設であるため文部科学省が担当し，保育所は福祉施設であるため厚生労働省が担当する。

ウ　東京都の23区は特別区と呼ばれ市とほぼ同じ権限を持っているが，東京23区以外の都市に特別区を設けることはできない。

エ　国と地方公共団体はともに，首長と議員を国民が直接選ぶ二元代表制を採用している。

7． 次の文章を読んで，あとの⑴から⑶までの問いに答えなさい。

2019年は，ヴェルサイユ条約の締結から100年，世界恐慌のはじまりから90年，①第二次世界大戦開戦のきっかけとなったドイツ軍のポーランド侵攻から80年，そして冷戦の終結から30年にあたる年だった。世界では今も，民族や宗教などをめぐる紛争や，②経済活動をめぐる対立がつづく地域があり，平和の実現は大きな課題である。

私たちは，歴史的な視点も大切にしながら，③社会の動向に目を向けていく必要がある。

⑴ ①第二次世界大戦後に成立した日本国憲法について述べた文として最も適当なものを，次の**ア**から**エ**までの中から一つ選びなさい。

ア 大日本帝国憲法で定められていた「臣民ノ権利」は，日本国憲法にも定められている。

イ 法律の制定や条約の承認，予算の作成や弾劾裁判所の設置は，いずれも国会の仕事として日本国憲法に定められている。

ウ 日本国憲法では，公務員の行為によって受けた損害に対して賠償を求める刑事補償請求権を定めている。

エ 日本国憲法は国民の義務として，普通教育を受けさせる義務，勤労の義務，納税の義務を定めている。

⑵ 次のⅠとⅡのグラフは，政府の②経済活動のひとつである財政政策の課題を，生徒が調べて発表するために使用したものである。

Ⅰのグラフは，日本の国債残高と国の歳入にしめる公債金の割合の推移を，Ⅱのグラフは，日本の歳出・税収の推移と国債発行額の変化をそれぞれ示している。

これらのグラフから読み取れることについて説明した文として最も適当なものを，あとの**ア**から**エ**までの中から一つ選びなさい。

Ⅰ

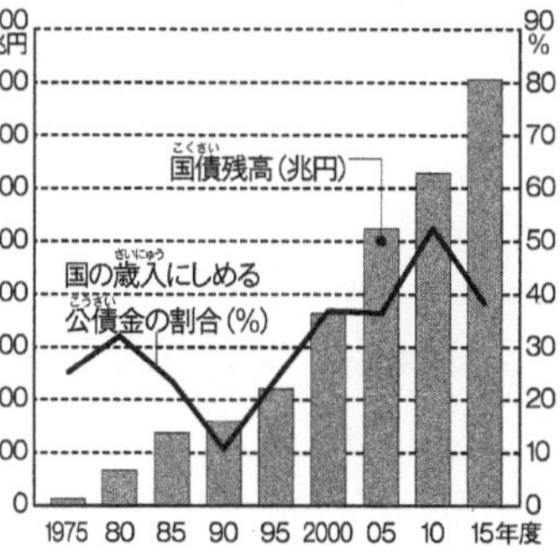

Ⅱ

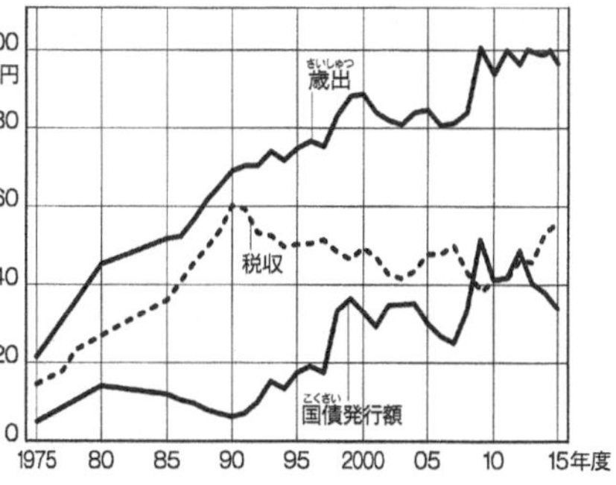

（Ⅰ・Ⅱのグラフはともに財務省資料による）

ア 歳出の増加に伴《ともな》って，国の歳入にしめる公債金の割合も常に増加している。

イ 国債残高は，国債発行額の増減にかかわらず増加を続けている。

ウ 税収が増加すると，国債発行額は必ず減少している。

エ 国債残高は，その年の歳出を常に５倍以上うわまわっている。

⑶ 次のページの文章は，③社会の動向に目を向けるために必要な情報の読み取り方について述べたものである。文章中の（　）にあてはまる最も適当な語句を，カタカナ５字で書きなさい。

マスメディアは世界中でおきたできごとの中から報道で取り上げる話題を選ぶが，マスメディアが伝える情報は，各社の意見が反映されていたり不正確だったりする場合がある。そのため私たちには，マスメディアから発信される情報をさまざまな角度から批判的に読み取る力であるメディア（　　）が求められている。

ア　疑わしく思って
イ　不思議に思って
ウ　気味が悪く感じて
エ　並々でないと感じて

(三)　傍線部③「我」とは誰を示すか。最も適当なものを、次の**ア**から**オ**までの中から選び、その符号を書きなさい。

ア　博雅三位
イ　同じさまに直衣着たる男
ウ　浄蔵
エ　帝
オ　時の笛吹き

(四)　傍線部④「もとの笛を返し取らむ」の現代語訳として、最も適当なものを、次の**ア**から**エ**までの中から選び、その符号を書きなさい。

ア　もとの笛を返してくれるだろう。
イ　もとの笛を返すつもりはない。
ウ　もとの笛を返してもらおう。
エ　もとの笛を返さなくてもよい。

(五)　傍線部⑤「仰せ」の内容を原文中から過不足なく抜き出し、最初と最後の五字を書きなさい。

(六)　傍線部⑥「奏し」とあるが、誰に対する敬意を示すか。最も適当なものを、次の**ア**から**オ**までの中から選び、その符号を書きなさい。

ア　博雅三位
イ　同じさまに直衣着たる男
ウ　浄蔵
エ　帝
オ　時の笛吹き

(七)　この文章の主題として、最も適当なものを、次の**ア**から**エ**までの中から選び、その符号を書きなさい。

ア　借りたものを返さないと鬼神の怒りに触れる。
イ　美しい月夜には音楽が似つかわしい。
ウ　名笛を吹きこなすには高度な技術が必要である。
エ　優れた芸事は鬼神の心をも動かす。

三　次の『十訓抄』の原文と現代語訳とを読んで、あとの（一）から（七）までの問いに答えなさい。

【原文】

博雅《はくが》の三位《さんみ》、月の明《あか》かりける夜、直衣《なほし》にて、朱雀門《すざくもん》の前に遊びて、夜《よ》もすがら、笛を吹かれけるに、①同じさまに、直衣着たる男の、笛吹きければ、「誰《たれ》ならむ」と思ふほどに、その笛の音、この世に類《たぐひ》なくめでたく聞こえければ、②あやしくて、近寄りて見ければ、いまだ見ぬ人なりけり。③我も物をもいはず、かれもいふことなし。かくのごとく、月の夜ごとに行き会ひて、吹くこと、夜ごろになりぬ。

かの人の笛の音、ことにめでたかりければ、試みに、かれを取りかへて吹きければ、世になきほどの笛なり。その後、なほなほ月ごろになれば、行き会ひて吹きけれど、「④もとの笛を返し取らむ」ともいはざりければ、ながくかへてやみにけり。三位失せて後、帝《みかど》、この笛を召して、時の笛吹どもに吹かせらるれど、その音を吹きあらはす人なかりけり。

その後、浄蔵《じやうざう》といふ、めでたき笛吹ありけり。召して吹かせ給《たま》ふに、かの三位に劣らざりければ、帝、御感《ぎよかん》ありて、この笛の主、朱雀門のあたりにて得たりけるとこそ聞け。浄蔵、この所に行きて吹けと仰《おほ》せられければ、月の夜、⑤仰せのごとく、かれに行きて、この笛を吹きけるに、かの門の楼上《ろうじやう》に、高く大きなる音にて、「なほ逸物《いちもつ》かな」とほめけるを、「かく」と⑥奏しければ、初めて鬼の笛と知ろしめしけり。

【現代語訳】

博雅の三位の源博雅公が、月が明るい夜、直衣姿で、朱雀門の前で一晩中、笛を吹いていたところ、同じような直衣姿の男が、笛を吹いていたので、「いったい誰なのだろう」と心の中で思っていたところ、その笛の音は、すばらしく聞こえたので、【　②　】、近づいてみると、まだ見たことのない人であった。我も声をかけることもなく、かれも声をかけてくることはなかった。このようにして、月の明るい晩には必ず行き会い、互いに笛を吹き合い、幾晩かが過ぎていったのだった。

この人の笛の音が、とてもすばらしかったので、試しに、これを取り替えて吹いてみたところ、この世の物とは思われないような笛であった。その後、何か月か経ったところ、同じように出会って毎度笛を吹き合ったが、「【　④　】」とも言わなかったので、長らく交換したままになってしまった。三位が亡くなってから、帝が、この笛をお召しになり、時の笛吹たちに吹かせられたのだけれど、その音を出せる人は誰一人としていなかった。

その後、浄蔵という、とても上手な笛の名人がいた。召して吹かせなさったところ、あの博雅三位に劣らなかったので、帝は、ご感心なさって、この笛の持ち主は、朱雀門の辺りで手に入れたと言っていた。お前もそこに行ってこの笛を吹いてみよとおっしゃったので、月夜の晩に、仰せの通りに、そちらに行って、笛を吹き鳴らしたところ、この門の楼の上から、とてつもない大きな声で、「やはり最高の優れ物だなあ」とほめたので、「こういうことがございました」と申し上げたところ、初めて朱雀門の鬼の笛であったことがわかったのである。

（一）　傍線部①「同じさまに、直衣着たる男」の正体は何であったと考えられるか。原文中から一語で抜き出して書きなさい。

（二）　傍線部②「あやしく」の現代語訳として、最も適当なものを、次の**ア**から**エ**までの中から選び、その符号を書きなさい。

点に、数々のスポーツ小説を創作してきた。

＊2 『遥かなるモンレアル』…月刊誌『文藝松葉』に掲載する、守重の書き下ろし短編小説。日本の片田舎の、狭い世界で生きてきた少年が、オリンピックを通して、自分が暮らす町の外には、広い世界が存在していることを認識するという物語。

＊3 後藤……慎一郎の上司で、編集長。十年ほど前まで、守重の担当者をしていた。

＊4 饒舌……口数が多いこと。おしゃべり。

(一) 傍線部①「鼻の奥を塩素の香りが駆け抜ける」とあるが、この時の慎一郎の心情を説明したものとして最も適当なものを、次の**ア**から**エ**までの中から選び、その符号を書きなさい。

ア 高飛び込みの選手生命が断たれた後悔が、悲痛感を伴って呼び起こされている。

イ 高飛び込みをやっていた頃の過酷な練習の記憶が、身体感覚を伴ってよみがっている。

ウ 高飛び込みの選手時代に経験した本番前の緊張感を、臨場感をもって想起している。

エ 高飛び込みの選手だった時代に出会った仲間との絆を、誇らしく思い出している。

(二) 傍線部②「もの凄く矛盾した感情」とあるが、それを説明した一文を本文中から抜き出し、最初の七字を書きなさい。

(三) 傍線部③「山積みになったマイナスな感情」に**合致しないもの**を、次の**ア**から**エ**までの中から一つ選び、その符号を書きなさい。

ア 東京オリンピックに積極的に関わろうとしている人間を素直に応援できない気持ち。

イ 自分自身が選手として東京オリンピックに出場できなかったことへの無念な気持ち。

ウ 東京オリンピックの広告に商業的意図が反映されていることにうんざりする気持ち。

エ 東京オリンピックへの高揚感を感じ得ない現状に対してむなしさを感じる気持ち。

(四) 傍線部④「視線を外さなかった」と同じ意味で使われている言葉を本文中から五字以内で抜き出して書きなさい。

(五) 傍線部⑤「彼の右手が、耳の上の跳ねた髪へと伸びる。指に毛束を巻き付けるようにして、弄ぶ」から、傍線部⑥「守重の指が、髪の毛から離れる」に至るまでの守重の心情を説明したものとして、最も適当なものを、次の**ア**から**エ**までの中から選び、その符号を書きなさい。

ア 慎一郎の言葉を考察しながら熟慮し、長編オリンピック小説創作の合理性に納得した。

イ 慎一郎の言葉を話し半分で聞き流しながら、長編オリンピック小説創作をはぐらかした。

ウ 慎一郎の言葉に逃げ場をなくし、長編オリンピック小説の創作は回避できないと断念した。

エ 慎一郎の言葉を受け止めながら思案し、ついに長編オリンピック小説の創作を決意した。

(六) 空欄 A に入る最も適当な言葉を本文中から四字で抜き出して書きなさい。

す。そう思ってる人、多分日本中にたくさんいます。何で楽しみにできないんだろうって思ってる人、絶対にいっぱいいますよ」

他ならぬ、自分がそうだ。本当なら、ボランティアに参加するという妹に「頑張れよ」と言いたいし、「俺だって仕事してなかったらやってみたかったなあ」なんて、羨《うらや》ましがってみたい。

僕、高飛び込みやってたんです。続けてたら東京オリンピックに出られてたかもですね。日本代表のあいつと同じ大会に出たこともありますよ。そんな風に、同僚にでも担当している作家にでも、自慢をしてみたかった。

「そういう人達のために、オリンピック小説をやりませんか？」

言い終えた瞬間、室内の本の香りが、一際強くなった気がした。

「守重先生の小説を読んでスポーツを始めた若い子はきっとたくさんいます。今本当に東京オリンピックを目指している子だっていると思います。でも、その人達を励ますのは、無理にスポーツ小説である必要はないと思うんです。日本中がオリンピックで盛り上がれるようになることの方が、ずっと強く選手の背中を押すと思うんです。それに、僕みたいな、日本で開催されるオリンピックを知らない世代の人達を、もっとわくわくさせてほしいです」

自分は、そこまで＊4饒舌《じょうぜつ》な方じゃないはずなのに。言葉がするすると、次から次へと滝のようにあふれてくる。

守重は慎一郎から④視線を外さなかった。でも、何も言わない。どこかからファンか何かが回る音がする。多分、パソコンの冷却ファンの音だ。プリンターがノズルの自動クリーニングをする音がする。エアコンが冷風を送る音がする。

「そっか」

長い沈黙の果てに、守重がそうこぼした。

「オリンピックを楽しみにしたいのにできない人のための小説、か」

⑤彼の右手が、耳の上の跳ねた髪へと伸びる。指に毛束を巻き付けるようにして、弄《もてあそ》ぶ。

「この種目ならメダルが期待できるから小説の題材にしましょうとか、映像化の企画も同時進行でやりましょうとか、僕のファンだって言ってくれてるアスリートにコメントをもらいましょうとか。そういう話ばっかりでさ、全然 A しなかったんだ」

⑥守重の指が、髪の毛から離れる。瞳がきょろりと動いて、慎一郎を見据えた。

「でも、今の相沢君の話には、 A したかな」

白い歯を見せて、「 A って大事だよね」と彼は首を傾《かし》げて笑った。

「もう子供じゃなくても、どれだけ年を取っても、何か大きなことを始めようとしたら、 A しないと進められないよ。長編の小説なんて特にそう。オリンピックなんて大きなイベントを題材にするなら、尚更《なおさら》だ」

二枚の青いポスターを見下ろす守重の目は、不思議と青く光って見えた。彼がまだ小学生の頃、札幌オリンピックのポスターを街中で見かけたとき、守重の瞳はこんな風だったのかもしれない。

（額賀澪『オリンピックを知らない僕達へ』による）

＊1　ポスター…一九七二年開催の「札幌オリンピック」のポスター。守重は十歳の頃、地元の札幌でオリンピックが開催された経験を原

エ　物事の本質を明らかにし、思慮をめぐらす知的能力。

(六)　筆者の考えと一致するものとして最も適当なものを、次のアからエまでの中から選び、その符号を書きなさい。

ア　日本の科学技術者や研究者は、自身の専門的な知識だけでなく、文化的な教養を身に付ける必要がある。

イ　人々が幸せな人生を送るためには、まず選択肢を選択肢として認識できる能力を身に付ける必要がある。

ウ　人々ができるだけ不幸にならないようにするために枝葉や花としての教養を身に付ける必要がある。

エ　教養を身に付けることは、いざというときに身を守る力になり、時には他人が守ってくれる力にもなる。

二　次の文章を読んで、あとの(一)から(六)までの問いに答えなさい。

相沢慎一郎は、作家・守重青司の担当編集者である。守重青司は、ベストセラーを何本も持つ売れっ子作家で、得意分野はスポーツ小説である。しかし、ここ数年は、得意のスポーツ小説を発表しておらず、東京オリンピック開催に向けての長編小説の企画にも後ろ向きである。

「あのっ、守重先生」

身を乗り出したら、何故《なぜ》かソファから体が滑り落ちた。フローリングに左膝を思い切りぶつけたが、慎一郎は構わず＊1ポスターに両手を添えた。

指先に、雪や氷の冷たさが伝わってくるようだった。

なのに、①鼻の奥を塩素の香りが駆け抜ける。

どうしてだろう。②もの凄く矛盾した感情が今、自分の中を駆け抜けている。

「スキーともスケートとも真逆のスポーツですけど、なんか、このポスターを見て、僕は高飛び込みをやってきた頃のことを思い出しました」

額に顔を近づけ、改めてポスターを見つめる。

ウインタースポーツの鋭い緊張感を切り取ったそのポスターの青色は、飛び込み台から見下ろしたプールの青と、不思議とよく似ていた。

「守重先生の気持ち、凄くよくわかります。これが街中に貼ってあったら、凄いことが始まるんだなって思いますもん」

どうして今、オリンピックのこの手のポスターを東京で見かけないのだろう。エンブレムが入ったスポンサー企業の広告ばかりで、こういう、日本人をわくわくさせるようなものを見せてくれないのだろう。

③山積みになったマイナスな感情を振り払ってくれるような、そんなエネルギーを、どうして提示してくれないんだ。

「＊2『遥《はる》かなるモンレアル』は、いい小説です。文藝《ぶんげい》松葉の読者層ともマッチしてます。なので、もし、先生がやり残したと感じることがあるなら、僕とオリンピック小説を作りませんか?」

フローリングの上に正座をして、守重を見上げる。彼は驚いたように目を見開いて、でもすぐに静かな表情に戻った。

オリンピックになんて何も期待していないのに、でも、心の奥で期待している。そんな自分の矛盾を、慎一郎は噛《か》み締めた。

「＊3後藤がどうとか、他社がどうとかではなくて、僕ももう少しわくわくしたいんです。東京オリンピックを、もっと楽しみにしたいんで続くときには、地中に深く伸びた根でなければ、水を吸い上げることはできない。

木が倒れてしまわないのは、根を大地に深く、また広く伸ばしているからである。根がしっかり大地を踏みしめているからこそ、木は大きくなることができるし、嵐にも＊2旱魃《かんばつ》にも耐えることができる。

「教養は人間の根である」というのは、順風のなかにあるとき、その教養は、その人の幹と枝を育て、花を咲かせ、また、実をつけさせる。その人を美しく飾る。他方、人がさまざまな困難にソウグウするとき、その困難に打ち克《か》つ力となって、その人を守る。

教養ある人は、よりよい選択をすることによって身を守ることができ、よりよい人生を実現することができる。よい選択をするためには、わたしたちは、まず目の前に現れてくる選択肢を選択肢として認識できなければならない。これができなければ、わたしたちは大切な選択肢を見逃してしまう。選択肢を選択肢として認識できる能力、複数の選択肢のなかから、よりよい選択肢、さらには最善の選択肢を選択するための能力、言い換えれば、最善の選択を支えるのが教養である。

（桑子敏雄『何のための「教養」か』による）

＊1　アリストテレス……古代ギリシアの哲学者。多岐にわたる自然研究の業績から「万学の祖」とも呼ばれる。

＊2　旱魃……雨が降らないなどの原因である地域に起こる長期間の水不足の状態。

（一）　二重傍線部（X）「ソウグウ」を漢字にする場合、使用する文字と同じ漢字を用いるものを**ア**から**ク**までの中から**二つ**選び、その符号を書きなさい。

ア　ソウ厳な神社。　**イ**　事件のソウ査をする。
ウ　機械をソウ作する。　**エ**　海でソウ難する。
オ　グウ像崇拝。　**カ**　グウ然の積み重ね。
キ　恵まれた境グウ。　**ク**　有名な神グウを訪ねる。

（二）　二重傍線部（Ⅰ）「カシコ」（Ⅱ）「ハジ」を漢字で書きなさい。

（三）　空欄 A から D にあてはまる言葉の組み合わせとして最も適当なものを、次の**ア**から**エ**までの中から選び、その符号を書きなさい。

ア　A　むしろ　B　ところが　C　だから　D　つまり
イ　A　ところが　B　むしろ　C　つまり　D　だから
ウ　A　だから　B　つまり　C　むしろ　D　ところが
エ　A　つまり　B　だから　C　ところが　D　むしろ

（四）　空欄 E に入る言葉を本文中から二字で抜き出して書きなさい。

（五）　傍線部①「理工系学生のもつべき教養」とあるが、多くの教授たちが大切だと考える教養とはどんなものか。最も適当なものを、次の**ア**から**エ**までの中から選び、その符号を書きなさい。

ア　意思決定の根拠になるような的確な判断力。
イ　現実に起きている課題を解決するための思考力。
ウ　文化的価値や意義についての豊かな知識と素養。

【国　語】（四五分）〈満点：二〇点〉

一　次の文章を読んで、あとの（一）から（六）までの問いに答えなさい。

命の危機に(X)ソウグウすることは不幸なことであるが、幸運に恵まれるだけがよい人生ではない。[A]、さまざまな困難を克服すること、そのような克服を実現するための(Ⅰ)カシコい選択を行うことこそが人生を豊かにする。困難な状況にあってこそ、人間はカシコい選択をすることができるからである。

命にかかわる危機のなかで何が人を救うことができるだろうか。＊1アリストテレスの「教養は幸運なときには飾りとなるが、不運のなかにあっては命綱となる」ということばで、わたしがあえて「命綱」と訳したのは、ギリシア語の「カタフィゲー」ということばである。アリストテレスは、幸運なときの「コスモス（飾り）」と不運なときの「カタフィゲー」を対比させた。カタフィゲーは、文字通りには、「避難所」である。「避難所」は、危機のときに身を守る場所であるが、いざというときに身を守る力になるという意味では、むしろ「命綱」と言った方がいいと思う。これは、ほかの人が守ってくれる力という意味ではない。自らの心のうちにあって、自分を守る力である。アリストテレスはそれが教養だというのである。教養は、自分自身のなかに形成された生きるための底力だからである。

わたしが理工系大学で哲学を教えていたとき、①理工系学生のもつべき教養の大切さを説く教授たちもたくさんいたが、その多くは、教養を科学技術者が身に備えるべき「飾り」と考えていた。日本の科学技術者は、海外の学会に出席すると、懇親会のような交流の場で日本文化について質問を受ける。[B]、理工系の研究に専念してきた科学技術者、研究者は、日本文化の価値や意味についての問いに答えることも、あるいは自ら進んで紹介することも、自分の意見を述べることもできない。とくに最近は、日本の文化について造詣《ぞうけい》の深い海外の研究者も増えているので、質問も相当深い関心のもとに発せられる。

[C]、「教養の大切さ」を感じた教授たちは、「学生には、教養を身につけさせなければならない。ただ、それは専門でとんがった能力をもつことが前提であるが」という。[D]研究者として成功するためには高度な専門性を、そして、(Ⅱ)ハジをかかないためには教養を、という考えである。このような意味での教養とは、理工系教育に加えるべき文系の知識である。科学技術の専門家であることに加えて、文化的教養人になることも大切だという思想である。

わたしは、教養の本質はもっと別のところにあると考えている。「飾りとしての教養」に対して、わたしは、現代の若者が身につけるべき教養は、枝葉や花としての教養ではないと思っている。それは、「人間の根」としての教養である。これは「[E]」に通じる思想である。

人間を一本の木にたとえるならば、その根っこにあたるのが教養である。一本の木が生長してゆくとき、その生長を支えるのが太い根である。根が丈夫でしっかりしていれば、木は大きく育つことができる。幹を太くし、枝を広げ、葉を茂らせ、花を咲かせ、実をつける。地上に伸びた木を地中で支えるのが根である。

木が生長しようとすると、ときには風が吹く。強風で枝が折れることもある。雷が落ちれば、幹までが割れてしまうかもしれない。日照りが

MEMO

大切なことはメモしておこうネ！

2020年度

解　答　と　解　説

《2020年度の配点は解答欄に掲載してあります。》

＜数学解答＞

1　(1)　11　　(2)　$\frac{7}{6}$　　(3)　$2-2\sqrt{3}$　　(4)　$x(x+5)$　　(5)　$x=-1,\ 6$　　(6)　$-\frac{9y}{4x^4}$

(7)　$4a+80b\leqq x$　　(8)　$a=-\frac{1}{48}$　　(9)　4　　(10)　15.5%　　(11)　$a=5$

2　①　1　　②　$y=x+2$　　③　(0, 8), (0, −4)

3　(1)　①　45度　　②　9cm²　　(2)　①　C, G　　②　五角形

(3)　①　4cm²　　②　$\frac{3\sqrt{2}}{4}\pi+1$cm

○推定配点○

各1点×20　　　計20点

＜数学解説＞

1　(正負の数，1次式の加減，平方根，因数分解，2次方程式，単項式の乗除，不等式，変化の割合，数列，方程式の利用，資料の整理)

基本　(1)　$3-(-2)\times4=3-(-8)=3+8=11$

基本　(2)　$\frac{x+1}{2}-\frac{3x-4}{6}=\frac{3(x+1)-(3x-4)}{6}=\frac{3x+3-3x+4}{6}=\frac{7}{6}$

基本　(3)　$(1-\sqrt{3})^2-2=1-2\sqrt{3}+3-2=2-2\sqrt{3}$

基本　(4)　$(x+1)^2+3(x+2)-7=x^2+2x+1+3x+6-7=x^2+5x=x(x+5)$

基本　(5)　$(x-3)(x+8)=2(5x-9)$　　$x^2+5x-24=10x-18$　　$x^2-5x-6=0$　　$(x+1)(x-6)=0$　$x=-1,\ 6$

基本　(6)　$3xy^2\div(-2x^2y)^3\times6xy^2=\frac{3xy^2\times6xy^2}{-8x^6y^3}=-\frac{9y}{4x^4}$

基本　(7)　題意より，$\frac{a}{3}\times12+80\times b\leqq x$　　$4a+80b\leqq x$

(8)　$\frac{-a\times4^2-a\times2^2}{4-2}=\frac{12a}{2}=6a$　　$\left(\frac{1}{4}-\frac{1}{2}\right)\div(4-2)=-\frac{1}{4}\div2=-\frac{1}{8}$　　よって，$6a=-\frac{1}{8}$　$a=-\frac{1}{48}$

(9)　(1)，(1, 2)，(1, 2, 3)，(1, 2, 3, 4)，…　　40＝1＋2＋3＋4＋5＋6＋7＋8＋4より，最初から40番目の整数は，4

(10)　はじめの食塩水の濃度をx%とすると，食塩の量について，$200\times\frac{x}{100}+300\times\frac{3}{100}=(200+300)\times\frac{8}{100}$が成り立つ。$2x+9=40$　　$2x=31$　　$x=15.5$(%)

(11)　平均点は，$(3+5+1+7+8+1+2+a)\div8=\frac{27+a}{8}$　　ここで，$0\leqq a\leqq10$より，平均点は，

$\frac{27}{8}=3.375$点以上，$\frac{37}{8}=4.625$点以下　aを除いて得点の低い順に並べると，1，1，2，3，5，7，8　$a=4$のとき，中央値は，$\frac{3+4}{2}=3.5$　$\frac{27+a}{8}=3.5$　$a=1$　これは不適。$a \geqq 5$のとき，中央値は，$\frac{3+5}{2}=4$　$\frac{27+a}{8}=4$　$a=5$　よって，$a=5$

2 （図形と関数・グラフの融合問題）

基本　① $y=-x^2$に$x=-2$，1をそれぞれ代入して，$y=-4$，-1　よって，A$(-2, -4)$，B$(1, -1)$　したがって，直線ABの傾きは，$\frac{-1-(-4)}{1-(-2)}=\frac{3}{3}=1$

重要　② $y=ax^2$に$x=-1$，2をそれぞれ代入して，$y=a$，$4a$　よって，C$(-1, a)$，D$(2, 4a)$　したがって，直線CDの傾きは，$\frac{4a-a}{2-(-1)}=\frac{3a}{3}=a$　AB//CDより，$a=1$　よって，C$(-1, 1)$　直線CDの式を$y=x+b$とすると，点Cを通るから，$1=-1+b$　$b=2$　したがって，$y=x+2$

③ ②より，D$(2, 4)$だから，△OAB＝△ODC　直線CDとy軸との交点をFとすると，F$(0, 2)$　よって，EF＝3OFのとき，△CDE＝3△OCDより，題意を満たす。点Eのy座標をeとすると，$e>2$のとき，$e-2=3\times 2$　$e=8$　$e<2$のとき，$2-e=3\times 2$　$e=-4$　よって，E$(0, 8)$またはE$(0, -4)$

3 （平面図形の計量，空間図形）

基本　(1) ① 等しい弧に対する円周角の大きさは等しいから，$\angle FBE=\angle FEB=(180^\circ-135^\circ)\div 2=22.5^\circ$　弧の長さと円周角の大きさは比例するから，$\overset{\frown}{CDE}=2\overset{\frown}{DE}$より，$\angle CAE=2\angle DBE=2\times 22.5^\circ=45^\circ$

重要　② $\overset{\frown}{ABC}=\overset{\frown}{CDE}$より，$\angle CEA=\angle CAE=45^\circ$　よって，$\angle ACE=90^\circ$だから，AEは円の直径となり，$3\times 2=6$　△ACEは直角二等辺三角形だから，$CA=CE=\frac{1}{\sqrt{2}}AE=\frac{6}{\sqrt{2}}=3\sqrt{2}$　よって，面積は，$\frac{1}{2}\times(3\sqrt{2})^2=9(\text{cm}^2)$

基本　(2) ① 右の図のように，点Aは点Cと点Gに重なる。

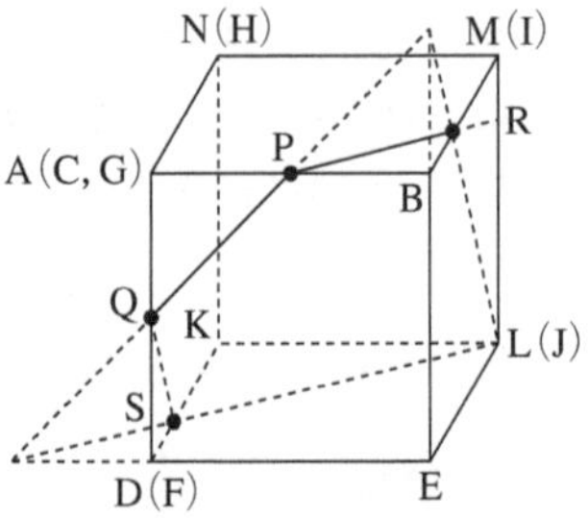

重要　② 直線PQと直線BEとの交点と，点Lを結ぶ直線は辺BM上の点Rを通り，直線PQと直線DEとの交点と，点Lを結ぶ直線は辺FK上の点Sを通るから，3点L，P，Qを通る平面で切ったときの切り口は五角形LRPQSである。

基本　(3) ① 正方形ABCDの対角線の長さは$2\sqrt{2}$cmだから，1辺の長さは，$\frac{2\sqrt{2}}{\sqrt{2}}=2(\text{cm})$　よって，面積は，$2^2=4(\text{cm}^2)$

重要　② 右の図のように，点E～Hをとる。四角形OECF，PGCHは正方形だから，$\overset{\frown}{EOF}=\pi\times\sqrt{2}\times\frac{1}{2}=\frac{\sqrt{2}}{2}\pi$　$\overset{\frown}{GPH}=\pi\times\frac{\sqrt{2}}{2}\times\frac{1}{2}=\frac{\sqrt{2}}{4}\pi$　$EG=FH=GC=\frac{\sqrt{2}}{2}\times\frac{1}{\sqrt{2}}=\frac{1}{2}$　よって，斜線部分の図形の周の長さは，$\frac{\sqrt{2}}{2}\pi+\frac{\sqrt{2}}{4}\pi+\frac{1}{2}\times 2=\frac{3\sqrt{2}}{4}\pi+1(\text{cm})$

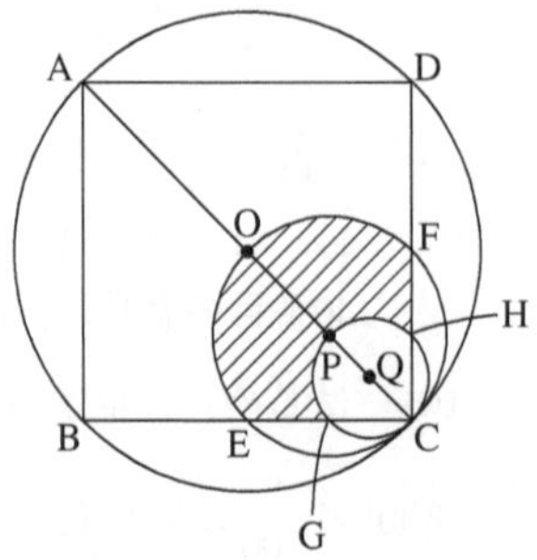

★ワンポイントアドバイス★

出題構成，難易度ともに大きな変化はない。時間配分を考えて，できるところからミスのないように解いていこう。

＜英語解答＞

1　聞き取り検査解答省略

2　①　Sounds, to　②　would, like　③　How about

3　(1)　suffering　(2)　ウ　(3)　thought it was necessary for children to get support from　(4)　エ　(5)　エ，カ

4　(1)　【b】イ　【d】ウ　(2)　(ア)　belonged　(イ)　like　(3)　ア
(4)　(X)　preparing　(Y)　same

○推定配点○

1　各1点×5　2　各1点×3　3　各1点×6　4　各1点×6((1)完答)　計20点

＜英語解説＞

1　聞き取り検査解説省略。

基本　2　(会話文読解問題：語句補充，口語表現，前置詞，助動詞，熟語)

(全訳)　ケイト：こんにちは，順子。あなたの今週末の予定は何？

順子　：えーと，土曜日は池田公園に行くよ。ボランティア活動をする予定なの。

ケイト：ボランティア活動？　①おもしろそうね。そこで何をするの？

順子　：そこへ教会の人たちと行って，ホームレスの人たちに温かい食事と防寒着を渡すの。

ケイト：ああ，なるほど。私はこの町にホームレスの人々がいることを知らなかったわ。

順子　：私も学校でコバヤシ先生からこのボランティアグループについて聞くまで，彼らについて知らなかった。もしあなたがボランティア活動に興味があるなら，②私たちに加わらない？

ケイト：もちろん。公園で会える？

順子　：いいよ，まず午前9時に教会へ行って，温かい食事と防寒着を用意するよ。その後，公園に行ってホームレスの人たちにそれらを渡すの。

ケイト：わかった。③8時30分に教会で会うのはどう？

①　〈Sounds ＋形容詞＋(to me.)〉は「(私には)～そうに聞こえる」と意味で，相手の言葉に対し「それは～そうだね」と言う時に用いる。Sounds interesting.「おもしろそうだね」，Sounds nice.「よさそうだね」など。

②　〈Would you like to ＋動詞の原形 ～？〉「～しませんか」　相手を誘うときの言い方。

③　How about ～ing？「～するのはどうですか」

3　(長文読解問題・エッセイ：語句補充・選択，進行形，語句整序，不定詞，内容吟味，内容一致)

(全訳)　この前の夏，私はアイスランドのレイキャビクに住んでいる友人を訪ね，彼女のところに2週間滞在した。初日の夜，私たちは夕食を食べに出かけた。その日は土曜日だった。とても有名なレストランで私たちは地元の料理と会話を楽しんだ。レストランからの帰り道に，私たちは道

で中年の人たちのグループに話しかけられた。最初，私は言葉が理解できなくて彼らが何について話しているのかわからなかった。でも後で私の友人のサラが話をしてくれて，私は彼らが誰だかわかった。

1999年，夜遅くにぶらぶらしている若者たちが大勢いた。その国は飲酒して喫煙する若者の数に Ａ悩んでいた。当時，16歳の子供の56％が飲酒し，ほぼ同数が喫煙していた。その数を減らすため，国は2つの重要なプログラムを開始した。1つは子供たちを放課後忙しくさせることだ。地域社会が，高校生が授業の後に参加できる数々の活動を設置した。多くのクラブがたくさんの学生たちを引き付けている。彼らはクラブ活動を楽しみ，①時間を過ごすより良い方法を見つけている。

もう1つのプログラムが「親のパトロール」だ。週末に，親たちが夜に市内をグループで歩き，若者たちをチェックする。彼らは18歳以下の学生グループを見つけると，彼らに時間を教える。子供たちには門限がある。12歳以下の子供は親なしで午後8時以降に外に出てはいけない。13歳から16歳の子供には午後10時だ。夏休みの間は門限が2時間遅くなる。あの夏の夜に私が帰り道で会った一団はパトロール隊員だったのだ。

これら2つのプログラムは大きな違いを生み出してきた。今，アイスランドは飲酒喫煙する子供の数がヨーロッパで最も少ない。他のヨーロッパの国では，18歳以下の人の半数以上が飲酒する。この数字はアイスランドでは30％を超えない。サラが私にこの話をしたとき，②私は子供たちは地域社会からサポートを受けることが必要だと思った。

(1)　suffer from ～「～で苦しむ，悩む」 空所の前に was があるので過去進行形 was suffering とする。

(2)　全訳下線部参照。子供たちはクラブ活動で有意義な時間を過ごしている，ということ。

重要　(3)　I thought「私は思った」の後に，形式主語構文〈It is … for ＋人＋ to ＋動詞の原形〉「～することは(人)にとって…」を続ける。be動詞は時制の一致で過去形の was になる。get ～ from …「…から～を得る」

(4)　エ 「親のパトロールと門限のルールの両方が大切だ」(○)

重要　(5)　エ 「アイスランドでは喫煙する高校生の数が減った，なぜなら彼らはクラブ活動に参加することにしたからだ」(○)　カ 「アイスランドより飲酒喫煙する子供の数が少ない国はヨーロッパにはない」(○)

4 **(会話文読解問題：文補充・選択，語句補充，口語表現，要旨把握，進行形)**

(全訳) 美月：こんにちは，シンディー。あなたは今年の夏，東京でオリンピックを見るそうね。

シンディー：そう，チケットが当たったの。とてもわくわくしている！

美月　　　：[a]何のスポーツを見るの？

シンディー：水泳よ。①私はカナダで高校に通っていたとき，水泳部に所属していたの。その水泳部の友達の1人が，今，国の代表チームに入っているの。彼女がレースで泳ぐのよ！

美月　　　：[b]すごいね！ それはとてもわくわくするね。ところで，泊まる場所は見つけたの？

シンディー：母の友達のところに泊まるつもりよ。彼女は東京に住んでいるの。

美月　　　：[c]いいね！ ホテルを探さなくてもいいんだね。

シンディー：そう。彼女は私に東京を案内する計画を立ててくれているわ。

美月　　　：[d]東京にはどのくらいいるつもり？

シンディー：ほとんど夏中ずっとよ。②私は，この特別なイベントの期間中がどんな感じなのか，見てみたいの。きっと東京は大勢の外国人観光客を引き付けるでしょうね。

美月　　　：たくさんの日本の会社がそのような観光客たちを歓迎する準備をしているそうよ。

シンディー：[e]それについてもっと教えてくれない？
美月　　　：JRという会社は外国人観光客専用の「ウェルカム・スイカ」という名の新しいプリペイド式交通カードを導入するよ。これは日本人が買える通常のカードとは違っているの，なぜなら預り金が不要だから。
シンディー：それは本当にいいね！　旅行の最後に預り金を返してもらう手続きが不要だから，とても(A)簡単そうね。これは時間の節約になる。
美月　　　：その通り！　旅行者はウェルカム・スイカを約1か月間使うことができる。カードには白い桜の花と国旗が描いてあるの。
シンディー：いいね！　私はカナダの友達にこのことを教えるわ。

(1)　全訳下線部参照。

やや難 (2)　(ア)　belong to ～「～に所属する」　ここでは過去形にする。　(イ)　What is it like？は「それはどんな感じですか」という言い方。ここではこれを未来時制の間接疑問にして what it will be like とする。

(3)　simple「単純な，簡単な，わかりやすい」

重要 (4)　(全訳)「こんにちは，メアリー。昨日私は美月と今年の夏の東京オリンピックについて話したの。私は日本の多くの会社が外国人観光客を歓迎する(X)準備をしていると知ったわ。ある鉄道会社は『ウェルカム・スイカ』という名の新しいプリペイド式交通カードを導入するつもりよ。それは日本に旅行で来る外国人専用なの。日本の人々は新しい交通カードを購入する時に預り金を払わなくてはならない。でもウェルカム・スイカは(Y)同じではない。外国人観光客は預り金を払わなくていいの。あなたには日本旅行を計画している友達がいるよね。もし彼らがもっと情報を必要としているなら，いつでも私に連絡して。私は夏休みを楽しむつもりよ。あなたも楽しんでね。さようなら，シンディ」

(X)　美月の6番目の発言中の are getting ready「準備している」を are preparingと言い換える。prepare「準備する」　(Y)　美月の7番目の発言中の different「異なっている」を not the same「同じではない」と言い換える。same「同じ」

★ワンポイントアドバイス★

4の(4)のメール文は，本文の会話を要約したものになっている。会話文に出てくる単語をメール文では別の単語に言い換えることがポイントだ。

＜理科解答＞

1　(1)　イ　　(2)　エ　　(3)　合弁花類　　(4)　イ
2　(1)　ア　　(2)　イ　　(3)　オ　　(4)　イ
3　[A]　(1)　ウ　　(2)　ウ　　[B]　(1)　ア　　(2)　エ
4　[A]　(1)　オ　　(2)　ア　　[B]　(1)　オ　　(2)　ア
5　(1)　ウ　　(2)　イ　　(3)　イ　　(4)　2000m

○推定配点○
各1点×20　　　計20点

＜理科解説＞

1 （理科小問集合）

やや難 (1) 電流の向きと磁力の向きが同じか，電流の向きが反対で，磁力の向きも反対のものが図と同じように動く。よって，イが電流の向きも，磁力の向きも反対なので，図と同じように動くことがわかる。

重要 (2) 日本の太平洋側で，太平洋プレートが日本の地下にもぐっていくので，エが正解である。

重要 (3) 花弁がくっついている植物を，合弁花類という。

基本 (4) 加熱の回数が4回目以降，加熱後の粉末の質量が同じ重さなので，マグネシウムの粉末0.3gがすべて，酸素と結びついたことがわかる。よって，マグネシウムの粉末0.3gと結びつく酸素の質量は，0.5(g)－0.3(g)＝0.2(g)となる。よって，マグネシウムの質量と反応する酸素の質量の比は0.3(g)：0.2(g)＝3:2となる。

重要 2 （動物の体のしくみ）

(1) イカとサンマはともにエラ呼吸をしている。

(2) ヒトとカエルはともに背骨を持つ脊椎動物である。

(3) 卵を産み，羽毛がなく，肺のみで呼吸するのはは虫類である。よって，オのトカゲが正解である。

(4) ニワトリは恒温動物であり，体温を42℃ぐらいで維持している。

3 （気体の発生とその性質）

重要 [A] (1) 塩素は，酸性の気体で，黄緑色であり，刺激臭を持つので，Cが適している。

重要 (2) Dは火を近づけると音を立てて燃えるので，水素である。水素は，うすい塩酸と亜鉛を反応させると発生する。

重要 [B] (1) うすい水酸化ナトリウム水溶液はBTB液を青色にする。うすい水酸化ナトリウム水溶液にうすい塩酸を加えていくと，中和され，ある量で，食塩水になる。食塩水はBTB液を緑色にする。その後，さらに塩酸を加えると水溶液は酸性を示す。よって，BTB液は黄色になる。

基本 (2) 食塩水になるまでは，水素イオンは水酸化物イオンと結びつき水になる。その後も塩酸を加えていったので，溶液中に水素イオンの数が増える。よって，エのグラフとなる。

4 （力・圧力）

基本 [A] (1) レンガの質量は，10(cm)×20(cm)×5(cm)×2(g/cm^3)＝2000gである。質量100gの物体にはたらく重力の大きさを1Nとしているので，2000gの質量にかかる重力の大きさは20Nである。

基本 (2) レンガが床に与える重力の大きさは，20N－16(N)＝4(N)である。圧力は，$\frac{\text{力の大きさ(N)}}{\text{力がはたらく面積(m}^2\text{)}}$であらわすので，レンガが床に加える圧力は$\frac{4\text{N}}{0.2(\text{m})\times 0.1(\text{m})}=200(\text{Pa})$となる。

基本 [B] (1) 物体にはたらく力は重力と浮力である。物体は，水に浮いているので，浮力の大きさは物体にはたらく重力に等しい。

やや難 (2) 物体Aは120gの質量なので，物体Aに働く重力の大きさは1.2Nなので，物体Aにはたらく浮力は1.2(N)－0.8(N)＝0.4(N)である。問題文の最後に，水中で物体にはたらく浮力はその物体の体積に比例するとあるので，物体Bにはたらく浮力は，40(cm^3)：100(cm^3)＝0.4(N)：x(N)より，1.0Nとなる。物体Bに働く重力の大きさは物体Aと同じ1.2Nである。よって，物体Bにつけたばねはかりが示す値は，1.2(N)－1.0(N)＝0.2(N)である。

5 （天気とその変化）

重要 (1) 寒冷前線では三角の底辺側に，温暖前線では丸がある方角で雨が降りやすい。

重要 (2) 高気圧は下降気流であり，上空から見ると，時計回りに風が吹く。

重要 (3) 右図のようにそれぞれの線は，風向や風速を表しており，この場合は，北西の風，風力3と読む。また，◎はくもりをあらわす天気記号である。

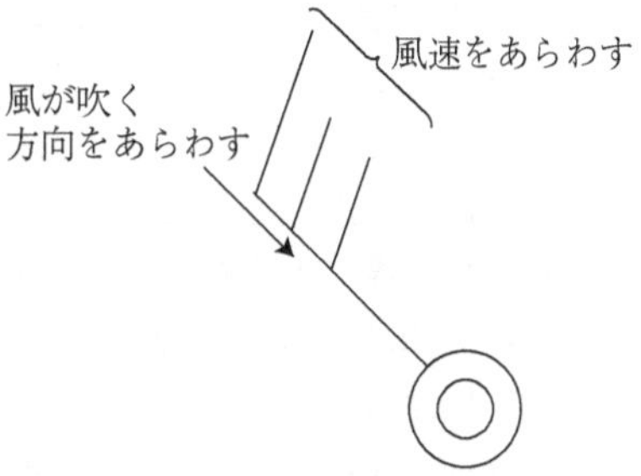

やや難 (4) 27℃で湿度が50%の空気の塊は，空気$1m^3$あたり25.6(g)×0.5＝12.8(g)の水蒸気を含む。よって，この空気が上昇し，気温が15(℃)になったときに雲ができ始める。気温が27(℃)－15(℃)＝12(℃)　下がる高さは地上から，100(m)：0.6(℃)＝x(m)：12(℃)より，2000(m)である。

★ワンポイントアドバイス★

問題文の情報や，公式の単位を意識して，問題に取り組もう。

＜社会解答＞

1 (1) イ　(2) エ　(3) ア　(4) イ
2 (1) ヘレニズム　(2) ウ　(3) オ
3 (1) ア　(2) 本初子午線
4 (1) キ　(2) ウ　(3) ウ
5 (1) イ　(2) ア
6 (1) ア，ウ，エ　(2) エ　(3) イ
7 (1) エ　(2) イ　(3) リテラシー

○推定配点○

各1点×20(6(1)完答)　　計20点

＜社会解説＞

1 (日本の歴史ー古代～近代)

(1) 1900年に成立した政党には立憲政友会があるので，［A］には立憲政友会があてはまる。また，1936年におこったできごとには陸軍の青年将校らが東京の中心部を占拠した二・二六事件がある。よって，イの組み合わせが適当。なお，大政翼賛会は1940年に成立している。また，海軍の青年将校らが首相官邸を襲った五・一五事件は1932年のできごと。

(2) 平清盛が源義朝を破って平氏の勢力を広げたのは保元の乱ではなく平治の乱なので，アは誤り。承久の乱に敗れたのは白河上皇ではなく後鳥羽上皇なので，イは誤り。後醍醐天皇が京都から吉野にのがれて南北朝が始まっており，南北朝の動乱を終結させたのは室町幕府3代将軍足利義満なので，ウは誤り。応仁の乱は，室町幕府8代将軍足利義政のときに将軍のあとつぎ問題をめぐり細川氏と山名氏が対立したことなどから起こっており，エが正しい。

やや難 (3) 万延小判は19世紀半ばの1860年に鋳造が始まっている。19世紀半ばの1858年に日米修好通商条約が結ばれて欧米諸国との貿易が始まると，外国との金銀の交換比率のちがいから，金が大量

に国外に持ち出されるようになったので，アが正しい。江戸幕府5代将軍徳川綱吉のころには，幕府の財政が苦しくなったため，質を落とした貨幣を大量に発行しており，イは適当でないことがわかる。朱印船貿易は17世紀前半に停止しているので，ウは適当でない。エの明銭は江戸時代初期に寛永通宝が発行されたことによって使用が禁止されており，エは適当でない。

(4) 奈良時代は平城京に遷都された710年から784年に長岡京に遷都されるまでの期間をいう。アの大宝律令は701年に制定されており，奈良時代よりも前のできごとである。奈良時代には仏教が国家によって手厚く保護される一方，行基などの僧が一般の人々にも仏教の信仰を広めており，イが正しい。ウについて，『古今和歌集』がつくられたのは平安時代である。エについて，白村江の戦いは663年のできごとであり，奈良時代よりも前のできごとである。

2 （世界の歴史ー古代・近代・現代）

(1) マケドニア出身で，東方に遠征してペルシャを征服し，インダス川にまで達する大帝国を建設した人物はアレクサンドロス大王である。アレクサンドロス大王の遠征により，ギリシャの文化が東方に広まってオリエントの文化と結びついて生まれた文化は，ヘレニズムという。

(2) 地図中のXの都市は遼東半島に位置している旅順を示しているので，aは誤り。Yの都市は香港を示している。香港は1842年の南京条約によって清からイギリスに譲渡されたので，bは正しい。よって，ウの組み合わせが適当。

(3) Xのアジア・アフリカ会議がインドネシアのバンドンで開催されたのは1955年。Yについて，アメリカがベトナムから撤兵したのは1973年。Zについて，北大西洋条約機構が結成されたのは1949年。年代の古い順に並べるとZ→X→Yとなり，オが適当。

3 （地理ー世界の自然）

(1) アについて，東経45度と東経135度（日本の標準時子午線）の時差は（135－45）÷15＝6から6時間とわかり，日本はサウジアラビアと比べて日付変更線から西へ進んだときに近いことから日本のほうが時刻は進んでいるので，適当。イについて，略地図は緯線と経線が直角に交わったもので，面積は正確にはあらわされないので，誤りとわかる。ウについて，略地図中の赤道は緯線Bがあてはまるので，誤りとわかる。エについて，北緯40度，西経120度の地点はアメリカ合衆国に位置しており，北京は中国（中華人民共和国）の首都なので，誤りとわかる。

基本 (2) イギリスのロンドンを通る，経度0度の経線は，本初子午線という。

4 （地理ーアフリカ）

(1) 「毎年夏にナイル川がはんらん」「ピラミッドが造られ」から文章はエジプトについて述べているとわかる。Ⅰの表中では，旧宗主国がフランスとなっているDはコートジボワール，1人あたりの国民総所得が最も多いAは南アフリカ，約2億人で最も人口が多いBがナイジェリアとなり，Cがエジプトとわかる。Ⅱの地図中の①はエジプトの首都，②は南アフリカの首都，③はナイジェリアの首都，④はコートジボワールの首都を示している。よって，キがエジプトの組み合わせとして適当。

(2) Ⅲの表中でWは原油が輸出の8割以上を占めていることから産油国であるナイジェリアとわかり，Xは自動車や機械などが輸出品目の上位を占めていることから工業化が進んでいる南アフリカ，Yは輸出品目の第1位がカカオであることからコートジボワールとわかり，Zがエジプトとなる。よって，Wと③，Xと②，Yと④，Zと①の組み合わせが正しいので，ウが適当。

重要 (3) アブラやしからはパーム油がつくられるが，パーム油はインドネシアとマレーシアが生産量の大部分を占めており，アはフランスについて述べた文として適当でない。白豪主義はオーストラリアで採用されていた政策なので，イはフランスについて述べた文として適当でない。フランスは穀物自給率が100%を超えており，国土の大部分がフランス平原などの平地であることから，ウがフランスについて述べた文として適当。NAFTAはアメリカ，カナダ，メキシコの3か国で構成されているので，エはフランスについて述べた文として適当でない。

5 （日本の地理ー都道府県の特徴）

(1) 表中の4つの府県で最も面積が小さいAが，全国で2番目に面積が小さい大阪府とわかる。大阪府の郊外には人口増加にともなってニュータウンがつくられている。よって，①にはAが，②にはニュータウンがあてはまり，イの組み合わせが適当とわかる。なお，表中のDは4つの府県で最も米の生産量が多いことから宮城県，Cは4つの府県で窯業出荷額が最も多いことから瀬戸や常滑などで窯業が盛んな愛知県と判断でき，Bは福岡県となる。また，ポートアイランドは大阪府ではなく兵庫県神戸市の海上につくられた人工島である。

(2) Wについて，「電照ぎくなどの施設園芸農業が行われ」「第二次世界大戦後，大規模河川から用水が引かれ」から愛知県(C)について述べているとわかる。Xについて，「筑豊炭田」は福岡県にあり，「日本初の本格的な製鉄所」は福岡県に建設された八幡製鉄所なので，福岡県（B）について述べているとわかる。Yについて，「夏になると」吹く「海上から冷たく湿った北東の風」はやませと考えられる。やませは主に東北地方の太平洋岸に吹くので，東北地方の太平洋岸に位置する宮城県(D)について述べているとわかる。Zについて，「堺市」は大阪府にある政令指定都市なので，大阪府(A)について述べているとわかる。よって，CはW，DはYとなり，アの組み合わせが適当となる。

6 （公民ー政治のしくみ，日本経済，環境問題）

(1) 企業の社会的責任は「CSR」といい，現代の企業には利潤追求だけでなくCSRを果たすことも求められるようになっているので，アは適当。小売業者や卸売業者が，商品を企画してメーカーに製造を依頼し，独自のブランドとして販売する商品は，フランチャイズではなくプライベートブランドなので，イは適当でない。労働基準法では，企業で働く労働者に少なくとも週1日の休日を与えることや，男女が同一の賃金であることが定められているので，ウは適当。電気料金や鉄道運賃は公共料金で，企業が自由に価格を決定することはできないので，エは適当。

重要 (2) 資源ごみの分別回収を行ない，もう一度製品をつくることはリデュースではなくリサイクルなので，Xは誤り。買い物の際にレジ袋をもらわないようにして，ごみの量をできるだけ減らすことはリユースではなくリデュースなので，Yは誤り。よって，エの組み合わせが適当。

(3) 幼稚園は教育施設であり文部科学省が担当となるのに対して，保育所は福祉施設であることから厚生労働省が担当となるので，イが正しい。日本国憲法第15条第2項は「すべて公務員は，全体の奉仕者であつて，一部の奉仕者ではない。」と規定しているので，アは誤り。「大都市地域における特別区の設置に関する法律(大都市地域特別区設置法)」によって，道府県が大都市地域に特別区を設けるための手続き等が規定されており，東京23区以外でも特別区を設けることはできるので，ウは適当でない。内閣総理大臣は国民が直接選ぶのではなく，国民が選んだ国会議員によって選ばれるので，エは適当でない。

7 （公民ー日本国憲法，政治のしくみ，財政）

(1) 大日本帝国憲法で定められていた「臣民ノ権利」という表現は，日本国憲法にはないので，アは適当でない。予算の作成は内閣が行い，国会が審議して議決するので，イは適当でない。公務員の行為によって受けた損害に対して賠償を求めるのは刑事補償請求権ではなく国家賠償請求権なので，ウは適当でない。日本国憲法が規定している国民の義務には，保護する子女に普通教育を受けさせる義務，勤労の義務，納税の義務があるので，エが適当。

(2) 国の歳出にしめる公債金の割合は，Ⅰのグラフからは1980年度から1990年度にかけてと2010年度から2015年度にかけては減少しているので，アは適当でない。国債残高は，Ⅰのグラフからは増加を続けているので，イが適当。グラフⅡからは，1975年度から1980年度にかけては税収も国債発行額も増加していることがわかるので，ウは適当でない。グラフⅠ・Ⅱからは，2000年度までは国債残高はその年の歳出の5倍未満なので，エは適当でない。

基本 (3) マスメディアから発信される情報をさまざまな角度から批判的に読み取る力を，メディアリテラシーという。

★ワンポイントアドバイス★

地図や統計資料，歴史史料などに慣れるようにしておこう。

＜国語解答＞

一 (一) エ・キ　(二) Ⅰ 賢(い)　Ⅱ 恥　(三) ア　(四) 命綱　(五) ウ
(六) イ

二 (一) ウ　(二) オリンピックに　(三) イ　(四) 見据えた[見つめる]
(五) エ　(六) わくわく

三 (一) 鬼　(二) イ　(三) ア　(四) ウ　(五) この笛の主～行きて吹け
(六) エ　(七) エ

○推定配点○

各1点×20(一(一)，三(五)各完答)　計20点

＜国語解説＞

一 (論説文一大意・要旨，内容吟味，文脈把握，接続語の問題，脱文・脱語補充，漢字の読み書き)

(一) (X)「遭遇」　ア 荘厳　イ 捜査　ウ 操作　エ 遭難
オ 偶像　カ 偶然　キ 境遇　ク 神宮

(二) Ⅰ 音読みは「ケン」で，「賢明」などの熟語がある。　Ⅱ 他の訓読みに「は(ずかしい)」がある。音読みは「チ」で，「羞恥」「無恥」などの熟語がある。

(三) A 前の「幸運に恵まれるだけがよい人生ではない」と言うより，後の「さまざまな困難を克服すること……こそが人生を豊かにする」と言った方がいいという文脈なので，二つのうち後を選ぶという意味を表す言葉があてはまる。　B 「日本文化について質問を受ける」という前に対して，後で「日本文化の価値や意味についての問いに答えることも……自分の意見を述べることもできない」と相反する内容を述べているので，逆接の意味を表す言葉があてはまる。
C 「日本の文化について……質問も相当深い関心のもとに発せられる」という前に続いて，後の「『教養の大切さ』を感じた教授たちは，『学生には，教養を身につけさせなければならない……』という」事態が起こるという文脈なので，添加の意味を表す言葉があてはまる。　D 「学生には，教養を身につけさせなければならない。ただ，それは専門でとんがった能力をもつことが前提である」という前を，後で「研究者として成功するためには高度な専門性を，そして，ハジをかかないためには教養を，という考えである」と言い換えているので，説明の意味を表す言葉があてはまる。

やや難 (四) 直前の「『人間の根』としての教養」とする思想は，どのような表現に通じるのかを考える。「教養」について述べている部分を探すと，「命にかかわる」で始まる段落に「自らの心の内にあって，自分を守る力である。アリストテレスはそれが教養だというのである」「教養は，自分自身のなかに形成された生きるための底力」と説明しており，この「教養」を「命綱」とたとえて表現している。「『教養は人間の根である』」で始まる段落の「教養は……困難に打ち克つ力となって，その人を守る」も，「教養」を「命綱」とすることに適合している。

(五) 直後の段落の「研究者として成功するためには……ハジをかかないためには教養を，という考えである。このような意味での教養とは，理工系教育に加えるべき文系の知識である。科学技術の専門家であることに加えて，文化的教養人になることも大切だと」から，多くの教授たちが理工系学生にとって大切だと考える教養とはどんなものかを読み解く。

重要 (六) 冒頭の段落と最終段落で述べている筆者の考えとイが一致する。

二 (小説ー情景・心情，文脈把握，脱文・脱語補充，語句の意味)

(一) 傍線部①「鼻の奥を塩素の香りが駆け抜ける」きっかけは，慎一郎がポスターに触れたことである。ポスターについて述べている部分を探すと，少し後に「ウインタースポーツの鋭い緊張感を切り取ったそのポスターの青色は，飛び込み台から見下ろしたプールの青と，不思議とよく似ていた」とある。ここから，「高飛び込みやってきた頃」を思い出した慎一郎の心情を読み取る。

(二) 「矛盾」は，つじつまが合わないこと。オリンピックのポスターを見て，慎一郎のつじつまが合わない感情を述べている部分を探す。「オリンピックになんて」で始まる段落に「そんな自分の矛盾を，慎一郎は噛みしめた。」とあり，その前の「オリンピックになんて何も期待していないのに，でも，心の奥で期待している」が，「矛盾」を具体的に説明した一文にあたる。

やや難 (三) 「僕，高飛び込み」で始まる段落で「僕，高飛び込みやってたんです。続けてたら東京オリンピックに出られてたかもですね。」と慎一郎は言っているが，軽い言葉の調子からはイの「東京オリンピックに出場できなかったことへの無念な気持ち」は感じ取れない。

基本 (四) 傍線部④「視線を外さなかった」は，じっと見つめることを意味する。少し後に「慎一郎を見据えた」という描写があり，ここから同じ意味で使われている言葉を抜き出す。

重要 (五) 傍線部⑤の直後の守重の言葉からは，東京オリンピック開催に向けての長編小説の企画に興味を持てなかったことが読み取れる。傍線部⑥の直後の「瞳がきょろりと動いて，慎一郎を見据えた」や「白い歯を見せて……彼は首を傾げて笑った」などの様子から，守重は慎一郎の「オリンピックを楽しみにしたいのに出来ない人のための小説」という言葉を聞いて，オリンピック小説の創作を決意したことがわかる。

(六) それぞれの A の前後の文脈から， A には期待や喜びで心がはずむ様子を表す言葉が入ると推察できる。前の慎一郎の言葉に「僕ももう少しわくわくしたいんです」とあるのに着目する。

三 (古文ー主題・表題，情景・心情，文脈把握，指示語の問題，敬語・その他，古文の口語訳)

重要 (一) 直衣姿の男は笛が上手で，博雅の三位と笛を交換している。博雅の三位が亡くなった後，浄蔵が交換した笛を朱雀門で吹いたところ，「なほ逸物かな」と大声で褒める声がして，初めて朱雀門の鬼の笛であったことがわかったという内容から，「直衣姿の男」の正体をとらえる。

(二) 「あやし」は，不思議に思って，という現代語訳になる。直後に「近寄りて見ければ」とあることからも意味を推察することができる。

(三) 博雅の三位が，朱雀門で笛の上手な直衣の男に出会った場面である。博雅の三位の立場から，「我も物をも言はず，かれも言ふことなし」と言っている。

（四）「『もとの笛を返し取らむ』とも言わなかったので，長らく交換したままになってしまった」と言うのであるから，「返し取らむ」は，返してもらおうという意味だとわかる。

（五）「仰せ」は帝の言葉を意味している。直前の「帝，御感ありて，この笛の主，朱雀門のあたりにて得たりけるとこそ聞け。浄蔵，この所に行きて吹けと仰せられければ」から，帝の言葉を抜き出す。

やや難 （六）「奏す」は「言う」の謙譲語で，帝に申し上げるという意味。直前の「かく」は，浄蔵が朱雀門で笛を吹いたところ，門の上から大声でほめられたことを指し示している。浄蔵がこの話を帝にお話し申し上げていることから，誰に対する敬意なのかを判断する。

（七）博雅の三位は「直衣の男」と笛を吹き合って，お互いの笛のすばらしさに笛を交換したが，「直衣の男」の正体は鬼であったという内容にふさわしい主題を選ぶ。

★ワンポイントアドバイス★

古文の読解問題では，敬語や古典文法の学習の知識があると答えやすいが，意味がわからなくとも前後の文脈から推察することも可能だ。【現代語訳】がなくとも読み取れるように練習を積み重ねておこう。

2019年度

★★★★★★★★★★★★★★★★★★★★★★★★

入　試　問　題

2019年度

光ヶ丘女子高等学校入試問題

【数　学】（45分）　＜満点：20点＞

【注意】　定規，分度器，コンパスは使用できません。

1． 次の⑴から⑾までの問いに答えなさい。

⑴　$(-3)^2\div(-3)-2^2$ を計算しなさい。

⑵　$\dfrac{2x+y}{2}-\dfrac{x+y}{3}$ を計算しなさい。

⑶　$(\sqrt{5}-2)(\sqrt{5}+2)+\dfrac{1}{\sqrt{10}}\times(-\sqrt{10}+10)$ を計算しなさい。

⑷　$x=-1$ のとき，$-x^2+2x-3$ の値を求めなさい。

⑸　$(x-1)(x+4)+(x+1)(x+4)$ を展開しなさい。

⑹　$\sqrt{x}<3$ となる自然数 x の個数を求めなさい。

⑺　３枚の硬貨を同時に投げるとき，２枚は表で１枚は裏となる確率を求めなさい。

⑻　二次方程式 $x^2-2(a+1)x-(a+5)=0$ の解の１つが２であるとき，a の値を求めなさい。

⑼　あるクラス12人の100m走の記録（秒）は，次のようでした。
この12人の記録の範囲を求めなさい。

17,　18,　16,　17,　18,　18,　18,　17,　16,　17,　19,　17

⑽　ある牧草地では，１日に一定の割合で牧草が伸びている。牛が１頭ずつ同じ割合で牧草を食べる。25頭の牛では60日間で食べつくし，40頭の牛では15日間で食べつくす。45頭の牛が牧草を食べつくすのは何日間かかるかを求めなさい。

⑾　地球から月までの距離は近似値で38万kmである。有効数字が３けたであるとき，整数部分が１けたの小数と，10の何乗かの積の形に表しなさい。

2． 次の⑴から⑶までの問いに答えなさい。
ただし，円周率は π とする。また，答えは根号をつけたままでよい。

⑴　図で，AD＝DB，DE∥BC，CA∥FDのとき，DE＝BFであることを証明したい。

次のページの Ⅰ ， Ⅱ にあてはまる最も適当なものを， Ⅰ は次のページの**ア**から**ウ**まで， Ⅱ には**エ**から**カ**までの中からそれぞれ選んで，そのかな符号を書きなさい。

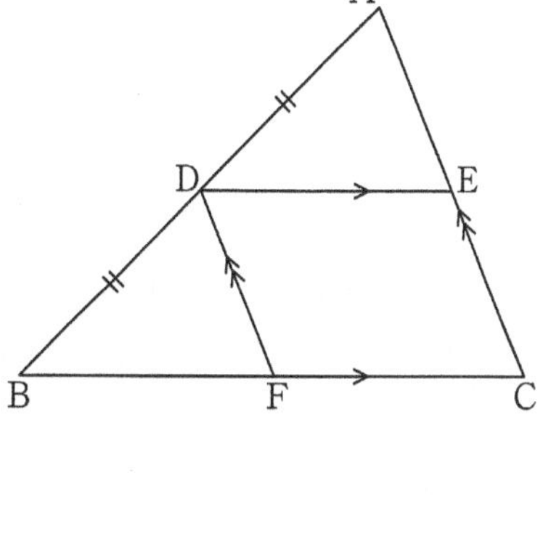

（証明）
△ADEと△DBFにおいて，
仮定より，　　　AD＝DB　　　　…①
DE∥BCより，　∠ADE＝ [Ⅰ]　　　…②
CA∥FDより，　∠DAE＝∠BDF　　…③
①②③より，[Ⅱ] が，それぞれ等しいので，
　　　△ADE≡△DBF
よって，　　　DE＝BF

ア　∠DBF　　**イ**　∠DFB　　**ウ**　∠EDF
エ　３組の辺　　**オ**　２組の辺とその間の角　　**カ**　１組の辺とその両端の角

⑵　図で，円周を12等分する点がある。
∠xと∠yの大きさを，それぞれ求めなさい。

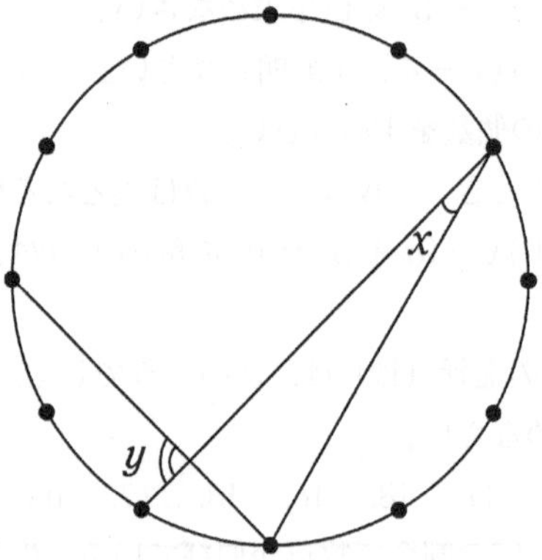

⑶　図で，正方形が５つと円が１つある。
円の直径が４㎝のとき，次の①，②の問いに答えなさい。

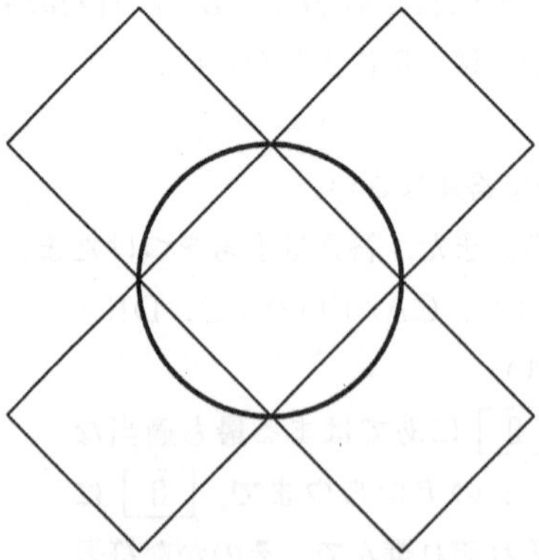

①　正方形の１辺の長さは何㎝か，求めなさい。
②　１つの正方形の面積をA㎠，円の面積をB㎠とする。BはAの何倍か，求めなさい。

3．図で，Oは原点，A，Bは関数 $y=x^2$ と $y=x+6$ との交点である。

点Aの x 座標が－2，点Bの x 座標が3であるとき，次の①から③までの問いに答えなさい。

① 点Bの座標を求めなさい。

② △OABの面積を求めなさい。

③ △OABを y 軸を中心に1回転させてできる立体の体積を求めなさい。ただし，円周率は π とする。

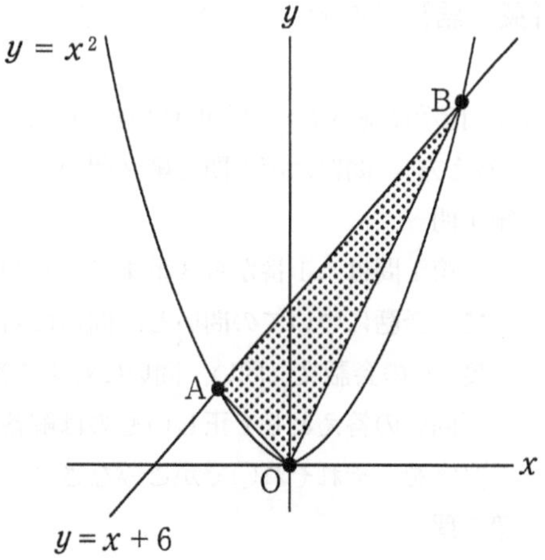

【英　語】（45分）　＜満点：20点＞

1． 指示に従って，聞き取り検査の問題に答えなさい。

「答え方」　問題は第１問と第２問の二つに分かれています。

第１問

第１問は，１番から３番までの三つあります。それぞれについて，最初に会話文を読み，続いて，会話についての問いと，問いに対する答え，a，b，c，dを読みます。そのあと，もう一度，その会話文，問い，問いに対する答えを読みます。必要があればメモをとってもかまいません。

問いの答えとして正しいものは解答欄の「正」の文字を，誤っているものは解答欄の「誤」の文字を，それぞれ○でかこみなさい。正しいものは，各問いについて一つしかありません。

第２問

第２問は，最初に英語の文章を読みます。続いて，文章についての問いと，問いに対する答え，a，b，c，dを読みます。問いは問１と問２の二つあります。そのあと，もう一度，文章，問い，問いに対する答えを読みます。必要があればメモをとってもかまいません。

問いの答えとして正しいものは解答欄の「正」の文字を，誤っているものは解答欄の「誤」の文字を，それぞれ○でかこみなさい。正しいものは，各問いについて一つしかありません。

メモ欄（必要があれば，ここにメモをとってもよろしい。）

※リスニングテストの放送台本は非公表です。

2． 有紀（Yuki）と留学生ベッキー（Becky）が会話をしています。二人の会話が成り立つように，下線部①から③までのそれぞれの（　）内に最も適当な語を入れて，英文を完成させなさい。ただし，（　）内に文字が示されている場合は，その文字で始まる語を解答すること。

Yuki　:　What do you want to do during your stay in Japan?

Becky :　Well, I want to go to famous places in Japan.　I also want to eat Japanese food.

Yuki　:　OK.　Where do you want to go?

Becky :　I want to go to Kyoto.

Yuki　:　①(　　　) do you want to (v　　　) Kyoto?

Becky :　Because there are a lot of old temples there, and ②I (　　　) interested (　　　) them.

Yuki　:　All right.　We will go to Kyoto next weekend.　What kind of Japanese food do you want to eat?

Becky :　Can I eat *sushi* and *takoyaki* in Kyoto?

Yuki　:　Of course.　③You can eat (b　　　) at any time, (a　　　) in Japan.

Becky :　That's great.

3． 次の文章を読んで，あとの(1)から(5)までの問いに答えなさい。

Last summer, I went to New Zealand on my school trip and stayed with the Baker family for a month. Several years ago, Mr. Baker stayed in Tokyo for two months on business. The people there were very kind to him and he wanted to know more about Japan, so he decided to welcome me to his house. There were five people in my host family: my host father, my host mother, an older sister, a younger sister, and a younger brother. They were all very nice and kind to me. I was [A] many things about New Zealand culture.

Every morning, I went to school with a younger sister by school bus. On the first day, when I went to school, I was surprised. I saw everyone on a bike, not only students but also adults, wore a helmet. My host sister told me that everyone must wear a helmet. It's a rule in New Zealand. We have to save precious life by ourselves. In Japan, when we ride on a bike, we should wear a helmet. Many of us wear it, but not everyone. I learned that we (　①　).

At home, I tried to help with housework. I washed the dishes after dinner. Every time I washed them, my host father helped me. There was one more thing that I was surprised at. People in New Zealand don't use water to wash dish soap away. They use only a cloth. In Japan, I used a lot of water to wash dishes and didn't mind it at all. I learned that water was very important. ②<u>It 【 us / water / very important / is / use / for / to 】 carefully.</u> So, I have thought of what we can do to use less water. First, we should turn off the faucets tightly. Second, we should not keep the water on for a long time. It should be turned off when we are brushing our teeth. It is easy.

I learned a lot of things in New Zealand and enjoyed staying with the Baker family.

㈲　on business　仕事で　　wore　wear「身に着けている」の過去形　　helmet　ヘルメット
precious　貴重な　　by ourselves　私たち自身で　　housework　家事
wash dish soap away　洗剤を洗い流す　　cloth　布　　dry　乾く　　turn off　止める
faucet　蛇口

(1)　[A] にあてはまる最も適当な語を，次の５語の中から選んで，正しい形にかえて書きなさい。

teach　　leave　　stay　　take　　buy

(2)　(①) にあてはまる最も適当な英語を，次のアからエまでの中から一つ選んで，そのかな符号を書きなさい。

ア　should wear a helmet to follow school rules
イ　should wear a helmet to save our precious life
ウ　have to take a school bus when we go to school in New Zealand
エ　can't eat and drink on a school bus

(3)　下線部②の文が，本文の内容に合うように【　】内の語句を正しい順序に並べかえなさい。

(4)　本文中では，筆者が経験したホームステイ中に驚いたことについてどのように述べられているか。最も適当なものを，次のアからエまでの文の中から一つ選んで，そのかな符号を書きなさい。

ア Everyone who takes a bus has to wear a helmet in New Zealand.

イ Everyone who rides on a bike does not have to wear a helmet in New Zealand.

ウ At home, washing dishes after dinner was my host father's work.

エ They use a cloth instead of water when they clean the soap off the dishes in New Zealand.

(5) 次のアからオまでの文の中から，その内容が本文に書かれていることと一致するものを全て選んで，そのかな符号を書きなさい。

ア Last year, Mr. Baker stayed in Tokyo for two months.

イ In New Zealand, the number of people using a bicycle is larger than the number of people using it in Japan.

ウ The writer tells us how to save water.

エ The writer tells us when we brush our teeth, we should stop running water.

オ The writer had a great time with the Baker family because they took her to many famous places.

4． 次の会話文を読んで，あとの(1)から(4)までの問いに答えなさい。

Ami ： Hello, Jack.

Jack ： Hi, Ami.

Ami ： What are your plans for your summer vacation?

Jack ：【 a 】

Ami ： Where are you going to visit in Tokyo?

Jack ： I haven't decided yet.

Ami ： How about visiting the Ueno Zoo?

Jack ：【 b 】

Ami ： That's nice. Many people love to go there.
But do you know there is a sad story about the Ueno Zoo?

Jack ：【 c 】

Ami ： Well, many years ago, there were（ A ）elephants at the Ueno Zoo. Their names were John, Tonky, and Wanly. They were loved by people who visited the zoo. But when World War Ⅱ happened, ①the Army ordered the zoo to kill all the dangerous animals（ ア ）as lions, tigers, and elephants.

Jack ： That's terrible. Did the zookeepers really kill their animals?

Ami ： They didn't want to kill the animals, but they had to follow the orders. They tried to kill them by giving them poisoned food.

Jack ：【 d 】

Ami ： Actually, they didn't eat the food.

Jack ：【 e 】

Ami ：② They stopped （ イ ） the elephants anything to eat. A few days later, the elephants died. The elephants rest in peace with other animals under a monument at the Ueno Zoo now.

Jack ：I've never heard a story like this. I think I should see the monument when I visit there.

Ami ：It will be a good experience for you.

㈱ know 知る　elephant 象　World War Ⅱ 第２次世界大戦　the Army 軍
order A to ～ Aに～するように命令する　tiger トラ　terrible ひどい
zookeeper 動物園の飼育係　order 命令　by ～ ing ～することによって
poisoned food 毒入りのエサ　rest in peace 安らかに眠る　monument 記念碑
experience 経験

⑴ 次のアからオまでの英文を，会話文中の【a】から【e】までのそれぞれにあてはめて，会話の文として最も適当なものにするには，【b】と【d】にどれを入れたらよいか，そのかな符号を書きなさい。ただし，いずれも一度しか用いることができません。

ア What did the zookeepers do for them?
イ That is a good idea! I love animals.
ウ What's that?
エ What happened to the elephants?
オ I'm going to travel to Tokyo this summer.

⑵ 下線部①，②の文が，会話の文として最も適当なものとなるように，（ア）（イ）のそれぞれにあてはまる語を書きなさい。

⑶ （A）にあてはまる最も適当な語を，次のアからエまでの中から選んで，そのかな符号を書きなさい。

ア two　イ three　ウ four　エ five

⑷ 次の英文は，この会話が行われた１か月後，ジャックが母国にいる友人のエミリー（Emily）に送ったメールです。このメールが本文の内容に合うように，次の（X），（Y）のそれぞれにあてはまる最も適当な語を書きなさい。

Hi, Emily.
This summer, I went to the Ueno Zoo in Tokyo. My friend, Ami told me the story about the elephants at the Ueno Zoo.
When World War Ⅱ （ X ）, they had to be killed by the zookeepers.
I could see a monument to those animals there.
The elephants and other （ Y ） rest in peace under it.
It was really impressive. I'll never forget this experience.
I will send you some pictures.
Bye,
Jack

【理　科】（45分）　＜満点：20点＞

1． 次の(1)から(4)までの問いに答えなさい。

(1) 物体の重さと質量について述べた文として最も適当なものを，次の**ア**から**エ**までの中から一つ選びなさい。

ア 質量は，上皿てんびんではかることができる。

イ 質量は，月面上では地球上の$\frac{1}{6}$になる。

ウ 重さの単位はkgである。

エ 重さは，どこでも変わらず一定である。

(2) 右の**図1**は，ほ乳類における血管系を模式的に示したものである。また，**図1**中の矢印は血液の循環を示している。心臓の右心房の部位はどこに相当するか。最も適当なものを，**図1**の**ア**から**エ**までの中から一つ選びなさい。

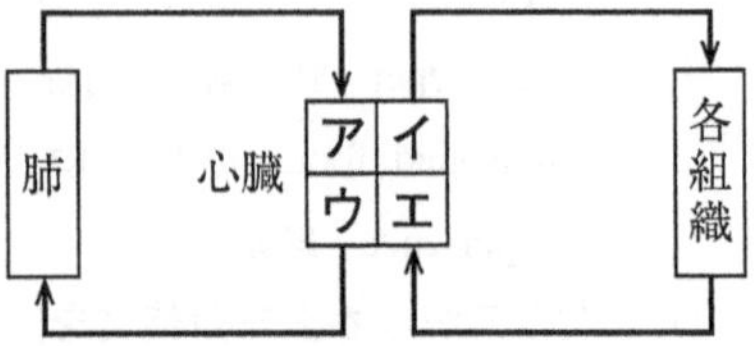

図1

(3) 塩化銅水溶液の電気分解について，正しく説明しているものはどれか。最も適当なものを，次の**ア**から**オ**までの中から一つ選びなさい。

ア 電解装置の電極のうち，電源装置の正極（＋極）とつないだ電極が陰極になる。

イ 陽極には赤い物質が付着し，この物質をこすると金属光沢が見られる。

ウ 陽極付近の水溶液は赤インクの色を脱色する。

エ 陰極からは気体が発生した。

オ 電源装置の電極を逆につなぎかえると，反応は起こらなかった。

(4) 次の**図2**は，12月のある日の21時に北極星とカシオペヤ座の位置を記録したものである。1ヶ月後の19時に記録したものとして最も適当なものを，下の**ア**から**オ**までの中から一つ選びなさい。

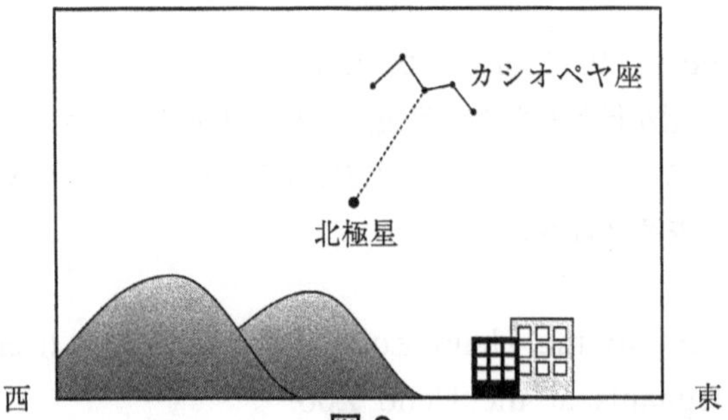

図2

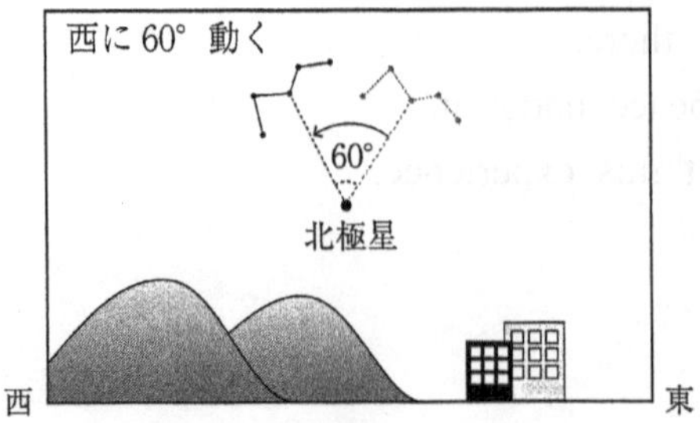

ア

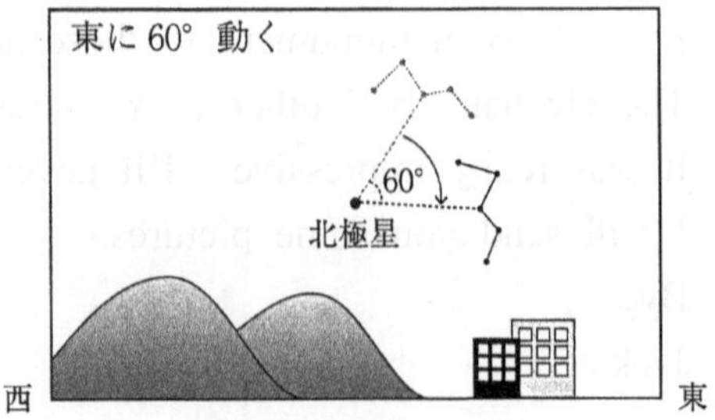

イ

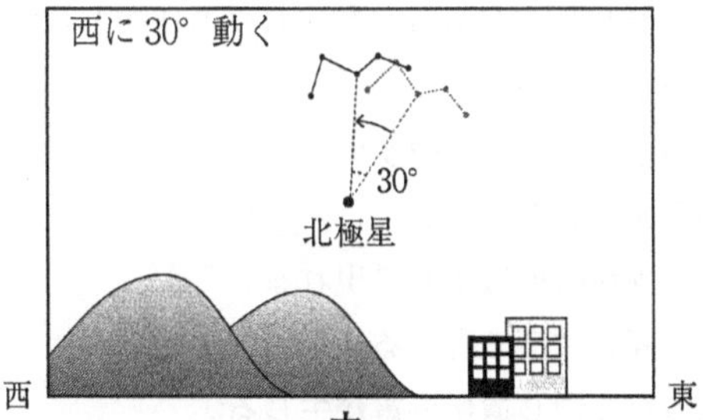

ウ

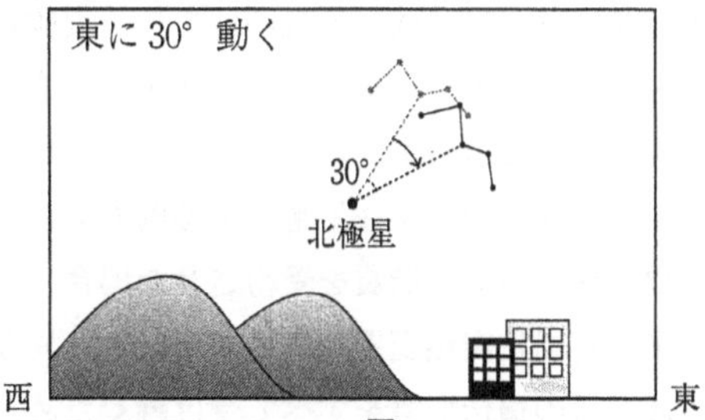

エ

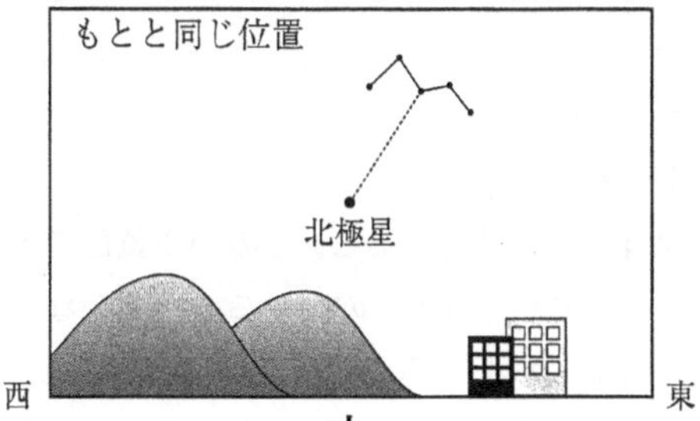

オ

2． オーストリアの司祭でもあった生物学者のメンデルは，エンドウを使って遺伝の規則性を調べた。エンドウには，子葉の色が黄色の種子（YY）と，緑色の種子（yy）がある。遺伝のしくみを調べるために，次の〔実験１〕と〔実験２〕を行った。あとの(1)から(4)までの問いに答えなさい。

〔実験１〕 図のように，黄色の種子をつくる純系のエンドウのめしべに，緑色の種子をつくる純系のエンドウの花粉をつけて交配したところ，すべて黄色の種子ができた。

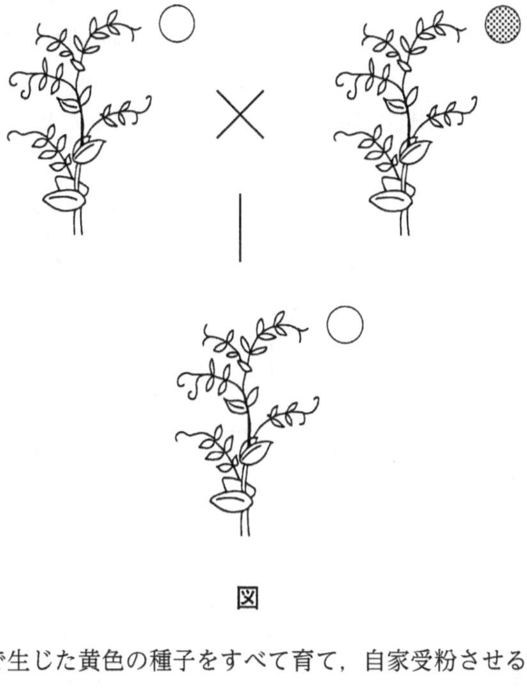

図

〔実験２〕 〔実験１〕で生じた黄色の種子をすべて育て，自家受粉させると，黄色の種子と緑色の種子ができた。

(1) エンドウは，遺伝の規則性を知る実験材料として優れた点がある。エンドウの特徴として，最も適当なものを，次の**ア**から**オ**までの中から一つ選びなさい。

ア 自然では自家受粉で種子をつくるため，純系の系統を維持しやすい。

イ 有性生殖と無性生殖による両方で個体数を増やすことができる。

ウ 異なる対立形質を受粉させた場合，子の代には両親の形質が必ず現れる。

エ 容易に突然変異を繰り返し，親と異なる個体が高い頻度で現れる。

オ 親の遺伝形質をすべて受け継ぐため，親とまったく同じ遺伝形質が生じる。

(2) 〔実験１〕でできた下線部の遺伝子の記号として，最も適当なものを，次の**ア**から**カ**までの中から一つ選びなさい。

ア すべてYY　　**イ** すべてYy　　**ウ** すべてyy

エ YYとyy　　**オ** YYとYyとyy　　**カ** すべてYYyy

(3) 〔実験２〕において，自家受粉で得られた種子が全体で2000粒とすると，その中で黄色の種子は何粒得られると予想されるか。最も適当なものを，次の**ア**から**カ**までの中から一つ選びなさい。

ア 500粒　**イ** 750粒　**ウ** 1000粒　**エ** 1250粒　**オ** 1500粒　**カ** 2000粒

(4) 〔実験２〕で得られた種子をすべて自家受粉させると，緑色の種子は全体のおよそ何％になると考えられるか。**小数第１位**まで答えなさい。

3． 一定量の水に溶ける物質の量と水の温度との関係を調べるために，次の〔実験１〕から〔実験３〕を行った。あとの(1)から(4)までの問いに答えなさい。

〔実験１〕 **試験管A，B**に20℃の水をそれぞれ10ｇずつ入れ，**試験管A**にはミョウバンを4.0ｇ，**試験管B**には硫酸銅を4.0ｇ入れてよく振りまぜたが，どちらも溶け残った。

〔実験２〕 **試験管A，B**を図１のようにして弱火でゆっくりと加熱したところ，40℃で硫酸銅はすべて溶けていたが，ミョウバンは溶け残っていた。さらに加熱し60℃ではミョウバンもすべて溶けていた。

〔実験３〕 **試験管A，B**を取り出し，同時に氷水につけて冷却したところ，それぞれの水溶液から固体が現れた。

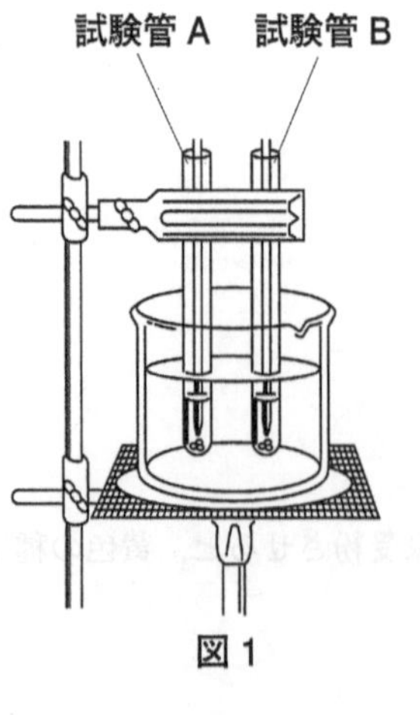

図１

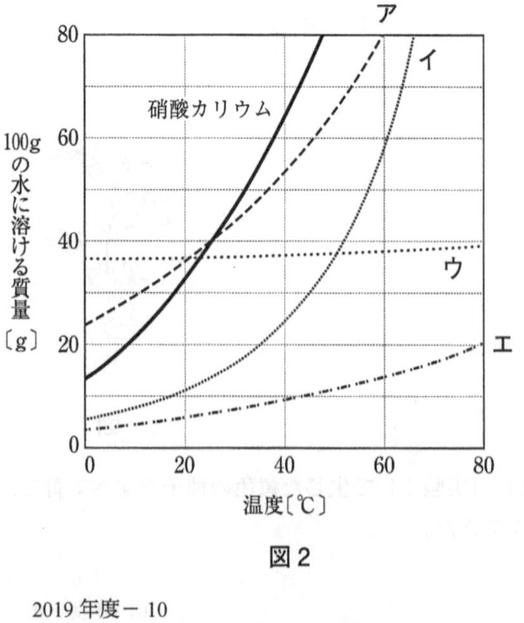

図２

⑴　前のページの**図2**の**ア**から**エ**は硫酸銅，ホウ酸，塩化ナトリウム，ミョウバンのいずれかの溶解度曲線を示している。このうち，ミョウバンの溶解度曲線を表しているのはどれか。**図2**の**ア**から**エ**までの中から一つ選びなさい。

⑵　〔実験２〕において，40℃における硫酸銅水溶液の質量パーセント濃度として最も適当なものを，次の**ア**から**オ**までの中から一つ選びなさい。

ア　2.5%　　**イ**　14%　　**ウ**　29%　　**エ**　40%　　**オ**　51%

⑶　40℃の水50ｇに硝酸カリウムを溶かして，硝酸カリウムの飽和水溶液をつくった。この飽和水溶液を10℃まで冷やすと，何ｇの硝酸カリウムが結晶として出てくるか。**図2**を用いて，次の**ア**から**キ**までの中から最も適当なものを，一つ選びなさい。

ア　5.5ｇ　　**イ**　10.5ｇ　　**ウ**　16ｇ　　**エ**　21ｇ　　**オ**　25.5ｇ　　**カ**　31.5ｇ　　**キ**　42ｇ

⑷　〔実験３〕のように水に溶けた物質を再び固体として取り出すことを何というか。**漢字３字**で答えなさい。

4． 電熱線に加える電圧と流れる電流の大きさの関係を調べるために，次の〔実験〕を行った。あとの⑴から⑷の問いに答えなさい。

〔実験〕　①　電源装置，電熱線，電流計，電圧計を用いて回路を組み立てた。

②　電圧計の電圧が1.0V，2.0V，3.0V，4.0V，5.0Vを示すように電源装置の電圧調整つまみを回し，その時に流れる電流を電流計から読み取った。

③　②で得られたデータをグラフにまとめた。

⑴　①で組み立てる回路として最も適当なものを，次の**ア**から**エ**までの中から一つ選びなさい。

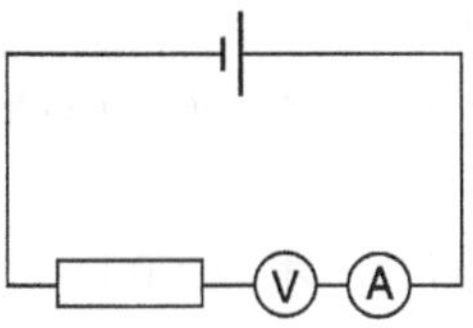

ア

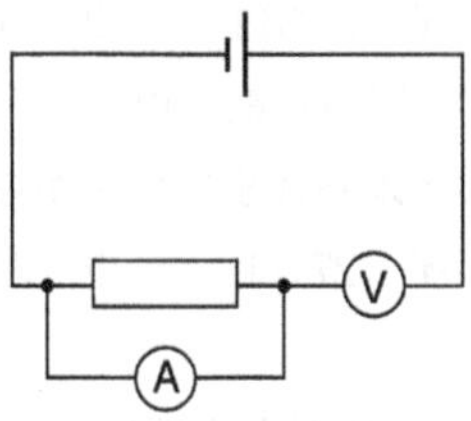

イ

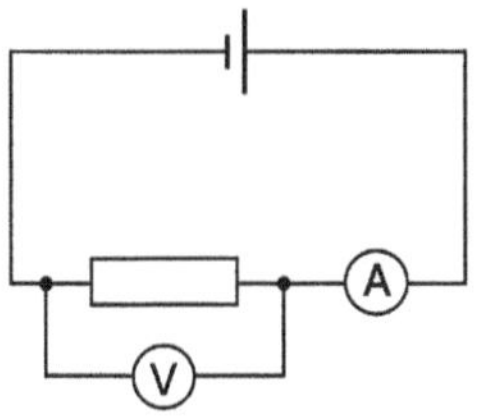

ウ

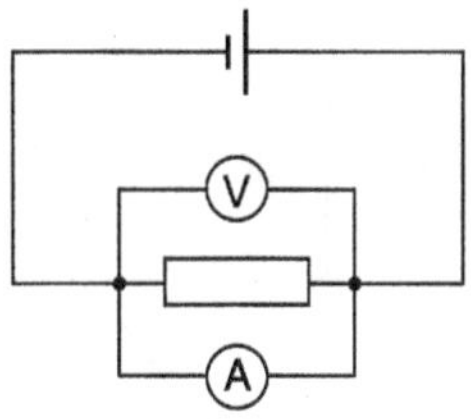

エ

⑵　②で得られたデータは次の**表**の通りである。これをグラフにまとめたとき，最も適当なものを，次のページの**ア**から**エ**までの中から一つ選びなさい。

表

電圧［V］	0	1.0	2.0	3.0	4.0	5.0
電流［A］	0	0.19	0.46	0.75	0.83	1.1

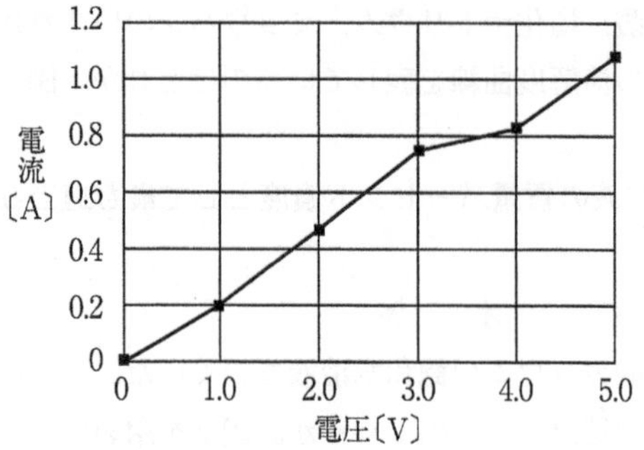

ア

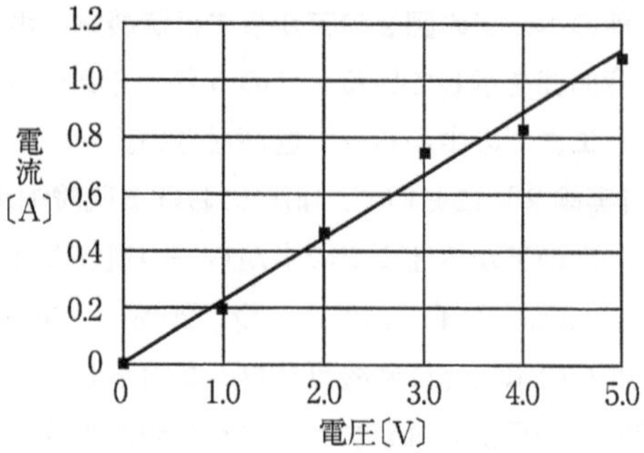

イ

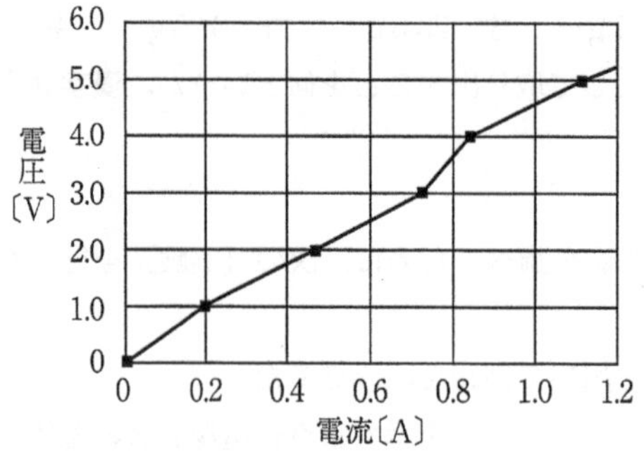

ウ

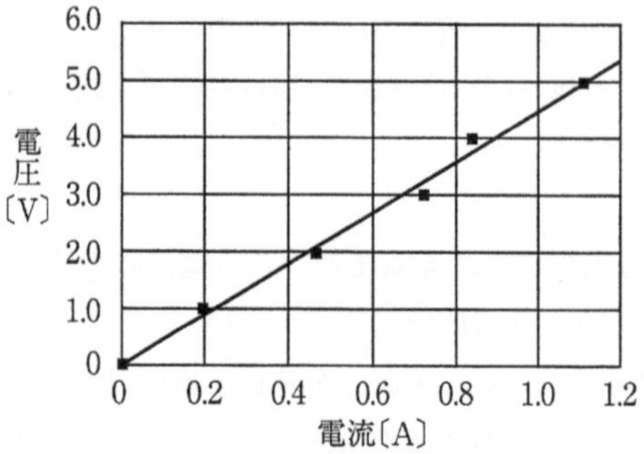

エ

⑶　**表**において，電圧が3.0Vのとき，電熱線の抵抗の値として最も適当なものを，次の**ア**から**エ**までの中から一つ選びなさい。

ア　0.25Ω　　**イ**　2.25Ω　　**ウ**　4Ω　　**エ**　12Ω

⑷　この〔実験〕で用いた電熱線に5.0Vの電圧を5分間加えたとき，発生する熱量として最も適当なものを，次の**ア**から**オ**までの中から一つ選びなさい。

ア　5.5J　　**イ**　27.5J　　**ウ**　330J　　**エ**　1650J　　**オ**　8250J

5． 地層の重なりや，堆積した当時の環境を調べるため，次の**図1**で示された地点**A**，**B**，**C**の各地点でボーリング調査をし，次のページの**図2**のような柱状図を作成した。あとの⑴から⑷の問いに答えなさい。

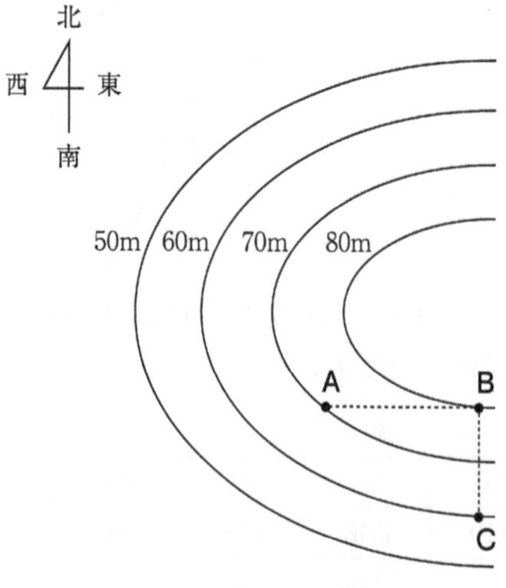

（実線は10mごとの等高線を示す）

図1

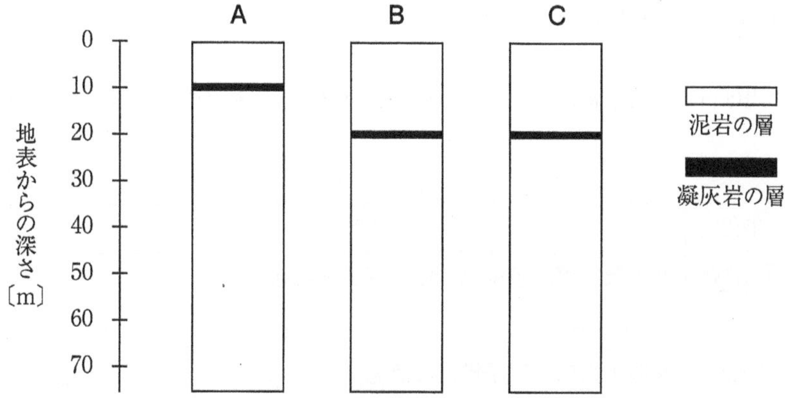

図2

⑴　地点**B**の泥岩の層からはサンゴの化石が発見された。この地層が堆積した当時の環境の考察として最も適当なものを，次の**ア**から**エ**までの中から一つ選びなさい。

ア　暖かく浅い海で堆積した。　　**イ**　深い海底で堆積した。

ウ　陸地で堆積した。　　**エ**　淡水の湖や，河口付近で堆積した。

⑵　サンゴのように，地層が堆積した当時の環境を示す化石を何というか。**漢字4字**で答えなさい。

⑶　地層の傾きに関する考察として最も適当なものを，次の**ア**から**エ**までの中から一つ選びなさい。

ア　東西方向には傾いておらず，南北方向には北向きに傾いている。

イ　東西方向には傾いておらず，南北方向には南向きに傾いている。

ウ　東西方向では西向きに傾いており，南北方向には傾いていない。

エ　東西方向では東向きに傾いており，南北方向には傾いていない。

⑷　泥，砂，れきは粒の直径によって分類されている。砂の分類の基準として最も適当なものを，次の**ア**から**エ**までの中から一つ選びなさい。

ア　2.0㎜～1.0㎜　　**イ**　2.0㎜～0.6㎜　　**ウ**　2.0㎜～0.1㎜　　**エ**　2.0㎜～0.06㎜

【社　会】（45分）　＜満点：20点＞

1． 次のⅠの表は日本の科学者についてまとめたものである。あとの⑴から⑶までの問いに答えなさい。

Ⅰ

年代	できごと
① 1890	北里柴三郎，破傷風の血清療法を発見
	↕　A
1903	長岡半太郎，原子模型の研究
	↕　B
1918	（　②　），エクアドルで黄熱病の病原体を研究
	↕　C
1949	湯川秀樹，ノーベル物理学賞を受賞
	↕　D
1973	江崎玲於奈，ノーベル物理学賞を受賞

⑴　Ⅰの表中の**A**の時期に起きたできごととして最も適当なものを，次の**ア**から**エ**までの中から一つ選びなさい。

ア　ワシントン会議で，海軍の軍備が制限され，中国の独立と領土の保全などが確認された。

イ　江華島事件を口実に，朝鮮との間に日朝修好条規を結び，朝鮮を開国させた。

ウ　陸奥宗光外相のもとで日英通商航海条約が結ばれ，領事裁判権の撤廃に成功した。

エ　国際連盟は，中国の訴えを受けて，リットンを団長とする調査団を派遣した。

⑵　Ⅰの表中の①1890年に帝国議会が開かれ，衆議院議員選挙が行なわれた。その後の選挙制度の改革について，次の文章中の（**x**）と（**y**）にあてはまる語句の組み合わせとして最も適当なものを，下の**ア**から**カ**までの中から一つ選びなさい。

> 当初課されていた納税額による制限が撤廃されたのは，Ⅰの表中の（　**x**　）の時期である。同年に（　**y**　）が制定され，共産主義に対する取り締まりが強められた。

ア　x－B　y－国家総動員法　　**イ**　x－B　y－治安維持法

ウ　x－C　y－国家総動員法　　**エ**　x－C　y－治安維持法

オ　x－D　y－国家総動員法　　**カ**　x－D　y－治安維持法

⑶　右の写真は，Ⅰの表中の（②）にあてはまる人物である。Ⅰの表中の（②）にあてはまる最も適当な人物名（フルネーム）を，漢字で書きなさい。

> 細菌学で優れた功績を残し，ノーベル賞の候補にも挙がったものの，黄熱病の研究中に自らも感染し，命を落とした人物である。

2． 次のA，B，Cのカードは，鎌倉幕府，室町幕府，江戸幕府のいずれかの仕組みを表したものである。あとの⑴から⑷までの問いに答えなさい。

A

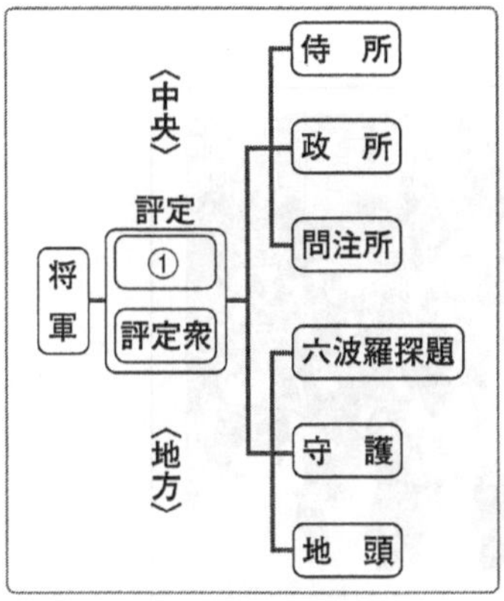

B

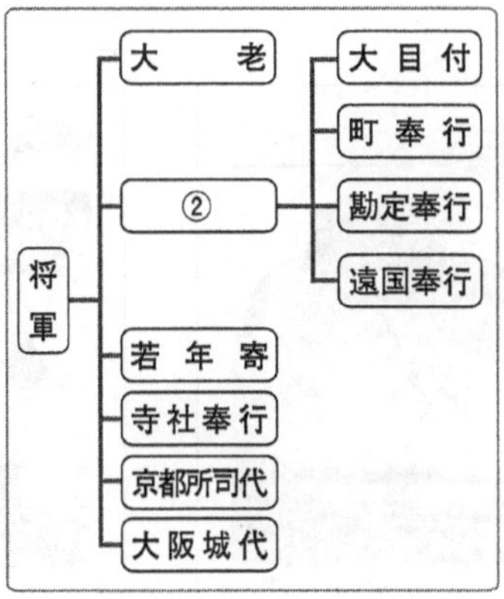

C

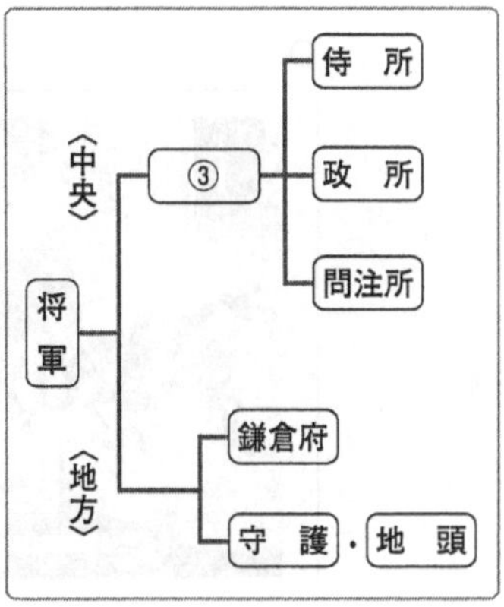

⑴　Aのカードの時代のできごとについて，次の文章中の（ｘ）と（ｙ）にあてはまる語句の組み合わせとして最も適当なものを，下のアからエまでの中から一つ選びなさい。

> （　ｘ　）が①の地位にあった時，元の（　ｙ　）は高麗の軍勢も合わせて日本を攻めた。軍勢は，集団戦法と火薬を使った武器で幕府軍を苦しめた。

ア　ｘ－北条時宗　　ｙ－フビライ・ハン
イ　ｘ－北条時宗　　ｙ－チンギス・ハン
ウ　ｘ－北条泰時　　ｙ－フビライ・ハン
エ　ｘ－北条泰時　　ｙ－チンギス・ハン

⑵　Bのカード中の②によって行なわれた政策として誤っているものを，次のアからエまでの中から一つ選びなさい。

ア　江戸の湯島に学問所をつくり，ここでは朱子学以外の学問を教えることを禁じた。
イ　蝦夷地の調査を行ない，俵物の輸出を拡大し，印旛沼（千葉県）の干拓を始めた。
ウ　株仲間の解散を命じ，江戸に出かせぎに来ている農民を故郷の村に帰らせた。
エ　上げ米の制を定め，ききんに備えて甘藷（さつまいも）の栽培を奨励した。

⑶　Cのカード中の③について，③が補佐した将軍が朝廷と話し合いをして南北朝を統一したころ，朝鮮では高麗が滅ぼされ朝鮮国が建国された。次のａとｂの文は朝鮮国について述べたものである。その内容の正誤の組み合わせとして最も適当なものを，下のアからエまでの中から一つ選びなさい。

> ａ　この国ではハングルという文字が作られ，独自の文化が発展した。
> ｂ　文禄の役では，李舜臣の水軍が織田信長の水軍を破った。

ア　ａ－正　　ｂ－正
イ　ａ－正　　ｂ－誤
ウ　ａ－誤　　ｂ－正
エ　ａ－誤　　ｂ－誤

(4) 次の**D**，**E**，**F**のカードは鎌倉幕府，室町幕府，江戸幕府のいずれかの時代における経済の様子をまとめたものである。このカードを年代の古い順に並べたとき最も適当なものを，下の**ア**から**カ**までの中から一つ選びなさい。

D

「石山寺縁起絵巻 模本」

馬借が年貢をはじめ多くの物資を運び，明銭の使用も増加した。

E

「浪花名所図会」

大阪の堂島米市場では，全国の米の値段が決められた。

F

「一遍聖絵」

寺社の門前や交通の便利な場所に月に三回の市がはじまった。

ア　D→E→F　　イ　D→F→E

ウ　E→D→F　　エ　E→F→D

オ　F→D→E　　カ　F→E→D

3．次のページのⅠの表は，日本とある４国の年代別の自動車生産台数と電気自動車保有台数を示したものである。Ⅱの表は，Ⅰの表中の**A**，**B**，**C**，**D**それぞれの国の発電量と発電エネルギー源別割合を示したものである。Ⅲの表は，Ⅰの表中の**A**，**B**，**C**，**D**それぞれの国の貿易相手国の上位３カ国を示している。

なお表中の**A**，**B**，**C**，**D**はカナダ，インド，韓国，中国のいずれかである。あとの(1)から(3)までの問いに答えなさい。

Ⅰ　日本とある4国の年代別の自動車生産台数と電気自動車保有台数（単位　千台）

	自動車生産台数					電気自動車保有台数	
国名＼年代	1980	1990	2000	2010	2017	2015	2016
日本	11 043	13 487	10 141	9 629	9 694	126.4	151.3
A	217	470	2 069	18 265	29 015	312.8	648.8
B	123	1 322	3 115	4 272	4 115	6.0	11.2
C	1 324	1 947	2 962	2 068	2 200	17.7	29.3
D	113	364	801	3 557	4 783	4.4	4.8

（「世界国勢図会 2017/18，2018/19」による）

Ⅱ　ある4国の発電量（単位　億 kWh）と発電エネルギー源別割合（単位　%）

国名	発電量	水力（%）	火力（%）	原子力（%）	風力・太陽光・地熱（%）
A	58 600	19.3	73.9	2.9	3.9
B	5 529	1.1	67.8	29.8	0.9
C	6 709	56.8	23.0	15.1	4.4
D	13 830	10.0	83.8	2.7	3.5

※発電エネルギー源別割合は，合計が100%になるように調整していない。
（データは2015年，「世界国勢図会 2018/19」による）

Ⅲ　ある4国のそれぞれの貿易相手国の金額による割合（単位　%）

国名	貿易	1位	2位	3位
A	輸出	アメリカ合衆国 18.2	日本 6.1	B 4.5
	輸入	B 10.0	日本 9.2	アメリカ合衆国 8.5
B	輸出	A 25.1	アメリカ合衆国 13.5	ベトナム 6.6
	輸入	A 21.4	日本 11.7	アメリカ合衆国 10.7
C	輸出	アメリカ合衆国 76.4	A 4.1	イギリス 3.3
	輸入	アメリカ合衆国 52.2	A 12.1	メキシコ 6.2
D	輸出	アメリカ合衆国 16.0	アラブ首長国連邦 11.7	イギリス 3.4
	輸入	A 17.0	アメリカ合衆国 5.8	アラブ首長国連邦 5.4

（「世界国勢図会 2018/19」による）

(1)　次のあ，い，う，えはある国について説明した文である。Ⅰの表中の**A**と**B**の国に該当《がいとう》する説明文をそれぞれ選んだときの組み合わせとして最も適当なものを，あとの**ア**から**エ**までの中から一つ選びなさい。

あ　この国は共産党主導のもと1949年に成立し，巨大な人口を背景とした豊富な労働力を活用して「世界の工場」としての地位を築いた。

(い)　この国は人口の80%以上がヒンドゥー教を信仰しており，宗教の教えが社会や暮らしに大きな影響をあたえている。

(う)　この国は日本の約26倍の面積を持つ広い国で，日本が木材を輸入している最大の相手国である。

(え)　この国は第二次世界大戦後に南北の対立という緊張状況を続けながらも，いち早く工業化に取り組み急速に成長している。

ア　A－(あ)　B－(え)　　イ　A－(い)　B－(う)

ウ　A－(う)　B－(い)　　エ　A－(え)　B－(あ)

⑵　前のページのⅠの表中の**C**の国に該当する略地図として最も適当なものを，次の**ア**から**エ**までの中から一つ選びなさい。

ア

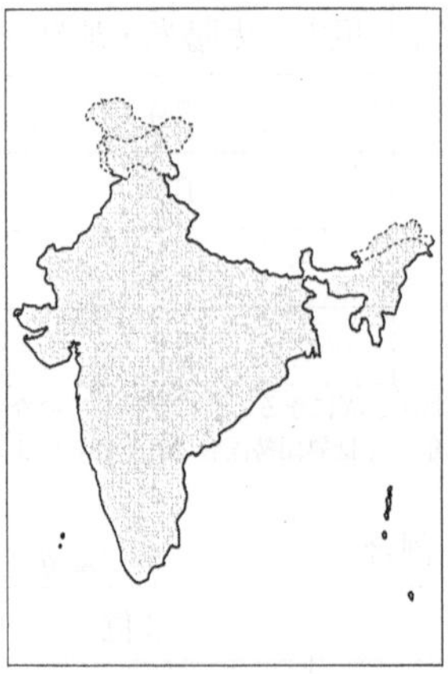

イ

ウ

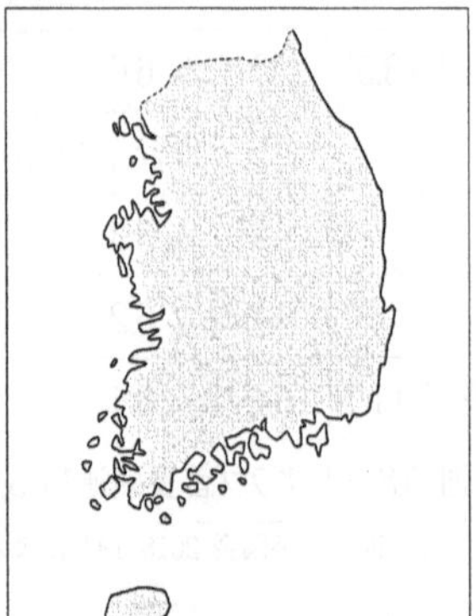

エ

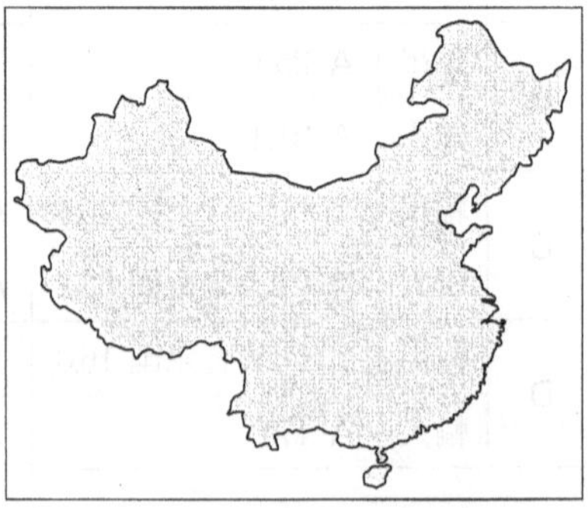

⑶　次のページの**X**と**Y**はある国の人口ピラミッドを示している。あとの**a**と**b**は，**X**，**Y**いずれかの人口ピラミッドについて説明した文である。Ⅰの表中の**D**の国に該当する人口ピラミッドとその説明文を選んだときの組み合わせとして最も適当なものを，あとの**ア**から**エ**までの中から一つ選びなさい。

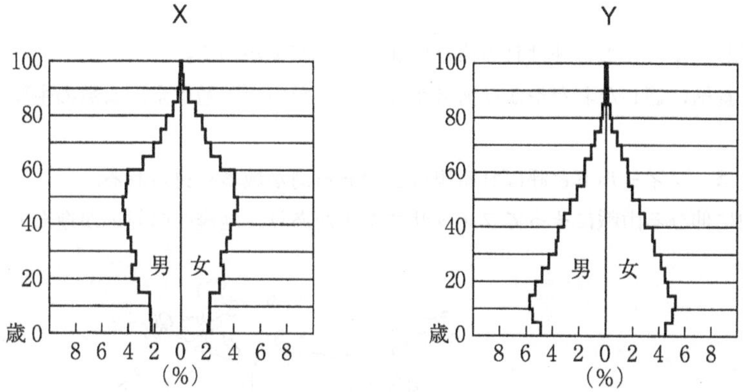

※Xは2016年，Yは2011年の人口総数に対する男女年齢別の人口構成を図式化したもの。
（「世界国勢図会 2018/19」による）

a	この人口ピラミッドは，出生率と死亡率がともに高く，平均寿命が短い。
b	この人口ピラミッドは，出生率と死亡率がともに低く，少子高齢化が進んでいる。

ア X－a　　イ X－b　　ウ Y－a　　エ Y－b

4． 次の文章を読んで，あとの⑴と⑵の問いに答えなさい。

日本は1960年代まで石炭や石油の生産に努力してきたが埋蔵量が少なく，現在は高品質で値段も安い外国の鉱産資源を輸入している。特に石油は石炭や天然ガスとともに火力発電などのエネルギー源となっており，様々な形で使用されている。①ロシアとの石油・天然ガスの開発プロジェクトにも参加しており，今後，ロシアからの輸入も期待されている。

その一方で鉱産資源の多くを輸入に頼りながらも，東京湾，伊勢湾，大阪湾，②瀬戸内海などの臨海部に鉄鋼や石油化学などの工場が立ち並び，太平洋ベルトと呼ばれる臨海型の工業地域が形成されており，大都市周辺や東北地方，九州地方の工業地域を含め先進工業国の一つに数えられている。

⑴　次の文章は，①ロシアとＥＵ諸国の関係について述べたものである。文章中の（　）にあてはまる最も適当な語句をカタカナで書きなさい。

なお，文章中の２カ所の（　）には，同じ語句があてはまる。

近年，ロシアはEU諸国との結び付きを強めている。EU諸国では，石油やガスのような可燃性の液体や気体の輸送管である（　　　）が発達しており，ロシアで産出された石油と天然ガスは（　　　）によって直接EU諸国に送られている。

⑵　次のページの略地図は②瀬戸内海に面したある県を示したものである。この県に該当する説明文を，次の**ア**から**カ**までの中から**すべて選びなさい**。

ア　活発な火山活動にともなう噴出物が積み重なって生まれた，シラスと呼ばれる地層が広がっている。

イ　温暖な気候をいかした野菜や果実の生産が行なわれており，みかんの生産は全国でも上位である。

ウ　冬は乾燥し，からっ風と呼ばれる冷たい北西の季節風がふく。

エ　魚介類の養殖に適したおだやかな海域が多く，まだいの養殖は全国有数の生産量をほこっている。

オ　沿岸部には，フィヨルドと呼ばれる奥行きのある湾が数多く見られる。

カ　東西方向に伸びる山脈にそってフォッサマグナがあり，地震への対応が進んでいる。

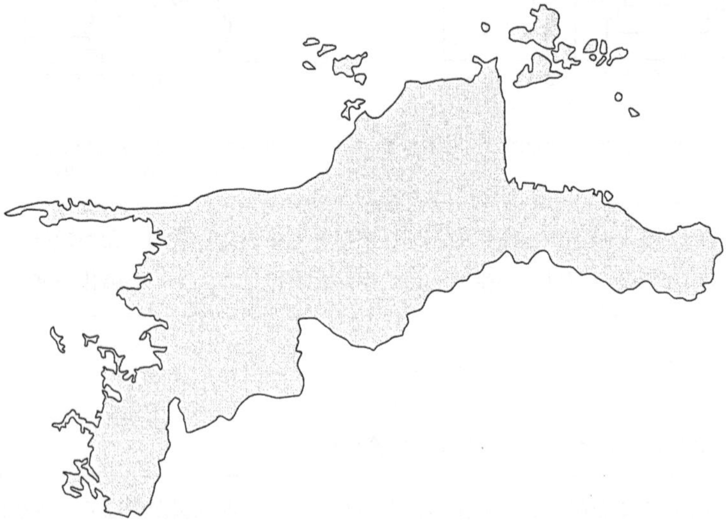

5． 次のⅠの地形図は，1959年と2013年（次のページ）のある地域を示したものである。次のページのⅡの略地図は，Ⅰの地形図とは別の都道府県のある地域を示したものである。
あとの⑴と⑵の問いに答えなさい。

Ⅰ　**1959年**（２万5000分の１「静岡東部」昭和34年発行）

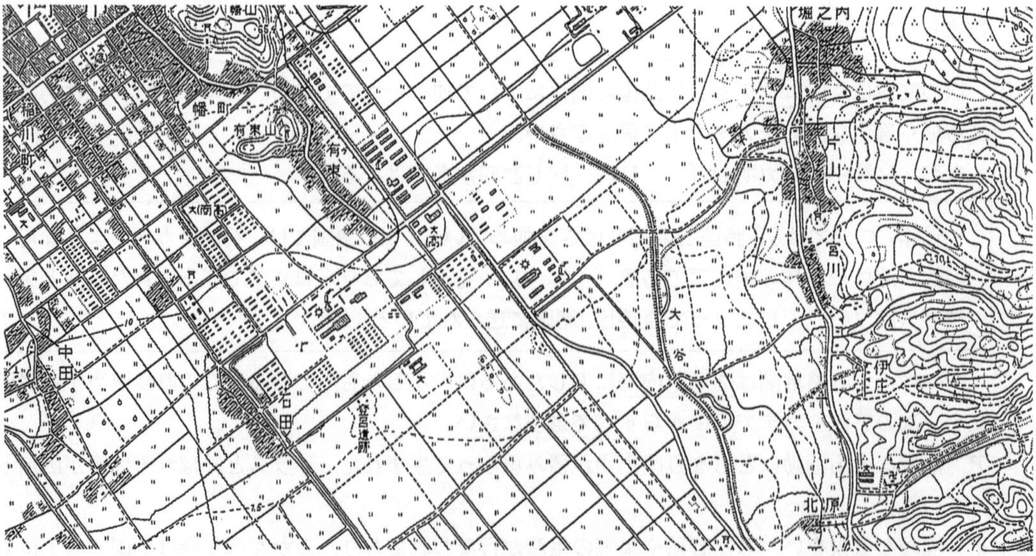

2013年（２万5000分の１「静岡東部」平成25年発行）

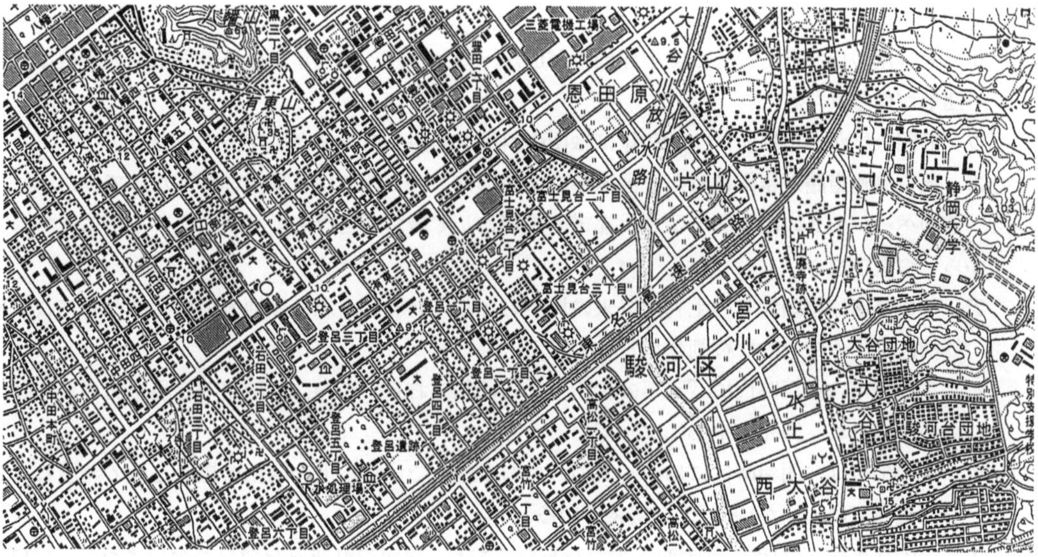

Ⅱ

（地理院地図 電子国土Web，地図は2018年掲載のもの，一部改変）

⑴　1959年（昭和34年）と2013年（平成25年）に発行されたⅠの地形図から読み取れることについて説明した文として最も適当なものを，次のページの**ア**から**エ**までの中から一つ選びなさい。

ア　有東山周辺には果樹園やくわ畑が広がっていたが，2013年にはその場所に美術館や博物館が数多く作られた。

イ　大谷川の自然堤防にそって畑作地帯が広がっていたが，2013年にはその場所に大規模な住宅団地が作られた。

ウ　静岡大学がある場所は，1959年には山の斜面を利用して茶畑が広がっていた。

エ　駅や高速道路が整備された登呂遺跡の南東部は，1959年には広葉樹林が広がっていた。

(2)　前のページのⅡの略地図で示した都市の説明として最も適当なものを，次のアからエまでの中から一つ選びなさい。

ア　この都市は戦国大名の毛利氏以来の城下町として発展し，現在は地方中枢都市として政治や経済，文化の中心的な役割を果たしている。

イ　この都市は江戸時代に「天下の台所」と呼ばれており，市内には特定の商品をあつかう問屋街が形成され，卸売の中心になっている。

ウ　この都市は，明治時代にはアイヌの人たちが住んでいた土地の開拓の拠点として発展しており，現在では人口が190万人を超えている。

エ　この都市は，794年に計画的な都が造られており，景観や町並みを損なわないように，建物の外観などを規制する条例を定めている。

6． 次の文章を読んで，あとの(1)から(3)までの問いに答えなさい。

> 2015年，国連総会で「持続可能な開発目標（SDGs）」が策定された。17の目標の中には「すべての人に健康と福祉を」「働きがいも①経済成長も」「住み続けられる②まちづくりを」といった，様々な分野の指針が掲げられた。より良い③社会を実現するために，わたしたち国民は積極的に取り組んでいく必要がある。

(1)　次の文章は，①経済活動について述べたものである。文章中の（A），（B），（C）に入る語句の組み合わせとして最も適当なものを，下のアからクまでの中から一つ選びなさい。

> 経済活動の中心は，生産と消費である。生産をになうのが企業で，そのうち利潤を目的とする民間企業を（　A　）という。その代表的なものである株式会社は，株式の発行によって得られた資金を元に設立される。一定の条件を満たした企業の株式は，（　B　）で売買される。
> 一方，家族や個人などの消費生活を営む単位が（　C　）である。（　C　）は収入を得て，それをさまざまな目的に支出する。

ア　A－私企業　B－公正取引委員会　C－資本
イ　A－私企業　B－公正取引委員会　C－家計
ウ　A－私企業　B－証券取引所　C－資本
エ　A－私企業　B－証券取引所　C－家計
オ　A－公企業　B－公正取引委員会　C－資本
カ　A－公企業　B－公正取引委員会　C－家計
キ　A－公企業　B－証券取引所　C－資本
ク　A－公企業　B－証券取引所　C－家計

⑵　次の文章は，②まちづくりについて述べたものである。文章中の（　）にあてはまる最も適当な語句を，大文字アルファベット３字で書きなさい。
　なお，文章中の３カ所の（　）には，同じ語句があてはまる。

地域のまちづくりは，住民自身によって行なわれるべきものである。その一つとして住民が地域のために活動するボランティアも広がりを見せている。 また，民間の非営利組織を（　　　）といい，公共の利益のために自発的に活動している。1998年には（　　　）法が制定され，（　　　）による社会貢献活動を支援する仕組みが整えられた。

⑶　③社会権に**あたらないもの**を，次の**ア**から**オ**までの中から**すべて選びなさい**。
ア　裁判を受ける権利　　**イ**　労働基本権　　**ウ**　教育を受ける権利
エ　生存権　　**オ**　国家賠償請求権

7. 次の文章を読んで，あとの⑴から⑶までの問いに答えなさい。

現代の日本は，①高齢化などの様々な問題に直面している。このような社会の中で国民は，自分たちの②権利を守りながら③政治に主体的に参加していく姿勢が大切である。

⑴　①高齢化は現在の日本にとって深刻な問題である。次のⅠのグラフは，性・年齢階級別にみた要介護者等*の構成割合である。下の**X**はⅠのグラフから読み取れる内容を，**Y**は介護保険制度の内容を説明した文である。それぞれの内容の正誤の組み合わせとして最も適当なものを，あとの**ア**から**エ**までの中から一つ選びなさい。
＊要介護者等とは，介護保険法の要支援又は要介護と認定された者をいう。

Ⅰ

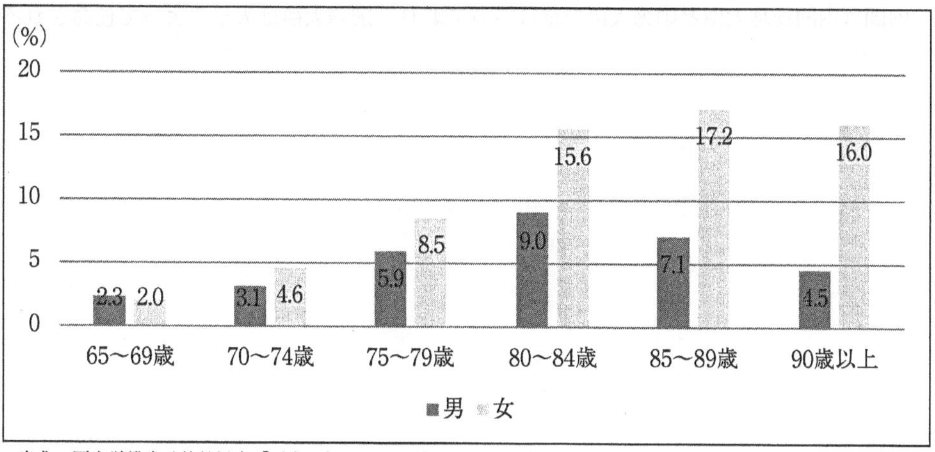

出典　厚生労働省政策統括官『平成30年グラフで見る世帯の状況―国民生活基礎調査（平成28年）の結果から―』

X　いずれの年齢階級でも要介護者等の割合は，男性より女性の方が多い。 **Y**　介護保険制度は，介護が必要になったときに備え，満20歳以上の人が加入するものである。

ア X－正 Y－正　イ X－正 Y－誤
ウ X－誤 Y－正　エ X－誤 Y－誤

⑵ 次の文章は，②権利について述べたものである。文章中の（a）と（b）に入る国名をそれぞれ選んだときの組み合わせとして最も適当なものを下のアからカまでの中から一つ選びなさい。

（ a ）では，1989年以来，民主化運動の指導者であるアウン・サン・スー・チーが軍事政権により自宅に軟禁されていた。彼女は（ a ）の民主化や女性の権利を訴え，1991年にノーベル平和賞を受賞した。

（ b ）では，2012年に当時15歳だったマララ・ユスフザイがイスラム武装勢力によって銃撃された。一命を取り留めた彼女はその後，女性の権利の向上を訴え続け，2014年にノーベル平和賞を受賞した。

ア a－アフガニスタン　b－パキスタン
イ a－アフガニスタン　b－ミャンマー
ウ a－パキスタン　b－アフガニスタン
エ a－パキスタン　b－ミャンマー
オ a－ミャンマー　b－アフガニスタン
カ a－ミャンマー　b－パキスタン

⑶ 日本の③政治において，行政権をもつ内閣について述べた文として最も適当なものを，次のアからエまでの中から一つ選びなさい。

ア 内閣は両院協議会を開き，関係者や学識経験者などから意見を聞くことができる。
イ 内閣の発案によって成立した法律を議員立法という。
ウ 衆議院で内閣不信任決議が可決された場合，内閣は総辞職するか，10日以内に衆議院を解散しなければならない。
エ 内閣は内閣総理大臣と国務大臣で構成されており，国務大臣は天皇によって任命される。

【現代語訳】

平宣時朝臣が、老後、昔ばなしに、「最明寺入道が、ある宵のうちに、わたくしをお呼びになったことがあったときに、『すぐ参ります』と申しながら、直垂がなくて、あれこれしているうちに、また使いが来て、『直垂などがおありにならないのでしょうか。夜であるから、ととのった服装でなくてもよいから、早くおいでなさい』と言われたので、よれよれになっている直垂で、内々の家にいるときの姿のままで参りましたところ、銚子に素焼きの杯をとりそえて、持って出て、『この酒を一人で飲むのが、ものたりなくさびしいので、お願いしたのです。ちょうど酒のつまみがないが、人は寝しずまってしまっただろう。つまみになりそうなものがあるかどうか、どこまでも探してみてください』と言われたので、脂燭をともして、あちらこちらの隅々を探しているうちに、台所の棚に、小さい素焼きの皿に味噌の少しついたものがあったのを見つけだして、『こんなものを見つけ出しました』と申しましたところ、『□』と言って、愉快に杯をかさねて、おもしろがられました。あの時代では、このようなことでございました」と申された。

＊1　平宣時朝臣…北条宣時（一二三八～一三二三）。鎌倉幕府の執権補佐。
＊2　最明寺入道…北条時頼（一二二七～一二六三）。鎌倉幕府の第五代執権。
＊3　直垂…武士の普段着。　＊4　銚子…酒を入れる容器。
＊5　土器…素焼きの杯や皿。
＊6　脂燭…松の木の先に油を塗った照明具。

（一）傍線部①「呼ばるる事」とあるが、その理由を説明した部分を、原文の中から三十字以内で抜き出し、最初の五字を抜き出して書きなさい。（句読点は含まない）

（二）傍線部②「や」は係助詞である。結びの語を原文の中から一語で抜き出して書きなさい。

（三）傍線部③「事足りなん」の現代語訳として最も適当なものを、次の**ア**から**エ**までの中から選び、その符号を書きなさい。

ア　それでやむを得ないだろう　**イ**　それで間に合うだろう
ウ　それはよろこばしいことだ　**エ**　それはありがたいことだ

（四）傍線部④「興にいられ侍りき」とあるが、最明寺入道をこのような気持ちにさせたものは何か。原文の中から十五字以内で抜き出して書きなさい。（句読点は含まない）

（五）この文章にあらわれている最明寺入道の人柄として最も適当なものを、次の**ア**から**エ**までの中から選び、その符号を書きなさい。

ア　民衆の暮らしを理解しようと、自らも質素に生活している庶民的な人物。
イ　夜中に急に部下を呼び出し、無理に自分の酒の相手をさせるさみしがりな人物。
ウ　人が寝静まるのを待ってから、静かに酒をたしなむ風流をわきまえた人物。
エ　物にこだわることもなく、威張ることもしない人情味にあふれた人物。

（六）『徒然草』と同じジャンルの古典文学作品として最も適当なものを、次の**ア**から**エ**までの中から選び、その符号を書きなさい。また、その作者名を漢字で書きなさい。

ア　土佐日記　**イ**　枕草子　**ウ**　源氏物語　**エ**　おくのほそ道

ウ　A　それで　B　何とか　C　しかし　D　きっと
エ　A　何とか　B　それで　C　きっと　D　しかし
オ　A　きっと　B　しかし　C　何とか　D　それで

(二)　傍線部①「ふーん、さすが音楽家」に含まれる仁科先生の心情を説明したものとして最も適当なものを、次の**ア**から**エ**までの中から選び、その符号を書きなさい。

ア　がむしゃらに自己流を貫く和希が、少々幼稚であることに対する叱責。
イ　和希の勉強法が真剣ではあるが、意外に適当であることに対する皮肉。
ウ　自分に合った勉強法を把握して日頃から取り組んでいることに対する賞賛。
エ　日頃投げやりな和希の勉強態度が、実は考えられていたことに対する驚嘆。

(三)　空欄 a にあてはまる言葉として最も適当なものを、次の**ア**から**エ**までの中から選び、その符号を書きなさい。

ア　歓喜　イ　簡潔　ウ　冷淡　エ　穏便

(四)　傍線部②「次々とこうべを垂れて」の文章に用いられている修辞法を漢字三字で書きなさい。

(五)　傍線部③「和希は黙って残りのハンバーグを口に運んだが、うまく喉を通らなかった」とあるが、それはなぜか。最も適当なものを、次の**ア**から**エ**までの中から選び、その符号を書きなさい。

ア　仁科先生が和希のことを擁護する考えだということに気づき、悲しみを感じたから。
イ　仁科先生が和希のことを真剣に考えていたことに対し、聞いたことを後悔したから。
ウ　仁科先生の和希に対しての精一杯の心遣いを知ることができ、嬉しくなったから。
エ　仁科先生が和希を大人として接してくれていたことに気づき、恥ずかしくなったから。

(六)　丁寧な受け答えをしている和希であるが、他人の言動に敏感に反応する性格の持ち主でもある。それが分かる最も適当な箇所を本文中から抜き出し、最初の五字を書きなさい。(句読点は含まない)

三　次の『徒然草』の原文と現代語訳とを読んで、あとの(一)から(六)までの問いに答えなさい。

【原文】

＊1平宣時《たひらののぶとき》朝臣《あそん》、老ののち、昔語りに、＊2「最明寺入道《さいみやうじのにふだう》、ある宵《よひ》の間に①呼ばるる事ありしに、やがて、と申しながら、＊3直垂《ひたたれ》のなくてとかくせしほどに、又《また》使来たりて、直垂などのさぶらはぬにや。夜なれば異様《ことやう》なりともとく、とありしかば、萎《な》えたる直垂、うちうちのままにてまかりたりしに、＊4銚子《てうし》に＊5土器《かはらけ》とりそへて持て出《い》でて、この酒をひとりたうべんがさうざうしければ、申しつるなり。さかなこそなけれ、人はしづまりぬらん。さりぬべき物②やあると、いづくまでも求め給へ、とありしかば、＊6脂燭《しそく》さして、くまぐまを求めし程《ほど》に、台所の棚に、小土器に味噌の少しつきたるを見出《い》でて、これぞ求め得て候《さうらふ》、と申ししかば、③事足りなん、とて、心よく数献《すこん》に及びて、④興にいられ侍《はべ》りき。その世にはかくこそ侍りしか」と申されき。

上に穏やかだった。
「不便はないですけど、ごはんにわかめが多いのがつらいです」
「島の特産品だからなー。けど体にいいんだぞ？　ほかには？」
「朝よく寝坊して怒られます。夜更かししてるわけじゃないんですけど」
「すばらしい。よく眠れるのは若い証拠だ」
「先生」
「はい？」
「おれが問題のあるやつだからって、そんなにかまってくれなくていいです。ほかにも生徒はいるんだから、みんなの心配してください。おれは別に困ってることなんてわかめと寝坊くらいしかないし、自分の面倒は自分で見れますから」
[a]に言うつもりだったのについ声に棘《とげ》が出て、自分の幼稚さが嫌になった。
　こうして気を配り、監視をするのは、それが彼の仕事だからだ。だったらそれをありがとうございますと笑って受け入れてやるのが生徒の＊2甲斐性《かいしょう》だろう。[D]波風立たずに過ぎ去っていくのだからそうしておけばいい。だけど、それをわかっているのに、自分の知らないところで大人たちが勝手に話し合って、自分を＊3擁護《ようご》してやるべき子供とあなどって、こんな子供扱いをしてくることに腹が立ってしまう程度には、まだ自分はガキなのだ。
　黙ってこちらを見つめ返していた仁科先生は、静かにほほえんだ。
「難しいな」
「……すいません、十五歳で」
「いや、思春期の取り扱いめんどくせーって意味じゃなくて、何歳になっても人に何かを伝えることって難しいし、大人になったからってうまくできるわけでもないんだなって」
　海のにおいのする風が吹いた。銀色のフェンスの向こうに広がる緑色の草原が、ピアノの鍵盤《けんばん》をグリッサンドするみたいに②次々とこうべを垂れて波うち、その時だけ目には見えない風が大地を渡っていく姿がわかる。
「別におまえは問題のあるやつなんかじゃないよ。ただ……もしかしたらひとりで黙って苦労してるんじゃないかって、そう思わせる事情はあって、俺も含めてまわりの大人は心配してる。でも、それをおまえが重荷に思ったりする必要はまったくない。大人が勝手にやってることだからおまえは何も気にしないで暮らしてくれたらいい。そして、もし誰かに、友達とかじゃなく大人に力を借りたいと思うことが起きたら、俺や、俺じゃなくてもおまえが言いやすい先生にすぐに言ってほしい。遠慮はいらない。俺たちは給料という対価をもらってそれを仕事にしてるんだから」
　③和希は黙って残りのハンバーグを口に運んだが、うまく喉を通らなかった。

（阿部暁子『どこよりも遠い場所にいる君へ』による）

＊1　月ヶ瀬……和希のこと。
＊2　甲斐性……物事をやりとげようとする気力、根性。
＊3　擁護……危険なことからかばい守ること。

（一）　空欄[A]から[D]にあてはまる語の組み合わせとして最も適当なものを、次の**ア**から**オ**までの中から選び、その符号を書きなさい。

ア　A　何とか　B　しかし　C　それで　D　きっと
イ　A　きっと　B　それで　C　何とか　D　しかし

てどんよりした。今日はこれを平らげるほどの食欲がない。［B］食堂のおばさんがせっかく作ってくれたものを残すのも失礼だ。どうしたもんかなあと悩みながら青のりごはんだけ食べていると、

「よ、元気？」

　いきなり肩を叩かれて、ぐっとむせた。軽くにらむと、仁科先生は笑いながらとなりに腰を下ろした。持っているのは和希とおそろいの寮生の弁当箱で、教員でも代金を払えば同じ弁当を食堂のおばさんたちに作ってもらえるのだそうだ。

「あ、音楽聴いてた？二十一世紀生まれの高校生ってどんなの聴くの？」

「音楽じゃないです。英単語帳のCD。この前、視聴覚室で録音させてもらって」

「え、ほんと。ああいう教材ちゃんと使ってる人初めて見たな」

「書いたり読んだりするより聴くほうが頭に入るんです、おれ」

「あー、だからか。*1月ヶ瀬ってあまり細かくノート取らないよな。みんなが頭下げてカリカリ書いてる時でも、月ヶ瀬は顔上げてこっちの話聞いてる。①ふーん、さすが音楽家」

　笑いながら仁科先生が弁当のふたを開けた瞬間、今だと和希はすばやく箸を動かした。

「先生、お世話になってます。感謝のしるしにハンバーグとコロッケを献上します」

「ちょ、いらないよ、自分で食べなさいよ」

「ぼくの気持ちを突き返さないでください」

「おまえ自分が食べたくないだけだな？そうなんだな？」

［C］ハンバーグとコロッケの半分を先生の弁当箱に押しこむことに成功すると「メタボになっちゃうじゃないか、もー……」とぶつぶつ言いながら仁科先生は押しつけられたコロッケを箸で半分に割り、そのついでのような何気なさで言った。

「月ヶ瀬、調子どう？今日あんまり顔色さえないけど」

「ぼくは元々さえない人間なので気にしないでください」

「何じゃそら。今日は尾崎たちと一緒に食べないの？喧嘩でもした？」

「そういうわけじゃないです」

「じゃあどうして」

「先生は高校生だった時、ひとりで食べたい気分になったことはなかったんですか？」

　仁科先生がコロッケを口に入れながら、横目でちらりと笑った。

「そうですね、ありました。きみらだって同じだよな、失礼しました」

「わかってもらえてうれしいです」

「月ヶ瀬、わりと口達者なんだな。教室だといつもニコニコみんなの話聞いてるけど」

「ニコニコとかしてないし」

「してるよ？今度、動画撮って見せようか？」

　動画、という言葉に肩がゆれた。

　一拍おいて、仁科先生が声音《こわね》を静かに改めた。

「悪かった、今のは失言」

　そのひと言で、この人がすべてを知っているということを知った。

【中略】

「こっちでの生活はどう？何か不便とか困ってることはない？」

　たった今起きた事故の和解を求めるみたいに、先生の口調はいつも以

ないのだ。

　このように、まったく同じ内容の情報でも、伝える相手、タイミングによって情報の価値は変わってくる。情報の価値は、情報それ自体にあるのではない。それを受け止めた人間がその新しい情報に対してどのように行動するかによって決まるのである。

　一方、真実を伝えていない情報は、いくら情報量が大きかろうと受け手にとってはたいへん危険である。古来、多くの英雄が破滅したのは、かならずといってよいほど、計画的なウソや誤った報告によってであった。すなわち謀略である。「情報量」の［A］を逆手にとったワナだ。もっとも信頼している人の裏切りをささやかれたことで逆上し、悲劇的な結末となったという話はじつに多い。シェークスピアのマクベスはまさにそれだ。謀略の恐ろしさである。

（唐津一『かけひきの科学　情報をいかに使うか』による）

（一）傍線部（Ⅰ）「ヒリツ」（Ⅱ）「バイタイ」を漢字で書きなさい。

（二）傍線部（X）（Y）のカタカナを漢字にした場合、同じ漢字になるものを、次の**ア**から**エ**までの中から一つ選び、その符号を書きなさい。

（X）**ア**　技コウをこらす　**イ**　コウ拙な文章
　ウ　薬のコウ用　**エ**　コウ正な取引

（Y）**ア**　紙面をサッ新する　**イ**　サッ覚を起こす
　ウ　隣国との摩サツ　**エ**　現地の視サツ

（三）傍線部①「情報の価値」とあるが、具体的にはどのようなものか。「～もの。」とつながるように本文中から三十五字程度で抜き出し、最初と最後の三字を書きなさい。（句読点は含まない）

（四）空欄［A］にあてはまる言葉を本文中から抜き出し、必要に応じて活用させて書きなさい。

（五）本文中に書かれている筆者の考えとして最も適当なものを、次の**ア**から**エ**までの中から選び、その符号を書きなさい。

ア　情報を自由に読み取ることで、内容を簡潔に柔軟に伝えることができる。

イ　読み手による取捨選択によって、必要な部分だけ情報を利用することができる。

ウ　情報相互の関係を意識することで、相手に必要な情報を伝えることができる。

エ　複雑に並んだ情報を伝えることで、相手が正しい情報を選ぶことができる。

二　次の文章を読んで、あとの（一）から（六）までの問いに答えなさい。

　少し前に通り雨が降ったので、コンクリートの床にはあちこちに水たまりができ、薄曇《うすぐも》りの空を映していた。

　フェンスに寄りかかって座り、小型のポータブルプレイヤーのイヤホンを耳にはめる。古い型のものだが音質はいいし、ラジオやアラーム機能もついてるので便利だ。父が使っていたもので、家を出る時に黙って持ち出してきた。持ち主の父はもういないし、［A］あの家のほかの誰も、父のものを使おうなんて考えないだろうから。

　英語のヒアリング教材を聞き流しながら弁当のふたを開けたら、コロッケ、ハンバーグという胃にずっしりくる二大スターの共演を目撃し

【国　語】（四五分）〈満点：二〇点〉

一　次の文章を読んで、あとの（一）から（五）までの問いに答えなさい。

ある人間が新しい情報を手に入れることによって、以後の行動がどれくらい変わっていくか。その変わる（Ⅰ）ヒリツによって情報量を定義しようというのがこの「情報理論」で、これは一方で、かけひきに勝つための第一の技術だといってよい。情報量とは簡単にいい換えれば驚きの大きさである。

もちろん情報量を（Ⅹ）有コウにするためには、相手がその情報について、ある程度の知識をもっている必要がある。

「人を見て法を説け」というが、相手がどれだけのことを知っていて、何を考えているかをまずこちらが知ることが先決だ。

阪神大震災のとき、日ごろお堅いと思われている公共広告機構が流したテレビコマーシャルが、多くの人に感動を呼び起こした。「人を救えるのは人しかない」という広告である。その後のボランティア活動の転換点になったとさえいわれた。相手が何を考えているのかを（Ｙ）サッ知した好例である。

テレビや新聞に打つ広告は強力な宣伝（Ⅱ）バイタイだが、そのとき広告のなかに何を書くか――広告を立案する人がいつも頭を悩ませる問題である。誰でも知っていることをただそのまま載せたのでは、情報量はゼロである。重要なのはみんなが知らないことをどの程度知らせるかである。

情報量は、じつは大きければ大きいほどよいというものではない。大きいのにも限度があって、「こんな大きな話にはついていけない」と思われてはいけないのだ。また、誰に知らせるかを考えることが肝心だ。

そこで提供する情報については、もうひとつ重要なものさしがある。相手が①情報の価値をどう考えるかというものさしである。

具体的な例を示そう。

かつて第二次世界大戦で日本とアメリカのあいだで戦いの火蓋《ひぶた》が切られたのは、一九四一年（昭和一六年）一二月八日の日本の真珠湾攻撃だった。もし〝運命の日〟一二月八日以前に、日本軍が真珠湾のアメリカ太平洋艦隊を攻撃するという情報が入ってきたら、アメリカにとっては、これはたいへんな情報量といえる。しかし問題は、その情報の価値で、これは伝える相手によって変わる。

たとえば、そのとき何かの間違いで、どこか山奥の、人と接触せずに暮らしている人に伝わったとしよう。この場合、情報としてはたしかに大きいけれど、「ああ、そうか」というだけで、猫に小判である。【中略】

つまり、情報の価値は、同じ情報であっても伝える相手によって、まるで違ってくるのである。

もうひとつ大切なのは、タイミングである。日本軍が真珠湾を攻撃するその一分前に大統領のところにその情報が伝わったのでは、情報量が大きいとはいえ、価値はほとんどない。真珠湾のアメリカ太平洋艦隊に日本軍の奇襲を伝える時間がないからだ。

だが一時間前に伝われば、たいへんな価値が出てくる。もし前日に伝わったのであれば、歴史は変わっていたかもしれない。アメリカ太平洋艦隊は真珠湾を出て、先に日本艦隊に奇襲をかけることすら不可能では

2019年度

解 答 と 解 説

《2019年度の配点は解答欄に掲載してあります。》

＜数学解答＞ 《学校からの正答の発表はありません。》

1 (1) -7　(2) $\dfrac{4x+y}{6}$　(3) $\sqrt{10}$　(4) -6　(5) $2x^2+8x$　(6) 8個

(7) $\dfrac{3}{8}$　(8) $a=-1$　(9) 3秒　(10) 12日間　(11) 3.8×10^5km

2 (1) Ⅰ ア　Ⅱ カ　(2) $\angle x=15$度，$\angle y=90$度　(3) ① $2\sqrt{2}$cm　② $\dfrac{\pi}{2}$倍

3 ① B(3, 9)　② 15　③ $\dfrac{43}{2}\pi$

○推定配点○

各1点×20(2(2)別採点)　計20点

＜数学解説＞

基本 **1** (正負の数，1次式の加減，平方根，式の値，式の展開，数の性質，確率，2次方程式，資料の整理，方程式の応用，近似値)

(1) $(-3)^2\div(-3)-2^2=9\div(-3)-4=-3-4=-7$

(2) $\dfrac{2x+y}{2}-\dfrac{x+y}{3}=\dfrac{3(2x+y)-2(x+y)}{6}=\dfrac{6x+3y-2x-2y}{6}=\dfrac{4x+y}{6}$

(3) $(\sqrt{5}-2)(\sqrt{5}+2)+\dfrac{1}{\sqrt{10}}\times(-\sqrt{10}+10)=5-4-1+\sqrt{10}=\sqrt{10}$

(4) $-x^2+2x-3=-(-1)^2+2\times(-1)-3=-1-2-3=-6$

(5) $(x-1)(x+4)+(x+1)(x+4)=x^2+3x-4+x^2+5x+4=2x^2+8x$

(6) $3=\sqrt{9}$より，$\sqrt{x}<3$を満たす自然数xは，1，2，3，4，5，6，7，8の8個。

(7) 硬貨の表裏の出方の総数は，$2\times2\times2=8$(通り)　このうち，題意を満たすのは，表表裏，表裏表，裏表表の3通りだから，求める確率は，$\dfrac{3}{8}$

(8) $x^2-2(a+1)x-(a+5)=0$に$x=2$を代入して，$2^2-2(a+1)\times2-(a+5)=0$　$4-4a-4-a-5=0$　$-5a=5$　$a=-1$

(9) 範囲は，$19-16=3$(秒)

(10) 牧草地の牧草の量をa，1日に一定の割合で伸びる牧草の量をb，1頭の牛が1日に食べる牧草の量をcとすると，$25c\times60=a+60b$…①　$40c\times15=a+15b$…②　①－②より，$900c=45b$　$b=20c$　これを②に代入して，$600c=a+15\times20c$　$a=300c$　求める日数をx日とすると，$45c\times x=300c+20c\times x$　$25cx=300c$　$x=12$(日間)

(11) 38万$=380000=3.8\times10^5$(km)

2 (平面図形)

基本 (1) △ADEと△DBFにおいて，仮定より，AD＝DB…①　DE//BCより，平行線の同位角は等しいから，∠ADE＝∠DBF…②　CA//FDより，平行線の同位角は等しいから，∠DAE＝∠BDF…③

①，②，③より，1組の辺とその両端の角がそれぞれ等しいので，△ADE≡△DBF　よって，DE＝BF

(2)　右の図のように，円の中心をOとし，点A～Eをとる。$\angle$COD＝360°÷12＝30°　円周角の定理より，$\angle x=\angle$CAD＝$\frac{1}{2}\angle$COD＝15°　$\angle$AOB＝5$\angle$COD＝150°　円周角の定理より，$\angle$ADB＝$\frac{1}{2}\angle$AOB＝75°　三角形の内角の和は180°だから，$\angle$AED＝180°－15°－75°＝90°　対頂角は等しいから，$\angle y=\angle$AED＝90°

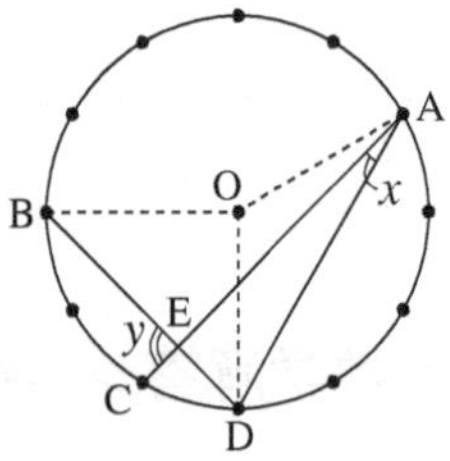

(3)　①　正方形の面積Aは，$\frac{1}{2}\times4\times4=8$　よって，1辺の長さは，$\sqrt{8}=2\sqrt{2}$(cm)

②　$\mathrm{B}=\pi\times\left(\frac{4}{2}\right)^2=4\pi$　よって，$\mathrm{B}\div\mathrm{A}=\frac{4\pi}{8}=\frac{\pi}{2}$(倍)

3　(図形と関数・グラフの融合問題)

基本　①　$y=x^2$に$x=3$を代入して，$y=3^2=9$　よって，B(3，9)

基本　②　C(0，6)とすると，△OAB＝△OAC＋△OBC＝$\frac{1}{2}\times6\times2+\frac{1}{2}\times6\times3=15$

重要　③　$y=x^2$に$x=-2$を代入して，$y=(-2)^2=4$　よって，A(－2，4)　点Aのy軸に関して対称な点をDとすると，D(2，4)　直線OBの式は$y=3x$，直線CDの式は$y=-x+6$　直線OBと直線CDとの交点をEとすると，$y=3x$と$y=-x+6$からyを消去して，$3x=-x+6$　$4x=6$　$x=\frac{3}{2}$　よって，$\mathrm{E}\left(\frac{3}{2},\ \frac{9}{2}\right)$　△XYZをy軸のまわりに1回転させてできる立体の体積を〔XYZ〕と表すと，〔OAB〕＝〔OBC〕＋〔ODC〕－〔OEC〕＝$\frac{1}{3}\times\pi\times3^2\times6+\frac{1}{3}\times\pi\times2^2\times6-\frac{1}{3}\times\pi\times\left(\frac{3}{2}\right)^2\times6=\frac{43}{2}\pi$

★ワンポイントアドバイス★

出題構成は独立小問，関数，図形の大問3題で変わらない。標準レベルの問題なので，基礎を固めたら，過去の出題例を研究しておこう。

＜英語解答＞《学校からの正答の発表はありません。》

1　聞き取り検査の問題解答省略

2　①　Why，visit　②　am，in　③　both，anywhere

3　(1)　taught　(2)　イ　(3)　is very important for us to use water　(4)　エ　(5)　ウ，エ

4　(1)　【b】イ　【d】エ　(2)　(ア)　such　(イ)　giving　(3)　イ　(4)　(X)　happened　(Y)　animals

○推定配点○

1　各1点×5　2　各1点×3　3　各1点×6

4　(1)　1点(完答)　(2)　各1点×2　(3)　1点　(4)　各1点×2　計20点

＜英語解説＞

1 聞き取り検査の問題解説省略。

基本 **2** （会話文読解問題：語句補充，疑問詞，熟語）

（全訳） 有紀：日本にいる間，何をしたい？
ベッキー：日本の有名な場所に行きたいな。日本料理も食べたいわ。
有紀　　：そう。どこへ行きたい？
ベッキー：京都へ行きたい。
有紀　　：①どうして京都を訪問したいの？
ベッキー：そこにはたくさんの古い寺があって，②私はそれらに興味があるからよ。
有紀　　：わかったわ。私たちは次の週末に京都に行くわ。どんな種類の日本料理が食べたい？
ベッキー：京都で寿司とたこ焼きが食べられる？
有紀　　：もちろん。③両方ともいつでも日本のどこでも食べられるわ。
ベッキー：それはすごい。

① 次のベッキーの発言が Because ～「なぜなら～」となっていることから，Why を文頭に置いて理由を尋ねる疑問文にする。〈visit ＋場所・人〉「～を訪問する」

② be interested in ～「～に興味がある」

③ both「両方とも」 ここでは *sushi* and *takoyaki* を指す。at any time「いつでも」 anywhere「どこでも」

3 （長文読解問題・エッセイ：語句補充・選択，受動態，語句整序，不定詞，内容吟味，内容一致）

（全訳） この前の夏，私は修学旅行でニュージーランドに行き，1か月間ベイカー家に滞在した。数年前，ベイカー氏は仕事で東京に2か月間滞在した。そこの人々は彼にとても親切で，彼は日本についてもっと知りたいと思ったので，彼は私を自宅に受け入れることにした。私のホストファミリーは5人家族で，ホストファーザー，ホストマザー，姉，妹，弟がいた。彼らは皆，私にとても親切で優しかった。私はニュージーランドの文化について多くのことをA教わった。

毎朝，私は妹とスクールバスで学校に行った。初日，私は学校に行く時に驚いた。私は，自転車に乗っている人が皆，学生だけでなく大人もヘルメットを被っているのを見た。私のホストシスターは私に，全員がヘルメットを着用しなくてはいけないと教えてくれた。それはニュージーランドの規則だ。私たちは自分で貴重な命を守らなくてはならない。日本では自転車に乗る時，ヘルメットを着用すべきだ。多くの人が着用するが，全員ではない。私は①自分の貴重な命を守るためにヘルメットを着用すべきだと学んだ。

家では，私は家事を手伝うことを心掛けた。私は夕食後に皿洗いをした。私が洗う時はいつでもホストファーザーが手伝ってくれた。私が驚いたことがさらにもう1つあった。ニュージーランドの人々は洗剤を洗い流すのに水を使わない。彼らは布を使うだけだ。日本で私は皿洗いをするのにたくさんの水を使い，それについて全く気にしていなかった。私は水がとても大切だということを学んだ。②私たちにとって，水をよく注意して使うことがとても重要だ。だから私は使う水を減らすために何ができるのかを考えた。まず，私たちは蛇口をしっかりと締めるべきだ。次に，私たちは長い間水を流したままにすべきでない。歯を磨いている時は水を止めるべきだ。それは簡単だ。

私はニュージーランドで多くのことを学び，ベイカー家に滞在して楽しかった。

(1) 受動態〈be動詞＋過去分詞〉にする。teach－taught－taught

(2) 全訳下線部参照。

(3) 形式主語構文〈It is … for ＋人＋ to ＋動詞の原形〉「～することは(人)にとって…」

重要 (4) エ「ニュージーランドではお皿から洗剤を取り除く時，水の代わりに布を使う」

重要 (5) ウ 「筆者は私たちに節水する方法を教えてくれる」(○) エ 「筆者は私たちに，歯を磨くときは水を流したままにするのをやめるべきだと言う」(○)

4 **(会話文読解問題：文補充・選択，語句補充，熟語，動名詞，要旨把握)**

(全訳) アミ：こんにちは，ジャック。

ジャック：やあ，アミ。

アミ　　：夏休みの計画はどうなっているの？

ジャック：【a】この夏は東京に旅行するつもりだよ。

アミ　　：東京ではどこに行くの？

ジャック：まだ決めていないよ。

アミ　　：上野動物園に行くのはどう？

ジャック：【b】それはいい考えだ！　僕は動物が大好きだよ。

アミ　　：それはいいわ。多くの人がそこへ行くのが大好きなの。でも上野動物園には悲しい話があるって知っている？

ジャック：【c】それは何？

アミ　　：何年も前，上野動物園には(A)3頭のゾウがいたの。名前はジョン，トンキー，ワンリーだった。彼らは動物園を訪れた人々に愛されていたわ。でも第2次世界大戦が起きると，①軍は動物園にライオン，トラ，ゾウ(ア)のような危険な動物を全て殺すように命じたの。

ジャック：それはひどい。動物園の飼育係は本当に動物たちを殺したの？

アミ　　：彼らは動物たちを殺したくなかったけれど，命令に従わなければならなかった。彼らは毒入りのエサを与えて動物たちを殺そうとしたの。

ジャック：【d】ゾウはどうなったの？

アミ　　：実は，彼らはエサを食べなかったの。

ジャック：【e】飼育係はゾウに何をしたの？

アミ　　：②彼らはゾウに食べ物を(イ)あげるのをやめたの。数日後，ゾウたちは死んだわ。ゾウたちは今，上野動物園の記念碑の下で他の動物たちと一緒に安らかに眠っているわ。

ジャック：僕はこのような話を今までに聞いたことがないよ。僕はそこに行った時にその記念碑を見るべきだと思う。

アミ　　：あなたにとって良い経験になるでしょうね。

(1) 全訳下線部参照。

(2) (ア) such as ～「～のような」 (イ) stop ～ing「～するのをやめる」

(3) 直後の文に，John, Tonky, and Wanly と名前が3つ書かれている。

重要 (4) (全訳) 「やあ，エミリー。今年の夏，僕は東京の上野動物園に行ったよ。友達のアミが僕に上野動物園のゾウについて話してくれた。第2次世界大戦が(X)起きた時，彼らは飼育員たちによって殺されなくてはならなかった。僕はそこで，それらの動物たちへの記念碑を見ることができた。ゾウたちと他の(Y)動物たちはその下で安らかに眠っている。それは本当に印象的だった。僕はこの経験を決して忘れない。君に写真を何枚か送るよ。さようなら，ジャック」

(X) 会話文中の下線部①の直前の happened を入れる。happen「(物事が)起きる」

(Y) 会話文中の下線部②の次の文参照。other animals「他の動物たち」とある。

★ワンポイントアドバイス★

4の会話文読解は，戦時中の上野動物園のゾウについての会話。(4)のメール文は，本文の要約の役割をしている。

＜理科解答＞《学校からの正答の発表はありません。》

1 (1) ア (2) エ (3) ウ (4) オ
2 (1) ア (2) イ (3) オ (4) 37.5%
3 (1) イ (2) ウ (3) エ (4) 再結晶
4 (1) ウ (2) イ (3) ウ (4) エ
5 (1) ア (2) 示相化石 (3) イ (4) エ

○推定配点○

各1点×20　　計20点

＜理科解説＞

1 (小問集合)

重要 (1) ア 質量は上皿てんびんではかることができるので，アは正しい。 イ 質量は地球上でも月面上でも変わらないので，イは間違いである。 ウ 重さの単位はN(ニュートン)なので，ウは間違いである。 エ 重さは場所によって変化するので，エは間違いである。

重要 (2) 右心房は，体の各組織を回った血液が通る血管(大静脈)とつながっている。

重要 (3) 塩化銅水溶液を電気分解すると，陽極では塩化物イオンが，電子を陽極にわたして塩素となる。また，陰極では銅イオンが，陰極から2つの電子を受け取り銅となり，陰極に付着する。塩素が溶け込んだ水は赤インクの色を脱色する性質を持つので，ウが正しい。

基本 (4) 同じ時刻同じ場所で観察すると星は1か月で30度東から西に移動する。よって，1か月後の21時のカシオペヤ座の位置は，12月のある日の21時の位置より30度西に移動している。また，同じ日に同じ場所で星を観察すると，1時間で15度東から西へ動いて見えるので，12月のある日から1か月後の19時に同じ場所でカシオペヤ座を観察すると，12月のある日から1か月後の21時の位置から30度東にカシオペヤ座が観察できる。そのため，12月のある日の21時から，1か月後の19時に観察できるカシオペヤ座は，元と同じ位置のオとなる。

2 (生殖と遺伝)

(1) エンドウは自家受粉で種子を作り，生育速度が速く栽培が容易な植物である。そのため，メンデルはエンドウを実験材料として選んだといわれている。

重要 (2) 黄色の種子をつくる純系のエンドウがつくる卵細胞はYが，緑色の種子をつくる純系のエンドウがつくる花粉にはyの遺伝子が含まれるので，〔実験1でできた黄色の種子をつくるエンドウの遺伝子型はすべてYyとなる。

基本 (3) 〔実験1〕で生じた種子の遺伝子型はYyなので，花粉と卵細胞はともにYまたはyの遺伝子を持つことになる。よって，右表より，YY：Yy：yy＝1：2：1となり，YY，Yyは黄色の種子，yyは緑色の種子になるのでので，黄色の種子と緑色の種子の数の比は3：1

	Y	y
Y	YY	Yy
y	Yy	yy

となる。よって，〔実験2〕において，自家受粉でできた黄色の種子は2000(粒)×$\frac{3}{3+1}$＝1500(粒)となる。

やや難　(4)　〔実験2〕で得られたのエンドウの遺伝子型の数の比はYY：Yy：yy＝1：2：1であるので，YYが1個体，Yyが2個体，yyが1個体生じたとする。これらのエンドウを自家受精させたので，YYの個体からはYYが4個体生じる(表①)。Yyの個体からはYY：Yy：yy＝1：2：1の個体が生じ(表②)，〔実験2〕で得られたエンドウのうちYyは2個体あるので，YYが2個体，Yyが4個体，yyが2個体生じる(表②が2セットできる)。yyの個体からはyyが4個体生じる(表③)。よって，〔実験2〕で得られたエンドウを自家受精させると，生じた個体は4＋2＋4＋2＋4＝16(個体)となり，そのうち，yyの個体は2＋4＝6(個体)である。よって，〔実験2〕で得られたエンドウを自家受精させると，できる種子の中で緑色の種子は$\frac{6(個体)}{16(個体)}$×100＝37.5(%)となる。

表①

	Y	Y
Y	YY	YY
Y	YY	YY

表②

	Y	y
Y	YY	Yy
y	Yy	yy

表③

	y	y
y	yy	yy
y	yy	yy

3 (溶液とその性質)

重要　(1)　アは硫酸銅，イはミョウバン，ウは塩化ナトリウム，エはホウ酸の溶解度曲線である。

基本　(2)　10gの水に硫酸銅4.0gは40℃ですべて溶けたので，40℃における硫酸銅水溶液の質量パーセント濃度は，$\frac{4.0(g)}{10(g)+4.0(g)}$×100＝28.57…より，約29%である。

基本　(3)　40℃の水100gに硝酸カリウムは約64g溶けるので，40℃の水50gでは約32g溶ける。10℃の水100gに硝酸カリウムは約20g溶けるので，10℃の水50gでは約10g溶ける。よって，10℃に冷やしたときに出てくる硝酸カリウムの結晶は，約32(g)－約10(g)＝約22(g)なので，エが最も適当である。

重要　(4)　溶解度の差によって固体を取り出す方法を，再結晶という。

4 (電流と電圧・電力と熱)

重要　(1)　電流計は電熱線と直列に，電圧計は電熱線と並列にしてつなぐ。

基本　(2)　電圧の値を変えた表なので，電圧をグラフの横軸にする。各数値の点を取って，それが直線に近い形をしていれば，各点の近くを通る直線のグラフをかく。

基本　(3)　オームの法則(V＝RI(電圧[V]＝抵抗[Ω]×電流[A]))から，3.0[V]＝x[Ω]×0.75[A]より，抵抗の値は4Ωとなる。

基本　(4)　熱量[J]は，電圧[V]×電流[A]×時間[s]であらわせる。よって，この実験で用いた電熱線に5.0Vの電圧を5分間(300s)加えると，発生する熱は5(V)×1.1(A)×300(s)＝1650(J)となる。

5 (地層と岩石)

重要　(1)　サンゴの化石が見つかると，その地層ができた当時はあたたかくきれいな浅い海であったことがわかる。

重要　(2)　地層ができた当時の環境がわかる化石を示相化石という。

やや難　(3)　標高の高さと，凝灰岩の層の位置を調べると，右図のようになる。よって，AとBを比べると，凝灰岩の層が水平であるので，東西方向に地層は傾いていないことがわかる。また，BとCを比

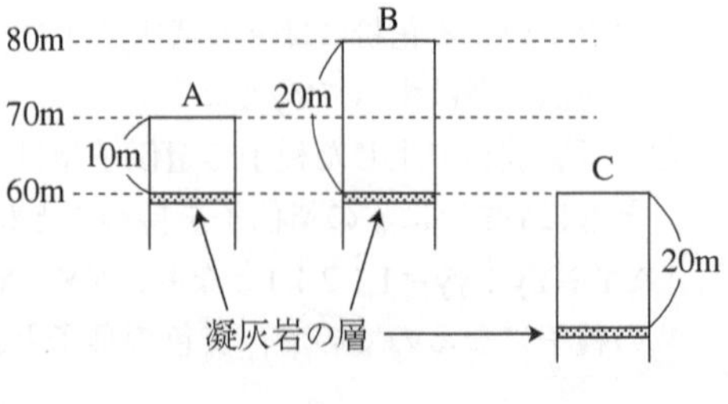

べると，南向きに凝灰岩の層が下がっていることがわかる。

重要 (4)　泥は粒の直径が$\frac{1}{16}$mm未満，砂は粒の直径が$\frac{1}{16}$mm以上2mm未満，れきは粒の直径が2mm以上である。

★ワンポイントアドバイス★

やさしい問題と難度の高い問題を見分け，やさしい問題を確実に得点しよう。

＜社会解答＞ 《学校からの正答の発表はありません。》

1　(1)　ウ　(2)　エ　(3)　野口英世
2　(1)　ア　(2)　エ　(3)　イ　(4)　オ
3　(1)　ア　(2)　イ　(3)　ウ
4　(1)　パイプライン　(2)　イ
5　(1)　ウ　(2)　ア
6　(1)　エ　(2)　NPO　(3)　ア，オ
7　(1)　エ　(2)　カ　(3)　ウ

○推定配点○

各1点×20　計20点

＜社会解説＞

1　(日本と世界の歴史－近代)

(1)　アのワシントン会議は1921年から1922年にかけて開催された。イの江華島事件は1875年，日朝修好条規が結ばれたのは1876年である。ウの日英通商航海条約が結ばれて領事裁判権の撤廃に成功したのは1894年。エのリットン調査団は1932年に派遣された。よって，Aの時期(1890年～1903年)にあてはまるのはウとなる。

重要 (2)　衆議院議員の選挙権は，1890年の第1回衆議院議員総選挙の時には直接国税15円以上を納める満25歳以上の男子に限られていたが，1925年に制定された普通選挙法によっては納税額による制限が撤廃されている。よって，xにはCの時期があてはまる。また，普通選挙法が制定されたのと同年には，共産主義に対する取り締まりを強めるために治安維持法が制定されており，yには治安維持法があてはまる。よって，エの組み合わせが適当。

(3)　黄熱病の研究で知られる写真の人物は，野口英世である。

2　(日本と世界の歴史－中世～近世)

(1)　Aのカードには「六波羅探題」がみられることから，鎌倉幕府の仕組みとわかり，①は執権と判断できる。元が高麗の軍勢も合わせて日本を攻めた出来事は元寇という。元寇の時の鎌倉幕府の執権は北条時宗であり，元の皇帝はフビライ・ハンである。よって，アの組み合わせが適当。

(2)　Bのカードには「大老」がみられることから，江戸幕府の仕組みとわかり，②は老中と判断できる。アは老中松平定信が行った政策，イは老中田沼意次が行った政策，ウは老中水野忠邦が行った政策，エは8代将軍徳川吉宗が行った政策である。よって，老中によって行われた政策と

して誤っているのはエとなる。

(3) 朝鮮国では15世紀にハングルが制定されたので，aは正しい。文禄の役では豊臣秀吉が朝鮮に出兵しており織田信長ではないので，bは誤り。よって，イの組み合わせが適当。

やや難 (4) Dは「馬借」や「明銭の使用も増加」から室町時代，Eは「大阪の堂島米市場」から江戸時代，Fは「月に三回の市がはじまった」から鎌倉時代と判断できる。よって，年代の古い順に並べるとF→D→Eとなり，オの組み合わせが適当となる。

3 （地理－世界の国々の特徴，人口）

(1) ㋐は「共産党主導のもと1949年に成立」などから中国（中華人民共和国）とわかる。㋑は「人口の80％以上がヒンドゥー教を信仰」などからインドとわかる。㋒は「日本の約26倍の面積を持つ」などからカナダとわかる。㋓は「第二次世界大戦後に南北の対立」「工業化に取り組み急速に成長」から韓国と判断できる。2017年の自動車生産台数が表中で最も多いAは中国，原子力発電の割合が4か国の中で最も高いBが韓国，水力発電の割合が4か国の中で最も高いCがカナダ，輸出相手国の上位にイギリスが含まれているDがインドと判断できる。よって，アの組み合わせが適当。

(2) アはインド，イはカナダ，ウは韓国，エは中国を示している。Cはカナダなので，イが適当。

(3) インドは出生率・死亡率がともに高く平均寿命は短いことからaがあてはまり，人口ピラミッドはYとなる。Xは少子化が進行している人口ピラミッドであり，インドにはあてはまらない。よって，ウの組み合わせが適当。

4 （地理－資源・エネルギー，都道府県の特徴）

(1) ロシアとEU諸国の間には石油や天然ガスの輸送艦であるパイプラインが発達しており，ロシアで算出された石油や天然ガスがパイプラインを通ってEU諸国に送られている。

重要 (2) 略地図は瀬戸内海に面している愛媛県を示している。アについて，シラスと呼ばれる地層が広がっているのは九州南部であり，愛媛県には該当しない。イについて，愛媛県は段々畑でのみかんの栽培が盛んで，みかんの生産量は全国でも上位なことから，該当するといえる。ウについて，冬にからっ風と呼ばれる冷たい北西の季節風がふくのは群馬県などであり，愛媛県は該当しない。エについて，フィヨルドはノルウェーなどに見られる地形であり，愛媛県ではリアス海岸がみられるので，該当しない。オについて，フォッサマグナは本州の中央部にみられるものなので，該当しない。

5 （日本の地理－地形図，都道府県の特徴）

(1) 1959年の地形図では有東山周辺には水田（‖）がみられるが果樹園（♁）やくわ畑（Y）はみられない。また，2013年の地形図では有東山周辺には美術館・博物館（血）はみられない。よって，アは誤り。1959年の地形図では大谷川の周辺には水田が広がっているので，イは誤り。2013年の地形図で静岡大学がある場所は，1959年の地形図では山の斜面に茶畑（∴）が広がっていたので，ウが適当。登呂遺跡の南東部は1959年には水田が広がっている。また，2013年の地形図では登呂遺跡の南東部に東名高速道路はみられるが駅はみられない。よって，エは誤り。

やや難 (2) Ⅱの略地図は太田川の三角州上に都市が広がっていることから，広島市について示していると判断できる。アは「毛利氏以来の城下町」などから広島市について述べているとわかる。イは「天下の台所」から大阪市について述べているとわかる。ウは「明治時代にはアイヌの人たちが住んでいた土地の開拓の拠点として発展」，「現在では人口が190万人を超えている」から札幌市について述べているとわかる。エは「794年に計画的な都が造られ」から京都市について述べているとわかる。

6 **（公民－基本的人権，経済活動）**

⑴　企業のうち，利潤を目的とする民間企業は私企業という。一定の条件を満たした企業の株式は証券取引所で売買される。家族や個人などの消費生活を営む単位は家計という。よって，エの組み合わせが適当である。

⑵　民間の非営利組織をNPOという。NPOについて規定された法律をNPO法（特定非営利活動促進法）といい，1998年に施行された。

基本　⑶　社会権には，生存権や教育を受ける権利，勤労の権利・労働基本権が含まれるので，イ（労働基本権）・ウ（教育を受ける権利）・エ（生存権）は社会権にあたる。アの裁判を受ける権利やオの国家賠償請求権は人権を確保するための権利であり，社会権にはあたらない。

7 **（公民－経済生活，政治のしくみ，国際社会と平和）**

⑴　Ⅰのグラフからは，要介護者等の割合は65～69歳では男性の方が女性より多く，70歳以上の年齢階級ではいずれも男性より女性の方が多いので，Xは誤っている。介護保険制度は，満40歳以上の人が加入するので，Yは誤り。よって，エの組み合わせが適当。

⑵　アウン・サン・スー・チーはミャンマーの政治家であり，aにはミャンマーがあてはまる。マララ・ユスフザイはパキスタン出身の人権運動家なので，bにはパキスタンがあてはまる。よって，カの組み合わせが適当。

⑶　両院協議会は内閣ではなく国会で開かれるので，アは誤り。なお，関係者や学識経験者などから意見を聞く場としては国会の委員会が開くことがある公聴会があげられる。議員立法とは議員の発案によって成立した法律をいうので，イは誤り。衆議院で内閣不信任決議が可決された場合，内閣は10日以内に衆議院を解散するか，総辞職しなければならないので，ウが適当。内閣は内閣総理大臣と国務大臣で構成されるが，国務大臣は内閣総理大臣が任命し天皇が認証するので，エは誤り。

★ワンポイントアドバイス★

地理・歴史・公民の基本事項をしっかりと整理しておこう。

＜国語解答＞ 《学校からの正答の発表はありません。》

一　(一)　Ⅰ　比率　Ⅱ　媒体　(二)　X　ウ　Y　エ
　　(三)　受け止～決まる（もの。）　(四)　大きさ　(五)　イ

二　(一)　オ　(二)　ウ　(三)　エ　(四)　擬人法　(五)　ウ　(六)　動画，とい

三　(一)　この酒をひ　(二)　ある　(三)　イ　(四)　小土器に味噌の少しつきたる
　　(五)　エ　(六)　(符号)　イ　(作者名)　清少納言

○推定配点○

各1点×20　　計20点

＜国語解説＞

一 （論説文―内容吟味，文脈把握，脱文・脱語補充，漢字の読み書き）

（一） Ⅰ 二つ以上の数量を比較したときの割合。「率」の他の音読みに「ソツ」がある。 Ⅱ 情報を伝達するときのなかだちとなるもの。「媒」を使った熟語は，他に「媒介」などがある。

（二） X 有効 ア 技巧 イ 巧拙 ウ 効用 エ 公正
Y 察知 ア 刷新 イ 錯覚 ウ 摩擦 エ 視察

（三） 「情報の価値」について述べている「このように」で始まる段落に着目する。「まったく同じ内容の情報でも，伝える相手，タイミングによって情報の価値は変わってくる。情報の価値は……それを受け止めた人間がその新しい情報に対してどのように行動するかによって決まるのである」という説明から，「情報の価値」を具体的に述べている部分を抜き出す。

（四） A の直後で用いられている「逆手にとる」は，相手の攻撃を利用して逆にやりかえすことの意味になる。また， A を含む部分は，同じ段落の「真実を伝えていない情報は，いくら情報量が大きかろうと受け手にとってはたいへん危険」な例を述べている部分である。「計画的なウソや誤った報告」という情報を多く与えられたことによって，「多くの英雄が破滅した」という文脈から考える。「『情報量』の A 」で，多くの情報という意味を持つような言葉があてはまる。

やや難 （五） 「かつて」で始まる段落に「問題は，その情報の価値で，これは伝える相手によって変わる」とあり，その後で「日本の真珠湾攻撃」の例を挙げ，情報の読み手が自分に必要な部分だけ情報を利用している様子を述べている。この内容を述べているイが適当。

二 （小説―情景・心情，文脈把握，接続語の問題，脱文・脱語補充，表現技法）

（一） A 後の「だろう」に着目する。自分の推測が高い可能性で実現するという気持ちを表す語があてはまる。 B 「食欲がない」という前に対して後で「残すのも失礼だ」と相反する内容を述べているので，逆接の意味を表す語があてはまる。 C 後の「押しこむことに成功すると」に着目する。あれこれ工夫や努力をする，という意味を表す語があてはまる。 D 前の「ありがとうございますと笑って受け入れてやるのが生徒の甲斐性だろう」という前から予想される内容を後に「波風立たずに過ぎ去っていくのだからそうしておけばいい」と述べているので，順接の意味を表す語があてはまる。

（二） 前の「書いたり読んだりするよりも聴くほうが頭に入るんです，おれ」という和希の言葉を聞いた仁科先生の言葉である。仁科先生は，和希が自分に合った勉強法を把握して取り組んでいることを褒めている。

（三） 和希が，本当はどのような調子で言うつもりだったのかを考える。同じ文の「声に棘が出て」は言葉に人の心を突きさすような皮肉や悪意が含まれてという意味である。aの後に「言うつもりだったのに」とあることから，和希は最初は，穏やかな調子で言うつもりだったことがわかる。かどが立たず人に受け入れられやすい穏やかな様子という意味の言葉があてはまる。

基本 （四） 「こうべを垂れる」は，頭を下げること。人間以外の「草原」を，人間に見立てて表現している。

重要 （五） 直前の「別におまえは問題のあるやつなんかじゃないよ。ただ……もしかしたらひとりで黙って苦労してるんじゃないかって……俺も含めてまわりの大人は心配してる。でも，それをおまえが重荷に思ったりする必要はまったくない」という仁科先生の言葉を聞いた和希の心情を想像する。仁科先生の言葉は，和希の負担にならないように思いやると同時に助けの手をさしのべるものである。「おれが問題のあるやつだからって，そんなにかまってくれなくていいです」と子供扱いをされることを嫌う和希であったが，仁科先生の自分を思いやる言葉に感謝し嬉しくなったことが想像できる。

やや難 （六） 登場人物は，和希と仁科先生の二人である。したがって，和希が仁科先生の言葉に敏感に反応している場面を探す。仁科先生の「してるよ？　今度，動画撮って見せようか？」という言葉の後に「動画，という言葉に肩がゆれた」という和希の様子を述べた描写がある。

三 （古文ー情景・心情，文脈把握，口語訳，表現技法，文学史）

重要 （一） 最明寺入道が，平宣時朝臣をお呼びになった理由を読み取る。後の最明寺入道の言葉に「この酒を一人で飲むのが，ものたりなくさびしいので，お願いしたのです」とある。「この酒を一人で飲むのが，ものたりなくさびしいので」という理由を述べている部分を，【原文】から抜き出す。

（二） 「や」を受けて，直後で「ある」と連体形で結ばれている。

（三） 事はそれで足りるでしょう，と考える。それで間に合うだろう，という意味になる。

（四） 「興にいられ侍りき」は，おもしろがられましたという意味であることを確認する。最明寺入道がおもしろがられたのは，どんなことかを考える。最明寺入道は，平宣時朝臣に酒のつまみを探させ，平宣時朝臣が「小土器に味噌の少しつきたる」を見つけだしてきたことをおもしろがられている。

重要 （五） 最明寺入道の言動から，人物像をとらえる。最明寺入道は，酒を一人で飲むのが寂しいからと平宣時朝臣を呼び出している。直垂がなくて焦っている平宣時朝臣に，ととのった服装でなくともよいと言い，さらに平宣時朝臣が見つけ出した小さい皿に味噌の少しついたものをおもしろがっている。最明寺入道は，物にこだわらず質素で人情味にあふれた人物であるとしているエが適当。

基本 （六） 『徒然草』は鎌倉時代の随筆で，同じジャンルの古典文学作品はイの『枕草子』。

★ワンポイントアドバイス★

読解問題の選択肢には紛らわしいものが含まれている。本文に書かれている内容を，自分の言葉で置き換えて理解することが大切だ。

MEMO

解答用紙集

○月×日　△曜日　天気（合格日和）

◆ご利用のみなさまへ
＊解答用紙の公表を行っていない学校につきましては、弊社の責任において、解答用紙を制作いたしました。
＊編集上の理由により一部縮小掲載した解答用紙がございます。
＊編集上の理由により一部実物と異なる形式の解答用紙がございます。

人間の最も偉大な力とは、その一番の弱点を克服したところから生まれてくるものである。 ――カール・ヒルティ――

※データのダウンロードは 2024 年 3 月末日まで。

東京学参株式会社

光ヶ丘女子高等学校　2023年度

◇数学◇

※解答欄は実物大です。

1

(1)	ア	イ	ウ	エ
(2)	ア	イ	ウ	エ
(3)	ア	イ	ウ	エ
(4)	ア	イ	ウ	エ
(5)	ア	イ	ウ	エ
(6)	ア	イ	ウ	エ
(7)	ア	イ	ウ	エ
(8)	ア	イ	ウ	エ
(9)	ア	イ	ウ	エ
(10)	ア	イ	ウ	エ
(11)	ア	イ	ウ	エ

2

(1)		(ア)	0	1	2	3	4	5	6	7	8	9
		(イ)	0	1	2	3	4	5	6	7	8	9
		(ウ)	0	1	2	3	4	5	6	7	8	9
(2)	①	(エ)	0	1	2	3	4	5	6	7	8	9
		(オ)	0	1	2	3	4	5	6	7	8	9
		(カ)	0	1	2	3	4	5	6	7	8	9
	②	(キ)	0	1	2	3	4	5	6	7	8	9
		(ク)	0	1	2	3	4	5	6	7	8	9
		(ケ)	0	1	2	3	4	5	6	7	8	9

3

(1)		(ア)	0	1	2	3	4	5	6	7	8	9
		(イ)	0	1	2	3	4	5	6	7	8	9
(2)	①	(ウ)	0	1	2	3	4	5	6	7	8	9
	②	(エ)	0	1	2	3	4	5	6	7	8	9
		(オ)	0	1	2	3	4	5	6	7	8	9
	③	(カ)	0	1	2	3	4	5	6	7	8	9
		(キ)	0	1	2	3	4	5	6	7	8	9
		(ク)	0	1	2	3	4	5	6	7	8	9
(3)	①		ア	イ	ウ	エ						
	②	(ケ)	0	1	2	3	4	5	6	7	8	9
		(コ)	0	1	2	3	4	5	6	7	8	9
		(サ)	0	1	2	3	4	5	6	7	8	9
		(シ)	0	1	2	3	4	5	6	7	8	9

光ヶ丘女子高等学校　2023年度　◇英語◇

※解答欄は実物大です。

【聞き取り検査】

1 第1問

		正	誤
1番	a	正	誤
	b	正	誤
	c	正	誤
	d	正	誤
2番	a	正	誤
	b	正	誤
	c	正	誤
	d	正	誤
3番	a	正	誤
	b	正	誤
	c	正	誤
	d	正	誤

第2問

		正	誤
1番	a	正	誤
	b	正	誤
	c	正	誤
	d	正	誤
2番	a	正	誤
	b	正	誤
	c	正	誤
	d	正	誤

【筆記検査】

2

(1)	ア	イ	ウ	エ
(2)	ア	イ	ウ	エ

3

(1)	ア	イ	ウ	エ
(2)	ア	イ	ウ	エ

4

(1)	ア	イ	ウ	エ				
(2)	ア	イ	ウ	エ	オ	カ	キ	2番目
	ア	イ	ウ	エ	オ	カ	キ	4番目
(3)	ア	イ	ウ	エ				
(4)	ア	イ	ウ	エ				
(5)	ア	イ	ウ	エ	オ	カ		
	ア	イ	ウ	エ	オ	カ	順不同	
	ア	イ	ウ	エ	オ	カ		

5

(1)	【a】	ア	イ	ウ	エ	オ
	【b】	ア	イ	ウ	エ	オ
	【c】	ア	イ	ウ	エ	オ
	【d】	ア	イ	ウ	エ	オ
	【e】	ア	イ	ウ	エ	オ
(2)	①	ア	イ	ウ	エ	
	②	ア	イ	ウ	エ	
(3)		ア	イ	ウ	エ	
(4)	(a)	ア	イ	ウ	エ	
	(b)	ア	イ	ウ	エ	

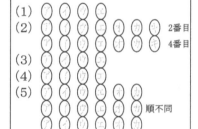

光ヶ丘女子高等学校　2023年度

◇理科◇

※解答欄は実物大です。

1

(1) ㋐ ㋑ ㋒ ㋓ ㋔ ㋕ ㋖ ㋗

(2) ㋐ ㋑ ㋒ ㋓ ㋔ ㋕ ㋖ ㋗

(3) ㋐ ㋑ ㋒ ㋓ ㋔ ㋕ ㋖ ㋗

(4) ㋐ ㋑ ㋒ ㋓ ㋔ ㋕ ㋖ ㋗

2

(1) ㋐ ㋑ ㋒ ㋓ ㋔ ㋕ ㋖ ㋗

(2) ㋐ ㋑ ㋒ ㋓ ㋔ ㋕ ㋖ ㋗

(3) ㋐ ㋑ ㋒ ㋓ ㋔ ㋕ ㋖ ㋗

(4) ㋐ ㋑ ㋒ ㋓ ㋔ ㋕ ㋖ ㋗

3

(1) ㋐ ㋑ ㋒ ㋓ ㋔ ㋕ ㋖ ㋗

(2) ㋐ ㋑ ㋒ ㋓ ㋔ ㋕ ㋖ ㋗

(3) ① ㋐ ㋑ ㋒ ㋓ ㋔ ㋕ ㋖

② ㋐ ㋑ ㋒ ㋓ ㋔ ㋕ ㋖

(4) ㋐ ㋑ ㋒ ㋓ ㋔ ㋕ ㋖ ㋗

4

(1) ㋐ ㋑ ㋒ ㋓ ㋔ ㋕ ㋖ ㋗

(2) ㋐ ㋑ ㋒ ㋓ ㋔ ㋕ ㋖ ㋗

(3) ㋐ ㋑ ㋒ ㋓ ㋔ ㋕ ㋖ ㋗

(4) ㋐ ㋑ ㋒ ㋓ ㋔ ㋕ ㋖ ㋗

5

(1) ㋐ ㋑ ㋒ ㋓ ㋔ ㋕ ㋖ ㋗

(2) ㋐ ㋑ ㋒ ㋓ ㋔ ㋕ ㋖ ㋗

(3) ㋐ ㋑ ㋒ ㋓ ㋔ ㋕ ㋖ ㋗

(4) ㋐ ㋑ ㋒ ㋓ ㋔ ㋕ ㋖ ㋗

光ヶ丘女子高等学校　2023年度

◇社会◇

※解答欄は実物大です。

1

（1）　ア イ ウ エ オ カ キ ク

（2）　ア イ ウ エ オ カ キ ク

（3）　ア イ ウ エ オ カ キ ク

2

（1）　ア イ ウ エ オ カ キ ク

（2）　ア イ ウ エ オ カ キ ク

（3）　ア イ ウ エ オ カ キ ク

（4）　ア イ ウ エ オ カ キ ク

3

（1）　ア イ ウ エ オ カ キ ク

（2）　ア イ ウ エ オ カ キ ク

（3）　ア イ ウ エ オ カ キ ク

（4）　ア イ ウ エ オ カ キ ク

4

（1）　ア イ ウ エ オ カ キ ク

（2）　ア イ ウ エ オ カ キ ク

5

ア イ ウ エ オ カ キ ク

6

（1）　ア イ ウ エ オ カ キ ク

（2）　ア イ ウ エ オ カ キ ク

（3）　ア イ ウ エ オ カ キ ク

7

（1）　ア イ ウ エ オ カ キ ク

（2）　ア イ ウ エ オ カ キ ク

（3）　ア イ ウ エ オ カ キ ク

光ヶ丘女子高等学校　2023年度

◇国語◇

※解答欄は実物大です。

一

(一) (i)　(ii)

(二) ア　イ　ウ　エ

(三) ア　イ　ウ　エ

(四) ア　イ　ウ　エ

(五) ア　イ　ウ　エ　オ

(六) ア　イ　ウ　エ

二

(一) ア　イ　ウ　エ

(二)

(三) ア　イ　ウ　エ

(四) ア　イ　ウ　エ

(五) 話

(六) ア　イ　ウ　エ

三

(一)

(二) ア　イ　ウ　エ

(三) ア　イ　ウ

(四) ア　イ　ウ　エ

(五) ア　イ　ウ　エ

(六)

(七) ア　イ　ウ　エ

光ヶ丘女子高等学校　2022年度

◇数学◇

※ 111%に拡大していただくと，解答欄は実物大になります。

1	(1)		(2)		(11)	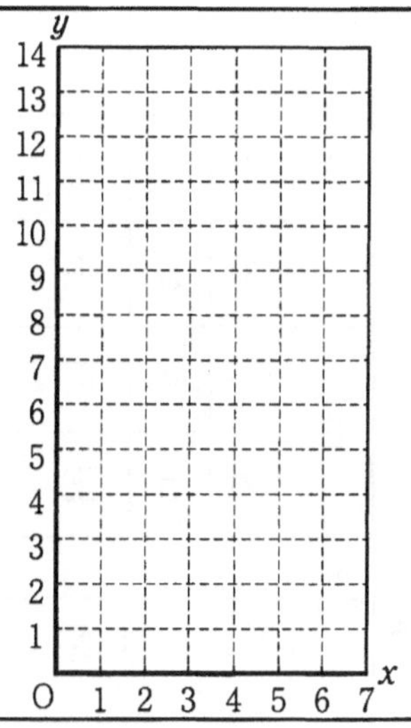
	(3)		(4)			
	(5)	$x=$	(6)	人		
	(7)		(8)			
	(9)		(10)	g		

2	(1)	$x=$	(2)	
	(3)	$y=$		

3	(1)	①	度	②	度
	(2)	①	m	②	m
	(3)	①		②	cm^3

※解答欄は実物大になります。

1

A	(1)	a	正 ・ 誤	b	正 ・ 誤	c	正 ・ 誤	d	正 ・ 誤
	(2)	a	正 ・ 誤	b	正 ・ 誤	c	正 ・ 誤	d	正 ・ 誤
	(3)	a	正 ・ 誤	b	正 ・ 誤	c	正 ・ 誤	d	正 ・ 誤
B	(1)	a	正 ・ 誤	b	正 ・ 誤	c	正 ・ 誤	d	正 ・ 誤
	(2)	a	正 ・ 誤	b	正 ・ 誤	c	正 ・ 誤	d	正 ・ 誤

2

①	Pictogram (X) shows you that .
②	Pictogram (Y) shows you that are banned in school.

3

①			②		
③					

4

(1)	A				
(2)					
(3)		(4)		(5)	

5

(1)	b		d		(2)	①		②	
(3)		(4)	X		Y				

光ヶ丘女子高等学校　2022年度

◇理科◇

※解答欄は実物大になります。

1

(1) (a) ㋐ ㋑ ㋒ ㋓ ㋔ ㋕ ㋖ ㋗ ㋘

(b) ㋐ ㋑ ㋒ ㋓ ㋔ ㋕ ㋖ ㋗ ㋘

(2) ㋐ ㋑ ㋒ ㋓ ㋔ ㋕ ㋖ ㋗ ㋘ ㋙

(3) ㋐ ㋑ ㋒ ㋓ ㋔ ㋕ ㋖ ㋗ ㋘ ㋙

(4) ㋐ ㋑ ㋒ ㋓ ㋔ ㋕ ㋖ ㋗ ㋘ ㋙

2

(1) ㋐ ㋑ ㋒ ㋓ ㋔ ㋕ ㋖ ㋗ ㋘ ㋙

(2) ㋐ ㋑ ㋒ ㋓ ㋔ ㋕ ㋖ ㋗ ㋘ ㋙

(3) ㋐ ㋑ ㋒ ㋓ ㋔ ㋕ ㋖ ㋗ ㋘ ㋙

(4) ㋐ ㋑ ㋒ ㋓ ㋔ ㋕ ㋖ ㋗ ㋘ ㋙

3

(1)

(2) ㋐ ㋑ ㋒ ㋓ ㋔ ㋕ ㋖ ㋗ ㋘ ㋙

(3) ㋐ ㋑ ㋒ ㋓ ㋔ ㋕ ㋖ ㋗ ㋘ ㋙

(4) ㋐ ㋑ ㋒ ㋓ ㋔ ㋕ ㋖ ㋗ ㋘ ㋙

4

(1) ㋐ ㋑ ㋒ ㋓ ㋔ ㋕ ㋖ ㋗ ㋘ ㋙

(2)

(3) ㋐ ㋑ ㋒ ㋓ ㋔ ㋕ ㋖ ㋗ ㋘ ㋙

(4) ㋐ ㋑ ㋒ ㋓ ㋔ ㋕ ㋖ ㋗ ㋘ ㋙

5

(1) ㋐ ㋑ ㋒ ㋓ ㋔ ㋕ ㋖ ㋗ ㋘ ㋙

(2) ㋐ ㋑ ㋒ ㋓ ㋔ ㋕ ㋖ ㋗ ㋘ ㋙

(3) ㋐ ㋑ ㋒ ㋓ ㋔ ㋕ ㋖ ㋗ ㋘ ㋙

(4) ㋐ ㋑ ㋒ ㋓ ㋔ ㋕ ㋖ ㋗ ㋘ ㋙

光ヶ丘女子高等学校　　2022年度　　◇社会◇

※解答欄は実物大になります。

1

(1) ㋐ ㋑ ㋒ ㋓

(2)

(3) ㋐ ㋑ ㋒ ㋓

(4) ㋐ ㋑ ㋒ ㋓

2

(1) ㋐ ㋑ ㋒ ㋓

(2) ㋐ ㋑ ㋒ ㋓

(3) ㋐ ㋑ ㋒ ㋓ ㋔ ㋕

3

(1) ㋐ ㋑ ㋒ ㋓

(2) ㋐ ㋑ ㋒ ㋓

(3) ㋐ ㋑ ㋒ ㋓ ㋔ ㋕

(4) ㋐ ㋑ ㋒ ㋓

4

(1) ㋐ ㋑ ㋒ ㋓

(2) ㋐ ㋑ ㋒ ㋓

(3)

5

(1) ㋐ ㋑ ㋒ ㋓ ㋔ ㋕

(2)

(3) ㋐ ㋑ ㋒ ㋓

6

(1) ㋐ ㋑ ㋒ ㋓ ㋔ ㋕

(2) ㋐ ㋑ ㋒ ㋓

(3) ㋐ ㋑ ㋒ ㋓

光ヶ丘女子高等学校　2022年度

◇国語◇

※解答欄は実物大になります。

一

(一)

(i)

(ii)

(二)

(三)

(四)

(五)

(六)

二

(一)

(二)

(三)

(四)

(五)

(六)

三

(一)

(二)

(三)

(四)

(五)

(六)

(七)

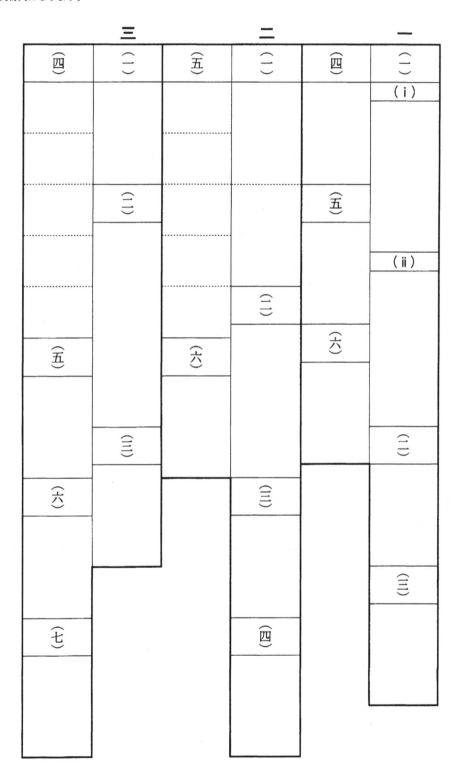

光ヶ丘女子高等学校　2021年度　◇数学◇

※ 111%に拡大していただくと，解答欄は実物大になります。

1	(1)		(2)		(3)	
	(4)		(5)	$x=$	(6)	$n=$
	(7)		(8)	(冊)	(9)	
	(10)	m	(11)	$a=$		

2	①	$y=$	②	秒後
	③	秒後		

3	(1)	①	cm^2	②	cm^3
	(2)	①		②	：
	(3)	①	通り	②	通り

光ヶ丘女子高等学校　2021年度

◇英語◇

※解答欄は実物大になります。

1

A	(1)	a	正 ・ 誤	b	正 ・ 誤	c	正 ・ 誤	d	正 ・ 誤
	(2)	a	正 ・ 誤	b	正 ・ 誤	c	正 ・ 誤	d	正 ・ 誤
	(3)	a	正 ・ 誤	b	正 ・ 誤	c	正 ・ 誤	d	正 ・ 誤
B	(1)	a	正 ・ 誤	b	正 ・ 誤	c	正 ・ 誤	d	正 ・ 誤
	(2)	a	正 ・ 誤	b	正 ・ 誤	c	正 ・ 誤	d	正 ・ 誤

2

(a)	Australia .
(b)	In my opinion, I .

3

①	This was ( ) ( ) me by my Japanese friend.
②	When I saw this, I was ( ) ( ) this big wave and Mt. Fuji.
③	( ) ( ) you come with me?

4

(1)		(2)	
(3)	..., you 【 】 their culture.		
(4)		(5)	

5

(1)	(b)		(d)			
(2)	①		②			
(3)		(4)	X		Y	

光ヶ丘女子高等学校　2021年度

◇理科◇

※解答欄は実物大になります。

1

(1) ア イ ウ エ オ カ キ ク ケ コ

(2) ア イ ウ エ オ カ キ ク ケ コ

(3) ア イ ウ エ オ カ キ ク ケ コ

(4) ア イ ウ エ オ カ キ ク ケ コ

2

(1) ア イ ウ エ オ カ キ ク ケ コ

(2) ア イ ウ エ オ カ キ ク ケ コ

(3) ア イ ウ エ オ カ キ ク ケ コ

(4) ア イ ウ エ オ カ キ ク ケ コ

3

(1) ア イ ウ エ オ カ キ ク ケ コ

(2) ア イ ウ エ オ カ キ ク ケ コ

(3)

ア	イ

(4) ア イ ウ エ オ カ キ ク ケ コ

4 ［A］

(1) ア イ ウ エ オ カ キ ク ケ コ

(2) ア イ ウ エ オ カ キ ク ケ コ

［B］

(1) ア イ ウ エ オ カ キ ク ケ コ

(2) m

5

(1) ア イ ウ エ オ カ キ ク ケ コ

(2)

(3) km

(4) ア イ ウ エ オ カ キ ク ケ コ

光ヶ丘女子高等学校　2021年度

◇社会◇

※解答欄は実物大になります。

1

(1) ㋐ ㋑ ㋒ ㋓

(2) ㋐ ㋑ ㋒ ㋓ ㋔ ㋕

(3)

(4) ㋐ ㋑ ㋒ ㋓ ㋔ ㋕

2

(1) ㋐ ㋑ ㋒ ㋓ ㋔ ㋕ ㋖ ㋗

(2) ㋐ ㋑ ㋒ ㋓

(3) ㋐ ㋑ ㋒ ㋓ ㋔ ㋕ ㋖ ㋗

3

(1) ㋐ ㋑ ㋒ ㋓ ㋔ ㋕

(2) ㋐ ㋑ ㋒ ㋓

(3) ㋐ ㋑ ㋒ ㋓

(4) ㋐ ㋑ ㋒ ㋓ ㋔ ㋕ ㋖ ㋗

(5) ㋐ ㋑ ㋒ ㋓ ㋔ ㋕ ㋖ ㋗

4

(1) ㋐ ㋑ ㋒ ㋓ ㋔ ㋕

(2) ㋐ ㋑ ㋒ ㋓

5

(1) ㋐ ㋑ ㋒ ㋓

(2) ㋐ ㋑ ㋒ ㋓

(3) ㋐ ㋑ ㋒ ㋓

6

(1) ㋐ ㋑ ㋒ ㋓

(2)

(3) ㋐ ㋑ ㋒ ㋓

光ヶ丘女子高等学校　2021年度

◇国語◇

※解答欄は実物大になります。

一

（一）

（二）

（三）

（四）　～

（五）

（六）

（七）

二

（一）

（二）

（三）

（四）

（五）

（六）

三

（一）

（二）

（三）

（四）　病人が　～　から。

（五）

（六）

（七）

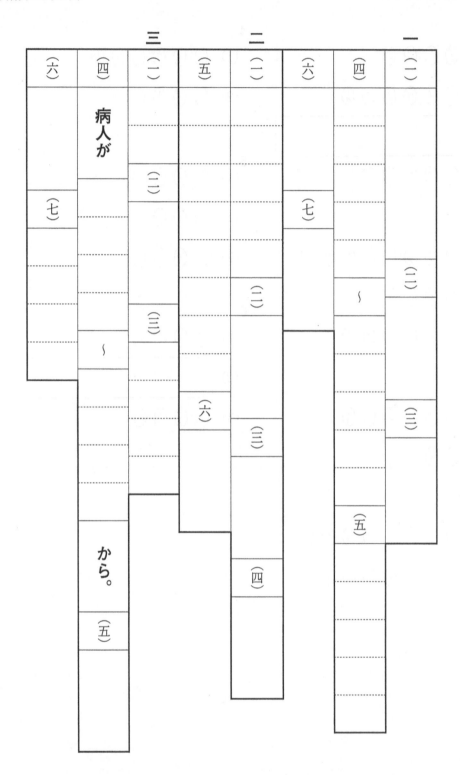

光ヶ丘女子高等学校　2020年度　　◇数学◇

※107％に拡大していただくと，解答欄は実物大になります。

1	(1)		(2)		(3)	
	(4)		(5)	$x=$	(6)	
	(7)		(8)	$a=$	(9)	
	(10)	%	(11)	$a=$		

2	①		②	$y=$
	③			

3	(1)	①	度	②	cm^2
	(2)	①		②	
	(3)	①	cm^2	②	cm

光ヶ丘女子高等学校　2020年度　◇英語◇

※解答欄は実物大になります。

1 第1問

1番	a	正 ・ 誤	b	正 ・ 誤	c	正 ・ 誤	d	正 ・ 誤
2番	a	正 ・ 誤	b	正 ・ 誤	c	正 ・ 誤	d	正 ・ 誤
3番	a	正 ・ 誤	b	正 ・ 誤	c	正 ・ 誤	d	正 ・ 誤

第2問

問1	a	正 ・ 誤	b	正 ・ 誤	c	正 ・ 誤	d	正 ・ 誤
問2	a	正 ・ 誤	b	正 ・ 誤	c	正 ・ 誤	d	正 ・ 誤

2

①	(　　　　　) interesting (　　　　　) me.
②	(　　　　　) you (　　　　　) to join us?
③	(　　　　　)(　　　　　)meeting you at the church at eight thirty?

3

(1)	
(2)	
(3)	I【　　　　　】communities.
(4)	
(5)	

4

(1)	b(　　　　　), d(　　　　　)			
(2)	ア		イ	
(3)				
(4)	X		Y	

光ヶ丘女子高等学校　2020年度

◇理科◇

※解答欄は実物大になります。

1

(1) ㋐ ㋑ ㋒ ㋓ ㋔ ㋕ ㋖ ㋗

(2) ㋐ ㋑ ㋒ ㋓ ㋔ ㋕ ㋖ ㋗

(3)

(4) ㋐ ㋑ ㋒ ㋓ ㋔ ㋕ ㋖ ㋗

2

(1) ㋐ ㋑ ㋒ ㋓ ㋔ ㋕ ㋖ ㋗

(2) ㋐ ㋑ ㋒ ㋓ ㋔ ㋕ ㋖ ㋗

(3) ㋐ ㋑ ㋒ ㋓ ㋔ ㋕ ㋖ ㋗

(4) ㋐ ㋑ ㋒ ㋓ ㋔ ㋕ ㋖ ㋗

3 [A]

(1) ㋐ ㋑ ㋒ ㋓ ㋔ ㋕ ㋖ ㋗

(2) ㋐ ㋑ ㋒ ㋓ ㋔ ㋕ ㋖ ㋗

[B]

(1) ㋐ ㋑ ㋒ ㋓ ㋔ ㋕ ㋖ ㋗

(2) ㋐ ㋑ ㋒ ㋓ ㋔ ㋕ ㋖ ㋗

4 [A]

(1) ㋐ ㋑ ㋒ ㋓ ㋔ ㋕ ㋖ ㋗

(2) ㋐ ㋑ ㋒ ㋓ ㋔ ㋕ ㋖ ㋗

[B]

(1) ㋐ ㋑ ㋒ ㋓ ㋔ ㋕ ㋖ ㋗

(2) ㋐ ㋑ ㋒ ㋓ ㋔ ㋕ ㋖ ㋗

5

(1) ㋐ ㋑ ㋒ ㋓ ㋔ ㋕ ㋖ ㋗

(2) ㋐ ㋑ ㋒ ㋓ ㋔ ㋕ ㋖ ㋗

(3) ㋐ ㋑ ㋒ ㋓ ㋔ ㋕ ㋖ ㋗

(4) 　　　　m

光ヶ丘女子高等学校　2020年度

◇社会◇

※解答欄は実物大になります。

1

(1) ㋐ ㋑ ㋒ ㋓

(2) ㋐ ㋑ ㋒ ㋓

(3) ㋐ ㋑ ㋒ ㋓

(4) ㋐ ㋑ ㋒ ㋓

2

(1) [　　　　　　]

(2) ㋐ ㋑ ㋒ ㋓

(3) ㋐ ㋑ ㋒ ㋓ ㋔ ㋕

3

(1) ㋐ ㋑ ㋒ ㋓

(2) [　　　　　　]

4

(1) ㋐ ㋑ ㋒ ㋓ ㋔ ㋕ ㋖ ㋗ ㋘

(2) ㋐ ㋑ ㋒ ㋓

(3) ㋐ ㋑ ㋒ ㋓

5

(1) ㋐ ㋑ ㋒ ㋓

(2) ㋐ ㋑ ㋒ ㋓

6

(1) ㋐ ㋑ ㋒ ㋓

(2) ㋐ ㋑ ㋒ ㋓

(3) ㋐ ㋑ ㋒ ㋓

7

(1) ㋐ ㋑ ㋒ ㋓

(2) ㋐ ㋑ ㋒ ㋓

(3) [　　　　　　]

光ヶ丘女子高等学校　　2020年度

◇国語◇

※103％に拡大していただくと，解答欄は実物大になります。

一

(一)

(二) Ⅰ い Ⅱ

(三)

(四)

(五)

(六)

二

(一)

(二)

(三)

(四)

(五)

(六)

三

(一)

(二)

(三)

(四)

(五) 〜

(六)

(七)

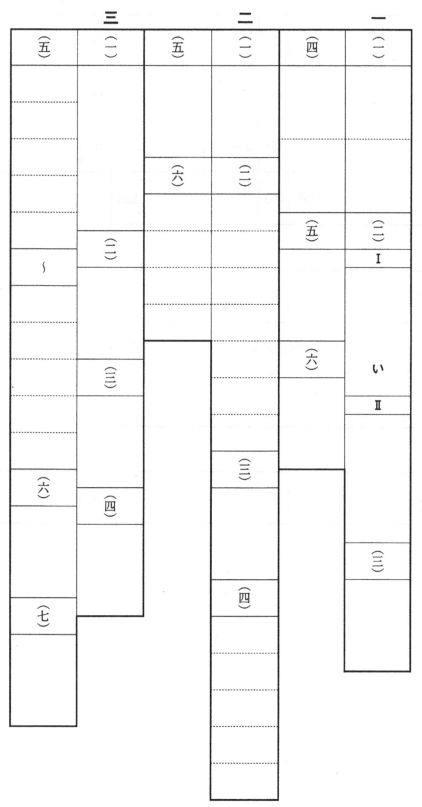

光ヶ丘女子高等学校　2019年度　◇数学◇

※この解答用紙は 109％に拡大していただくと，実物大になります。

1	(1)		(2)		(3)	
	(4)		(5)		(6)	個
	(7)		(8)	$a=$	(9)	(秒)
	(10)	日間	(11)	km		

2	(1)	Ⅰ		Ⅱ	
	(2)	$\angle x=$　度，$\angle y=$　度			
	(3)	①	cm	②	倍

3	①	B（　，　）	②		③	

※この解答用紙は，実物大になります。

1 第１問

1番	a	正 ・ 誤	b	正 ・ 誤	c	正 ・ 誤	d	正 ・ 誤
2番	a	正 ・ 誤	b	正 ・ 誤	c	正 ・ 誤	d	正 ・ 誤
3番	a	正 ・ 誤	b	正 ・ 誤	c	正 ・ 誤	d	正 ・ 誤

第２問

問1	a	正 ・ 誤	b	正 ・ 誤	c	正 ・ 誤	d	正 ・ 誤
問2	a	正 ・ 誤	b	正 ・ 誤	c	正 ・ 誤	d	正 ・ 誤

2

①	(　　　　　) do you want to (　　　　　) Kyoto?
②	I (　　　　　) interested (　　　　　) them.
③	You can eat (　　　　　) at any time, (　　　　　) in Japan.

3

(1)	
(2)	
(3)	It【　　　　　】carefully.
(4)	
(5)	

4

(1)	b (　　　　　), d (　　　　　)			
(2)	ア		イ	
(3)				
(4)	X		Y	

光ヶ丘女子高等学校　2019年度　◇理科◇

※この解答用紙は，実物大になります。

1

(1) ㋐ ㋑ ㋒ ㋓

(2) ㋐ ㋑ ㋒ ㋓

(3) ㋐ ㋑ ㋒ ㋓ ㋔

(4) ㋐ ㋑ ㋒ ㋓ ㋔

2

(1) ㋐ ㋑ ㋒ ㋓ ㋔

(2) ㋐ ㋑ ㋒ ㋓ ㋔ ㋕

(3) ㋐ ㋑ ㋒ ㋓ ㋔ ㋕

(4) | | %

3

(1) ㋐ ㋑ ㋒ ㋓

(2) ㋐ ㋑ ㋒ ㋓ ㋔

(3) ㋐ ㋑ ㋒ ㋓ ㋔ ㋕ ㋖

(4)

4

(1) ㋐ ㋑ ㋒ ㋓

(2) ㋐ ㋑ ㋒ ㋓

(3) ㋐ ㋑ ㋒ ㋓

(4) ㋐ ㋑ ㋒ ㋓ ㋔

5

(1) ㋐ ㋑ ㋒ ㋓

(2)

(3) ㋐ ㋑ ㋒ ㋓

(4) ㋐ ㋑ ㋒ ㋓

光ヶ丘女子高等学校　2019年度

◇社会◇

※この解答用紙は，実物大になります。

1

(1) ㋐ ㋑ ㋒ ㋓

(2) ㋐ ㋑ ㋒ ㋓ ㋔ ㋕

(3)

2

(1) ㋐ ㋑ ㋒ ㋓

(2) ㋐ ㋑ ㋒ ㋓

(3) ㋐ ㋑ ㋒ ㋓

(4) ㋐ ㋑ ㋒ ㋓ ㋔ ㋕

3

(1) ㋐ ㋑ ㋒ ㋓

(2) ㋐ ㋑ ㋒ ㋓

(3) ㋐ ㋑ ㋒ ㋓

4

(1)

(2) ㋐ ㋑ ㋒ ㋓ ㋔ ㋕

5

(1) ㋐ ㋑ ㋒ ㋓

(2) ㋐ ㋑ ㋒ ㋓

6

(1) ㋐ ㋑ ㋒ ㋓ ㋔ ㋕ ㋖ ㋗

(2)

(3) ㋐ ㋑ ㋒ ㋓ ㋔

7

(1) ㋐ ㋑ ㋒ ㋓

(2) ㋐ ㋑ ㋒ ㋓ ㋔ ㋕

(3) ㋐ ㋑ ㋒ ㋓

※この解答用紙は，実物大になります。

一

（一）
I
II

（二）
X
Y

（三）
〜
もの。

（四）

（五）

二

（一）

（二）

（三）

（四）

（五）

（六）

三

（一）

（二）

（三）

（四）

（五）

（六）
符号
作者名

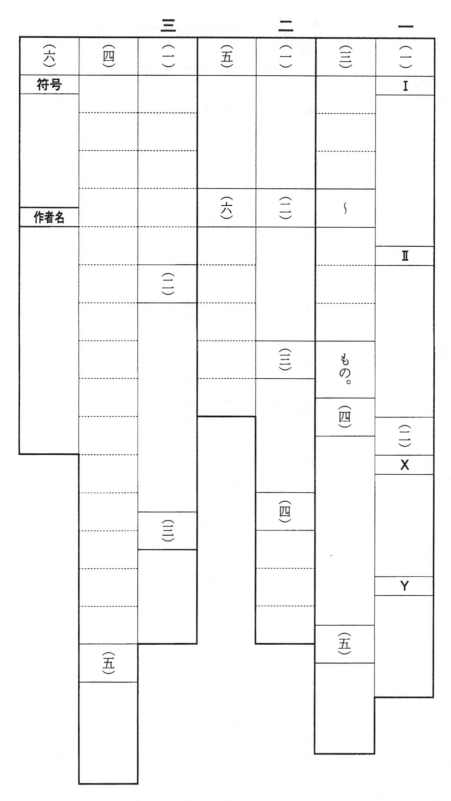

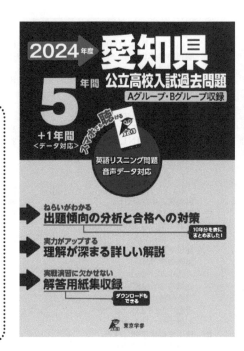

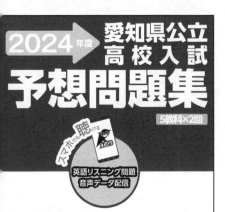

東京学参の
中学校別入試過去問題シリーズ

＊出版校は一部変更することがあります。一覧にない学校はお問い合わせください。

東京ラインナップ

あ　青山学院中等部(L04)
麻布中学(K01)
桜蔭中学(K02)
お茶の水女子大附属中学(K07)
か　海城中学(K09)
開成中学(M01)
学習院中等科(M03)
慶應義塾中等部(K04)
晃華学園中学(N13)
攻玉社中学(L11)
国学院大久我山中学
（一般・CC）(N22)
（ＳＴ）(N23)
駒場東邦中学(L01)
さ　芝中学(K16)
芝浦工業大附属中学(M06)
城北中学(M05)
女子学院中学(K03)
巣鴨中学(M02)
成蹊中学(N06)
成城中学(K28)
成城学園中学(L05)
青稜中学(K23)
創価中学(N14)★
た　玉川学園中学部(N17)
中央大附属中学(N08)
筑波大附属中学(K06)
筑波大附属駒場中学(L02)
帝京大中学(N16)
東海大菅生高中等部(N27)
東京学芸大附属竹早中学(K08)
東京都市大付属中学(L13)
桐朋中学(N03)
東洋英和女学院中学部(K15)
豊島岡女子学園中学(M12)
な　日本大第一中学(M14)
日本大第三中学(N19)
日本大第二中学(N10)
は　雙葉中学(K05)
法政大学中学(N11)
本郷中学(M08)
ま　武蔵中学(N01)
明治大付属中野中学(N05)
明治大付属中野八王子中学(N07)
明治大付属明治中学(K13)
ら　立教池袋中学(M04)
わ　和光中学(N21)
早稲田中学(K10)
早稲田実業学校中等部(K11)
早稲田大高等学院中等部(N12)

神奈川ラインナップ

あ　浅野中学(O04)
栄光学園中学(O06)
か　神奈川大附属中学(O08)
鎌倉女学院中学(O27)
関東学院六浦中学(O31)
慶應義塾湘南藤沢中等部(O07)
慶應義塾普通部(O01)
さ　相模女子大中学部(O32)
サレジオ学院中学(O17)
逗子開成中学(O22)
聖光学院中学(O11)
清泉女学院中学(O20)
洗足学園中学(O18)
捜真女学校中学部(O29)
た　桐蔭学園中等教育学校(O02)
東海大付属相模高中等部(O24)
桐光学園中学(O16)
な　日本大中学(O09)
は　フェリス女学院中学(O03)
法政大第二中学(O19)
や　山手学院中学(O15)
横浜隼人中学(O26)

千・埼・茨・他ラインナップ

あ　市川中学(P01)
浦和明の星女子中学(Q06)
か　海陽中等教育学校
（入試Ⅰ・Ⅱ）(T01)
（特別給費生選抜）(T02)
久留米大附設中学(Y04)
さ　栄東中学(東大・難関大)(Q09)
栄東中学(東大特待)(Q10)
狭山ヶ丘高校付属中学(Q01)
芝浦工業大柏中学(P14)
渋谷教育学園幕張中学(P09)
城北埼玉中学(Q07)
昭和学院秀英中学(P05)
清真学園中学(S01)
西南学院中学(Y02)
西武学園文理中学(Q03)
西武台新座中学(Q02)
専修大松戸中学(P13)
た　筑紫女学園中学(Y03)
千葉日本大第一中学(P07)
千葉明徳中学(P12)
東海大付属浦安高中等部(P06)
東邦大付属東邦中学(P08)
東洋大附属牛久中学(S02)
獨協埼玉中学(Q08)
な　長崎日本大中学(Y01)
成田高校付属中学(P15)
は　函館ラ・サール中学(X01)
日出学園中学(P03)
福岡大附属大濠中学(Y05)
北嶺中学(X03)
細田学園中学(Q04)
や　八千代松陰中学(P10)
ら　ラ・サール中学(Y07)
立命館慶祥中学(X02)
立教新座中学(Q05)
わ　早稲田佐賀中学(Y06)

公立中高一貫校ラインナップ

北海道　市立札幌開成中等教育学校(J22)
宮　城　宮城県仙台二華・古川黎明中学校(J17)
市立仙台青陵中等教育学校(J33)
山　形　県立東桜学館・致道館中学校(J27)
茨　城　茨城県立中学・中等教育学校(J09)
栃　木　県立宇都宮東・佐野・矢板東高校附属中学校(J11)
群　馬　県立中央・市立四ツ葉学園中等教育学校・
市立太田中学校(J10)
埼　玉　市立浦和中学校(J06)
県立伊奈学園中学校(J31)
さいたま市立大宮国際中等教育学校(J32)
川口市立高等学校附属中学校(J35)
千　葉　県立千葉・東葛飾中学校(J07)
市立稲毛国際中等教育学校(J25)
東　京　区立九段中等教育学校(J21)
都立大泉高等学校附属中学校(J28)
都立両国高等学校附属中学校(J01)
都立白鷗高等学校附属中学校(J02)
都立富士高等学校附属中学校(J03)
都立三鷹中等教育学校(J29)
都立南多摩中等教育学校(J30)
都立武蔵高等学校附属中学校(J04)
都立立川国際中等教育学校(J05)
都立小石川中等教育学校(J23)
都立桜修館中等教育学校(J24)
神奈川　川崎市立川崎高等学校附属中学校(J26)
県立平塚・相模原中等教育学校(J08)
横浜市立南高等学校附属中学校(J20)
横浜サイエンスフロンティア高校附属中学校(J34)
広　島　県立広島中学校(J16)
県立三次中学校(J37)
徳　島　県立城ノ内中等教育学校・富岡東・川島中学校(J18)
愛　媛　県立今治東・松山西(J19)
福　岡　福岡県立中学校・中等教育学校(J12)
佐　賀　県立香楠・致遠館・唐津東・武雄青陵中学校(J13)
宮　崎　県立五ヶ瀬中等教育学校・宮崎西・都城泉ヶ丘高校附属中学校(J15)
長　崎　県立長崎東・佐世保北・諫早高校附属中学校(J14)

公立中高一貫校「適性検査対策」問題集シリーズ

総合編　作文問題編　資料問題編　数と図形編　生活と科学編　実力確認テスト編

私立中・高スクールガイド
THE《ザ》私立
私立中学＆高校の学校生活がわかる！

〈リスニング問題の音声について〉

本問題集掲載のリスニング問題の音声は、弊社ホームページでデータ配信しております。

現在お聞きいただけるのは「2024年度受験用」に対応した音声で、2024年3月末日までダウンロード可能です。弊社ホームページにアクセスの上、ご利用ください。

※本問題集を中古品として購入された場合など、配信期間の終了によりお聞きいただけない年度がございますのでご了承ください。

高校別入試過去問題シリーズ

光ヶ丘女子高等学校　2024年度

ISBN978-4-8141-2664-4

発行所　東京学参株式会社
〒153-0043　東京都目黒区東山2-6-4
URL　https://www.gakusan.co.jp

編集部　E-mail　hensyu@gakusan.co.jp
※本書の編集責任はすべて弊社にあります。内容に関するお問い合わせ等は、編集部まで、メールにてお願い致します。なお、回答にはしばらくお時間をいただく場合がございます。何卒ご了承くださいませ。

営業部　TEL　03 (3794) 3154
FAX　03 (3794) 3164
E-mail　shoten@gakusan.co.jp
※ご注文・出版予定のお問い合わせ等は営業部までお願い致します。

2023年9月28日　初版